스토리텔링성경 13

스토리텔링 성경

잠언·전도서·아가

스토리텔링 성경
13 잠언 · 전도서 · 아가: 솔로몬 왕의 3부작

2023년 6월 15일 초판 1쇄 발행

지은이 김영진, 강정훈, 천종수
발행처 (유) 성서원
일러스트 김천정
교정 · 교열 유영일
출판등록 1997년 7월 8일 (제300-1997-79호)
창업일 1972년 2월 1일
주 소 경기도 고양시 덕양구 덕은로 60-12 우) 10541
전 화 (02)765-0011~17
팩 스 (02)743-6811
성서원 홈페이지 www.biblehouse.co.kr
페이스북 · E-mail saebut-9106@hanmail.net

ISBN 978-89-360-2917-3 03230

스토리텔링성경

13

성경 전 장章을 이야기로 풀어 쓴

스토리텔링 성경

지은이
김영진 강정훈 천종수

잠언 · 전도서 · 아가

솔로몬 왕의 3부작

성서원

차례

잠언 여호와를 경외함이 지혜의 근본

잠언

여호와를 경외함이 지혜의 근본

하나님께 일천 번의 제사 올리고
탁월한 지혜를 받은 솔로몬 왕은
혼자만 오롯이 간직할 수 없어
글로 적어 모든 이와 나누네

잠언을 지어 어떻게 구원받으며
어떻게 지혜로운 삶을 살 것인지
낱낱이 살폈으나 결론은 오직 하나
주께 대한 경외가 지혜의 근본이네

시적인 비유로 세상 이야기를 담아
경구, 속담, 우화로 깨우쳐주니
두고두고 읽어야 할 소중한 책이네
마음속에 깊이 새길 인생 독본이네

목말라 헤매는 사람들아
지혜의 놀라운 샘물이 여기 있으니
갈증나는 영혼의 목을 마음껏 축이고
주께 대한 경외의 지식을 배워라

서론

성경의 지혜문학과 잠언의 대강

"솔로몬아, 내가 오늘 너의 제물을 기쁘게 받았노라. 자, 말해보아라. 너는 내가 너에게 무얼 해주기를 바라느냐?"

"오, 주님, 주께서는 부족한 이 몸을 아버지 다윗 왕의 자리에 앉게 해주셨나이다. 제가 다스려야 할 주님의 백성은 셀 수 없을 정도로 많지만, 저는 모르는 게 많고 국정 경험도 없는 작은 아이에 불과합니다."

"그래, 그러니 내가 네게 무얼 해주면 좋겠느냐? 네 마음에 품은 생각을 기탄없이 말해보아라."

"네, 주님! 그리하시면 주께서 제게 맡기신 이스라엘 백성을 올바르게 인도하고 올곧게 재판할 수 있도록, 옳고 그름을 분별할 수 있는 지혜로운 마음을 제게 주십시오. 그런 지혜가 없다면, 제가 어찌 이토록 많은 주님의 백성을 올바르게 다스릴 수 있겠나이까."

"그래, 네가 일신상의 부귀영화를 구하지 아니하고, 오직 나의 백성을 위해 지혜로운 마음을 구하니 내가 심히 기쁘도다. 내가 네 간구대로 지혜의 은사를 네게 듬뿍 주겠고, 거기에 더하여 네가 구하지 아니한 부귀영화와 장수의 복도 더불어 주겠노라."

"주님! 감사합니다! 정말로 감사합니다! 이토록 크신 은혜를 어찌 말로 다 형언할 수 있겠나이까. 다만 머리 숙여 주님께 경배를…."

'휴! 꿈…, 꿈이로구나. 아, 이토록 생생한 꿈을 꾸다니…. 정녕 주께서 나의 일천 번제를 기쁘게 받으시고, 꿈을 통해 내게 응답해주신 게로구나. 그래, 틀림없어! 오, 주님, 감사합니다!'

20대 초반의 솔로몬이 다윗을 이어 왕위에 오른 지 4-5년쯤 되던 해(주전 966년경), 몇 년에 걸쳐 나라의 급한 일들을 처리한 솔로몬은 어느 날 신하들과 함께 큰 제사를 드리러 기브온 산당을 찾았다. 당시에는 성전이 건축되지 않았던 시기여서, 백성들은 산당(신에게 제사 드리기 위해 산이나 언덕 등에 만들어놓은 신당)에서 제사를 드렸는데, 때에 기브온 산당에는 '성막'과 '번제단'이 있어 아주 유명했고, 터가 넓어 큰 제사를 드리기에 적합했다.

이 기브온 산당에서 솔로몬 왕은 일천 마리의 짐승을 잡아 성심을 다해 번제물로 제사를 드렸고, 주님은 매우 기쁘게 받으셨다. 그리고 그날 밤 주님은 솔로몬의 꿈에 나타나시어 기도에 응답해주셨다. 요셉의 꿈이나 파라오의 꿈처럼, 구약시대에 꿈은 하나님께서 자신의 뜻을 전달하는 계시의 주요 방편으로 종종 사용되었다.

하나님께 지혜의 은사를 받은 솔로몬 왕은 과연 남다르게 탁월했다. 아주 지혜로운 왕이 되어, 머잖아 '지혜의 왕'으로 그 이름을 온 사방에 널리 떨치게 되었다. 그가 행한 지혜로운 판결의 일례가 성경에 소개되어 있다. 아무 증인도 없는 한밤중에 이루어진, 두 창기와 관련된 재판으로 살아 있는 아기의 소유권을 놓고 벌어진 송사 사건이었다. 이때 솔로몬은 어머니의 모성애에 근거하여 절묘한 판결을 내린 바 있다(왕상 3:16-28).

이 같은 솔로몬 왕의 지혜로운 통치 결과, 또한 지혜 외에도 부귀영화의 복을 주신 하나님의 은혜로 말미암아, 솔로몬 왕국은 이스라엘 역사상 최대의 번영을 누렸다.

솔로몬 왕국의 판도는 북쪽의 유프라테스강에서부터 서쪽의 블레셋 땅에 이르기까지, 남쪽으로는 멀리 이집트 국경에 이르기까지 확장되었고, 주변의 모든 나라들이 복종하여 해마다 조공을 바쳤다. 백성들은 아무 염려 없이 태평성대를 누렸고, 인구는 나날이 불어났으며, 나라는 부강해졌다. 태평성대 속에서 솔로몬의 지혜는 더욱 빛을 발했다.

솔로몬의 지혜는 당대에 자타가 공인하는 걸출한 현자들인 에스라 사람 에단이나 마홀의 세 아들인 헤만, 갈골, 다르다보다 더욱 탁월했다. 그런 지혜로 솔로몬 왕은 3천 개가 넘은 잠언을 지었고, 무려 1천 5편이나 되는 노래와 시를 지었다. 특히 격언과 수수께끼로 유명했다. 그는 모르는 게 없었다. 레바논의 백향목에서부터 담벼락에 붙어 자라는 우슬초에 이르기까지 온갖 종류의 식물들에 대해서도 잘 알았다. 뿐만 아니라 짐승들과 새들, 온갖 기어 다니는 것들과 물고기 등에 대해서도 모르는 게 없었다. 그리하여 솔로몬의 지혜에 관한 명성은 온 세상 사방의 모든 민족들과 나라들에게로 널리 퍼져나갔고, 세상 왕들과 동방의 현자들은 솔로몬 왕의 해박한 지식과 지혜를 직접 듣고자 사방에서 몰려왔다(왕상 4:29-34).

그런 왕들 중의 하나가 그 유명한 '스바 여왕'이다. 스바(Sheba, 아라비아 반도의 남서쪽에 위치한 고대 사베안 왕국으로, 오늘날의 '예멘')는 당시 예루살렘에서 무려 6천 리(2,400km)나 떨어진 먼 나라였는데, 솔로몬 왕의 지혜를 직접 체험하고자 그 나라의 여왕이 나라의 온갖 특산물과 진기한 물품을 가득 싣고서 예루살렘의 솔로몬 왕을 방문했던 것이다. 스바 여왕은 소문으로 듣던 것보다도 훨씬 놀랍고 탁월한 솔로몬 왕의 지혜에 크게 탄복하면서, 그런 솔로몬 왕을 이스라엘의 왕으로 세우신 하나님을 찬양하기에 이르렀다(왕상 10:1-13; 대하 9:1-12).

잠언(히, 마샬)은 '가르쳐서 훈계하는 말'이란 뜻인데, '비교하다'란 어근에서 비롯된 말답게 간단한 비유나 서로 비교되는 두 가지 병행구 등을 통해 전달하는 지혜자들의 가르침이나 훈계를 뜻한다. 잠언에서 말하는 '지혜'는 뜬구름을 잡는 공허한 철학적 담론이 아니라 현실생활에서 '살아가는 기술'이다. 살아가는 데는 지식도 돈도 명예도 건강도 필요하지만 사람들에게 존경을 받고 유익을 주며 살아가는 삶의 기술이야말로 지혜요 지식이다. 솔로몬 왕은 생전에 이 같은 생활의 기술이 되는 잠언을 3천 편이나 지었는데(왕상 4:32), 그중 8백여 편의 잠언이 성경의 잠언 책에 수록되었다.

'솔로몬의 제1잠언집'이라 불리는 성경 잠언의 전반부(1:1-22:16)는 솔로몬 당대에 편집된 것이고(주전 950년경), '솔로몬의 제2잠언집'이라 불리는 후반부(25-29장)는 솔로몬 이후 250여 년의 세월이 흐른 히스기야 왕 시대(주전 728-687년경)에 왕실 서기관들에 의해 편집된 것이다(잠 25:1). 그리고 잠언의 어떤 부분(22:17-24:34)은 무명의 지혜자(현자)가 쓴 작품이다. 그리고 잠언의 부록격인 30장은 고대의 지혜자인 '아굴'의 작품이며(잠 30:1), 31장은 경건한 왕이자 탁월한 지혜자인 '르무엘'의 작품이다(잠 31:1).

■ 성경의 '지혜문학'에 관하여

유대인의 성경 구분상 성문서(聖文書, 케투빔)에 속하는 '잠언'은 지혜문학에 속한다. '지혜문학'이란 시, 비유, 토론, 격언, 간단한 질문, 짧은 이야기 등 사람들의 기억에 뚜렷이 남을 만한 다양한 표현법을 사용하여, 인생사의 제반 문제들에 그 해답을 탐구하고 추구하는 형식의 글을 가리킨다. 따라서 지혜문학은 일찍부터 고대의 여러 민족들과 나라들에서 발달되었고, 상호간에 유사한 점들도 많이 발견된다. 하지만 이방의 지혜문학과 성경의 지혜문학 사이에 뚜렷하게 다른 점이 있다.

성경의 지혜문학은 어디까지나 '여호와 중심의 지혜'를 바탕으로 하여, 그 위에 인생사의 여러 도덕적 진리들과 실용적 교훈들을 추구하고 있다. 따라서 이방의 지혜문학과는 달리, 성경의 지혜문학은 단순한 도덕, 윤리의 책이 아니라 여호와 경외의 법을 가르치는 종교, 신학의 책이다. 성경 가운데 지혜문학에 속하는 책들로는 욥기, 잠언, 전도서가 있는데, 흔히들 여기에 시편의 일부(1, 19, 37, 49, 73, 90-92, 103-104, 119, 128장)와 '아가'를 첨가하기도 한다.

이스라엘 역사에서 지혜문학은 일찍부터 시작되었다. 처음에 그것은 속담 및 비유의 형태를 띠고 구전으로 전해져오다가, 후일 외국 문화와 접촉하면서 잠언의 형태로 발전하게 되었다. 그래서 우리는 솔로몬 이전에도 성경에서 지혜문학의 여러 형태를 발견할 수 있는데, 예를 들면 삼손의 수수께끼(삿 14:14), 요담의 우화(삿 9:8-15), 다윗의 속담(삼상 24:13), 나단 선지자의 비유(삼하 12:1-4) 등이다.

본격적인 지혜문학의 발달은 이른바 '지혜자'라고 불리는 계층의 사람들에 의해서였다. 이스라엘 역사를 살펴보면, 세 부류의 지도자들이 백성들을 실제적으로 교육했는데, 그들은 곧 제사장과 선지자와 지혜자였다. 제사장들은 '성전'을 중심으로 율법을 가르쳤고, 선지자들은 '선지학교'를 중심으로 하나님의 계시 말씀을 선포하였다. 그런데 지혜자들은 제사장이나 선지자처럼 뚜렷한 계층을 형성하진 못했지만, 분명 '지혜학교'를 중심으로 활동하면서 왕에게 조언하고 젊은 제자들을 지혜의 말씀으로 교육했던 것으로 보인다(렘 18:18; 겔 7:26).

아무튼 제사장들이나 선지자들이 주로 율법과 계시로써 백성들의 신앙과 종교를 지도한 데 비해, 지혜자들은 사람과 현상과 사물에 대한 깊은 관찰과 통찰력, 그리고 다양한 탐구와 경험에서 비롯된 인생사의 실제적이고 철학적인 문제를 논하고 가르쳤다. 그래서 지혜문학서인 성경의 잠언과 전도서에 등장하는 "내 아들아"란 표현은 직접적으로는 지혜 학교의 젊은 생도들을 가리키는 말이고, 지혜자는 지혜 학교의 선생을 가리키는 말이다.

폰 라트나 헤르만 궁켈 같은 성서비평학자들은 그 내용의 유사점을 들어, 성경의 지혜문학이 당시 이집트나 바빌로니아 같은 이방 지혜문학의 영향을 받았다고 주장한다. 하지만 그것은 피상적인 고찰에 불과하다. 물론, 지혜문학이 사람의 삶과 관련하여 인생사의 제반 문제를 다루고 있는 것인 만큼, 일반계시의 차원에서 성경의 지혜문학과 이방의 지혜문학 간에 유사점이 있는 것은 어쩌면 당연하다.

하지만 그런 외형적인 유사점에도 불구하고, 욥기와 잠언과 전도서 같은 성경의 지혜문학은 영감(靈感)에 기초한 경건한 지혜자들의 깊은 사색과 성찰과 통찰력에서 우러나온 인생사의 진리들로서, 어디까지나 '유일신 여호와 중심의 신본주의'에 그 뿌리를 두고 있다는 점에서 이방 세계의 지혜문학과는 본질상 다르다. 다시 말해, 성경의 지혜서들이 이방의 지혜문학처럼 짧고 강렬한 문구로써 인생의 가치와 의미를 탐구하고 추구하는 것은 유사하지만, 그 지혜의 근본을 '여호와 경외 사상'에 두고 있다는 점에서 근본적으로 다르다.

따라서 여호와 경외 사상이 없는 이방의 세속적 지혜는 사람의 입신양명과 부귀영화, 또는 안빈낙도를 위한 처세술에 불과하지만, 성경 지혜서에 등장하는 지혜(히, 호크마)는 사람을 궁극적으로 여호와 하나님께로 인도한다. 욥기와 잠언과 전도서의 결론은 이 같은 사실을 뚜렷이 입증한다(욥 42:1-6; 잠 31:30; 전 12:14). 자, 그렇다면 이제 범위를 성경의 '잠언'으로 한정해서, 잠언의 성경본문으로 들어가기에 앞서 '잠언' 속에 나타난 근본 사상과 특색 및 그 유형에 관해 살펴보도록 하자.

■ 잠언의 근본 사상

잠언에서 다루고 있는 주제는 인생사의 일상적인 삶과 밀접하게 연관된 실용적인 것들로서 무척 다양하고 폭넓다. 지혜와 어리석음, 의로움과 악함, 삶과 죽음, 근면과 게으름, 성공과 실패, 교만과 겸손, 순종과 불순종, 화평과 다툼, 사랑과 미움, 친구와 이웃, 사회와 국가, 가정과 사업, 자제와 분노, 진실과 거짓, 말과 혀, 존귀와 수치, 칭찬과 비난, 부요와 빈곤, 구제와 탐욕, 지식과 무지 등에 관해 언급하고 있다.

그래서 얼핏 보면, 잠언은 삶의 기술과 요령을 가르치는 일반 처세술의 책처럼 보일 수도 있다. 그리고 실제로 성서비평학자들은 잠언과 이방 지혜문학의 유사한 내용들을 부지런히 찾아내어, 잠언이 이방 지혜문학의 영향을 받아 기록한 것이라고 주장한다. 하지만 그런 주장은 이방의 지혜문학과는 본질적으로 다른 잠언의 근본 사상을 도외시한 데 따른 피상적 고찰에 불과하다. 잠언에는 이방의 지혜문학과는 본질적으로 그 궤를 달리하는 두 가지 근본 사상이 있다.

첫째, 잠언은 영감에 기초한 특별 계시다. 사실, 솔로몬의 잠언이 당시 이집트나 바빌로니아 같은 이방 지혜문학에서 볼 수 있는 내용들과 유사한 내용들을 포함하고 있는 것은 부인할 수 없다. 그리고 솔로몬 왕은 당대의 탁월한 지혜자로서 이집트나 바빌로니아뿐만 아니라 당대에 지혜의 나라로 유명한 아라비아나 에돔 같은 동방의 지혜에 대해서도 잘 알고 있었음이 분명하다(왕상 4:29-34). 그렇지만 성경에 소개된 솔로몬의 잠언은 지혜자 솔로몬이 성령의 영감을 받은 상태에서 기록했다는 점에서 여타 이방의 지혜문학들과는 근본적으로 다르다. 다시 말해 솔로몬의 잠언은 일반 계시를 뛰어넘는 특별 계시로서의 독특하고 고유한 가치가 있는 것이다.

사실, 인간에게 주어진 일반 계시의 차원에서 모든 인류의 본성 속에는 사필귀정, 권선징악, 전화위복, 소탐대실, 유비무환, 동병상련 등처럼 유사한 도덕적 심리 상태를 가지고 있다. 일례로, 동양의 중국에도 잠언 19장 21절("사람의 마음에는 많은 계획들이 있어도, 마침내 이루어지는 것은 오직 주님의 뜻뿐이다.")과 유사한 "모사재인, 성사재천"(謀事在人, 成事在天: 일을 꾸미는 것은 사람이어도 그 일의 성사는 하늘에 달려 있다.)이란 격언이 있는데, 이것도 이집트나 바빌로니아 지혜문학의 영향을 받았다고 주장할 수는 없지 않은가!

그러므로 단순히 어떤 말에 대해 유사점이 있고 없고의 문제는 별로 중요하지 않다. 정말 중요한 문제는, 그 말이 어디에서 비롯되었느냐 하는 것이다. 세상의 지혜문학은 어디까지나 사람에게서 비롯된 반면, 성경의 잠언은 성령 하나님에게서 비롯된 것이다. 바로 여기에 성경의 잠언과 이방 지혜문학 간의 본질적이고 근본적인 차이가 있다. 요컨대, 이방의 지혜문학은 일반 계시의 차원에서 죄의 영향력 하에 놓여 있는 인간의 작품일 뿐이지만, 성경의 잠언은 성령 하나님의 감동 하에 기록된 것으로 죄와 세속의 오염에서 벗어난 특별 계시의 작품인 것이다.

둘째, 잠언은 유일신 여호와 하나님의 신본주의에 그 바탕을 두고 있다. 성경의 잠언이 성령 하나님의 감화 감동으로 기록된 특별 계시의 작품인 만큼, 그 내용은 철저히 유일신 여호와 하나님 중심의 신본주의에 기초하고 있다. 이것은 이방의 여타 지혜문학들이 무신론, 다신론, 또는 범신론 사상에 기초하고 있는 것과는 본질상 대조된다.

따라서 상선벌악(賞善罰惡)의 법칙을 논할 때에도 성경의 잠언은 그 주체가 반드시 인격적인 여호와 하나님임을 분명히 밝히고 있는 반면, 이방의 지혜문학에서는 어떤 무인격적인 하늘의 원리나 법칙, 또는 우주의 본체인 이(理)와 그 현상인 기(氣) 등에서 찾는다. 도덕, 윤리를 논할 때에도 성경의 잠언은 '신본주의'에 그 뿌리를 두고 있는 반면, 이방의 지혜문학은 '인본주의'에 그 근간을 두고 있다.

이처럼 성경의 잠언은 이방의 지혜문학과는 달리 유일신 여호와 하나님을 중심으로 여호와 앞에서 경건하게 살아가는 삶의 원리와 방법을 가르치고 있는 책이다. 이런 맥락에서 잠언에서 말하고 있는 '지혜'(히, 호크마)는 단순히 삶의 기술(처세술)이나 재주나 이론 등을 뜻하는 말이 아니라, 여호와 하나님을 경외함으로써 비로소 얻게 되는 슬기로운 삶의 능력과 경건을 뜻하는 말이다.

■ 잠언의 특색

성경의 다른 책들과는 달리, 잠언의 특색은 인생의 제반 문제에 대하여 도덕적 진리와 실용적 교훈을 짧은 문장으로 예리하게 표현한 데 있다. 잠언의 저자인 솔로몬은 시, 비유, 격언, 간단한 질문, 짧은 이야기 등의 인상적인 표현법을 사용하여 인생의 제반 문제에 있어 성도들에게 올바른 삶의 지혜를 제시해주고 있다.

잠언에서 특히 주목해야 할 단어가 잠언의 대주제라 할 수 있는 '지혜'(히, 호크마)다. 잠언에서 이 말은 '훈계'(1:2-3), '학식'(1:5), '명철'(10:13), '슬기'(22:3) 등 다양한 단어로 번역되었는데, 이 말은 세상의 지식과 지혜를 적용하는 일반 처세술과는 다른 것으로, 여호와 하나님을 경외함으로써 얻을 수 있는 삶의 능력과 경건을 의미한다.

다시 말하면, 여호와 하나님을 경외하는 경건하고 의로운 삶은 하나님께서 보시기에 지혜로운 삶이기 때문에, 지혜의 삶은 곧 여호와 하나님을 경외하는 경건의 삶을 뜻하는 것이다. 그렇기 때문에 잠언의 주제는 한 구절로 요약하면 "여호와 하나님을 경외하는 것이 지혜의 근본이고, 거룩하신 분을 아는 것이 명철의 근본이다."(잠 9:10)란 말씀이다.

이와 같은 근본 사상의 토대 위에서, 잠언은 인생의 제반 문제를 자유롭게 표현하였다. 구약성경의 다른 책들이 대부분 선민 이스라엘의 역사를 중심으로 구속(救贖)의 도리를 가르치고 있는 데 비해, 지혜서인 잠언은 구속받은 성도의 실제적인 일상 삶의 문제들을 그 주제로 삼고 있다. 따라서 잠언은 "구원의 진리가 무엇인가?"의 문제를 논하지 않고, "구원받은 백성은 이 땅에서, 그리고 하나님 앞에서 어떻게 살아가야 하는가?"의 문제를 다루고 있다.

그렇기에 잠언에는 '이스라엘', '제사', '택한 백성' 등과 같은 구속의 단어들이 별로 없다. 대신에 의인과 악인, 겸손과 교만, 근면과 나태, 이웃과 친구, 사랑과 미움, 절제와 탐욕, 삶과 죽음 등 인생의 문제를 격언의 방식으로 다루고 있다. 그러므로 잠언의 가르침은 선민 전체를 상대로 한 것이 아니라, 성도 개개인을 상대로 하고 있다. 거기에는 이스라엘(선민)과 이방인의 구별이 없고, 단지 의인과 악인, 겸손한 자와 교만한 자, 지혜로운 자와 어리석은 자의 구별만이 있을 뿐이다.

■ 잠언 해석의 제한성

잠언의 대주제는 "여호와를 경외하는 것이 지혜와 명철의 근본"(잠 1:7; 9:10)이라는 여호와 경외 사상이다. 그러한 근본 사상하에 잠언은 인생사 전반에 걸쳐 삶의 제반 문제들에 대해 자유롭게 논하고 탐구하며 가르친다. 제사장들처럼 '율법'에 의지하지 않고, 선지자들처럼 '계시'에 의존하지 않는다. 잠언의 지혜자들은 많은 인생 체험과 통찰력, 풍부한 자연계의 지식을 활용하여 다양한 삶의 문제들에 대해 실제적인 해답을 추구하고 있다. 그러한 과정에서 잠언의 지혜자가 의지한 지혜는 단순한 인간 지식이나 지혜가 아니라, 여호와 하나님을 경외하는 데서 비롯된 신앙의 지혜이고 성령의 감화 감동에서 비롯된 영감의 지혜다. 바로 이러한 점 때문에 잠언의 교훈은 모든 시대를 초월하여 그 영원한 가치를 지니고 있는 것이다.

여기서 주목하고 주의해야 할 점이 있다. 성경의 다른 책들이 여호와 하나님의 직접적인 말씀에 근거한 역사적 사실이나 교리적 진리를 다루고 있는 데 비해, 잠언은 주로 저자인 지혜자의 인생 체험과 성찰 및 통찰력에 바탕을 둔 도덕 윤리를 다루고 있다는 사실이다. 물론, 잠언 역시 영감의 산물이긴 하지만 구약시대에 저작되고 편집된 잠언은 어디까지나 '구약'이라는 시대적 제한성과 '잠언'이라는 지혜문학의 범주 안에 있는 책이다.

따라서 오늘날 우리가 성경 전체의 계시 조명으로 비추어볼 때 잠언 속에 나타난 표현들 중에는 해석상 제한을 띠고 있는 부분들이 더러 있다. 잠언의 지혜를 둘로 구분한다면, 그것은 하나님께 대한 지혜와 세상에 대한 지혜다. 여기서 '하나님께 대한 지혜'는 시대적 제한성을 벗어나 모든 시대에 걸쳐 똑같이 적용된다. 그러나 '세상에 대한 지혜'는 구약시대라는 시대적 상황과 당대의 사회적, 문화적 요소들이 가미된 것으로, 신약시대의 점진되고 완성된 계시 복음에 비추어볼 때 그 해석에 제한성을 띤다.

예를 들면 이런 것들이다. 이 땅에서 의인은 번영하고 악인은 멸망하며, 효자는 장수하고 불효자는 단명하며, 뇌물은 일을 매끄럽게 하는 데 유효하고, 부자에게는 친구가 많으며, 가난은 게으름 탓이라는 등의 표현들이다. 이 같은 표현들은 우리가 성경의 다른 말씀들처럼 절대적인 진리의 말씀으로 받아들일 것이 아니다. 어디까지나 그것들은 인생사의 일반적인 지침이나 원리, 또는 당대의 사회적, 문화적 관습하에서 이해하여야 하고, 때로는 문자 그대로의 일차적인 의미보다는 영적이고 종말론적인 해석을 가할 필요가 있다.

따라서 세상에 대한 지혜를 가르치고 있는 잠언의 어떤 내용에 대해서는 그것을 절대적인 진리인 양 문자 그대로 받아들일 것이 아니라, 신약시대의 온전한 계시의 빛과 복음에 비추어 그 일반적인 원리를 취해야 하고, 나아가 때로는 영적 의미를 취해야 한다.

■ 잠언의 세 가지 유형

잠언의 말씀을 읽어보면, 잠언의 대부분은 2행 연구(連句)의 대구법(對句法)으로 구성되어 있다. 이것들은 일반적으로 다음 세 가지 유형으로 표현되었다.

대조(對照, Contrasting): 두 행 사이의 차이점 또는 대조를 통해 그 의미를 드러내는 방식으로, 중심 단어는 '그러나(but)'이다. 예를 들면 "의인의 머리에는 복이 임하나, 악인의 입은 독을 머금었느니라."(잠 10:6), "이익을 탐하는 자는 자기 집을 해롭게 하나, 뇌물을 싫어하는 자는 살게 되느니라."(잠 15:27) 등이다.

비교(比較, Comparing): 두 행 사이의 유사점 또는 비교를 통해 그 의미를 드러내는 방식으로, 중심 단어는 '~처럼(like)' 또는 '보다(better than)'이다. 예를 들면 "게으른 자는 그 부리는 사람에게 마치 이에 식초 같고 눈에 연기 같으니라."(잠 10:26), "가산이 적어도 여호와를 경외하는 것이 크게 부하고 번뇌하는 것보다 나으니라."(잠 15:16) 등이다.

보충(補充, Complementing): 후행이 선행의 표현을 보충(보완)하고 부연 설명함으로써 그 의미를 드러내는 방식으로, 중심 단어는 '그리고(and)'이다. 예를 들면 "여호와께서 주시는 복은 사람을 부하게 하고, 근심을 겸하여 주지 아니하시느니라."(잠 10:22), "사람은 그 입의 대답으로 말미암아 기쁨을 얻나니, 때에 맞는 말이 얼마나 아름다운고."(잠 15:23).

흔히 '솔로몬의 3부작'으로 일컬어지는 잠언, 전도서, 아가는 그의 윤리, 철학, 문학을 논한 책이다. 이러한 작품들 중 '아가'는 솔로몬이 한창 젊은 시절인 그의 20대 청년기에 쓴 순수한 사랑의 연가이고, '잠언'은 그의 삶이 무르익고 성숙해진 40대 중년기에 쓴 가르침이며, '전도서'는 삶의 황혼에 이른 그의 60대 안팎의 노년기에 쓴 자서전적 고백록이며 간증록이라 할 수 있다. 당대에 지혜의 왕이요 또한 지혜 학교의 선생이었던 솔로몬은 일차적으로 지혜 학교의 젊은 생도들을 대상으로 잠언을 기록하였는데, 그 기록 목적은 본서의 머리말(잠 1:1-7)에 잘 나타나 있다. 요약하면 이러하다.

첫째, 지혜와 명철의 교훈을 통해 어리석은 자들에게는 현명하고 슬기로운 삶을 살도록, 젊은 자들에게는 지식과 분별력 있는 근신의 삶을 살도록 인도하기 위해 본서를 기록하였다(잠 1:2-4).

둘째, 다양한 잠언들과 오묘한 비유의 말들을 통해 지혜 있는 자들에게는 보다 풍부한 학식과 지략과 삶의 통찰력을 제공하기 위해 본서를 기록하였다(잠 1:5-6).

셋째, 모든 지식과 지혜의 근본을 올바로 깨우쳐주어 여호와 하나님을 경외하는 올바르고 경건한 신앙의 삶을 살도록 인도하기 위해 본서를 기록하였다(잠 1:7).

1

지혜를 구하라

다윗의 아들 솔로몬은
주를 경외하는 법을 알려주고
마음을 슬기롭게 다스리는
지혜의 바탕인 잠언을 지었네

잠언의 목적과 효용성 (1:1-6)

1 이 책은 다윗의 아들인 이스라엘의 왕 솔로몬이 지은 잠언이다.
2 이 잠언은 지혜와 교훈을 얻게 하고, 명철의 말씀을 깨닫게 해주며
3 모든 일을 지혜롭고 의롭게, 공평하고 정직하게 행하도록 교훈을
얻게 하려는 것으로 4 어리석은 자들에게는 슬기로움을 주고, 젊은이들
에게는 지식과 분별력을 주기 위함이다. 5 그러므로 지혜로운 자들은
이 잠언의 가르침을 듣고 더욱 많은 것들을 깨닫게 될 것이고, 분별력
있는 자들은 한층 지혜를 얻어 6 잠언과 비유와 지혜 있는 사람들의
격언과 이해하기 어려운 말의 참뜻을 올바로 깨달아 알게 될 것이다.

[해설과 성찰] 잠언의 머리말 격으로, 이 책을 쓴 저자가 누구이고(1절) 또 이 책을 쓴 목적이 무엇인지가 언급된 부분이다(2-6절). 여기서 '지혜'(2절; 히, 호크마)는 잠언의 성격을 규정 짓는 핵심 단어로, 본서 전체에 걸쳐 41회나 반복 사용되고 있다. 그 어원을 살펴보면, '지혜'라는

말 뒤에 숨어있는 기본적인 개념은 '기술'(skill)이다. 구약에서 의상 제조업자, 각종 장인(匠人, 기능공), 금 세공사, 선원 등이 지닌 그들만의 전문적인 기술을 묘사하기 위해 쓰인 말이다.

이런 맥락에서 잠언은 하나님을 섬기는 삶의 전문적인 기술을 가리킬 때 이 단어를 사용하였다. 그러니까 지혜로운 사람은 자신의 삶을 하나님의 뜻과 방식에 맞춰서 살아갈 수 있는 삶의 기술을 갖춘 사람이다. 성경의 '지혜'가 다른 고대 국가에서 '지혜'라 불렸던 것들로부터 뚜렷이 구별되는 것은, 그것이 '여호와 하나님께 대한 경외'를 근본으로 삼고 있기 때문이다(1:7). 여호와 하나님은 모든 지혜의 원천이시기 때문에, 그분 하나님을 경외하는 삶 곧 경건한 마음으로 여호와 하나님께 참된 마음의 존경을 표하는 삶이야말로 진실로 지혜로운 삶인 것이다.

이와 반대로 어리석은 자는, 외적 유혹에 쉽게 속아 넘어가는 자들이다. 경험 부족으로 경솔하게 행동하기 쉬운 미성숙한 젊은이들이 대부분 이에 속한다. 잠언은 이들에게 하나님을 경외함으로 신중하고 사려 깊게 행동하라고 요구한다.

여호와를 경외하는 것이 모든 지식과 지혜의 근본 (1:7-9)

7 주님을 경외하는 것이야말로 모든 지식의 근본이건만, 어리석은
사람들은 지혜를 가볍게 여기고 훈계를 멸시한다. 8 그러나 내 아들아,
너는 네 아버지의 훈계를 귀담아 듣고, 네 어머니의 가르침을 저버리지
말아라. 9 진실로 어버이의 교훈은 네 머리에 쓸 아름다운 화관 같고,
네 목에 두를 금목걸이 같은 것이다.

[해설과 성찰] '경외하는 것'(7절; 히, 이르아)은 '두려워하다' 또는 '존경하다'는 뜻의 어근인 히브리어 '야레'에서 유래한 말이다. 이는 고대의 노예들이 주인들에게 갖는 일반적인 굴종의 두려움이 아니라, 마음속

깊은 곳에서부터 우러나는 진실한 존경과 공대의 자세에서 비롯되는 거룩한 두려움이다.

고대 세계의 교훈서나 지혜서는 교육을 받는 사람이나 지식을 추구하는 자들에게 '내 아들'(8절)이란 말을 흔히 사용하였다. 솔로몬은 당대 지혜 학교의 스승으로서 제자들인 생도들을 향하여, 삶의 실제적인 문제들과 하나님과 관련된 영적인 일에 대해서 참된 지혜를 추구하는 모든 이들을 향하여 이 애정 어린 호칭을 사용하고 있다.

지혜의 왕은, 여호와를 경외하는 자에게는 아름다운 관, 즉 영화로운 관을 씌워주고 목의 금사슬을 걸어준다는 말로 격려를 한다. 금사슬은 명예, 권세, 위엄 등이다.

악한 자를 멀리하라 (1:10-19)

10 내 아들아, 악한 자들이 너를 꾀더라도 그들의 유혹에 넘어가지
말아라. 11 그들이 네게 말하기를 "우리와 함께 가자. 그래서 함께
몰래 숨어서 기다리고 있다가, 아무것도 모르는 순진한 사람들을
덮쳐버리자. 12 우리가 마치 스올처럼 그들을 산 채로 삼켜버리고
통째로 삼켜서, 그들로 무덤으로 내려가는 사람들처럼 되게 하자.
13 그런 후에 그들이 가지고 있는 온갖 귀중품들과 보화들을 다 빼앗아
서, 우리의 집을 그것들로써 가득 채우자. 14 너도 우리와 함께 제비를
뽑고, 우리가 함께 돈 주머니를 하나만 두자." 할지라도 15 내 아들아,
너는 그들의 말에 조금도 솔깃하지 말고, 그들이 가는 곳에는 아예
한 발짝도 들여놓지 말아라.

[해설과 성찰] '악한 자'(10절; 히, 하타임)는 '표적에서 빗나가다'란 뜻의 히브리어 어근 '하타'에서 비롯된 말로, 하나님의 뜻과 계명에서 빗나가 삐뚤어지고 어긋난 삶을 살아가는 사람들을 가리킨다. 그들은

죄 없는 순진한 자들을 쳐 죽여 스올(지하세계, 곧 죽은 자들이 들어가는 '무덤'을 가리킴)로 내려보낸 뒤, 그들이 지닌 재물을 착복할 악한 계획을 세운다(11-13절). 착복하려는 재물, 보물은 육체적인 편의를 가져다주는 물질적 재산들이다.

이때 악한 자들은 자신들의 악한 계획에 동참하는 자들에게 "돈 주머니를 하나만 두자."(14절), 곧 훔친 재물을 공동 관리하자고 제안한다. 이 같은 재물의 공유 곧 경제 공동체는 상호 간의 결속을 강화하는 일인 동시에 범죄의 공유와 운명의 일체성을 내포한다. 초대교회의 재물 공유가 자기 소유의 것을 희생적으로 내놓은 것들로써 이루어진 기쁨과 헌신의 경제 공동체였다면(행 4:32-35), 여기 악한 자들의 재물 공유는 남의 재물을 빼앗은 것들로 이루어진 사악한 경제 공동체로서, 그 결국은 함께 망하는 것이다.

16 저들 악한 자들의 발은 악한 일을 저지르는 데 조금도 망설이지 않고, 저들의 손은 사람을 죽이는 데 아주 능숙하고 재빠르다. 17
무릇 보잘것없는 새들일지라도 그것들이 보는 앞에서 그물을 치면 다 알아차리고 그리로 날아들지 않는 법이다. 18 그런데도 저들이 몰래 엎드려서 기다리고 있는 것은 결국 자신들의 피요, 숨어서 노리고 있는 것은 자신들의 목숨일 뿐이다. 19 이처럼 부당한 이득을 탐내는 악한 자들의 종말이 다 이러하니, 저들은 빼앗은 그 재물 때문에 결국에는 자기 목숨을 잃게 될 뿐이다.

[해설과 성찰] 부당한 이득을 탐내는 악한 자들의 어리석음이 한낱 미물인 새와 비교되었다. 보잘것없는 새들도 죽을 위험을 알아차린다면 피하여 멀리 달아나는 법이다(17절). 그런데도 악한 자들은 자기들이 피 흘리고 목숨을 잃게 될 것이 뻔한데도(18-19절), 당장의 부당한 이익에 눈멀어 죽음의 덫과 구렁텅이로 꾸역꾸역 들어가니, 그 얼마나 미련하고

어리석은가! 정녕 지혜 없는 자들의 전형을 잘 보여주고 있다. 그러므로 악한 자들과 함께 죽지 않으려면, 지혜 있는 자들은 살기 위해서라도 악한 자들을 멀리해야 하는 것이다. 멀리하되, 되도록이면 아예 눈에 띄지 않을 정도로 아주 멀리해야 한다.

지혜의 충고를 기억하라 (1:20-33)

20 보라, 지혜가 길거리에서 소리쳐 부른다. 광장에서 목청 높여 외친다.
21 북적대는 길목에서 부르짖고, 성문 어귀에서도, 성문 안에서도,
목청껏 외쳐 말한다. 22 "어리석은 자들아, 너희가 언제까지 그렇게
어리석은 것들을 좋아하려느냐. 비웃는 자들아, 너희가 언제까지 그렇
게 비웃는 것을 기쁨으로 삼으려느냐. 미련한 자들아, 너희가 언제까지
그렇게 지식을 미워하고 멀리하려느냐. 23 너희는 내 책망을 듣고
돌이키라. 그리하면 내가 내 지혜의 영을 너희에게 쏟아부어, 너희가
내 말을 깨달아 알도록 해주겠다. 24 그러나 내가 이토록 소리쳐
불러도 너희는 들은 척도 하지 않고, 내가 애타게 손짓하여도 아예
거들떠보지도 않는구나."

[해설과 성찰] 지혜가 목청 높여 부르고 외치는 사람으로 의인화되었다(20절). 잠언은 지혜를 추상적인 개념으로 제시하지 않고 사람으로 제시했는데, 특히 '여인'으로 의인화시켰다. 그 이유는 아마도 이러하다. 첫째, 여기서 '지혜'(히, 호크모트)를 가리키는 히브리어 단어가 '여성'이기 때문이다. 둘째, 잠언의 목적이 마치 자녀 같은 젊은이들을 가르치는 데 있기 때문에, 자녀를 기르는 어머니로서의 여인이 보다 부드러운 인상으로 다가설 수 있다고 생각했기 때문이다.

이 같은 지혜는 길거리, 광장, 길목, 성문 어귀, 성문 안 등에서 소리 높여 힘껏 사람들을 부르는데(20-21절), 이 같은 장소들은 모든 사람에게

열린 공개적인 장소다. 따라서 지혜는 어떤 특정한 사람들이 아니라, 모든 대중을 공개적으로 널리 초청하고 있음을 알 수 있다.

그리고 지혜가 부르는 대상을 언급할 때 '어리석은 자들', '비웃는 자들'(혹은 거만한 자들), '미련한 자들' 등과 같이 비슷한 용어들을 연속해서 사용한다(22절). 이처럼 가깝게 관련되어 있는 비슷한 용어들을 연속해서 사용하는 것을 '병행법'(parallelism)이라고 하는데, 구약시대의 저자들이 종종 사용한 문학적인 표현 기법이다. 즉, 어떤 사실을 강조하고자 할 때 의미가 비슷한 단어들을 병렬적으로 사용하는 수사법이다.

25 "이와 같이 너희가 내 충고를 깡그리 무시하고 내 책망에 콧방귀조차
뀌지 않았으니 26 이제는 나도 너희가 내 말을 무시하다 재앙을 만나더
라도, 내가 너희를 비웃을 것이다. 너희가 두려운 일에 부딪혀 허둥거리
더라도, 내가 너희를 조롱할 것이다. 27 재앙이 폭풍처럼 너희에게
밀어닥치고, 재난이 회오리바람처럼 너희를 휩쓸어가며, 고통과 슬픔
이 너희를 내리 덮칠 때 28 그제야 너희가 나를 애타게 부르겠지만
나는 너희에게 대답하지 않을 것이고, 나를 애써 찾겠지만 나는 너희를
만나지 않을 것이다. 29 그런 까닭은, 너희가 지식을 싫어하고, 주님
경외하는 길을 택하지 않았으며 30 내 훈계를 받아들이려 하지 않았고,
내 모든 책망을 우습게 여겼기 때문이다. 31 그러므로 너희는 자기가
뿌린 행실의 열매를 거둘 것이며, 제 꾀에 스스로 당하고 말 것이다.
32 어리석은 자들은 자기 고집대로 살다가 결국 자기를 죽일 것이고,
미련한 자들은 잘난 체하며 살다가 스스로 멸망하고 말 것이다. 33
그러나 누구든지 오직 내 말을 귀담아 듣는 사람은 안심하며 살
것이고, 아무 두려움 없이 평안하게 살 것이다."

[해설과 성찰] 재앙을 만난 어리석은 자들을 '비웃는 자'는 의인화(擬人

化)된 '지혜'다(20절). 지혜가 충고하고 훈계할 때에 비웃고 무시하며 거절한 자들은 폭풍과 회오리 같은 강렬한 심판이 임하여 큰 고통과 슬픔 가운데서 멸망할 때, 지혜가 자신들을 비웃고 있는 씁쓸한 광경을 목격하게 될 것이다. 그때 지혜는 이렇게 말하면서 비웃게 될 것이다. "보라, 내가 그토록 너희를 향해 충고하고 훈계했건만 내 생명의 교훈과 구원의 가르침을 거절하다니, 어떻게 그토록 어리석을 수 있단 말인가! 참으로 미련한 자들이로다."

이처럼 잠언의 지혜는 단순히 똑똑함이나 미련함의 차원이 아니라 "사느냐, 죽느냐" 하는 삶과 죽음을 결정짓는 차원의 것이다. 따라서 지혜가 있으면 살고 없으면 죽는데, 가장 참되고 근본적인 지혜는 '하나님을 경외함'에서부터 시작된다. 따라서 사람이 지혜의 근본 되시는 하나님을 거부하고 배척하는 행위는 지혜와는 아예 담쌓고 지내는 가장 어리석고 미련한 행위다. 구원과 생명의 보물들이 가득 쌓여 있는 지혜의 방으로 들어서는 첫 발걸음조차 내딛지 못하는 행위인 것이다.

2

지혜가 주는 유익

주께서는 올바른 길을 걷는
신실한 자를 보호하시네
그런 자는 선한 것을 깨달아
지혜가 영혼의 기쁨이 되리라

지혜를 추구하는 자의 유익 (2:1-22)

1 내 아들아, 네가 내 말을 받아들여서 내 명령을 네 마음속 깊이
새겨둔다면 2 네가 지혜에 귀를 기울여 네 마음을 명철에 쏟으면
3 네가 힘써 지식을 추구하고 깨달음을 얻고자 애타게 부르짖는다면
4 은을 구하듯, 숨겨진 보화를 찾듯, 네가 지혜를 힘써 찾고 구한다면,
5 네가 그렇게 한다면, 진실로 너는 주님 경외하는 길을 깨닫게 될
것이며, 하나님 아는 지식을 얻게 될 것이다. 6 그런 까닭은, 오직
주께서 네게 지혜를 주시고, 오직 주님의 입에서 지식과 깨달음이
나오기 때문이다.

[해설과 성찰] 모든 지혜와 지식과 명철의 근본은 '주님을 경외하는 것'인데(1:7; 9:10), 그 까닭은 주님 경외하는 길을 깨닫게 될 때 비로소 주님의 입에서 흘러나오는 참된 지혜와 지식과 명철을 올바로 깨달을 수 있기 때문이다(6절). 여기서 '지혜'와 '지식'과 '명철'은 서로 비슷하지

만, 약간의 차이가 있다. '지혜'(知慧, 호크마)는 '하나님을 아는 지식'으로 이끄는 모든 지식을 의미하는 일반적인 용어이고, '지식'(知識, 비나)은 삶 속에서 사용할 수 있는 실용적인 앎을 가리킨다. 그리고 '명철'(明哲, 타분)은 어떤 일에 대해 옳고 그름을 판별하는 분별력을 가리킨다.

한편, 지혜자로 살기를 원한다면 지혜와 지식과 명철을 추구하되 숨겨진 보화를 찾듯 힘써 '부르고' '구하고' '찾아야' 한다(2-3절). 간절한 열성과 불굴의 인내와 불타는 투지를 가지고 구해야 비로소 얻을 수 있기 때문이다. 그러므로 지혜, 지식, 명철이 인생에서 가장 고귀한 가치인 줄 확신하고, 중도에 포기하지 않고 심혈을 기울여 끝까지 추구해야 한다. 하나님은 지혜를 전하시며 그 지혜를 깨달을 수 있도록 역동적으로 역사하시는 분이다.

7 진실로 주께서는 정직하게 살아가는 사람들에게는 분별하는 지혜를
마련해주시고, 흠 없이 살아가는 사람들에게는 친히 방패가 되어주신
다. 8 올바른 길을 따라 살아가는 사람들을 보살펴주시고, 주님께
충성하는 성도들의 길을 안전하게 지켜주신다. 9 그러면 그때에 너는
공의와 정의와 정직이 무엇인지 똑바로 알게 되리니, 곧 모든 선한
길을 깨닫게 될 것이다.

[해설과 성찰] 지혜와 지식과 명철을 힘써 추구함으로써 주님 경외하는 길을 깨달은 자들이 얻게 될 유익은 무엇일까. 주님의 백성이 되어 보호하심을 받을 수 있으며, 무엇이 공의이고 정의(공평)이며 정직인지 올바로 깨닫게 되어 모든 선한 길을 걸을 수 있게 된다.

여기서 공의, 정의, 정직은 엇비슷한 표현이지만, 공의(히, 체데크)는 도덕적이고 윤리적인 올바름을, 정의(히, 미쉬파트)는 사회적 관계와 제도의 올바름을, 그리고 정직(히, 메솨림)은 개인적인 가치관과 양심의 올바름을 말한다. 이 같은 공의, 정의, 정직의 삶을 살아가는 것이 주께서

진정 원하시고 크게 기뻐하시는 모든 선한 길을 걷는 삶이다.

8절에서 말하는 '성도들'은 잠언에서 유일하게 등장하는 단어로 '구별된', '거룩한', '경건한'이란 의미를 지닌다. 일반적으로 하나님의 백성된 자들, 곧 이스라엘을 지칭하는 말로서 바리새파의 원조가 되었다. 신약성경에서는 대부분 예수 그리스도 안에서 구원받은 모든 사람들을 가리킬 때 성도라고 표현한다(고전 1:2;빌 1:1 등).

**10 또 지혜가 네 마음속으로 들어가고, 지식이 네 영혼에 기쁨이 되어줄
것이다. 11 분별력이 너를 보호해줄 것이고, 깨달음이 너를 지켜줄
것이다. 12 정녕 지혜가 악한 자들의 길에서 너를 구하고, 거짓말하는
자들에게서 너를 건질 것이다. 13 그들은 올바른 길을 버리고 어두운
길로 다니는 자들로서 14 못된 짓 행하기를 좋아하고, 악하고 나쁜
짓 행하기를 기뻐한다. 15 그러므로 그들의 길은 구부러져 있고, 그들의
행실은 비뚤어져 있다.**

[해설과 성찰] 지혜와 지식은 사람의 영혼에 참된 기쁨이 되어주고, 분별력(근신)과 깨달음(명철)은 모든 위험에서 보호해주고 지켜주는 방패가 된다. 여기서 '분별력'은 무엇을 행동하기 전에 옳고 그름에 대해 사려 깊게 생각하고 판단하는 능력을 가리키고, '깨달음' 역시 어떤 일의 옳고 그름을 올바르게 분간하는 능력을 가리킨다.

따라서 이 같은 능력을 가진 자는 올바른 길이 아닌 구부러지고 비뚤어진 길로 이끄는 악한 자의 유혹에 빠지지 않고, 그들을 따라 못되고 나쁜 행동을 하지도 않게 된다. 요컨대 지혜, 명철, 분별력, 깨달음 등이 있어야만 사람을 멸망과 죽음으로 이끄는 모든 악한 길에서 벗어나 하나님께서 원하시는 모든 선한 길을 걷게 되고, 그 결과 그는 주님 안에서 참된 영육의 기쁨을 누릴 수 있는 것이다.

[16] 지혜가 너를 유혹하는 음란한 여인에게서 지켜주고, 너를 꾀는
부정한 여자에게서 건져줄 것이다. [17] 그런 여자는 젊은 시절의 자기
남편을 버리고, 하나님 앞에서 맺었던 순결한 혼인서약을 저버린 여자
들이다. [18] 그런 여자의 집으로 가는 길은 사망으로 내려가는 길이고,
그녀에게로 가는 길은 무덤으로 내려가는 길이니 [19] 그런 여자에게로
가는 사람은 아무도 다시 돌아올 수 없고, 누구도 다시는 생명의
길에 이를 수 없다.

[해설과 성찰] 잠언의 지혜자는 일차적으로 지혜 학교의 젊은 생도들을 대상으로 훈계하고 있는 것인 만큼, 특별히 음란하고 부정한 여인이나 창녀의 유혹에 대한 올바른 마음가짐에 대해 강조한다. '간음'에 대해서는 하나님 앞에서 맺었던 순결한 혼인 서약을 저버린 행위로 규정하고 있는데, 그 서약은 일찍이 하나님께서 제정하신 일부일처의 혼인 언약이다(창 2:24). 따라서 간음은 신성한 혼인 언약으로 맺은 젊은 시절의 짝을 배반하는 행위로서, 그러한 제도를 세우신 하나님의 언약을 거스르고 저버린 행위이다.

간음은 사람을 마침내 사망(무덤)으로 이끌고 가는데, 만일 다윗처럼 진실한 회개를 통하여 거기서 빠져나오지 않는다면, 가산이 탕진되고 몸이 피폐해져 육체적인 사망에 이를 수 있고, 궁극적으로는 하나님께 죄 사함을 받지 못하여 영원한 사망에 떨어지게 된다. 이토록 무시무시한 결과를 초래하는 간음 곧 음란하고 부정한 여인의 유혹에 빠지지 않는 길은 '지혜'를 갖추는 것이다. 다양한 삶의 상황 속에서 옳고 그름을 올바르게 분별해주는 지혜야말로 모든 악한 길에서 그 사람을 온전히 지켜주고 건져주기 때문이다.

[20] 그러므로 모름지기 너는 선한 사람들이 가는 길로만 걷고, 의로운
사람들이 가는 길에서 조금도 벗어나지 말아라. [21] 무릇 정직한 사람들

은 이 땅에서 살 것이고, 흠 없는 사람들은 이 땅에서 살아남을 것이지만
22 악한 자들은 이 땅에서 모두 끊어지고, 간사한 자들은 이 땅에서
뿌리째 몽땅 뽑힐 것이기 때문이다.

[해설과 성찰] 여기에서 '이 땅'은 이스라엘이 하나님께로부터 약속받았던 '가나안 땅'이다. 이스라엘 역사 속에서 가나안 땅은 하나님의 말씀과 계명에 대한 순종을 전제로 주어진 약속의 땅이었다(레 25:18). 그러니까 주님을 경외하는 지혜를 갖춘 의롭고 선하며 정직한 사람들은 그 땅에서 살아갈 수 있지만, 그렇지 아니한 사람들(악한 자들, 간사한 자들)은 그 땅에서 살아남을 수 없고 뿌리째 몽땅 뽑힌다.

이 같은 사실을 신약의 가르침과 연계시켜 유추해보면, 지상의 가나안 땅은 하늘의 가나안 땅 곧 '천국'을 상징한다. 요컨대 영원한 안식처인 천국에 들어가 거기서 영생을 누릴 자들은 '지혜를 좇아 살아가는' 의롭고 선한 사람들이다. 그렇지 못한 자들은 천국에 들어가지 못하고 거기서 뿌리 뽑혀 영원한 불못(지옥)에 떨어지게 된다.

3

지혜를 얻는 자가 누릴 복

지혜는 오른손에 건강과 장수
왼손에는 부귀영화를 쥐고 있네
생명나무와도 같은
지혜를 얻는 자는 복을 누리네

주님을 경외하라 (3:1-12)

1 내 아들아, 부디 내 가르침을 잊지 말고, 내 명령을 네 마음속에
깊이 새겨라. 2 그러면 너는 오래 살고, 나날이 번영을 누리면서 살아갈
수 있을 것이다. 3 너는 긍휼과 진리를 결코 저버리지 말고, 목걸이처럼
항상 두르고 다녀라. 그것을 네 마음판에 깊이 새겨두어라. 4 그리하면
네가 하나님과 사람들 앞에서 은혜를 입고 소중히 여김을 받을 것이다.
5 너는 온 마음을 다하여 오직 주님을 신뢰하고, 네 명철을 의지하지
말아라. 6 무슨 일을 하든지 너는 주님을 인정하여라. 그리하면 주께서
너를 인도하셔서 네게 바른 길을 알려주실 것이다.

[해설과 성찰] 하나님과 사람들 앞에서 은혜를 입고 소중히 여김을 받는 방법이 무엇일까, 그것은 하나님의 말씀(가르침)과 명령(계명)을 마음속 깊이 새기고 그대로 따라 살아가는 것이다. 그렇게 살아가면, 긍휼(자비)과 진리를 목걸이처럼 항상 달고 살아갈 터인데, 바로 그런

삶이 하나님 앞에 은총을 받는 삶이고, 사람들에게 소중히 여김을 받는 삶인 것이다.

지혜자로 살아가려면 주님을 전적으로 신뢰하되 내 명철을 의지하지 말아야 한다(5절). 사람의 명철을 무시하거나 배격하라는 가르침이 아니다. 하나님께로부터 비롯되는 지혜와 일반적인 상식에 근거한 명철은 충돌되지 않는다. 사람의 명철만으로는 어떤 특별한 일에 대해 올바른 판단을 내리기에 부족한 경우가 종종 있다. 그것이 바로 하나님의 온전한 말씀의 지혜로 우리의 마음을 채워야 하는 이유다(시 180:30). 다시 말해, 하나님의 온전한 지혜의 말씀을 바탕으로 삼아 그 위에 우리의 명철을 세움으로써 모든 순간에 올바른 판단을 내릴 수 있다.

[7] 네 스스로 지혜롭다고 여기지 말고, 오직 주님을 경외하는 가운데 모든 악을 멀리하여라. [8] 이것이 네 몸에 좋은 약이 되어 네 뼈에 골수가 될 것이다. [9] 너는 네가 가진 재산으로, 네가 거둔 첫 열매로 힘써 주님을 공경하여라. [10] 그리하면 네 곡식 창고가 가득 찰 것이고, 네 술틀에는 새 포도주가 철철 넘쳐날 것이다. [11] 내 아들아, 너는 주님의 징계를 가볍게 여기지 말고, 그분의 책망을 싫어해서도 안 된다. [12] 아버지가 자기의 사랑스런 자식을 꾸짖는 것같이, 주께서도 자기가 사랑하고 아끼는 사람을 꾸짖고 바로잡아주신다.

[해설과 성찰] 골수(히, 에쉐)는 뼈 속에 들어 있는 누런빛의 연한 조직으로(5절), 여기서는 인간 내면을 구성하는 인격 또는 영혼을 의미한다. 뼈 내부의 골수가 육체(몸)의 힘을 돋우듯이, 주님을 경외하는 일이 성도를 강건하게 만드는 영적 힘이 된다는 가르침이다.

징계는 교육적인 목적을 위해 꾸짖고 벌주는 연단이 되어야 그 가치가 있다. 따라서 징계를 받는 자는 일시적으로는 힘들 수 있지만, 궁극적으로는 많은 유익이 된다. 그렇기에 주님께 징계를 받을 때는 그것을 지겨워하거나 싫어해서는 안 된다. 주님은 종종 징계를 통해 자신에 대해 올바로 가르쳐주기를 원하시고, 그럼으로써 자녀 된 백성들의 인격을 향상시키고 신앙을 강화시키신다(히 12:7-13). 그러므로 하나님으로 오는 징계는 하나님의 사랑이다.

지혜를 얻는 자가 누릴 복 (3:13-26)

13 진실로 지혜를 찾는 사람은 복이 있고, 명철을 얻는 사람은 복을
받는다. 14 지혜가 은보다 더 유익하고, 황금보다 더 가치가 있기
때문이다. 15 정녕 지혜는 보석보다 더 값진 것이니, 네가 갖고 싶어
하는 그 어떤 것들도 감히 지혜에는 견줄 수 없다. 16 지혜는 그 오른손에
건강과 장수를 쥐고 있고, 그 왼손에는 부귀와 영화를 쥐고 있다.
17 지혜의 길은 기쁨의 길이요, 그 모든 길에는 평화가 넘쳐난다. 18
그러므로 지혜는 그것을 얻는 사람에게 생명나무이니, 지혜를 붙들어
취하는 사람은 복이 있다. 19 주께서는 지혜로 땅의 기초를 세우셨고,
통찰력으로 하늘을 펼치셨으며, 20 지식으로 깊은 물을 갈라지게 하셨
고, 구름에서 이슬이 내리게 하셨다.

[해설과 성찰] 지혜는 금은보화보다 가치 있고, 모든 복(건강, 장수, 부귀영화 등)을 품고 있는 절대 고귀한 가치이다. 세상의 무엇도 지혜의 가치를 능가하지 못한다(15절). 그래서 지혜자는 지혜를 '생명나무'에 비유했다(18절). 옛적 에덴동산에 있었던 그 생명나무로(창 2:9), 생명나무의 열매를 먹는 자는 영원토록 죽지 않고 영생을 누릴 수 있었다.

결국 본문의 '지혜'란 인생들로 하여금 영생에 이르게 하는 지혜로서, 영생의 근원이신 하나님께로 안내하는 지혜이다(요 17:3). 그리고 영생의 지혜를 지니신 하나님께서는 태초에 천지만물을 창조하실 때 그런 지혜로써 모든 것들을 지으셨다(19-20절).

21 내 아들아, 온전한 지혜와 건전한 분별력을 잘 간직하고 지켜,
그것들이 네 눈앞에서 떠나가지 않게 하여라. 22 그것들이 네 영혼에
생명이 되고 네 목에 우아한 장식물이 될 것이니, 23 그러면 네가
항상 너의 길을 안전하게 걸어갈 것이고, 너의 발이 덫에 걸려 넘어지는
일이 없을 것이다. 24 또 잠자리에 들 때에도 너는 전혀 두렵지 않을
것이고 아주 달콤한 잠을 취하게 될 것이다. 25 너는 갑작스런 재앙이
네게 닥쳐올지라도 두려워하지 말고, 악인들에게 멸망이 덮치는 것을
보더라도 조금도 겁먹지 말아라. 26 오직 주님이야말로 네가 의지할
분이시니, 주께서는 네 발이 덫에 걸려 넘어지지 않도록 안전하게
지켜주실 것이다.

[해설과 성찰] 지혜와 분별력(명철)을 간직한 자가 얻을 복이 두 가지로 제시되었다. 하나는 하나님께 은혜를 입어 영혼의 구원을 받는 것이고, 또 하나는 사람들에게 소중히 여김을 받아 존경과 애정의 대상이 되는 것이다(22절). 특히 영혼의 구원을 가져다주는 지혜는 그 사람의 영혼에 참 생명이 되어, 세상을 살아갈 때 닥쳐오는 모든 형태의 유혹, 덫(함정), 두려움, 재앙 등으로부터 안전하게 지켜준다. 지혜의 근본 되시는 주께서 자신을 경외하는 그 사람을 모든 종류의 덫과 장애물에 걸려 넘어지지 않도록 안전하게 지켜주시는 것이다.

선을 행하는 자가 누릴 복 (3:27-35)

27 너의 손에 선을 베풀 힘이 있거든, 조금도 머뭇거리지 말고 도움이
필요한 사람에게 기꺼이 선을 행하도록 하여라. 28 네가 도울 수 있는
힘이 있는데도, 네 이웃에게 말하기를 "갔다가 나중에 다시 오게나.
내가 내일 주겠네."라고 하지 말아라. 29 또 너는 너를 의지하고 사는
이웃에게 해를 끼칠 생각을 품어서는 안 된다. 30 그리고 네게 아무런
해도 끼치지 않는 사람과는 까닭 없이 다투거나 괜히 시비를 걸지

말아라. [31] 또 폭력을 쉽사리 휘두르는 자들을 부러워하지 말고, 그런
자들의 행동은 그 어떤 것이든 조금도 본받지 말아라.

[해설과 성찰] 지혜와 선은 밀접하게 연관되어 있다. 지혜로운 자는 선한 일이 무엇인지 잘 분별할 수 있기 때문이다. 선한 일의 하나가 이웃과 다정하게 지내면서 도움이 필요한 사람에게 기꺼이 도움을 베푸는 것이다. 하나님께서는 너그러운 마음으로 손을 열어 이웃에게 베푸는 삶을 살기를 원하신다. 특히 믿음 공동체의 형제들과 가난한 이웃에 대하여 그렇게 행하기를 원하신다(시 37:26).

그래서 힘이 닿는 한 아무런 대가를 기대하지 말고 값없이 돕고 베풀기를 권장했으며, 빌려준다면 높은 이자를 취하지 말도록 명하셨다(28:8). 돈에 관한 문제뿐만 아니라, 모든 종류의 선한 일에 관해서도 똑같이 적용되는 믿는 자들의 삶의 원리다.

[32] 주께서는 악한 자들의 못된 행위를 아주 싫어하시고, 올바른 길을
걷는 정직한 자와 가까이하기를 기뻐하신다. [33] 악인의 집에는 언제나
주님의 저주가 있지만, 의로운 자의 집에는 항상 주님의 복이 함께
있다. [34] 주께서는 스스로 잘난 체하며 남을 비웃는 자들을 비웃으시고,
스스로 낮추는 겸손한 사람에게는 한량없는 은혜를 베풀어주신다.
[35] 지혜로운 사람은 영광을 유산으로 물려받지만, 어리석은 사람은
결국 수치만을 얻을 뿐이다.

[해설과 성찰] 지혜로운 자는 주님을 경외하는 자이고, 주님을 경외하는 자는 주님이 어떤 분이신지 그분의 속성에 대해 잘 아는 자다. 주님은 사랑, 긍휼, 공의, 공평, 정의, 인자 등의 속성을 지닌 분이시므로, 당연히 정직한 자, 의로운 자, 선을 행하는 자, 겸손한 자 등을 기뻐하시고, 반면에 못된 자, 악한 자, 거만한 자, 스스로 잘난 체하는 자 등을 싫어하신

다. 그래서 주님은 자신이 기뻐하는 자들에게는 '복'을, 싫어하는 자들에게는 '저주'를 베푸시는데, 그 결과 지혜로운 자들은 '영광'을 받게 되고, 어리석은 자들은 '수치'를 얻게 된다.

한편, 악인의 집에 베푸시는 주님의 저주는 주께서 실제로 악인들에게 저주를 퍼붓는 것을 뜻하는 말이 아니다. 그 저주는 죄에 대한 마땅한 결과로서, 징벌과 심판의 선포이다. 악인들은 그들이 자행한 각종 못된 악행들 때문에 하나님의 저주 아래 놓이게 되고, 때가 이르면 마침내 심판을 받고 징벌을 받아 멸망하게 된다. 그것이 곧 어리석은 악인들이 마침내 거두게 될 수치다.

4

지혜의 가치와 중요성

의인의 길은 아침 햇살 같네
악한 짓으로 빵을 만들어 먹는
악인의 삶은 어두운 밤길처럼
넘어져도 그 이유조차 모르네

지혜의 가치와 중요성: 지혜를 얻으라 (4:1-9)

1 내 아들들아, 아버지가 이르는 훈계를 귀담아 잘 듣고 마음에 깨달음
을 얻도록 주의 깊게 새겨들어라. 2 내가 선하게 사는 길을 일러줄
테니 너희는 나의 가르침을 저버리지 말아라. 3 나도 어려서는 내
아버지에게 소중한 아들이었고 내 어머니에게는 유약하고 사랑받는
하나뿐인 아들이었다. 4 그때에 나의 아버지는 내게 이렇게 말씀하셨
다. "얘야, 내가 이르는 말을 마음에 꼭 새겨두고 잊지 않도록 하여라.
내 명령을 잘 지켜라. 그러면 네가 잘 살게 될 것이다."

[해설과 성찰] 솔로몬은 자신도 어릴 적엔 아버지 다윗에게서 지혜로운 말을 듣고 자랐음을 고백하고 있다. 솔로몬은 자신을 어머니에게 '하나뿐인 아들' 곧 외아들이라 말했는데(3절), 이는 혈육상 독자(獨子)라는 의미가 아니라, 마치 하나밖에 없는 아들인 양 특별한 애정과 관심을 받은 아들이었다는 의미다. 솔로몬의 모친 밧세바에게는 솔로몬 외에도

다른 아들들이 여럿 있었다(대상 3:5).

[5] "무엇보다 지혜를 얻고 깨달음을 얻도록 온 힘을 기울여라. 내가
하는 말을 잊지 말고, 내가 이르는 말에서 벗어나지 말아라. [6] 지혜를
외면하지 말아라. 그러면 지혜가 너를 보호해줄 것이다. 지혜를 사랑하
여라. 그러면 지혜가 너를 애지중지 보살펴줄 것이다. [7] 무엇보다
지혜가 가장 소중하니, 반드시 지혜를 얻어라. 네가 가진 모든 것들을
다 바쳐서라도 깨달음을 얻도록 하여라. [8] 또한 지혜를 소중히 여겨라.
그러면 지혜도 너를 높여줄 것이다. 지혜를 붙잡아 가슴에 고이 품어라.
그러면 지혜가 너를 존귀하게 만들어줄 것이다. [9] 진실로 지혜가 네
머리 위에 아름다운 화관을 씌워주고, 영광스러운 면류관을 네게
선물해줄 것이다."

[해설과 성찰] 부친 다윗이 어릴 적의 솔로몬에게 일러준 가르침으로, 인생에서 지혜를 얻고 사랑하고 소중히 여기는 것을 최우선의 가치로 삼으라는 교훈이다. 그리할 때, 그 지혜가 인생을 영화롭게 하고 성공적인 삶으로 이끌어줄 것이다.

지혜의 근본은 '여호와를 경외하는 것'이다(1:7; 9:10). 여호와를 경외한다는 것은, 여호와 하나님의 법도를 깨달아 알고, 두렵고 경건한 자세로 그 법도를 좇아 행함으로써 여호와 하나님의 영광을 위해 살아가는 것이다. 지혜는 이 같은 목표에 이를 수 있도록 우리를 올바로 인도해주기 때문에, 지혜야말로 인생에서 최고 최상의 가치인 것이다.

다윗은 솔로몬에게 지혜를 반드시 "얻고 ~ 얻으라!"고 거듭 강권했는데, 이는 '얻어서 소유하라'는 뜻일 뿐만 아니라 '(어떤 대가를 치르더라도) 값을 치르고 사라'는 뜻이기도 하다. 마치 세상에 하나밖에 없는 진귀한 물건을 발견한 장사꾼이 그 물건을 구입하기 위해 끈덕지게 매달리듯, 지혜의 가치를 분명히 알고 어떤 대가를 지불하고서라도

반드시 자신의 것으로 취하라는 말이다. 지혜가 있어야만 인생이 영화롭게 되고 형통하게 될 것이기 때문이다(8-9절).

지혜로운 길과 악한 길 (4:10-19)

**[10] 내 아들아, 내 말을 귀담아 잘 듣고 네 마음속에 받아들여라.
그러면 이 땅에서 네 생명의 햇수가 많게 되리라. [11] 내가 네게 지혜의
길을 가르쳐주었고, 너를 올바른 길로 이끌어주었으니 [12] 그대로 살아가
면 네가 걸을 때에 네 걸음에 거칠 것이 하나도 없겠고, 네가 달려갈
때에 넘어지는 일이 전혀 없을 것이다. [13] 내가 네게 일러주는 교훈을
굳게 붙잡고 하나라도 놓치지 말아라. 그것은 네 생명이나 마찬가지이
므로 단단히 간수하여라.**

[해설과 성찰] 직접 인용된 아버지 다윗의 교훈(4-9절)에 이어, 다시금 지혜자 솔로몬의 일반적인 교훈이 시작된다. 교훈의 일차적인 대상은 지혜 학교의 생도들이고, 이차적인 대상은 모든 사람들이다. 여기서 지혜자 솔로몬은 지혜는 곧 '생명'과 같다고 가르친다. 그리하여 지혜를 받아들여 마음속에 잘 간수한 자들은 삶의 걸음에서 실족하여 망하는 법이 없겠고(12절), 그래서 그의 '생명의 햇수'가 많게 될 것이다(10절). 이 말은, 장수(長壽)의 축복 이외에, 살아가는 동안 형통하고 기쁜 복락의 삶을 살 것이라는 뜻도 포함되어 있다. 더 나아가 참된 지혜가 가져다줄 '영원한 생명' 곧 영생(永生)에 대한 약속도 깃들어 있다(요 12:50).

**[14] 악한 자들의 길에는 아예 발을 들여놓지 말고, 못된 짓을 행하는
자들의 길로 다니지 말아라. [15] 그런 길은 못 본 척 피하고 행여 지나가지
도 말며 재빨리 발길을 돌리도록 하여라. [16] 그런 자들은 악을 행하지
않고는 잠을 이루지 못하고, 누군가를 해코지하지 않으면 잠을 설치는**

자들이다. [17] 그들은 악한 짓으로 빵을 만들어 먹고 폭력으로 술을
빚어 마신다. [18] 의로운 자의 길은 동틀 무렵의 햇살 같아서 대낮이
될 때까지 점점 더 밝게 빛나지만 [19] 악한 자의 길은 캄캄한 밤길
같아서 부딪혀 넘어져도 자기들이 무엇에 걸려 넘어졌는지조차 알지
못한다.

[해설과 성찰] 지혜로운 자가 행해야 할 적극적인 면은 하나님의 말씀에 따라 하나님께서 원하시고 기뻐하시는 모든 선한 일을 행하는 것이다. 반면, 지혜로운 자가 행하지 말아야 할 소극적인 면은 하나님의 말씀에 어긋나므로 하나님께서 싫어하시는 모든 악한 일을 행하지 않는 것이다. 악한 자들이 다니는 길에서는 살인, 폭력, 간통, 강도, 도적질, 거짓말 등 온갖 종류의 악한 짓들이 밤낮으로 자행되고 있다. 따라서 지혜로운 자는 마땅히 그 길을 피하고 재빨리 발길을 돌려야 한다.

여기서 피하다(히, 파라)란 말은 '무시하다', '거절하다', '싫어하고 혐오하다'란 뜻으로, 전 인격적으로 완강하게 거부하는 것을 가리킨다. 이는 곧 악에 대해 일말의 타협이나 동정심까지도 철저하게 배격할 것을 강조하는 말이다. 후일 사도 바울은 "악은 그 어떤 모양이라도 버리라."고 가르쳤다(살전 5:22).

마음을 잘 지키라 (4:20-27)

[20] 내 아들아, 내가 하는 말을 귀담아듣고 네게 이르는 말을 가슴에
새겨두어라. [21] 내 말에서 잠시도 한눈을 팔지 말고 그 말을 마음속
깊이 담아두어라. [22] 내가 이르는 말을 깨닫는 사람은 그 말이 생명이
되고 그의 온몸을 건강하게 해줄 것이다. [23] 무엇보다도 네 마음을
잘 지켜라. 네 마음에서 생명의 샘이 흘러나오기 때문이다. [24] 악하고
추한 말은 입에 담지도 말고, 남을 속이는 거짓된 말은 아예 입 밖에도

내지 말아라. [25] 네 두 눈은 똑바로 앞만 바라보고 다른 이상한 데
한눈팔지 말아라. [26] 발 디딜 곳을 잘 살펴서 항상 올바로 걷고, 네
모든 길을 곧고 흐트러짐 없이 확실히 하여라. [27] 중심을 잘 잡아
오른쪽으로든 왼쪽으로든 치우치지 말고, 네 발길을 모든 악에서
끊어버리도록 하여라.

[해설과 성찰] 지혜자는 무엇보다도 '마음'을 잘 지키라고 훈계한다. 마음(히, 레브)의 원뜻은 '심장'이다. 고대 유대인들은 심장 곧 마음이 인간의 모든 행동을 조절하는 중심 기관이고, 사람의 지정의(知情意)가 분출되는 샘이라고 보았다. 따라서 자기 마음을 잘 지킨다면(조절한다면), 모든 악을 피하고 모든 거짓에서 벗어나게 되는 것이다. 사람의 '눈'도 역시 마음에 따라 조절된다. 마음을 잘 지키는 자는 똑바로 앞만 보고 올곧은 길을 걷는다. 사악한 주변을 두리번거린다거나 하나님 말씀의 정도에서 벗어나 오른쪽이나 왼쪽으로 치우치지 아니하고, 오로지 중심을 잡고 올곧은 길로만 행한다.

한편, 지혜자는 하나님의 말씀에 따라 살아가는 지혜로운 자들은 그의 온몸이 건강하게 될 것이라고 가르친다(22절). 이는 일반적으로 그러하다는 의미이고, 하나님의 섭리나 경륜에 따른 특별한 경우에는 적용되지 않는다. 하나님의 계명에 따라 살아간 경건한 신앙의 인물들도 종종 육체의 건강을 잃곤 했다. 대표적인 인물이 '욥'과 '바울'이다. 성경에서 흠 없고 정직한 자로 묘사된 욥은 고난의 인물이었고, 사도 바울 역시 수시로 몸을 괴롭게 하는 '육체의 가시'로 많은 고통을 겪었다.

하지만 일반적으로, 하나님의 계명에 순종하는 자들은 그렇지 않은 자들에 비해 많은 육체적, 감정적 고통을 피할 수 있어 몸의 건강을 누릴 수 있다. 하나님과의 화목하고 친밀한 관계가 제공하는 마음의 평화와 안녕, 그리고 일상적인 삶의 건전함은 건강을 해치고 수명을 단축케 하는 각종 스트레스를 현저히 감소시키는 것이 사실이다.

5

음녀를 조심하여라

음녀의 입술은 꿀과 기름 같아도
쑥 같고 양날의 칼과 같네
그녀의 발은 죽음을 내딛고
결국 무덤으로 내려가네

음행을 멀리하라 (5:1-14)

1 내 아들아, 내가 전하는 지혜의 말에 주의를 기울이고, 내가 이르는
통찰의 말을 귀담아들어라. 2 그래야만 네가 분별력 있게 처신할
수 있을 것이고, 네 입술이 지혜의 말을 할 수 있을 것이다.

[해설과 성찰] 지혜자는 중요한 가르침을 베풀기 전에 먼저 마음을 다잡고 가르치는 말에 귀를 기울여 집중할 것을 요청한다. 귀를 기울여 집중하여 듣지 않고, 마음에 딴생각을 품는다든지 이런저런 잡다한 번뇌에 빠진다면, 지혜자의 주옥같은 소중한 가르침이 우이독경마냥 헛된 일이 될 것이기 때문이다.

3 음란한 여인의 입술은 꿀처럼 달고, 그녀의 말은 기름보다 더 매끄럽
다. 4 하지만 그것은 결국 쑥처럼 쓰디쓰고, 양날 가진 칼처럼 날카로울
뿐이다. 5 그 여자의 발은 사망을 향해 내딛고, 그 여자의 발걸음은

무덤으로 치닫고 있다. [6] 그 여자의 길은 심히 구부러져 있고 또한 흔들리는데, 그것은 너로 하여금 생명의 평탄한 길을 생각하지 못하게 하려는 것이다.

[해설과 성찰] 훈계를 받는 일차적인 대상이 지혜 학교의 젊은 생도들인 만큼, 젊은 혈기에 저지르기 쉬운 죄 곧 음란한 여인과의 간통에 대하여 경고하는 말들이 잠언에 많이 나타난다. 여기서 '음란한 여인' 곧 음녀(淫女)는 도덕적으로 타락한 창녀(매춘부)를 비롯하여 보디발의 아내처럼 남자를 유혹하는 음탕한 여인을 가리킨다. 그리고 잠언 2장 17절의 정의에 따르면, 음녀란 자기 짝(배우자)인 남편을 버리고 배반한 여자로 하나님께서 세우신바 신성한 결혼 윤리에서 벗어난 여자를 가리킨다.

지혜자는 먼저 남자를 호리는 음란한 여인의 유혹이 '꿀'과 '기름'처럼 아주 달고 매끄럽다고 말한다(3절). 하지만 그런 달콤한 유혹에 걸려들면, 그것들은 이내 쑥과 양날의 칼처럼 쓰디쓰고 날카롭게 변하여 결국 자기 자신을 해치게 될 것이다(4절). 따라서 그런 여자를 따라가게 되면, 그것은 곧 사망과 무덤으로 들어가는 꼴이 되고 만다(5절).

이때 유혹에 걸려든 자가 나름 사망과 무덤에 이르지 않기 위해 '생명의 평탄한 길'을 생각하려 해도, 그녀가 인도하는 길이 워낙 이리저리 구부러져 있어 넋 잃고 따라가다 보면, 어느새 사망과 무덤 속에 이미 들어가 있는 자신을 발견하게 되는 것이다(6절).

[7] 그러니 내 아들아, 이제 너희는 내 말을 잘 들어라. 내가 이르는 말에서 벗어나지 말아라. [8] 부디 그런 여자를 멀리하여라. 절대로 가까이해서는 안 된다. 그런 여자의 집 문 가까이에는 얼씬도 하지 말아라. [9] 그렇게 하지 않으면, 너는 네 명예를 다른 사람에게 빼앗길 것이고, 더 나아가 너는 난폭한 자의 손에 걸려 네 목숨을 잃게 될 수도 있다. [10] 또 네 재산은 엉뚱한 사람에게로 넘어가 그들의 배를

불릴 것이고, 네가 피땀 흘려 모아놓은 것들도 다 남의 집 재산이
되고 말 것이다. 11 결국 너는 네 육신이 병들고 망쳐진 후, 네 처참한
인생의 끝에 이르러 크게 탄식하며 말하기를 12 "어찌하여 내가 스승의
훈계를 싫어했으며, 어찌하여 내가 그들의 책망을 무시했던고! 13
내가 스승의 말씀에 순종하지 않고, 나를 가르쳤던 분들의 말을 귀담아
듣지 않다가 14 오늘날 모든 사람들이 지켜보는 가운데서 이렇게
처참하게 망하고 마는구나."라고 할 것이다.

[해설과 성찰] 음녀의 유혹에 빠지지 않으려면 여자를 되도록 멀리하고, 그 집 문 가까이에는 얼씬도 하지 말아야 한다(8절). 처음부터 아예 상종하지 말아야 한다. 어울리며 가까이하다가는 결국 유혹에 빠져 패가망신하고 사망과 무덤에 이르고 만다.

음녀의 유혹에 빠져 간통을 저지른 자는 모든 재산과 명예를 잃는 패가망신의 수치를 겪을 것이고(9-10절), 나아가 몸이 병들고 목숨까지 잃는 처참한 지경에 이를 것이다(10절). 재산, 몸, 목숨을 비롯해서 궁극적으로는 영혼마저 잃는 철저하게 무너져 내린 인생의 파탄을 맛보게 되는 것이다. 그런 지경에 이르게 되면, 평소 지혜자의 훈계를 듣지 않고 그 훈계를 싫어했던 불순종과 어리석음에 대해 땅을 치고 후회하게 된다(12-14절). 하지만 이미 모든 것을 잃은 터라 후회에 그칠 뿐 아무런 소용이 없게 된다.

그러므로 삼가고 또 삼가서 간통을 경계하고 피해야 한다. 음녀와 관계를 맺는 간통은 정말로 피해야 할 나쁘고 악한 일이다. 그것은 하나님의 거룩한 기준인 십계명을 어기는 일이고(출 20:14), 그 간통의 결과는 우리의 영육을 심각하게 파괴시키기 때문이다.

처음에 간통은 별다른 위험 없이 쾌락과 성적인 해방을 줄 수 있는 것처럼 가장한다. 하지만 꿀과 기름처럼 달콤한 욕망으로 시작된 간통은 이내 쓰디쓰고 날카로운 것으로 변한다. 간통은 재산과 평판과 인품,

그리고 결혼생활을 파괴한다. 이 파괴적인 대가는 순간의 쾌락보다 훨씬 크고 깊고 오래간다. 간통은 배우자를 좌절시키며 결혼생활에 깊은 상처를 남긴다. 은밀히 행해져 들키지 않은 간통일지라도, 그것은 언젠가는 하나님의 심판대 앞에 온전히 드러나게 된다.

그렇다면 이미 간통을 저지른 자는 더 이상 죄 용서 받고 구원받을 길이 없는가? 성경 전체의 가르침으로 볼 때는 그렇지 않다. 지혜자는 간통의 죄악에 절대 빠지지 않도록 엄중히 경고하기 위해 강력한 어투로 말했지만, 죄인을 향한 하나님의 자비와 사랑은 그보다 훨씬 크고 깊다.

다윗도 간통의 죄악에 빠진 적이 있었다. 한때 욕망을 이기지 못하고 부하 장수 우리아의 아내 밧세바와 불륜을 저질렀다(삼하 11장, 불륜으로 태어난 그 갓난아이는 죽었지만, 이후 다윗과 밧세바 사이에서 지금의 교훈을 가르치는 지혜자 솔로몬이 태어났다). 이처럼 다윗은 크나큰 간통의 죄악을 범했지만, 나단 선지자의 지적과 책망을 듣고 진심으로 회개했다. 침상을 눈물로 흠뻑 적실 정도로 철저하게 회개함으로써 용서의 은총을 누렸다(시 51장). 따라서 간통을 저질렀을 때, 그 죄악의 상처를 치유하는 유일한 약은 철저하고 진솔한 '회개의 눈물'이다.

오직 아내와 더불어 순결한 사랑을 하여라 (5:15-23)

**15 내 아들아, 너는 오직 네 우물의 물만을 마시고 네 샘에서 솟아나는
물만 떠 마셔라. 16 어찌하여 네 샘물을 집 밖으로 흘려보내며, 어찌하여
네 우물물을 길거리로 흐르게 하려느냐. 17 그 물은 오직 너 혼자만의
것으로 삼고, 다른 사람들과는 절대로 나누지 말아라. 18 너는 네
샘으로 하여금 복을 받도록 하고, 네가 젊은 날에 기뻐서 취한 네
아내와 함께 즐거움을 누리도록 하여라. 19 네 아내를 너의 사랑스러운
암사슴, 아름다운 암노루로 여기고, 오직 그녀의 품만을 언제나 만족스
럽게 여기며, 그녀의 사랑을 항상 기뻐하고 연모하도록 하여라.**

[해설과 성찰] 음녀의 강렬한 유혹(3절)과 간통의 심각한 폐해(9-14절)를 언급한 뒤에, 음녀의 유혹과 간통에서 벗어날 수 있는 길을 알려준다. 그것은 '결혼'이라는 테두리 안에서 '아내와 더불어 즐거움을 누리는 것'이다. 지혜자는 '우물의 물을 마시는 행위'에 비유하였다. '우물'은 아내를, 그 우물의 '물을 마시는 것'은 아내를 취하는 기쁨과 만족을 뜻한다. 그러므로 이 말은 합법적인 결혼을 통해 취한 아내와 더불어 순결한 부부생활을 영위하는 것을 말한다.

그런 맥락에서 지혜자는 자신이 취한 우물물을 타인과 나누어서는 절대로 안 된다고 경고한다(17절). 메마른 광야지대가 많은 중근동에서 '우물과 물'은 공급의 부족 때문에 소중한 가치를 지닌 재산이다. 바로 그 '우물과 물'이 여기서는 비유적으로 사용되어, 결혼을 통해 아내와 이루어지는 정상적이고 올바른 성관계를 의미하고 있다. 따라서 그것은 다른 사람과 결코 나누어서는 안 되는, 오직 자신만이 향유해야 하는 비밀스럽고 소중한 것이다. 진실로 그것은 결혼이라는 테두리 안에서 부부간에 누릴 수 있는 하나님의 고귀한 선물이며 복이다(창 2:24).

계속해서 지혜자는 자신이 취한 그 샘(우물)으로 하여금 복을 받도록 하라고 훈계하고 있는데, 순결하고 올바른 부부관계를 통해 아내로 자녀를 낳게 하는 복을 누리라는 뜻이다. 고대 유대인에게 자녀 출산은 여인이 누릴 수 있는 최고의 행복이고, 또한 하나님께서 내리시는 큰 복으로 간주되었다(시 127:3-5).

또한 지혜자는 아내를 대할 때 '사랑스러운 암사슴'이나 '아름다운 암노루'처럼 여기고 그녀의 사랑을 항상 기뻐하고 연모하라고 권면하는데(19절), 이들 동물은 예로부터 우아한 다리와 아름다운 눈 때문에 사랑스럽고 매력적인 여인을 상징하곤 했다. 여기서 '연모하다'(히, 티쉐게)란 말의 원뜻은 '술에 취해 비틀거리다'인데, 그처럼 남편은 아내의 매력에 흠뻑 빠져 그녀가 주는 행복과 기쁨에 도취해야 한다는 뜻이다.

그렇게 되면 아내를 배반케 만드는 음녀의 유혹 따위는 얼씬도 못하게 된다.

[20] 내 아들아, 어찌 음란한 외간 여자에게 네 마음을 빼앗기겠으며,
어찌 부정한 다른 여자의 가슴을 껴안겠느냐. [21] 주께서는 사람이
하는 모든 일을 낱낱이 지켜보시고, 주님의 눈은 사람의 모든 길을
다 살펴보신다. [22] 악인은 언제나 자기 악의 덫에 스스로 걸리고,
자기 죄의 올가미에 스스로 매인다. [23] 그런 자들은 훈계를 받지 않아서
멸망의 길로 치닫고, 너무나 미련하여 길을 잃고 헤매느니라.

[해설과 성찰] 지혜자는 다시금 음란하고 부정한 여인과의 관계 곧 불륜적인 간통을 경계하면서(20절), 그런 죄악에는 반드시 하나님의 심판이 뒤따를 것이라고 경고한다. 온 세상 어디에나 안 계신 곳이 없으신 하나님, 곧 무소부재하신 하나님께서는 사람의 모든 길을 낱낱이 다 살펴보시기 때문이다(21절).

결국 아내와의 부부생활에 만족하지 못한 채 자기 정욕과 욕망에 빠져 음녀와 간통을 저지르는 악인은 언제나 자신이 만든 악의 덫과 죄의 올가미에 걸려들고 만다. 여기서 '걸리고'(히, 일레케두노)란 말은 사냥 용어로서 올가미, 덫, 그물, 함정 등에 빠져 꼼짝없이 잡힌다는 의미다. 악한 욕망과 정욕을 충족시키기 위해 간통을 자행하는 자는 점차적으로 그것이 습관이 되고 중독이 되어, 그 덫에서 빠져나오지 못하다가, 마침내 그 악의 덫과 죄의 올가미에 걸려 파멸에 이르게 된다. 그 파멸은 현세적으로는 패가망신 및 육체적 질병과 죽음이고, 궁극적으로는 하나님의 심판을 받아 영원한 지옥의 형벌에 처해지는 것이다(계 22:15). 그러니 지혜자의 훈계를 귀담아듣고 마음속 깊이 새겨, 삼가고 또 삼가서 어떡하든 간통을 피하고 멀리해야 한다.

6

어리석고 게으른 자

게으른 자는 개미한테 근면을 배워라
개미는 여름에 땀 흘려 곡식을 모으네
게으른 자는 빈둥거리지 마라
조금 더 자자고 하면 가난이 달려드네

보증을 서는 일에 대한 경고 (6:1-5)

1 내 아들아, 만일 네가 친구를 위해 담보를 제공했거나 다른 사람을
위해 보증을 서 주었다면 2 너는 네가 한 그 말에 걸려든 것이고,
네 입으로 뱉은 그 말에 스스로 붙잡히게 된 것이다. 3 그러므로
내 아들아, 너는 이미 네 친구에게 손목이 붙잡힌 것이니, 어서 가서
보증을 풀도록 하여라. 속히 가서, 그 보증 선 것을 풀어달라고 겸손히
간청하여라. 4 이런 상황에서 잠잘 생각일랑은 하지도 말아라. 잠깐
눈 붙일 생각조차 하지 말아라. 5 노루가 사냥꾼의 손을 피해 잽싸게
내달리듯이, 새가 사냥꾼의 덫에서 날쌔게 빠져나가듯이, 너도 어서
보증의 올무에서 벗어나서 너 자신을 구하도록 하여라.

[해설과 성찰] 6장에는 4개의 경고적 교훈들이 나오는데, 첫 번째가 경솔한 담보와 보증으로 5절까지 이어진다. 보증의 위험성에 대한 경고는 보증 능력도 없으면서 충동적인 감정으로 보증을 선 경우에 대한 것이다.

만일 그런 경우에는 만사를 제쳐두고 촌음을 아껴 그 보증에서 풀려날 수 있도록 최선의 노력을 다해야 한다(3-4절).

엄밀히 말하면, 타인의 보증을 서는 것 자체는 죄도 아니고, 무조건 잘못된 일도 아니다. 하지만 보증은 타인의 빚을 자신이 책임지고 자신이 대신 떠안겠다는 의사 표시이니만큼, 여러 상황을 깊이 고려하여 신중하게 처신해야 한다. 자신의 경제적인 처지를 고려하지 않거나 또는 그 처지를 뛰어넘어 경솔하게 보증 서류에 사인해서는 절대로 안 된다. 그것은 자신은 물론이고 자신의 가정과 미래를 송두리째 위험에 빠뜨리는 어리석은 행위이기 때문이다.

그런데도 충동적인 성향을 지닌 젊은이들은 세상 물정을 잘 몰라 타인의 아쉬운 부탁에 쉽게 넘어가는 경향이 있다. 그래서 지혜자는 보증을 '사냥꾼의 덫에 걸려드는 일'(5절)에 비유하면서까지 그 위험성을 경고한다. 이는 한두 번이 아니라 잠언 도처에서 거듭거듭 경고하고 있는 사항이다(11:15; 17:18; 22:26).

게으름에 대한 경고 (6:6-11)

6 게으른 자여, 개미를 보고 배워라. 개미에게로 가서, 그것들이 어떻게
살아가는지 잘 살펴보고 지혜를 얻도록 하여라. 7 개미에게는 우두머리
도 없고 지도자도 없고 감독관도 없지만 8 여름 내내 땀 흘리며 먹을
양식을 장만하고, 추수 때에도 먹을거리를 모아들인다. 9 오, 게으른
자여, 너는 어느 때까지 빈둥빈둥 놀고 그렇게 누워서 뒹굴려느냐.
언제 잠에서 깨어 일어나려느냐. 10 "조금만 더 자야지, 조금만 더
눈을 붙여야지, 조금만 더 팔베개를 하고 누워 있어야지." 하다 보면
11 어느새 가난이 강도처럼 네게 들이닥치고, 빈곤이 무장한 군사처럼
너를 덮칠 것이다.

[해설과 성찰] 보증의 위험성을 경고한 뒤, 게으름에 대해서 경고한다. 게으름에 대한 훈계 역시 보증 서는 것에 대한 훈계와 마찬가지로 잠언의 주요 주제다. 그만큼 게으름은 하나님의 백성 된 자들이 반드시 극복해야 할 대상이기 때문이다. 여기 '게으른 자'(히, 아첼)의 문자적인 의미는 '빈둥거리며 나태하게 지내는 자'다.

지혜자는 게으른 자를 훈계할 때 '개미'를 비유로 든다(6절). 개미는 동서고금을 통해 부지런하고 준비성 있는 곤충으로 알려져 있다. 그래서 지혜자는 이 같은 미물의 속성을 통해 만물의 영장 된 사람의 허물을 역설적으로 꼬집고 지적한다. 과연 개미들은 누가 독촉하지 않아도 각자 알아서 여름에 부지런히 땀 흘리며 겨울에 먹을 양식을 힘껏 준비하고 저장해둔다(7-8절).

게으른 자는 개미와는 정반대로, 일어나기를 더디 하고 움직이기를 귀찮아하며 일하기를 싫어한다. 그저 "조금만, 조금만, 조금만" 하면서 방바닥을 이리저리 빈둥빈둥 뒹군다(10절). 이처럼 일해야 할 때 일하지 않고 빈둥거리니, 먹을 양식을 얻거나 쌓아놓을 수 없다. 곳간은 텅텅 비고 먼지만 수북이 쌓인다. 그 결과, 손 쓸 틈도 없이 어느새 가난과 빈곤이 강도처럼, 군사처럼 밀고 쳐들어와 그자를 사로잡고 만다. 뿌린 대로, 심은 대로, 땀 흘린 대로 거둔다는 것은 성경의 가르침이고 만고의 진리다. 이것은 육적인 일에 적용될 뿐만 아니라, 영적인 일에도 그대로 적용되는 영원한 진리다(시 126:5-6; 갈 6:8).

불량하고 악한 자들에 대한 경고 (6:12-15)

12 불량한 자와 악한 자는 거짓말을 입에 담고 다닌다. 13 그들은
눈짓으로, 발짓으로, 또는 손짓으로 서로 신호를 하면서 항상 못된
일을 꾸민다. 14 그들은 그 비뚤어진 마음으로 항상 악한 일을 꾀하며,
하는 일마다 싸움만 부추긴다. 15 그러므로 그들은 갑작스런 재앙을

만나게 될 것이고, 결국 순식간에 파멸을 당하여 영영 회복되지 못할 것이다.

[해설과 성찰] 여기 '불량한 자'(히, 벨리야알)는 하나님께 대하여, 사회에 대하여 아무런 유익이 없는 무가치하고 쓸모없는 훼방꾼이다. 성경에서 이 말은 악한 자(시 41:8), 우상숭배자(신 13:13), 신성모독자(삼상 1:16), 심지어 적그리스도(고후 6:16) 등의 뜻으로 사용되었다.

말하자면 불량한 자는 악한 자로서 하나님을 거스르고 공동체 질서를 어지럽히는 자다. 온갖 음흉한 몸짓과 거짓된 말로써 사람 사이를 이간질하여 온갖 불화와 싸움을 일으킨다. 하나님은 이런 자들을 아주 미워하시고, 마침내 두려운 재앙으로써 갑자기 심판하신다. 그 결과, 불량하고 악한 자들은 육적으로, 영적으로 영원한 파멸에 이르고 만다.

주께서 미워하시는 것들 (6:16-19)

16 주께서 미워하시는 것, 곧 주께서 싫어하시는 것이 예닐곱 가지
있다. 17 곧 거만하게 치뜨는 눈, 거짓말하는 혀, 죄 없는 자를 피
흘리게 하는 손, 18 악한 계교를 꾸미는 마음, 악한 일을 행하려고
치닫는 발 19 거짓으로 증언하는 사람, 그리고 형제들 사이에 불화를
일으키는 사람이다.

[해설과 성찰] 잠언의 지혜자는 주께서 미워하시는 죄악을 예닐곱(육칠)개로 정리했는데, 이처럼 무얼 주장하거나 가르칠 때 수효를 제시하는 것은 고대 지혜문학에서 보편적으로 사용된 수사 방식이다. 따라서 문자 그대로의 수효가 아니라 일종의 상징적인 수효다. 즉, 주께서는 딱 6-7개의 죄들만 미워하신다는 말이 아니고, 많은 죄악들 중 대표적으로 그런 죄들을 미워하신다는 뜻이다.

주께서 미워하시는 7가지 죄들 중 5가지는 인간의 신체 부위 곧

눈, 혀, 손, 마음(심장), 발 등에 관련된다. 나머지 2가지도 따지고 보면 '혀'(거짓 증언, 이간질)와 관련된다. 물론, 주께서는 사람의 신체 그 자체를 미워하시는 것이 아니다. 사람의 신체 각 부위는 주님의 선하고 위대한 창조 작품이다. 그런데 그것들이 하나님의 뜻을 거슬러 잘못 사용될 때 그 사실을 미워하시는 것이다.

주님은 사람의 눈들 중에서 거만하게 치뜨는 눈, 사람의 혀들 중에서 거짓말하는 혀, 사람의 손들 중에서 죄 없는 자를 피 흘리게 하는 손, 사람의 마음(심장)들 중에서 악한 계교를 꾸미는 마음(심장), 사람의 발들 중에서 악한 일을 행하려고 치닫는 발을 미워하시고, 또한 혀를 거짓으로 놀려 법정에서 위증하는 사람과 혀를 간교하게 놀려 이간질로 공동체의 형제들 간에 불화를 일으키는 사람을 미워하신다.

이와는 정반대로, 주께서 사랑하시고 좋아하시는 예닐곱 가지는 무엇일까? 그것은 겸손한 눈, 진실을 말하는 혀, 가난하고 연약한 자들을 돕는 손, 선한 일을 계획하는 마음, 좋은 일을 행하는 발, 그리고 어떤 상황에서도 법정에서 진실을 말하는 사람과 선하고 좋은 말로 공동체의 형제들 사이를 화목하게 만드는 사람일 것이다. 그렇다면 주께서 미워하시는 것을 똑같이 미워하여 피하고, 주께서 좋아하시는 것을 똑같이 좋아하여 행하는 것이 주님의 백성 되고 자녀 된 우리 성도들의 마땅한 도리가 아니겠는가!

간통과 음행에 대한 경고 (6:20-35)

20 내 아들아, 네 아버지의 명령을 명심하고 네 어머니의 가르침을
흘려듣지 말아라. 21 그것을 네 마음에 깊이 새기고 목걸이처럼 항상
두르고 다녀라. 22 네가 길을 갈 때 그것이 너를 인도해줄 것이고,
네가 잠잘 때에 그것이 너를 지켜줄 것이다. 네가 깨어 있을 때에는
그것이 네게 말을 걸어 조언해줄 것이다. 23 참으로 그 명령은 등불이요,

그 가르침은 빛이며, 그 훈계의 꾸지람은 생명의 길이니 [24] 그것이 너를 악한 여자에게서 지켜줄 것이고, 그것이 음란한 여인의 호리는 달콤한 말에서 너를 보호해줄 것이다.

[해설과 성찰] 지혜자는 다시금 간통과 음행에 대해 길게 경고한다. 훈계의 일차적 대상이 한창 혈기왕성한 젊은 생도들인 만큼 귀에 딱지가 앉도록, 꿈에서도 잊지 않도록 계속 반복해서 훈계하고 있는 것이다. 훈계의 요점은, 아버지의 명령과 어머니의 가르침 곧 부모 같은 지혜자의 가르침과 훈계를 마음속 깊이 새기고 항상 목에 두르는 목걸이처럼 언제 어디서나 그 훈계를 염두에 두라는 것이다. 왜냐하면 그렇게 하는 것이 음녀의 유혹에서 자신을 지켜 모든 음행과 간통을 피할 수 있는 등불이고 빛이며 생명의 길이기 때문이다.

[25] 그 여자가 아무리 아름답다 해도, 그 여자가 눈웃음치며 너를 유혹한다 해도, 네 마음이 거기에 넘어가서는 안 된다. [26] 무릇 몸 파는 여자를 가까이하다가는 모든 재산을 탕진하고 네게 빵 한 덩이만 달랑 남게 될 것이고, 음란한 여자를 가까이하면 결국 네 소중한 목숨까지 빼앗기게 될 것이다. [27] 활활 타오르는 불덩이를 가슴에 안으면, 옷이 어찌 타지 않을 수 있겠느냐. [28] 달아오른 뜨거운 숯불 위를 걸으면, 어찌 발을 데지 않을 수 있겠느냐. [29] 남의 아내와 간통하는 사람이 바로 그런 꼴을 당한다. 남의 아내를 범하고서도 어찌 벌을 받지 않을 수 있겠느냐.

[해설과 성찰] 음란한 여자, 몸 파는 여자, 남의 아내가 '활활 타오르는 불덩이'와 '달아오른 뜨거운 숯불'로 비유되었다(27-28절). 간통과 음행은 그런 여자들을 자기 가슴에 품는 행위다. 따라서 그것은 뜨거운 숯덩이와 벌건 숯불을 품는 것과 다를 바 없다. 그 결과는 불 보듯

빤하다. 자기 몸이 크게 상하고 자기 재산이 몽땅 날아간다. 그래서 달랑 '빵 한 덩이'(한 조각 빵)만 남게 된다(26절).

여기서 '한 조각 빵'은 가장 작은 것에 대한 비유로서 극도의 궁핍을 가리키는 말이다. 음녀(창녀)가 남자에게서 원하는 것은 '돈'이다. 따라서 음녀와 관계하는 남자는 불법적인 성관계의 대가로 많은 돈을 지불해야 하고, 또한 성매매의 죄를 덮기 위해 역시 많은 돈을 써야 한다. 본래 성관계는 결혼의 범주 안에서 남편과 아내 각자에게 주어진 측량할 수 없는 가치를 지닌 하나님의 선물이다. 이 고귀한 선물을 음녀와 불법으로 거래하는 과정에서 남자는 많은 경제적인 출혈을 하게 되고, 마침내 재산을 탕진하여 '한 조각 빵'만 남게 되는 극도의 궁핍에 이르게 되는 것이다.

30 도둑이 다만 허기진 배를 채우려고 먹을 것을 도둑질했다면, 사람들은 그 도둑을 동정하여 멸시하지는 않을 것이다. 31 그럴지라도 만일 훔치다가 붙잡히면, 그 도둑은 훔친 것의 일곱 배를 갚아야 한다. 그러다 보면 자기 집의 모든 재산을 다 내놓아야 할지도 모른다. 32 그러나 남의 아내와 간통하는 자는 분별력이 없는 어리석은 사람이니, 그것은 자기 영혼을 망치는 멸망의 길이기 때문이다. 33 그런 자는 매를 맞고 수치를 당할 것이니, 그런 수치는 두고두고 씻을 수 없을 것이다. 34 또 간통한 여자의 남편이 질투에 불타서 복수를 하는 날, 조금도 동정의 여지 없이 복수의 칼을 휘두를 것이다. 35 그 남편은 어떠한 보상도 거들떠보지 않을 것이고, 아무리 많은 돈을 가져다주어도 받으려 하지 않을 것이다.

[해설과 성찰] 마치 불덩이와 숯불을 자기 품에 스스로 껴안는 것과 같은 행위인 음행과 간통은 몸에 해를 끼치고 재산을 탕진시킨다(26-28절). 더욱 치명적인 것은 결코 씻을 수 없는 수치를 겪게 된다는 것이다.

배고파서 먹을 것을 훔친 도둑은 사람들에게 동정이라도 받을 수 있겠지만(30절), 정욕에 눈이 멀어 남의 아내를 탐한 자는 모두에게서 어떤 동정도 받지 못하고 두고두고 씻을 수 없는 수치와 멸시만 겪게 된다. 죽음보다 개인이나 가문의 평판이나 명예를 더욱 중요시했던 고대 중근동 문화에서 이 같은 수치와 멸시는 자기 영혼을 망치는 것과 마찬가지였다(32절).

그런 수치는 그 여자의 남편이 간통 사실을 알고는 질투와 배신감에 눈이 뒤집혀 복수하겠다고 칼을 들고 설치는 날에 절정을 이룰 것이다. 진실로 질투에는 이해나 용서가 없는 법이 아니던가(아 8:6). 그때에 그 남편에게는 어떤 타협이나 보상도 먹혀들지 않고(35절), 사람들의 온갖 수치와 멸시를 받는 가운데 꼼짝없이 그 남편이 휘두르는 칼에 당할 수밖에 없다(고대 중근동 사회에서 이런 복수 행위는 정당시되기도 했다). 그러므로 몸의 해악과 재산의 탕진은 물론이고, 자신의 평판과 가문의 위신에 두고두고 씻을 수 없는 수치와 멸시를 가져다주는 음행과 간통을 자행하는 일처럼 어리석고 미련한 짓이 세상에 어디 또 있겠는가!

7

음녀에게 빠지지 마라

땅거미 지는 골목 모퉁이에서
길 가는 이를 잡아끄는 음녀는
몰약, 침향, 육계향 뿌려 놓고
애굽 이불을 침대에 까네

음란한 여자를 조심하라 (7:1-27)

1 내 아들아, 내가 이르는 말을 꼭 지키고 나의 명령을 마음속 깊이
새겨두어라. 2 나의 훈계에 따라야 네가 잘 살 것이니, 내가 일러주는
말을 네 눈동자처럼 소중하게 간직하여라. 3 나의 가르침을 반지
끼듯 네 손가락에 끼고, 나의 교훈을 네 마음판에 새기고 다녀라.
4 너는 지혜를 향해 "너는 내 누이"라고 말하고, 명철을 향해서는
"너는 내 친족"이라고 불러라. 5 그처럼 지혜와 가까이 지내면, 그것들이
너를 음란한 여자로부터, 그녀의 호리는 달콤한 말로부터 너를 지켜줄
것이다.

[해설과 성찰] 잠언의 첫머리에 언급되었듯(1:4), 잠언을 쓴 중요한 목적 가운데 하나는 지혜의 훈계와 명철의 말씀으로 젊은 자들에게 지식과 근신과 분별력을 주기 위함이다. 그런데 한창 혈기왕성한 젊은이들이 가장 경계하고 근신해야 할 것들 중 하나는 잘못된 성관계 곧 음행과

간통이다. 그래서 잠언에는 음행과 간통에 대해 경고하는 부분이 자주 등장한다.

음행과 간통에 대해 본격적으로 훈계하기에 앞서, 지혜자는 젊은이들이 그러한 유혹에 빠지지 않을 수 있는 근본적인 비결을 일러준다. 그것은 지혜자가 일러주는 훈계, 곧 지혜의 말씀과 명철의 교훈에 따라 살아가는 것이다. 그것을 몸의 눈동자처럼 소중하게 여기고, 손가락에 반지를 끼듯 항상 마음 판에 새기며 살아가는 것이다. 그리하여 지혜와 명철을 피와 살을 나눈 혈육처럼 여겨, '내 누이' 또는 '내 친족'이라 부르며 아주 친밀하게 지내는 것이다. 그렇게 살아간다면, 지혜와 명철이 그 젊은이를 음녀의 달콤한 유혹과 호리는 말로부터 지켜줄 것이라고 가르친다.

여기서 한 가지 유의할 게 있다. 잠언에서는 언제나 여자(음녀)가 먼저 남자를 유혹하고 호리는 것으로 설정되어 있는데, 전체 교훈의 맥락으로 볼 때는 반드시 그런 관계만 있다는 의미는 아니다. 여자든 남자든 아무나 먼저 상대방을 유혹할 수 있고, 죄의 책임도 양쪽 모두에게 있다. 다만 가부장적 분위기가 지배하던 구약시대에 저작되고 편집된 잠언에서는 여자(음녀)가 남자(젊은이)를 호리는 것으로 무대 설정이 되었을 뿐이다. 이제 지혜자는 한 편의 드라마를 보여주듯 한 음란한 여자가 어리석은 젊은이를 유혹하고 호리는 광경을 생생하게 들려준다.

6 어느 날, 내가 나의 집 창가에서 창살 틈으로 밖을 내다보고 있는데
7 어리석은 사람들이 참 많이 보였다. 그중에서도 특별히 어느 지혜
없는 어리석은 젊은이가 하는 꼴을 지켜보게 되었다. 8 그 젊은이는
거리를 따라 내려가다가 어느 골목의 모퉁이 길로 접어들더니, 어떤
음란한 여자의 집으로 곧장 발걸음을 옮기고 있었다. 9 어둑어둑 해가
질 무렵, 땅거미가 깔리고 어둠이 찾아들 즈음이었다. 10 그때 창녀의

옷을 입은 한 여자가 나와서, 간교한 마음을 품고 그 젊은이를 맞이하였
다. 11 그 여자로 말하면, 큰 소리로 예의 없이 마구 떠들어대고, 한시도
집에 붙어있지 않고 제멋대로 여기저기 돌아다니면서 12 때로는 거리에
서, 때로는 광장에서, 때로는 골목 모퉁이에서 가만히 숨어 사냥감을
기다리고 있다가 13 그 젊은이를 와락 붙잡고 입을 맞추면서 부끄러운
줄도 모른 채 뻔뻔한 얼굴로 말하기를 14 "오늘 나는 화목제를 드려서,
내가 서원한 것을 오늘에야 이루었답니다. 15 그래서 이렇게 당신을
맞으러 나왔고, 당신을 애타게 찾다가 마침내 당신을 만나게 된 거예요!
16 내가 내 침대에 값비싼 요를 깔아놓았고, 이집트에서 들여온 무늬
있는 아름다운 이불도 펴놓았답니다. 17 또 우리가 누울 자리에는
몰약과 침향과 계피향도 뿌려 놓았지요. 18 자, 그러니 어서 가서
다음 날 아침까지 밤새도록 나랑 한번 놀아 보지 않으실래요? 사랑에
흠뻑 젖어 서로 한껏 즐겨보아요. 19 지금 내 남편은 집에 없어요.
멀리 여행을 떠났답니다. 20 돈주머니를 두둑이 채워가지고 떠났으니,
적어도 보름이 될 때까지는 집에 돌아오지 않을 거예요."라고 하였다.
21 그 여자가 이렇게 달콤한 말로 속삭이고 온갖 호리는 말로 꾀니
22 그 젊은이가 선뜻 그 여자를 따라갔다. 그런데 그 모습을 보니,
마치 소가 도살장으로 끌려가는 것 같았고, 사슴이 사냥꾼의 올가미
속으로 뛰어 들어가는 것 같았다. 23 마치 자기 목숨을 잃는 줄도
모르고 그물 속으로 재빠르게 날아드는 새와 같았으니, 마침내 화살이
그의 심장을 꿰뚫고 말리라.

[해설과 성찰] 잠언의 지혜자는 지혜 없고 충동적인 어떤 어리석은 젊은이와 그 청년을 달콤한 말로 호리고 유혹하는 어느 음녀의 행동을 예로 들어, 좀 더 실제적이고 현장감 있게 음행과 간통의 위험성에 관해 생생하게 경고하고 있다. 그렇다면 여기서 젊은이를 유혹하고 있는 그 여인의 정체는 누구일까?

그녀는 단순히 돈 때문에 몸을 파는 창녀(매춘부)가 아니라, 음욕(淫慾)에 사로잡혀 남자를 유혹하는 음란한 가정주부다. 그녀는 한 남자의 아내로서 마땅히 집에 머물며 집안일을 돌보아야 함에도 불구하고 남편의 오랜 출장을 틈타(19-20절), 어리석은 젊은이를 여러 달콤한 말로 호리고 유혹하여 자신의 음욕을 채우려는 음부(淫婦)다.

특이한 사항은, 그 음란한 여인이 젊은이를 유혹할 때 '화목제'를 언급하고 있다는 점이다(14절). 화목제(和睦祭)는 하나님과의 친교 및 화목을 위한 제사로, 이 제사의 특징은 예배자가 희생제물의 고기를 먹을 수 있었다(레 7:16)는 점이다. 여인은 바로 이 화목제의 고기로써 젊은이를 유혹하고 있다. 즉, 먹음직스런 값비싼 저녁을 준비해 놓았다고 말한 것이다. 이처럼 음욕에 눈먼 여인은 신성한 제사를 자기 성욕을 채우기 위한 범죄의 도구로 왜곡하여 사용하고 있는 것이다.

24 그러므로 내 아들아, 너는 내 말을 잘 듣고 내가 하는 말을 귀담아들어
라. 25 너는 그런 여자에게 네 마음을 쏟지 말고, 그런 길에 정신을
빼앗겨 헤매지 말아라. 26 그런 여자에게 정신을 빼앗겨, 결국 상처를
입고 신세를 망친 남자들이 참으로 많다. 그런 여자 때문에 죽은
남자들도 헤아릴 수 없이 많다. 27 진실로 그런 여자의 집은 스올로
향하는 지름길이고, 사망의 방으로 곧장 내려가는 첩경이다.

[해설과 성찰] 이제 지혜자는 그런 어리석음에 빠지지 않도록 젊은이들에게 훈계를 하고 있다. 음녀의 유혹에 정신을 빼앗겼다가는 결국 상처를 입고 신세를 망치며 마침내 목숨까지 잃는 경우가 허다하다고 경고한다(26절). 앞의 어리석은 젊은이의 경우처럼, 유혹에 빠져 성욕을 채우기 위해 음녀가 이끄는 대로 따라가게 되면, 그것은 기쁨과 만족이 아니라, 스올로 향하는 지름길이고 사망의 방으로 내려가는 첩경이라는 것이다(27절).

여기서 '스올의 길'은 무덤에 이르는 사망의 길이다. 구약성경에서 '스올'(Sheol)은 지상에서 죽은 자들이 누구도 예외 없이 모두 들어가는 어둠과 침묵의 장소인 땅 밑의 세계 곧 '무덤'이다. 그리고 이 말은 신약성경에 이르러서는 그 의미가 발전되어 영원한 형벌의 장소인 지옥(헬, 게엔나)을 뜻하는 말이 되었다(마 5:29; 약 3:6).

자, 그렇다면 비록 결혼 관계에 있지 아니하여도 단순히 성욕을 채우기 위해서가 아니라 두 남녀가 진실하게 서로 사랑해서 성관계를 맺는다면 그것은 괜찮은 것일까? 그렇지 않다. 그 이유가 무엇이든, 결혼 밖의 모든 성관계는 잘못된 것이다. 만일 결혼 관계에 있지 않은 두 남녀가 서로 사랑한다고 해도, 그들의 성관계는 여전히 죄가 된다. 태초부터 하나님은 '결혼'이라는 테두리(범주) 안에서 한 남자와 한 여자가 성관계를 누리도록 규정하셨는데(창 2:24), 그것은 성관계가 단순히 남녀 간의 육체적인 결합이 아니라, 몸과 더불어 영혼의 합일을 이루는 신비한 구속의 원리까지 내포하고 있기 때문이다(고전 6:15-20).

성(性, sex)은 태초에 하나님께서 '결혼'이라는 신성한 제도를 통해 인간에게 허락하신 축복이기에, 그 자체로는 분명 순결하며 아름다운 것이다. 하지만 타락한 인간은 성을 결혼의 범주를 벗어나 부패한 욕정을 채우는 세속적 쾌락의 도구로 왜곡시킴으로써 하나님의 창조 원리에 반기를 들고 말았다. 그러므로 오늘날 각양각색의 타락한 성문화가 활개치고 있는 시대를 살아가는 성도들은 정당한 혼인 관계를 벗어난 모든 성 행위를 철저히 배격해야 할 뿐만 아니라, 성경이 지향하고 있는 순결한 성 문화를 정착시키는 데 힘써야 한다.

8

지혜의 무한한 가치

지혜와 명철이 우리를 부르네
네거리 한복판에서 외치네
사람들아, 지혜를 배워라
힘껏 애써서 명철을 얻어라

지혜의 탁월함과 무한한 가치 (8:1-21)

1 지혜가 소리쳐 부르고 있지 않느냐. 명철이 목청 높여 부르고 있지
않느냐. 2 길가의 높은 곳에서, 네거리의 한복판에서 지혜가 자리를
잡고 서서 목청껏 외친다. 3 성으로 들어가는 문 옆에서, 그 드나드는
입구에서 지혜가 애타게 부르짖는다. 4 "오 사람들아, 내가 너희를
부르니 제발 내 말 좀 들어보아라. 내가 너희 모두에게 할 말이 있다.
5 어리석은 자들아, 너희는 명철을 얻으라. 미련한 자들아, 너희는
지혜를 배워라."

[해설과 성찰] 앞서 지혜자는 음녀의 유혹에 빠져들지 말 것을 거듭 훈계하였다(5-7장). 이제 지혜자는 다시금 본론으로 돌아와 지혜에 대한 일반적인 교훈을 주고 있다. 그런데 여기서 '지혜'는 여성 명사로서 의인화(擬人化)되어 있는데, 이것은 앞서 언급된 '음녀'와 뚜렷한 대조를 이룬다. 말하자면 음녀는 인간에게 온갖 해악을 끼쳐 결국 스올(무덤,

사망)로 이끄는 반면, 지혜는 인간에게 풍성한 유익을 끼쳐 궁극적으로 생명에 이르게 한다는 사실을 깨우쳐주고 있다.

이제 지혜는 어머니의 심정으로 사람들을 향해 자신의 말에 부디 귀를 기울여달라고 애타게 부르고 외친다. 지혜가 서서 목청 높여 외치는 장소는 길가 높은 곳, 네거리 한복판, 성문 옆, 그리고 성문 입구 등으로 사람들의 왕래가 잦은 공개된 장소들이다. 이처럼 지혜는 음녀와는 달리 외지고 어두운 데서 은밀히 활동하지 않고, 개방되고 환한 데서 공개적으로 활동한다. 곧 음녀는 온갖 죄악들이 횡행하는 '어둠' 가운데서 활동하고, 지혜는 모든 선한 일들이 드러나는 '빛' 가운데서 활동한다.

6 "자, 너희는 이제 들어보아라. 나는 가치 있는 옳은 말만 하고,
내가 입을 열면 바른말만 한다. 7 내 입술이 악을 아주 싫어하기
때문에 내 입은 오직 진실을 말한다. 8 내가 입을 열어 하는 말은
모두 의로운 것뿐이니, 단 한 마디도 비뚤어지거나 잘못된 말이 없다.
9 말귀를 알아듣는 총명한 사람은 누구든지 내 말이 옳다는 것을
알 것이고, 지식이 있는 사람은 누구든지 내 말에 아무런 잘못이
없다는 것을 알 것이다. 10 그러므로 너희는 은보다도 내 가르침을
받아들이고, 금보다도 내 지식을 선택하여라. 11 무릇 지혜는 진주보다
도 훨씬 더 귀하니, 네가 갖고 싶어 하는 세상의 그 어떤 것들도
감히 지혜와는 비길 수 없다."

[해설과 성찰] 지혜는 사람들을 향해 세상의 금은보화나 진주보다 자기 자신 곧 지혜를 선택하라고 훈계한다. 왜냐하면 세상의 재물과는 달리 지혜는 가치 있고 옳으며 의로운 것이기 때문이다.

우리는 돈으로 삶에 즐거움과 쾌락을 주는 것들은 살 수 있지만, 삶을 가치 있게 만드는 것들, 예를 들면 인격이나 좋은 평판 혹은 하나님과의 의미 있는 관계 같은 것들은 살 수 없다. 무엇보다 세상의 재물은

믿을 만한 것이 못 된다. 그것은 한때 많이 있다가도 어느 순간에 모두 사라질 수 있다. 바람처럼 덧없는 것이다.

하지만 지혜는 영원한 것이다. 내 삶에 참된 의미와 기쁨과 만족을 가져다줄 뿐만 아니라, 돈으로는 그 가치를 도무지 환산할 수 없는 하나님의 사랑과 구원과 영생을 우리에게 가져다주고 보장해준다. 그러므로 마땅히 지혜의 훈계를 받아들여 돈(재물)보다 지혜를 추구하고 선택해야 한다. 그리고 잊지 말 것은, 지혜의 근본은 '하나님을 경외하는 것'이란 사실이다(1:7; 9:10).

> 12 "나 지혜는 사려 깊음과 함께 살고, 지식과 분별력을 재산으로 갖고 있다. 13 주님을 경외하는 것은 곧 악을 미워하는 것이다. 그러니 나 지혜는 교만함과 거만함을 미워하고, 또한 악한 행실과 거짓된 말을 미워한다. 14 좋은 지략과 건전한 판단력이 나의 것이고, 삶에 대한 깨달음과 능력이 나의 영토다. 15 왕들은 내 도움을 받아야 백성을 올바로 다스리고, 고관들 역시 내 도움을 받아야 정의로운 법을 만든다. 16 군주들과 귀족들도 내 도움을 받아야 옳게 다스리고, 세상의 모든 재판관들도 내 도움을 받아야 옳고 그름을 제대로 가릴 수 있다."

[해설과 성찰] 여기서 말하는 자 곧 화자(話者)는 의인화된 '지혜'다. 그리고 그 지혜는 여성으로 의인화되었다. 그 이유는 '지혜'를 가리키는 히브리어 단어가 '여성'이기 때문이고, 또한 잠언의 목적이 젊은이들을 가르치는 데 있기에 자녀를 기르는 어머니 같은 여인이 보다 부드러운 인상으로 다가설 수 있기 때문이다. 이와 더불어 지혜와 대척점에 서 있는 여자인 음녀가 사람을 죽음의 길로 이끄는 데 비하여, 마치 어머니 같은 지혜는 자녀들을 생명으로 인도하려는 의지가 강렬하기 때문이다. 이처럼 문학 작품에서 어떤 개념이나 사물을 의인화하여 표현하는 것은

예로부터 곧잘 통용되던 주요 수사학적 기법인데, 그렇게 하는 까닭은 추상적인 것을 구체적인 것으로 만들어 한층 친근하고 생동감 있게 의미를 전달하기 위해서다.

이제 의인화된 지혜는 자신이 얼마나 필요한 존재인가를 강조한다. 자신은 올바로 살아가는 데 반드시 필요한 온갖 선한 것들, 예를 들면 사려 깊음, 분별력, 지식, 주님 경외하는 법, 좋은 지략, 건전한 판단력, 깨달음, 능력 등을 소유하고 있다고 역설한다.

그렇기 때문에 특히 왕, 고관, 군주, 귀족, 재판관 같은 통치자들이나 사회 지도층 인사들이 자신들의 임무와 역할을 올바로 수행하기 위해서는 반드시 자기 자신 곧 지혜가 필요하다고 일러준다. 일찍이 솔로몬 왕은 이 같은 진리를 깨닫고 주께 오로지 지혜를 간구하였고, 그 결과 지금 지혜의 가르침을 베풀 수 있게 되었던 것이다.

17 "나 지혜는 나를 사랑하는 자들을 사랑하고, 나를 간절히 찾는
자들을 기꺼이 만나줄 것이다. 18 부귀와 영화가 나에게 있고, 재물과
번영을 유지하는 것도 전부 나에게 달려 있다. 19 나에게서 얻는 열매는
금보다, 아니 정련된 순금보다 훨씬 낫고, 내가 거두게 해주는 열매는
은보다, 아니 정련된 순은보다 훨씬 좋다. 20 나 지혜는 오직 의의
길로 힘차게 다니고, 공의의 길 한가운데로 당당하게 걷는다. 21 나를
사랑하는 사람들에게는 내가 재물을 유산으로 주어서 그들의 창고를
가득 채워줄 것이다."

[해설과 성찰] 지혜자 솔로몬이 지금 훈계하고 있는 이 말은 자신의 간증이기도 하다. 20세가량의 젊은 나이에 부왕 다윗에게서 큰 나라와 영토를 물려받은 솔로몬 왕은 기브온 산당에서 일천 번제를 드리면서까지 간절하게 지혜를 찾았고, 그 결과 지혜를 만나고 그것을 얻을 수 있었다(왕상 3:4-14).

일천 번제를 드린 날 밤, 솔로몬의 꿈에 나타난 하나님은 솔로몬에게 원하는 것을 물었고, 이때 솔로몬은 세상의 재물과 부귀영화를 구하지 아니하고 오로지 지혜를 구했다. 그런데 솔로몬이 얻은 것은 지혜는 물론이고, 세상의 재물과 부귀영화까지 얻었다. 이처럼 지혜를 구하고 찾는 자들에게는 지혜와 더불어 세상의 재물과 부귀영화도 덤으로 얻을 것이지만, 지혜를 도외시하고 세상의 재물과 부귀영화를 구하고 찾는 자들에게는 지혜는 말할 것도 없고 세상의 재물과 부귀영화조차 얻지 못한다.

지혜의 기원과 실체 (8:22-31)

22 "주께서 태초에 일을 시작하시기 전, 곧 세상 만물을 지으시기
전에 이미 주께서는 나를 소유하고 계셨다. 23 영원 전부터, 곧 까마득한
그 옛적에 땅이 생겨나기 훨씬 전부터, 이미 나는 주 앞에 서 있었다.
24 아직 깊은 바다가 생기기도 전에, 물이 가득한 샘이 만들어지기도
전에, 나는 이미 태어나 존재하고 있었다. 25 산맥들이 솟아나기도
전에, 언덕들이 일어서기도 훨씬 전에, 나는 이미 태어났다. 26 그때는
주께서 땅도, 들녘도, 세상의 흙 한줌조차 만들기 훨씬 전이었다.
27 마침내 주께서 하늘을 지어 넓게 펼치실 때에도 내가 거기에 있었고,
깊은 바닷물 위에 수평선을 새겨 넣으실 때에도 나는 그 자리에 함께
있었다. 28 주께서 저 위 하늘에 구름을 달아매시고, 깊은 샘물을
힘차게 솟구치도록 하실 때에도 나는 거기에 함께 있었다. 29 주께서
바다에 경계를 그어 그 위로는 바닷물이 넘치지 않도록 하실 때에도,
땅에 기둥을 박아 그 기초를 튼튼히 세우실 때에도, 나는 역시 거기에
함께 있었다. 30 그때에 나는 주님 곁에서 그분의 일을 돕는 창조의
장인이 되어 날마다 그분의 기쁨이 되었고, 나 역시 그분 앞에서
항상 즐거워하였다. 31 진실로 그때에 나는 그분께서 지으신 세상

만물을 무척 기뻐하였고, 그 무엇보다도 그분께서 지으신 사람들을 가장 기뻐하였다."

[해설과 성찰] 지혜자 솔로몬은 이 부분에서 더욱 깊고 신비로운 성령의 감화 감동을 받아 이제 주님의 창조 사역과 관련해서 지혜의 신적 기원과 그 실체에 대해서까지 언급한다. 그리하여 태초에 있었던 주님의 창조 사역에서 지혜가 어떤 역할을 했는지를 들려준다.

세상의 아름다움과 질서는 완벽한 지혜를 지닌 창조주의 작품이다. 아름답고 웅장한 건축물을 짓기 위해서 탁월한 건축가가 정교하게 설계를 하듯, 주님은 세상을 지으시기 이전부터 창조 설계를 하셨는데, 그때에 지혜가 주님과 함께 하셨다. 따라서 창조된 세상은 주님과 지혜가 함께 이룬 결과물이다(더욱 엄밀하게는 '성령'도 포함된다. 주님은 설계에 따라 명하셨고, 그분의 '말씀' 되시는 지혜는 실제로 주님의 명령에 따라 피조물을 만드셨으며, 이때 성령은 만들어진 피조물들이 그 특성에 따라 운행되도록 하셨다).

이처럼 지혜가 태초 이전부터 주님과 함께 존재했으며, 창조 사역에서 더불어 일했다는 사실에서, 지혜의 신적 기원과 실체를 발견할 수 있다. 후일의 발전된 신약의 계시에 따르면, 그 지혜는 바로 참 지혜이시고 지혜(말씀; 헬, 로고스) 자체이신 '예수 그리스도'를 가리킨다(요 1:1-3).

참으로 주님의 참 지혜의 말씀 되시는 그리스도는 세상 만물의 창조 이전, 곧 영원 전부터 주님과 더불어 선재(先在)하신 분으로서(22-26절, 요 1:1), 주님과 더불어 세상 만물을 지으신 창조주이시다(27-31절, 요 1:2-3). 따라서 그분 지혜에게 참 생명이 있다(35절, 요 1:4).

이처럼 구약시대의 잠언에서 의인화된 이 지혜는 신약시대에 친히 사람의 몸을 입고(성육신하시어) 이 땅에 오셔서 지혜의 실체이신 자기 자신을 몸소 드러내 보이셨다(요 1:9-11). 따라서 성경은 지혜의 실체이신 그리스도를 깨달아 아는 자를 '지혜로운 자'라 하였고, 그분을 모르는 자를 '어리석은 자'라고 규정한다(시 14:1; 고전 1:18).

생명을 얻는 길 (8:32-36)

32 "그러므로 내 아들아, 내 말을 잘 들어라. 나의 길을 따르는 사람은
참으로 복을 받는다. 33 부디 내 가르침을 듣고 지혜로운 사람이
되어라. 결코 내 훈계를 흘려듣지 말아라. 34 날마다 나의 문을 지켜보며,
내 문설주 곁에 서서 내 말을 듣는 사람은 복이 있다. 35 누구든지
나를 찾아 얻는 사람은 생명을 얻고 주님께 은총을 받을 것이다.
36 그러나 나를 찾지 않는 사람은 스스로 자기 영혼을 망치는 사람이니,
누구든지 나를 미워하는 사람은 사망을 사랑하는 사람이니라."

[해설과 성찰] 지혜를 얻고자 지혜가 흘러나오는 집의 문설주 곁에 붙어서서 귀 기울여 듣는 자는 복이 있고, 또한 생명을 얻게 된다는 말이다. 지혜를 얻는 자가 '생명'을 얻게 된다는 것은 분명한 진리다(35절). 지혜의 근본은 주님을 경외하는 것이기 때문에(1:7; 9:10), 지혜를 얻는 자는 죄의 길을 떠나 주님을 경외하는 삶을 살게 된다.

주님을 경외하는 삶은 주님 앞에서 두렵고 경건한 마음으로 주님 말씀을 좇아 사는 것을 가리키는데, 그처럼 주님의 말씀에 순종하는 삶이 곧 우리에게 영원한 생명을 제공해주는 것이다. 이와 반대로, 지혜를 얻지 못함으로 해서 주님을 경외하는 삶을 살아가지 않는 자들은 자기 영혼을 망치는 자들로서 결국 사망의 늪에 빠져들 수밖에 없다(36절).

본문의 내용을 신약 버전으로 바꾸어 표현한다면, 그리스도를 믿고 받아들인 자들은 영생을 얻고, 그리스도를 믿지 않고 거부한 자들은 영원한 사망에 이르게 된다는 가르침이다. 이처럼 신구약의 모든 가르침은 '그리스도'를 중심으로 서로 일치하고 통일되어 있다. 그것은 모든 성경의 원저자는 한 분 '성령님'이시기 때문이다.

9

지혜와 어리석음

주를 경외함은 지혜의 근본이고
주를 아는 것은 슬기의 근본이네
누구든 지혜를 얻으면 오래 살고
유익한 것으로 보상을 받네

지혜의 초청 (9:1-6)

1 지혜가 일곱 기둥을 잘 다듬어 세워 자기 집을 지었다. 2 그런 뒤,
짐승을 잡고 포도주를 잘 빚어 풍성한 잔칫상을 차려놓았다. 3 그러고서
지혜는 자기 여종들을 모두 내보내어, 성읍 높은 곳에 서서 큰 소리로
이렇게 외치게 하였다. 4 "어리석은 사람들이여, 모두 이리로 오시오."
그리고 지혜는 분별력이 부족한 사람들에게도 이렇게 말하도록 하면서
모두 잔치에 초청하라고 하였다. 5 "자, 어서 갑시다. 지혜가 차려놓은
음식을 함께 먹고, 지혜가 잘 빚어놓은 포도주도 함께 마십시다. 6
이제는 더 이상 어리석게 살지 말고 생명의 길로 걷도록 합시다. 명철의
길을 따라 슬기롭게 살아갑시다."

[해설과 성찰] 음녀의 집이 사람을 '스올'(죽음, 무덤)로 이끄는 곳이라면 (7:27), 지혜의 집은 사람을 '생명'으로 인도하는 곳이다(8:34-35). 그러하기에 지혜는 일곱 기둥으로 집을 잘 지어놓은 뒤 풍성한 잔칫상을 마련해

놓고는, 성읍 높은 곳에서 어리석은 사람들과 분별력이 부족한 사람들을 힘써 초청한다.

이 비유적 표현에서, 지혜에 의해 건축된 '일곱 기둥의 집'은 그 집이 조금도 흔들림 없이 완전하고 견고하며 거룩한 집임을 의미한다. 태초에 7일 간에 걸친 하나님의 거룩하고 완전한 창조 사역에 근거하여, 성경에서 '일곱'(7)은 일반적으로 '완전함'과 '거룩함'을 상징하는 수로 종종 사용되고 있다. 또한 '성읍 높은 곳'에 서서 큰 소리로 외친 까닭은, 성읍 전체를 가장 잘 조망할 수 있고 성읍을 드나드는 모든 사람들에게 가장 잘 보이는 곳에서 외치는 것이 가장 많은 사람들에게 가장 멀리 전파할 수 있을 것이기 때문이다.

그리고 지혜의 초청에 응하여 지혜가 차려놓은 잔칫상의 음식을 함께 먹는다는 것은, 지혜와 더불어 교제하고 어울리면서 상호 친분을 쌓는다는 의미로, 말하자면 '지혜'를 받아들인다는 뜻이다. 그래서 신약에서도 복음의 초청이 잔칫상의 초청 비유로 종종 사용되곤 하였다(마 22:1-14; 눅 14:15-24). 후일 지혜(말씀)의 성육신이신 예수님도 자신을 먹고 마실 수 있는 '빵'(요 6:51)이나 '물'(요 4:14)에 비유하셨다.

거만에 대한 경계 (9:7-12)

7 잘난 체 우쭐대는 거만한 자를 훈계하려 들면 모욕이나 당하기 십상이고, 악한 자를 꾸짖으면 도리어 화를 입게 마련이다.
8 그러니 우쭐대는 거만한 자를 꾸짖을 생각일랑은 하지도 말아라. 아무 유익 없이 그에게 미움만 당할 뿐이기 때문이다. 도리어 현명한 사람을 꾸짖어라. 그러면 그가 너를 사랑할 것이다.
9 네가 지혜로운 사람을 훈계하면 훈계할수록 그는 더욱 지혜로워지고, 네가 의로운 사람을 가르치면 가르칠수록 그는 더욱 더 많은 것을 깨닫게 될 것이다.
10 주님을 경외하는 것이 지혜의 근본이고, 거룩한 분을 아는 것이 명철의

근본이다. [11] 나 지혜를 얻으면 그로 인하여 네가 더욱 오래 살 것이고 네 수명이 한층 더해질 것이다. [12] 네가 지혜로우면, 너의 그 지혜가 너에게 유익한 것으로 보상해줄 것이다. 그러나 네가 거만하다면, 너의 그 거만이 너에게 고통을 가져다줄 것이다.

[해설과 성찰] 지혜의 초청을 완강히 거부한 채 스스로 잘난 체 우쭐되는 거만한 자들을 어떻게 대해야 할지에 대한 교훈이다. 지혜자의 가르침은 이것이다. 그런 자들을 꾸짖고 훈계하느니 차라리 현명하고 지혜로운 자들을 꾸짖고 훈계하는 것이 훨씬 바람직하다는 것이다(8-9절). 왜냐하면 이미 귀를 꽉 닫고 고의적으로, 냉소적으로 지혜를 거부하는 거만한 자들에게 지혜의 훈계를 베풀려고 하다보면 지혜가 미움과 모욕만 당할 뿐이고 아까운 시간만 낭비되기 때문이다.

잠언의 이런 가르침은 후일 그 가치를 모르고 마구 짓밟는 돼지에게는 진주를 던지지 말라는 예수님의 교훈과 상통한다(마 7:6). 그렇지만 그러한 자들이 자신의 거만하고 비웃는 태도를 고치고, 진지하게 교훈을 받아들일 자세를 갖춘다면, 언제든지 우리는 주저함 없이 그들에게도 기꺼이 하나님의 지혜를 힘써 가르쳐야 한다.

한편, 잠언 1장 7절에 이어 지혜자는 다시금 대구법을 사용하여 지혜와 명철의 근본에 대해 훈계하고 있다. 주님을 경외하는 것이 지혜의 근본이고, 거룩한 분을 아는 것이 명철의 근본이라는 가르침이다(10절). 여기서 주님과 거룩한 분, 경외하는 것과 아는 것, 지혜와 명철이 대구(對句)를 이루고 있다. 각각 대구를 이루는 두 표현은 유사한 의미를 지닌다. 그중에서 굳이 살펴보자면 '지혜'(히, 호크마)는 하나님께 대한 경건함에 기초하여 참된 것을 깨닫는 통찰력과 그 참된 것을 실천하는 올바른 삶을 가리키고, '명철'(히, 비나)은 우리의 삶속에 혼재되어 있는 선과 악, 참과 거짓, 유익한 것과 무익한 것 등을 올바로 분간하고 분별하는 능력을 가리킨다.

어리석은 여자 (9:13-18)

13 어리석은 여자는 무척 수다스럽다. 깨닫는 바가 없으니, 아무것도
모르면서 제멋대로 날뛴다. 14 그런 여자는 자기 집의 문 앞이나 성읍
높은 곳에 자리를 잡고 앉아 있다가 15 자기 갈 길을 부지런히 가고
있는 사람을 불러 외치기를 16 "어리석은 사람들아, 모두 이리로 오라!"
한다. 또한 그녀는 분별력이 부족한 사람들에게도 이르기를 17 "훔쳐
마시는 물이 더 달고, 몰래 먹는 빵이 더 맛있다!"하고 말한다. 18
이런 말을 듣고서 어리석은 사람은 귀가 솔깃해지니, 그런 사람은
죽음의 그림자가 바로 그곳에 드리워져 있다는 것을 알지 못한다.
또한 그녀의 초청에 응해 그 여자를 찾아간 손님들마다 이미 스올의
깊은 곳에 떨어져있다는 것을 알지 못한다.

[해설과 성찰] 지혜로운 여인의 초청은 '생명의 풍성한 잔칫상'을 제공해 주지만(1-6절), 어리석은 여자의 초청은 '스올(사망)의 깊은 함정'에 떨어뜨린다. 여기 '어리석은 여자'는 지혜를 비웃고 거스르는 '음녀'(淫女)와 같은 부류다(2:16-19). 후일 사도 요한은 진리(지혜)를 대적하고 거스르는 적그리스도를 '큰 음녀'에 비유하였다(계 17:1; 19:2).

여기서 어리석은 여자는 사람들을 미혹할 때 "훔쳐 마시는(도둑질한) 물이 더 달고, 몰래 먹는 빵이 더 맛있다."라고 하는데(17절), 어리석은 자들의 귀에는 아주 솔깃한 제안이었다. 여기서 '훔쳐 마시는 물'과 '몰래 먹는 빵'은 음녀가 제공하는 불륜의 음식으로서, 곧 은밀하게 이루어지는 '불륜의 성관계'를 비유하는 말이다.

과연 음녀의 유혹대로 죄로 인해 타락한 사람의 속성은 그처럼 금지된 행위를 몰래 행함으로써 순간적으로 짜릿한 쾌락이나 흥분을 맛볼 수 있다. 하지만 그것은 마치 마약에 의한 도취감 같은 것으로, 수명을 현저히 단축시키고, 이내 고통스러운 해악과 씻을 수 없는 수치감을

안겨준다(6:32-35). 음녀의 유혹에 빠져 그것을 맛본 자들은 이미 '스올의 깊은 곳'에 떨어진 셈이다.

히브리어 '스올'(Sheol)은 구약시대에는 죽은 자들이 들어가는 지하세계 곧 '무덤'을 뜻하고 '사망'(죽음)과 동의어로 사용되었다. 고대 히브리인들은 우주를 하늘, 땅, 땅 밑(지하)의 3층 구조로 이해했다. 그중에서 땅 밑 곧 '스올'은 죽은 자들의 영혼이 예외 없이 모두 들어가는 망자의 사후 거처로 인식되었다. 이 같은 스올의 개념이 신약시대에 이르러서는 악인들이 형벌을 받는 고통과 저주의 장소, 곧 지옥(헬, 게엔나)이란 개념으로 발전되었다(마 5:29; 약 3:6).

10
의인과 악인

의인의 말은 사람을 깨우치지만
악인은 입에 맹독을 머금네
사랑은 숱한 허물을 덮지만
악인은 다툼만 일으키네

의인과 악인의 대조, 그 삶의 특성과 결과 (10:1-32)

1 이것은 솔로몬의 잠언이다. 지혜로운 자식은 자기 아버지를 기쁘게
하지만, 어리석은 자식은 자기 어머니에게 걱정을 안겨줄 뿐이다.
2 부정하게 모은 악인의 재산은 아무 가치가 없지만, 의로움은 사람의
목숨을 죽음에서 건져낸다. 3 주께서는 의인의 생명은 굶주리지 않게
보살펴주시지만, 악인의 탐욕은 단호하게 내치신다. 4 게으른 손을
가진 사람은 가난하게 되지만, 부지런한 손을 가진 사람은 재산을
모은다. 5 추수 때에 열심히 거두어들이는 사람은 지혜로운 아들이지만,
곡식이 익었어도 잠이나 자고 있는 사람은 집안의 수치스러운 아들이
다. 6 의인은 그 머리에 복의 왕관을 쓰고 있지만, 악인은 그 입에
독을 머금고 있다.

[해설과 성찰] 지금까지 지혜자는 지혜와 어리석음의 일반적인 특성과 원칙을 훈계하였다. 이제부터는 구체적인 삶의 처지와 형편에서 매우

실제적인 소재들을 가지고 지혜와 어리석음에 관해 가르친다. 이런 측면에서 지혜자는 의인과 악인을 예리하게 대조하면서 그 삶의 특성과 결과를 훈계하고 있는데, 요약하면 의인은 마음의 지혜로움과 손의 부지런함과 입술의 진실함이 있는 자들이다. 반대로, 악인은 마음의 어리석음과 손의 게으름과 입술의 사특함이 있는 자들이다. 지혜자는 이 같은 교훈을 예리한 반의적(反意的) 대구법을 사용하여 가르치고 있다.

지혜로운 자식 곧 하나님의 말씀을 좇아 살아가는 자녀는 참되고 신실하며 의롭고 부지런한 삶을 살아가기 때문에 자기 부모를 기쁘게 하고 재산을 모으며 복된 삶을 누린다. 반면에 어리석은 자식 곧 하나님의 말씀을 떠나 자기 멋대로 살아가는 자녀는 부정하고 탐욕만 가득하고 게으른 삶을 살아가기 때문에 부모에게 걱정만 끼치고 가난하게 되며 집안의 수치거리가 될 뿐이다. 이처럼 지혜는 온갖 '복'을 가져다주지만, 어리석음은 온갖 '해악'만 가져온다.

한편, 지혜자의 가르침에 따르면 주께서는 의인의 생명은 굶주리지 않게 보살펴주신다고 했는데(3절), 과연 그러한가? 인류의 역사를 살펴보면, 수많은 경건한 의인들이 환난과 핍박 등으로 심각한 박탈과 굶주림을 겪은 게 사실 아닌가? 따라서 여기 잠언의 말씀은, 다른 곳의 잠언들과 같이 "의인은 주님께 복을 받는다."는 일반적인 원칙을 말한 것뿐이다. 하지만 특별히 영적인 측면에서 고찰해 볼 때 확실한 것은, 의인의 생명(히, 네페쉬) 곧 그의 영혼은 굶주리지 않는다는 사실이다.

7 의인은 그 이름까지 칭찬을 받으면서 계속 기억되지만, 악인은 그
이름마저 곧장 썩게 된다. 8 그 마음이 지혜로운 사람은 계명을 받아들이
지만, 어리석게 입만 놀리는 사람은 스스로 망한다. 9 흠 없이 사는
정직한 사람은 그 앞길이 평탄하지만, 구부러진 길을 따라 걷는 그릇된

사람은 그 행실이 결국 드러나고 만다. 10 눈짓하는 사람은 고난을
불러들이고, 입을 어리석게 놀리는 사람은 멸망의 길을 자초한다.
11 의인의 입은 생명의 샘이지만, 악인의 입은 독을 잔뜩 머금고 있다.
12 미움은 다툼을 일으키지만, 사랑은 모든 허물을 덮어준다.

[해설과 성찰] 지혜자는 마음이 지혜로운 사람만이 계명을 받아들인다고 가르친다(8절). 그럴 수밖에 없다. 주님의 계명을 받아들이기 위해서는 무엇보다 '순종하는 마음'이 필요하기 때문이다. 지혜로운 사람은 순종의 마음을 지닌 자들이다. 따라서 지혜로운 사람은 자신의 뜻대로 행하지 않고 계명에 순종하는 삶을 살아간다. 이처럼 계명에 순종하는 삶이 곧 계명을 받아들이는 방식인데, 오직 마음이 지혜로운 사람만이 그렇게 살아갈 수 있다.

한편, 사람들의 칭찬 속에서 오래도록 기억되는 의인의 이름과는 달리, 악인의 이름은 그의 죽음과 더불어 곧장 썩게 된다(7절). '썩는다'(히, 라카브)는 말은 마치 썩고 부패한 물건처럼 역겨운 냄새가 나고, 그렇게 썩고 부패한 물건처럼 모두에게 버려지고 아무렇게나 취급당하게 된다는 의미다. 그리고 어리석은 자는 또한 '눈짓하는 자'인데(10절), 여기에서 '눈짓'이란 죄악을 도모하기 위해 서로 간교하고 음흉하게 소통하는 행위를 가리킨다(6:13).

13 분별력 있는 사람의 입술에는 지혜가 있지만, 미련한 자의 등에는
채찍만 기다릴 뿐이다. 14 지혜로운 사람은 지식을 저장하지만, 어리석은
사람의 입은 스스로 멸망을 재촉한다. 15 부자의 재산은 자기 자신을
지켜주는 견고한 요새가 되지만, 가난한 사람의 궁핍은 자기 자신을
망하게 한다. 16 의인이 수고하여 얻은 임금은 그에게 생명을 가져다주지
만, 악인이 얻은 소득은 그에게 죄가 될 뿐이다. 17 훈계를 받아들이는
사람은 생명의 길을 걷지만, 책망을 거부하는 사람은 그릇된 길로

나아간다.

[해설과 성찰] 잠언에서 자주 등장하는 '부자와 가난한 자에 대한 교훈'은 특수한 경우를 배제한 가르침으로, 일반적이고 보편적인 원칙에 바탕을 둔 가르침이다. 그런 관점에서 지혜자는 부자의 재산을 긍정적으로 보았다. 사실, 합법적으로 축적한 정당한 재물은 그 부자를 재물로 인한 유혹과 죄악에서 지켜주는 견고한 요새 역할을 할 수 있다(15절).

이와 유사한 관점에서 의인이 수고하여 얻은 임금은 그에게 생명을 가져다준다(16절). 여기서 '생명'은 구원이나 영생을 가리키지 않는다. 성경은 분명히 우리의 구원 곧 영생은 수고로써 얻을 수 있는 성격의 것이 아니라 오직 하나님의 선물임을 가르친다(엡 2:8-9). 따라서 여기서 의인이 땀 흘려 벌어들인 임금을 통해 얻는 '생명'은 올바르고 부지런한 삶을 살아감으로써 기대할 수 있는 생계의 보장이나 삶의 보람 및 축복을 가리킨다고 볼 수 있다.

18 미움을 감추는 자는 거짓된 입술을 가진 사람이고, 남을 헐뜯는 자는 어리석은 사람이다. 19 말이 많으면 실수도 많아 죄를 짓기 쉽지만, 말을 조심하는 사람은 참으로 지혜로운 자이다. 20 의인의 혀는 순은과 같지만, 악인의 마음은 아무짝에도 쓸모가 없다. 21 의인의 입술은 많은 사람들에게 깨우침을 주어 그들을 살게 하지만, 어리석은 자는 분별력이 없어 스스로 죽게 될 뿐이다.

[해설과 성찰] 의인(지혜로운 사람)과 악인(어리석은 사람)을 구분 짓는 중요한 척도 중 하나가 그의 '입술'이다. 그 사람의 입술(혀, 말)을 보면 그가 의인인지 악인인지 밝히 구분할 수 있다. 의인의 입술은 순은처럼 가치 있는 지혜를 담고 있어 올바른 깨우침을 줌으로써 그들로 살게 하지만, 거짓되고 남을 헐뜯는 악인의 입술은 아무짝에도 쓸모없고

분별력이 없어 스스로를 죽일 뿐만 아니라 다른 사람들까지도 죽게 만든다. 한편, '미움을 감추는 자'(18절)란 말은 마음속에는 미움이 가득 있으나 겉의 입술로는 사랑이 있는 체 말하는 위선자를 가리킨다. 악인은 그런 거짓된 입술을 가진 자다.

22 주께서는 사람에게 복을 주셔서 그를 부요하게 하시지만, 그 복과
함께 근심을 더하지 않으신다. 23 어리석은 사람은 나쁜 짓을 행하는
데서 기쁨을 찾지만, 분별력 있는 사람은 지혜에서 기쁨을 찾는다.
24 악인에게는 그 염려하던 일이 닥쳐오지만, 의인에게는 그 바라던
일이 이루어진다. 25 폭풍이 휩쓸고 지나가면 악인은 온데간데없이
사라져버리지만, 의인은 끄떡없이 그 자리에 영원히 버티고 있다.
26 게으른 사람에게 일을 시키자면, 식초를 마신 것처럼 이를 악물어야
하고 눈에 연기가 들어간 것처럼 눈을 찌푸려야 한다.

[해설과 성찰] 잠언에서는 어리석은 자, 악인, 게으른 자 등이 동의어로 사용되고 있다(이와 반대로 지혜로운 자, 의인, 부지런한 자 등도 동의어로 쓰인다). 어리석은 자는 주님을 경외하지 않는 자이고, 그렇기 때문에 그자는 악인이며, 악인은 또한 땀 흘려 일할 생각은 하지 않고 남의 재물을 탐하면서 게으름을 피우는 자이다. 지혜자는 계속해서 악인(어리석은 자, 게으른 자)과 의인(지혜로운 자, 분별력 있는 자, 주님께 복 받은 자)의 특성과 그들의 삶의 결과에 대해 훈계하고 있다.

본문의 가르침에서 주목할 점은, 주께서 베풀어주신 복으로 부요하게 된 사람은 근심이 없다는 내용이다(22절). 이는 온갖 불안과 염려와 다툼을 수반하는 인간의 인위적인 부의 축적과는 달리, 동방의 경건한 인물인 욥의 경우처럼 하나님의 주권적인 은혜와 복 주심으로 주어지는 부요는 쓸데없는 걱정, 근심, 염려 없이 온전한 감사와 만족과 기쁨의 대상이 된다는 의미다(빌 4:4).

한편, 재밌는 표현의 훈계가 있다. "게으른 자는 그를 부리는 사람에게 이에 식초 같고 눈에 연기 같다."는 표현이다(26절). 여기서 식초는 이를 아주 시리게 만들고, 연기는 눈을 아주 따갑게 만드는 것으로, 쓸모없고 해롭고 성가신 존재를 가리킨다. 그렇기 때문에 게으른 자에게 일을 시킨 주인은 시킨 일은 제대로 하지 않고 이리 빈둥거리고, 저리 빈둥거리며 마냥 시간을 보내는 게으른 자의 행태에 대해 끓어오르는 화를 참기 위해 이를 악물어야 하고, 마치 눈에 연기가 들어간 것처럼 눈을 찌푸려야 한다.

> 27 주님을 경외하는 사람에게는 수명이 더해지지만, 악한 자는 제
> 수명대로 살지 못한다. 28 의인의 소망은 결국 기쁨을 거두게 되지만,
> 악인의 기대는 물거품이 되어 버린다. 29 주님의 길은 의로운 자에게는
> 힘이 되지만, 악을 행하는 자에게는 멸망의 구렁텅이가 될 뿐이다.
> 30 의인은 그 땅에서 갈수록 뿌리를 깊이 내리지만, 악인은 그 땅에서
> 더 이상 발붙일 곳이 없게 된다. 31 의인의 입에서는 지혜가 흘러나오지
> 만, 악인의 거짓말하는 혀는 잘리고 말 것이다. 32 의인의 입술은 남에게
> 기쁨을 주는 유익한 말을 하지만, 악인의 입은 추하고 거짓된 것만을
> 토할 뿐이다.

[해설과 성찰] 주님을 경외하는 의인은 장수하고, 주님을 거스르는 악인은 제 수명대로 살지 못하고 일찍 죽는다(27절). 의인은 번성하고 악인은 쇠잔하게 된다(30절). 잠언의 다른 가르침들과 마찬가지로, 이 부분도 절대적인 보장을 약속해주는 잠언이 아니라, 삶의 일반적인 원칙을 서술한 것이다.

이 세상에서는 의인이 일찍 죽거나 쇠잔해지기도 하고, 악인이 오래 살고 번성하기도 한다. 하지만 일반적인 원칙에서 살펴볼 때, 하나님의 말씀을 좇아 의로운 삶을 살아간다면, 수명을 단축시키는 어리석은

행동과 습관을 피할 수 있고, 그 결과 더 행복하고 더 건강하게 더 오래 살 수 있다. 마찬가지로 악인의 나쁜 습관들과 악한 행동들은 그들의 수명을 단축시키고 그들의 삶에 퇴보를 가져다준다.

잠언의 가르침을 세상 기준이 아니라 영적인 측면에서 살펴본다면 그것은 언제나 예외 없이 절대적인 진리다. 비록 세상에서는 일찍 숨을 거두고 쇠잔해진 의인이라 할지라도 천국에서 영생의 삶을 누리기 때문이다. 이와 반대로 악인은 비록 세상에서는 잠시 오래 살았다 해도 죽은 이후에 영원히 죽는 영멸의 고통을 겪기 때문에 그 수명이 짧고 그 결국은 쇠잔해졌다고 말할 수 있다. 이처럼 잠언의 교훈을 접할 때에는, 일반적 원칙과 더불어 항상 영적인 측면을 함께 고려해서 살펴보아야 한다.

11

선한 삶과 악한 삶

덕 있는 여인은 존경받고
근면한 남자는 재산을 늘리네
많이 베푼 만큼 부자가 되고
인색하면 더욱 더 가난해지네

의인의 선한 삶과 악인의 악한 삶 (11:1-31)

1 주께서는 속이는 저울을 싫어하시고, 속이지 않는 정직한 저울을
기뻐하신다. 2 교만한 사람에게는 수치가 뒤따르지만, 겸손한 사람에게
는 지혜가 뒤따른다. 3 정직한 사람의 성실함은 그 사람의 앞길을
환히 열어주지만, 신실하지 못한 사기꾼은 자기가 파놓은 함정에 제
스스로 걸려든다. 4 하나님께서 진노하시는 날에 재물은 아무 쓸모가
없지만, 의로움은 죽을 목숨을 구해낸다. 5 흠 없이 사는 사람은 그의
의로운 행실로 인해 앞길이 평탄하게 열리지만, 악하게 사는 사람은
그의 악한 행실로 인해 스스로 걸려 넘어진다.

[해설과 성찰] 살아가는 데 필요한 기술은 이웃과 사회에 대해 상생하는 관계이다. 지혜자는 이웃과 사회와의 관계 속에서 이루어지는 여러 선행들 및 악행들의 양태와 그 가치를 대구법(對句法) 형식으로 예리하게 대조하여 열거하면서, 선행의 삶을 사는 의인들이 누릴 축복과 악행의

삶을 사는 악인들이 당할 패망을 제시하고 있다.

본장에서 의인은 속이지 않는 자, 겸손한 자, 정직한 자, 흠 없이 사는 자, 정의를 지키는 자, 지각 있는 자, 선을 추구하는 자, 인정이 많은 자, 지혜로운 자, 구제를 베푸는 자 등과 동의어로 표현되었다. 그리고 악인은 속이는 자, 교만한 자, 신실하지 못한 자, 경건하지 못한 자, 지혜 없는 자, 몰인정한 자, 불의를 추구하는 자, 인색한 자, 악을 추구하는 자, 어리석은 자, 죄인 등과 동의어로 표현되었다.

지혜자는 가장 먼저, 주님은 속이는 저울을 싫어하시고, 속이지 않는 정직한 저울을 기뻐하신다고 가르친다(1절). 속이는 저울은 물건을 달 때 공평한 추를 사용하지 않고 거짓 추를 사용하는 '부정한 상행위'이다. 상인이 거짓 추를 사용하는 것은 이웃을 속여 부정한 이득을 취하기 위함이다. 이 같은 행위는 사회 공동체의 신뢰를 무너뜨리는 악하고 거짓된 행위이기에, 참(진리)의 속성을 지니신 주님은 그런 행위를 무척 싫어하시고, 당연히 악인은 주님께 미움을 받아 정죄를 면할 수 없다(신 25:13-14; 레 19:35-36; 겔 45:10; 암 8:5; 미 6:11).

또한 지혜자는 흠 없이 사는 의인은 그 의로운 행실로 인해 평탄한 삶을 누리고, 악하게 사는 악인은 그 악한 행실로 인해 걸려 넘어져 패망한다고 훈계한다. 이처럼 선행과 악행은 행한 자의 품속으로 그대로 되돌아가는데, 에스더서의 이야기에 등장하는 '모르드개와 하만의 경우'가 좋은 실례이다.

[6] 정직한 사람은 바르게 살아온 옳은 행실로 구원을 받지만, 신실하지 못한 사람은 제 나쁜 욕심에 걸려 쓰러지고 만다. [7] 악인이 죽으면 그의 희망도 그와 함께 모두 끊어지고, 세상에 걸었던 그의 불의한 기대도 몽땅 물거품이 되고 만다. [8] 의인은 재난에 빠질지라도 건짐을 받지만, 악인은 그 재난을 대신해서 다 받는다. [9] 경건하지 못한 사람은

그 입으로 이웃을 망하게 하지만, 의로운 사람은 그 지식으로 재난을
피해간다. 10 의인이 잘 되면 온 마을 사람들이 기뻐하지만, 악한
사람은 망해야 마을 사람들이 모두 환호한다. 11 정직한 사람이 복을
빌면 온 마을이 번영하지만, 악한 자가 입을 놀리면 온 마을이 망한다.
12 지혜 없는 사람은 자기 이웃을 깔보지만, 지각 있는 사람은 자기
혀를 조심한다.

[해설과 성찰] 잠언에서 끊임없이 반복되고 있는 훈계는 '말'(입술, 혀)에 대한 것이다. 말을 어떻게 하고, 말의 결과가 어떠한가에 따라 '의인' 혹은 '악인'으로 규정될 수 있다고 가르친다. 지혜자는 경건하지 못한 악인은 그 입으로 이웃과 마을(성읍)을 망하게 한다고 가르친다(9, 11절). 악인의 입은 거짓을 말하는 입이고 하나님을 훼방하는 입이다. 따라서 악인은 거짓되고 훼방하는 말을 이웃에게 함으로써 그들로 도덕적, 종교적으로 파멸에 이르게 한다.

반면, 정직한 의인의 말과 축복은 이웃을 구원하고 마을을 번영케 한다(9, 11절). 주님을 경외하는 정직한 의인은 자신뿐 아니라 이웃과 마을을 위해 성심껏 기도하는데, 의인의 기도가 주님께 상달되어 이웃을 구원의 길로 이끌고 마을을 번영케 만드는 것이다. 타인을 위한 기도는 좋은 말 중에서도 최상으로 좋은 말이다.

13 말 많은 수다쟁이는 여기저기 돌아다니면서 남의 비밀을 누설하지만,
그 마음이 믿음직한 사람은 남의 비밀을 잘 지켜준다. 14 훌륭한 지도자
가 없으면 나라가 망하지만, 슬기로운 참모가 많으면 나라가 번영한다.
15 다른 사람의 보증을 서는 자는 숱한 고통을 당하지만, 보증 서기를
거절하는 자는 아무런 염려가 없다. 16 덕이 있는 여인은 존경을 받고,
부지런한 남자는 재산을 모은다. 17 인정이 많은 사람은 자기 생명에
이로움을 가져다주지만, 몰인정한 사람은 자기 몸에 고통을 가져다줄

뿐이다. [18] 악한 자가 거두어들일 삯은 모두 헛것이지만, 의의 씨를
뿌린 사람은 거두어들일 보상이 많다.

[해설과 성찰] 지혜자는 앞서 보증 서는 것의 위험성에 관해 강력하게 훈계했다(6:1-5). 이제 또 다시 '보증'에 대해 언급한다. 남의 보증을 서면 숱한 고통을 당하지만, 보증 서기를 거부하면 아무런 염려가 없다(15절). 요컨대, 보증을 서지 말라는 가르침이다. 다른 사람을 위해 보증을 서는 일은 무조건 어리석은 짓이고 잘못된 일인가? 사정이 딱한 친족이나 친구, 지인을 위해 성심껏 도와주는 심정으로 보증을 서는 것도 절대로 해선 안 되는 일인가?

반드시 그렇지는 않다. 지혜자의 가르침은 자기 형편을 심사숙고하지 않은 채 헤픈 동정심이나 일시적 충동으로는 결코 보증을 서지 말라는 것이다. 내 보증이 그에게 어떤 유익을 끼치는지, 나와 내 가정에 위험을 초래하지 않고 대신해서 갚아줄 수 있는 경제적 여유가 되는지를 충분히 살펴보아야 한다. 그 사람의 변제 능력을 충분히 신뢰할 수 없고, 자신도 그 빚을 대신 갚아줄 경제적 능력이 안 된다면, 마음을 굳게 먹고서 차라리 처음부터 보증을 서지 않는 것이 현명하고 삶의 평안을 보장받는 길이다.

인정 많은 사람은 자기 생명에 이로움을, 몰인정한 사람은 자기 몸에 고통을 가져다준다. 악인의 삯은 모두 헛것이지만 의인이 뿌린 공의의 씨는 풍성한 보상을 가져다준다(17-18절). 뿌린 대로 거둔다는 가르침이다. 인정과 긍휼을 뿌리면 인정과 긍휼을 받고(마 5:7), 몰인정과 악행을 뿌리면 몰인정과 악행을 돌려받는다. 그래서 후일 예수님은 "누구든지 대접받고자 하는 대로 남에게 그대로 대접하라."(마 7:12)는 황금률을 가르치셨다.

[19] 정의를 굳게 지키는 사람은 생명을 얻지만, 불의를 추구하는 사람은

죽음에 이른다. [20] 주께서는 그 마음이 비뚤어진 자를 미워하시고,
흠 없이 사는 정직한 자를 기뻐하신다. [21] 악한 자는 징벌을 피할
길이 없지만, 의로운 자의 자손은 반드시 구원을 받는다. [22] 아름다운
여인이 분별력이 없어 삼가지 아니하면, 돼지 코에 금고리를 달고
있는 격이다. [23] 의로운 자의 소원은 좋은 결실을 가져오지만, 악한
자의 기대는 하나님의 진노만 일으킬 뿐이다.

[해설과 성찰] "아름다운 여인이 분별력이 없어 삼가지 아니하면, 돼지 코에 금고리를 달고 있는 격"이라는 비유(22절)가 재미있다. '돼지 코에 금고리'란 비유는 서로 간에 극히 어울리지 않는 꼴불견과 목불인견의 상태를 묘사하는 말이다.

구약시대의 성결법은 돼지를 부정한 동물로 규정하여 먹는 것은 물론이고 만지는 것조차 금했다. 따라서 그런 부정하고 더러운 곳에 사는 동물의 코에 값진 금고리가 달려있다는 것은 아주 우습고 꼴불견이었다. 잠언의 지혜자는 '아름다운 여인이 분별력이 없어 삼가지 아니하는 것'을 그것에 비유했다. 여기서 '삼가지 않는다.'란 말은 경솔하게 함부로 말하고 염치없이 제멋대로 행동하는 것을 말한다. 외적인 아름다움과 내적인 품격이 서로 전혀 조화되지 않는 상태이다.

[24] 남에게 거저 나누어주는데도 더욱 부유해지는 사람이 있는 반면,
지나치게 움켜쥐고 아끼는데도 오히려 가난해지는 사람이 있다. [25]
남에게 베풀기를 좋아하는 사람은 더욱 살림이 불어나고, 이웃에게
기꺼이 마실 물을 주는 사람은 자기 자신도 목마르지 않게 된다.
[26] 곡식을 자기 창고에 가득 쌓아놓고 내놓지 아니하는 사람은 백성들
에게 저주를 받지만, 창고를 활짝 열고 곡식을 기꺼이 내다 파는
사람은 복을 받는다. [27] 힘써 선을 추구하는 사람은 하나님의 은총을
받지만, 부지런히 악을 추구하는 사람은 그 악이 결국 자기 머리

위에 떨어진다.

[해설과 성찰] 오늘날 '매점매석'(買占賣惜) 또는 '사재기'라고 부르는 악한 행위를 하는 자에 대한 경고이다. '곡식을 자기 창고에 가득 쌓아놓고 내놓지 아니하는 사람'(26절)이 바로 그자다. 그자는 부당한 폭리를 노리고 사람들에게 곡물이 필요한데도 곡물을 시장에 내놓지 아니하고 더 폭등하기를 기다리면서 자기 창고에 가득 쌓아놓은 자다.

이런 자는 남의 딱하고 긴요한 사정은 아랑곳없이 자기 탐욕만 추구하므로 백성들에게 원망과 저주의 말을 들을 수밖에 없다. 반면, 자기 이익을 생각하기 전에 곡물이 필요한 사람에게 창고를 활짝 열고 기꺼이 내다 파는 사람은 칭찬과 축복의 말을 듣게 된다. 이처럼 이웃과 사회에 대하여 선행을 행하는 이타적인 사람은 마침내 하나님의 은총을 받지만, 이웃과 사회의 유익은 도외시하고 오직 자기 이익만을 부지런히 추구하는 악인은 그 악행이 결국 자기 머리 위에 떨어져 멸망에 이르고 만다(27절).

**[28] 자기 재산만을 의지하는 사람은 마른 낙엽처럼 떨어지지만, 의로운
사람은 푸르른 잎사귀처럼 힘차게 번성한다. [29] 자기 집을 돌보지
않고 해롭게 하는 사람은 헛된 바람밖에 물려받을 것이 없고, 어리석은
사람은 그 마음이 지혜로운 사람의 머슴이 될 뿐이다. [30] 의로운 자의
열매는 생명나무이고, 지혜로운 자는 사람을 얻는다. [31] 보라, 의인도
이 땅에서 그 행한 대로 정당한 보응을 받겠거든, 하물며 악인과
죄인들이야 더욱더 그러하지 않겠느냐.**

[해설과 성찰] 네 가지 훈계가 있다. 첫째, 재물을 의지하는 악인은 '마른 낙엽'처럼 떨어지고 시들어 패망하지만, 말씀을 의지하는 자는 시냇가에 심긴 푸르른 나무 잎사귀처럼 번성한다(28절). 둘째, 자기 집을 해롭게 하는 어리석은 악인은 아무 소득을 얻지 못한 채 가난뱅이가

되어 마침내는 자기 집을 잘 돌보아 부흥시킨 지혜로운 의인의 머슴으로 전락하게 된다(29절).

셋째, 선한 행실의 열매를 맺는 의로운 자는 그 열매가 자신에게 온갖 선한 것들을 가져다주는 '생명나무'가 되고(30절), 또한 지혜로운 자는 그 지혜롭고 선한 행실로 인해 사람들의 마음을 얻어 존경을 받게 되고, 또한 그들에게 선한 영향력을 끼쳐 사람들을 구원의 길로 인도하게 된다(약 5:20). 넷째, 평소에 선행을 행하는 의인도 어떤 죄나 잘못이 있으면 그것들이 그냥 묵과되지 않고 그가 잘못한 대로 정당한 징벌을 받을진대, 하물며 온갖 악행을 밥 먹듯이 자행하는 악인과 죄인들이야 그 죗값으로 주님께 마땅한 징벌을 받는 것은 더 말할 필요가 없다(31절).

한편, 성경에서 의인이 그의 잘못이나 죄로 인해 정당한 징벌을 받은 예로는 모세를 비방했다가 나병에 걸린 미리암의 경우(민 12:10-12), 불륜의 죄를 범한 대가로 '칼'(피 흘림)이 집안을 떠나지 아니한 다윗의 경우(삼하 12:10-14) 등이 있다.

12

의인과 악인의 특성

어진 아내는 지아비의 왕관
악한 아내는 지아비의 걱정
악한 말은 피를 흘리게 해도
정직한 말은 사람을 구하네

의인과 악인의 특성 (12:1-14)

1 훈계를 기꺼이 듣는 사람은 지식을 사랑하지만, 책망받기를 싫어하는
사람은 미련한 짐승과 같다. 2 선한 사람은 주님께 은총을 받지만,
악을 꾀하는 간교한 사람은 주님께 정죄를 당한다. 3 사람이 악한
행위로는 자신의 터를 굳게 세울 수 없지만, 의인의 뿌리는 결코 흔들리
지 않는다. 4 덕 있는 어진 아내는 자기 남편의 면류관이지만, 칠칠치
못하여 욕을 끼치는 아내는 자기 남편의 뼛속까지 썩게 한다. 5 의인의
생각은 올곧지만, 악인의 궁리는 속임수뿐이다.

[해설과 성찰] 앞장(11장)과 마찬가지로, 지혜자는 의인과 악인의 특성을 '그러나'라는 반의(反意) 대구법을 사용하여 예리하게 대조하여 묘사하고 있다. 의인과 악인의 특성은 추상적이거나 개념적인 것이 아니라 구체적이고 실제적인 것으로서, 그들의 마음과 말(혀, 입술)과 손과 발 등 삶의 현장에서 실천적으로 드러난다.

먼저 의인은 지혜자의 훈계를 기꺼이 듣는다(1절). 사실, 자존심을 누르고 다른 이의 훈계를 받아들이는 것은 쉬운 일이 아니다. 하지만 의인은 값진 진리를 얻기 위해 비록 마음의 상처를 입더라도 하찮은 자기 고집을 꺾고 훈계 받아들이기를 주저하지 않는다. 반면, 악인은 훈계를 듣거나 책망받기를 아주 싫어한다. 이처럼 생명의 삶으로 인도하는 훈계를 싫어하고 진리의 길로 이끄는 책망을 배척하는 자는 그 무감각과 무지몽매함에 있어서 멸망당할 본성대로만 좇아 사는 미련한 짐승과 다를 바 없다(1절).

또한 악인은 자신의 악한 행위로써 자기만의 터를 세우지만, 그것은 마치 모래 위에 쌓은 성과 같아서 굳건하지 못하고 이내 와르르 무너진다(마 7:26-27). 반면, 의인이 선한 행실로써 지은 성은 마치 반석 위에 세운 것과 같아서 굳건하기 때문에 어떤 폭풍우에도 무너지지 않는다(3절, 마 7:24-25).

지혜자는 덕 있는 어진 아내와 욕을 끼치는 아내에 대해서도 가르친다. 덕 있는 어진 여인, 곧 현숙한 여인은 잠언 31장 10-31절에서 구체적으로 묘사된 것처럼, 신실한 경건의 아름다움과 부지런한 노동의 아름다움을 갖춘 여인이다. 이런 여인은 자기 남편을 빛나게 하는 면류관이다. 반면, 처신이 칠칠치 못하고 내뱉는 말이 합당치 못하여 집안과 남편에게 욕을 끼치는 아내는 더는 남편의 분신인 '뼈 중의 뼈'(창 2:23)가 아니라, 도리어 그 뼈를 썩게 하는 수치거리다(4절).

[6] 악인의 말은 다른 사람의 피를 흘리게 할 뿐이지만, 정직한 사람의 말은 사람을 구한다. [7] 악한 자는 쓰러지면 사라지고 없지만, 의인의 집안은 흔들림 없이 굳게 서 있다. [8] 사람은 자신의 지혜대로 존경을 받지만, 마음이 비뚤어진 사람은 경멸을 받는다. [9] 있는 체하면서도 실제로는 먹을 것이 없는 사람보다는 보잘것없는 사람일지라도 종을

부리는 사람이 낫다. 10 의인은 자기 가축들까지도 잘 돌보아주지만,
악인은 기껏 친절한 자비를 베푼다고 해도 아주 몰인정하다.

[해설과 성찰] 의인과 악인을 구분 짓는 중요한 잣대 중 하나는 그들의 '말'(혀, 입술)에 있다. 그 사람이 하는 말을 들어보면 그가 악인인지 의인인지 판별할 수 있다. 악인의 말은 아무리 번지르르해도 결국에는 다른 사람들을 해쳐 그들로 피를 흘리게 만든다(6절). 그러나 의인(정직한 자)의 말은 어떤 방식으로든 다른 사람들에게 유익을 끼쳐 그들을 온갖 어려움에서 건져낸다.

지혜자는 당대뿐 아니라 오늘날에도 적용될 수 있는 적절한 훈계를 들려준다. 그것은 "있는 체하면서도 실제로는 먹을 것이 없는 사람보다는 보잘것없는 사람일지라도 종을 부리는 사람이 낫다."는 교훈이다(9절). 여기서 사람들에게 보잘것없는 사람으로 여김 받는 자는 실은 종을 부릴 만한 여력을 지닌 실속 있는 자다. 하지만 스스로 있는 체하고 높은 체하는 자는 실은 먹을 것조차 없는 궁핍한 자다. 잠언 지혜자의 충고는 이것이다. 다른 사람들의 평가에 상관없이 실속 있는 알찬 삶이 겉만 번지르르한 허영의 삶보다 훨씬 낫다는 것이다.

또한 지혜자는 가축에 대한 태도를 통해 의인과 악인을 구분 짓는다. 살아있는 가축의 생명을 어떻게 다루느냐를 보면, 그가 이웃이나 다른 이들을 어떻게 다루는지 알 수 있다고 말한다. 의인은 가축의 생명을 애정과 관심으로 잘 돌보지만(10절), 악인은 생명을 하찮게 여겨 잔인하게 함부로 다룬다. 악인에게는 참된 긍휼의 정신이 없기 때문이다. 그들도 때로는 친절과 자비를 베푸는 척하지만, 실상은 자기 유익을 위한 것으로 그 속내는 몰인정하고 무자비할 뿐이다(10절).

11 땀 흘려 열심히 밭을 가는 사람은 먹을 것이 넉넉하지만, 허망한
것을 추구하는 사람은 지각이 없는 사람이다. 12 악인은 부정한 이익을

탐하지만, 의인은 그 뿌리가 튼튼하여 많은 열매를 맺는다. 13 악인은
자신의 입을 잘못 놀려 스스로 올가미에 걸려들지만, 의인은 모든
곤경에서 무사히 벗어난다. 14 사람은 자기 손으로 일한 만큼 그 대가를
보상받는 것과 마찬가지로, 자기 입으로 무슨 말을 했느냐에 따라
그 열매를 거둔다.

[해설과 성찰] 지혜자는 '노동의 열매'와 '입의 열매'를 관련지어 훈계한다. 의인은 땀 흘려 경작하는 자로서 그 뿌리로부터 열매를 거두는 자다. 뿌리는 가지와 잎에 수분과 영양을 공급함으로써 정상적으로 열매를 맺히게 한다.

이 같은 뿌리의 결실은 의인이 살아가는 건실한 삶의 방식으로, 곧 땀 흘려 경작함으로써 열매를 얻는 삶의 태도다. 반면, 악인은 허망하고 비정상적인 방식으로 열매를 거두려 하는데, 곧 땀 흘리는 수고 없이 부정한 이익을 탐하는 자다(11-12절).

이 같은 노동의 열매는 입의 열매와 그 맥을 같이한다. 지혜롭고 유익한 말을 하는 의인의 입은 그러한 언행에 따르는 알차고 유익한 삶의 열매를 거두지만, 어리석고 무익한 말을 하는 악인은 그러한 언행에 따르는 아무 가치 없는 허망한 삶의 열매를 거둔다(13-14절).

미련한 자와 지혜로운 자 (12:15-28)

15 미련한 자는 자기 길이 옳다고 마냥 우기지만, 현명한 자는 다른
사람의 충고에 바짝 귀를 기울인다. 16 미련한 자는 당장에 분노를
쉽게 드러내지만, 현명한 자는 모욕을 당해도 잘 참는다. 17 진실한
사람은 거짓 없이 정직한 증언을 하지만, 거짓된 사람은 거짓 증언을
한다. 18 함부로 내뱉는 말은 상처를 입히는 날카로운 비수와 같지만,
지혜로운 사람의 혀는 다른 사람의 아픈 데를 낫게 해주는 좋은

약과 같다. 19 진실한 말은 영원토록 남지만, 거짓된 말은 오래가지 못하고 한 순간만 통할 뿐이다.

[해설과 성찰] 의인은 왜 현명하고 지혜로우며, 악인은 왜 미련하고 어리석은가? 의인은 현명하고 지혜로운 결정을 내리는 반면, 악인은 미련하고 어리석은 결정을 내리기 때문이다. 그런데 살펴보면, 의인(지혜로운 자들)이 실제의 삶 속에서 어떤 현명한 결정을 내릴 때, 그들은 다른 사람의 권고와 충고에 충분히 바짝 귀 기울인다(9:9; 11:14). 하지만 악인(미련한 자들)은 다른 이들의 권고와 충고에 귀를 꽉 막은 채 스스로의 결정이 최선인 줄 굳게 믿고 고집을 꺾지 않는다(15절).

또한 의인과 악인은 자기감정을 다스리는 태도에서 뚜렷한 차이가 난다. 악인(미련한 자, 어리석은 자, 거짓된 자)은 감정을 상하게 하는 어떤 말을 들었을 때 감정을 조절하지 못하고 당장 크게 화를 내며 분통을 터뜨린다. 그러나 의인(지혜로운 자, 현명한 자, 슬기로운 자, 진실한 자)은 어떤 모욕의 말을 들어도 당장 분통을 터뜨리지 않고 자기 감정을 잘 조절하여 참는다(16절). 삶의 모든 상황에 있어서 이처럼 '참는다'는 것은 의인의 특성 가운데 하나다.

지혜자는 또 다시 말(혀)에 관해 교훈한다(17-19절). 우리의 삶에서 '말'은 그 무엇보다 중요하기 때문에 잠언 도처에서 거듭거듭 강조되고 있다. 의인과 악인을 구분 짓는 중요 척도 가운데 하나도 역시 말이다.

의인의 말은 신실하여 정직한 증언을 하고(17절), 다른 이들의 아픈 데를 치유해주는 좋은 약과 같다(18절). 그래서 의인의 말은 결코 사라지지 않고 영원히 남고 보존된다(19절). 반면, 악인의 말은 사악하여 거짓 증언을 하고(17절), 함부로 내뱉는 그의 말은 날카로운 비수가 되어 다른 사람에게 상처를 입힌다(18절). 그래서 악인의 말은 한 순간만 통할 뿐 오래가지 못하고 공중의 연기처럼 쉬이 사라지고 만다(19절).

20 악을 꾀하는 사람의 마음속에는 속임수가 잔뜩 들어있지만, 평화를
도모하는 사람의 마음속에는 기쁨이 가득 넘친다. 21 의인은 아무런
해도 입지 않지만, 악인에게는 고통과 재난이 항상 따라다닌다. 22
주께서는 거짓말하는 입술을 아주 싫어하시고, 진실하게 살아가는
사람을 무척 기뻐하신다. 23 슬기로운 사람은 지식을 마음속에 간직하
고 드러내지 않지만, 어리석은 사람은 자기 마음속의 어리석음을 널리
알리고 다닌다. 24 부지런한 사람의 손은 남을 다스리게 되지만, 게으른
사람은 언제나 남의 부림만 받게 될 뿐이다.

[해설과 성찰] 지혜자는 의인과 악인을 대조하여 '마음'과 '입술'과 '손'에 대하여 훈계하고 있다. 의인의 마음에는 기쁨이 있고, 그의 입술에는 진실함이 있으며, 그의 손은 부지런하다. 반면에 악인의 마음에는 속임수가 있고, 그의 입술에는 거짓이 있으며, 그의 손은 게으르다. 그래서 주님은 의인의 마음과 입술과 손은 무척 기뻐하시지만, 악인의 마음과 입술과 손은 아주 싫어하신다(22절).

또한 지혜자는 말하길, 슬기로운 사람은 마음속에 지식을 감추고 드러내지 않는다고 했다(23절). 이 말은 절제의 겸손함으로 적절한 대상과 때를 위해 침묵할 줄 안다는 뜻이다. 이처럼 슬기로운 사람은 말할 때와 침묵할 때를 알고(전 3:7), 또 무엇을 언제 누구에게 말해야 할지를 판단할 줄 아는 사람이다. 하지만 어리석은 사람은 마구 입을 열어 어리석은 말로 아무 때나 누구에게든지 떠들고, 그로 인해 온갖 말썽과 문제를 일으킨다.

25 마음속의 근심과 걱정은 사람을 침울하게 만들어 가라앉게 하지만,
친절한 말은 사람을 기쁘게 하여 살아갈 용기를 북돋운다. 26 의인은
자기 이웃을 올바른 길로 인도하지만, 악인은 자기 이웃을 나쁜 길로
이끈다. 27 게으른 사람은 사냥해놓은 짐승마저도 불에 구우려 하지

않지만, 부지런한 사람은 언제든지 손에 귀한 재물을 얻는다. 28 의인이 걷는 공의의 길에는 생명이 있어서 그 길로 따라가면 사망이 없다.

[해설과 성찰] 역시 말(혀, 입술)과 손과 발에 대한 교훈이다. 추상적이고 관념적인 헬라인들의 사고방식과는 달리, 유대인들의 사고방식은 실제적이고 구체적이다. 의인의 말은 용기를, 악인의 말은 근심 걱정을 가져다준다(25절). 의인의 손은 이웃의 손을 잡고 그들을 올바른 길로 인도하지만, 악인의 손은 이웃의 손을 잡고 그들을 나쁜 길로 이끈다(26절).

또한 부지런한 의인의 손은 들판에 나가 사냥감을 구해오고 또 이것저것 귀한 재물도 얻지만, 게으른 악인의 손은 잡아놓은 사냥감마저 불에 구워 요리해 먹지 않으려 한다. 만사를 귀찮게 여기고 손을 마냥 놀리고 있을 뿐이다(27절). 의인의 발은 죽음이 없고 생명만 있는 공의의 길을 걷지만, 악인의 발은 생명은 없고 죽음만 있는 불의의 길을 걷는다(28절). 자, 그렇다면 지금 내 혀와 손과 발을 살펴보고 성찰해보자. 지금 나는 무슨 말을 하고 있으며, 무슨 일을 행하고 있고, 또 어떤 길을 걷고 있는가?

13
훈계를 들어라

슬기로운 자식은 훈계를 듣고
오만방자한 자식은 듣지 않네
의롭게 살면 빛이 환하지만
악하게 살면 등불이 꺼지네

지혜로운 삶을 위한 훈계 (13:1-25)

1 지혜로운 자식은 아버지의 훈계에 귀를 기울이지만, 거만한 자식은
아무리 꾸짖어도 귀를 막고 듣지 않는다. 2 선한 사람은 열매 맺는
좋은 말을 하여 복을 누리고 살지만, 악한 사람은 스스로 폭력을
부를 뿐이다. 3 입을 잘 간수하는 사람은 자신의 생명을 보존하지만,
입을 함부로 여는 사람은 스스로를 망친다. 4 게으른 사람은 아무리
바라는 것이 있어도 하나도 얻지 못하지만, 부지런한 사람은 자기가
바라는 대로 모든 것을 넉넉하게 얻는다. 5 의인은 거짓말하는 것을
아주 싫어하지만, 악인은 아무런 염치도 없이 수치스러운 짓을 한다.
6 의인의 의는 그 의인을 지켜주지만, 죄인의 악은 그 죄인을 망하게
한다.

[해설과 성찰] 여러 차례 강조된 입(좋은 말)과 손(부지런함)에 대한 교훈이 다시 주어졌고, 귀(들음)에 대한 교훈이 추가된다. 지혜자는

지혜로운 자식과 거만한 자식의 차이점을 아버지의 훈계를 듣는 '귀'에서 찾고 있다. 지혜로운 자식은 아버지의 훈계에 귀를 기울여 듣지만, 어리석고 거만한 자식은 아버지의 훈계에 귀를 막고 듣지 않는다(1절).

자녀를 향한 아버지의 훈계는 모든 세대를 뛰어넘어 언제나 올바르고 더 나은 삶을 위한 것이다. 아버지의 훈계를 귀담아들을 때 그 자식은 지혜로운 자가 된다. 사실, 잠언도 아들(솔로몬)이 아버지(다윗)의 훈계를 귀담아들은 것에 기초하여 기록한 것이다.

7 부자인 척하지만 아무것도 가진 게 없는 빈털터리가 있고, 가난한
척하지만 큰 재물을 가진 부자가 있다. 8 부유한 사람은 재물로 자기
목숨을 건질 수도 있지만, 가진 것 없는 가난뱅이는 협박당할 일조차
없다. 9 의인의 빛은 밝게 빛나지만, 악인의 등불은 금방 꺼져버리고
만다. 10 교만한 마음은 다툼만 일으킬 뿐이지만, 지혜로운 자는 충고의
말을 잘 받아들인다. 11 부당하게 쉽사리 얻은 재물은 점점 줄어들지만,
수고하여 알뜰살뜰 모은 재산은 점점 늘어난다.

[해설과 성찰] 지혜자의 올바르고 지당한 여러 훈계들 중에 특히 눈길을 끄는 대목이 있다. 부자는 그의 재물로 제 목숨을 건질 수도 있지만, 가난뱅이는 협박당할 일조차 없다는 말이다(8절). 이것은 속전(贖錢) 곧 '몸값'에 관한 이야기인데, 많은 재물을 가진 부자는 혹 납치되거나 포로가 되었을 경우 재물이 몸값이 되어 죽음에서 건져낼 수 있다. 반면에 가진 것이 없는 가난뱅이는 그런 일로 협박받을 일이 없다. 일전 한 푼 몸값을 받아내지 못할 가난한 자를 누가 납치하여 협박하겠는가!

또한 '의인의 빛'과 '악인의 등불'이 대조되었다(9절). 빛(히, 오르)은 햇빛처럼 영속적으로 발하는 강렬한 빛이고, 등불(히, 네르)은 등잔에 기름이 있는 동안 일시적으로 발하는 흐릿한 빛을 말한다. 결국 이 말은, 의인의 선한 행실은 오래도록 강렬한 영향력을 발하는 '빛'과

같고, 악인의 악한 행실은 잠시 있다가 꺼지는 '등불'과 같다는 의미다.

12 소원이 이루어지지 않으면 마음이 병들지만, 소원이 이루어지면
그것은 생명나무다. 13 말씀을 우습게 여기는 자는 망할 것이지만,
계명을 존중하는 사람은 상급을 받는다. 14 지혜로운 자의 가르침은
생명의 샘이어서 사람을 사망의 덫에서 벗어나게 한다. 15 선을 이루려는
지혜는 호의를 불러오지만, 악을 행하려는 죄인들의 길은 험난할
뿐이다. 16 지각 있는 사람은 잘 알고 신중하게 행동하지만, 어리석은
사람은 자기 어리석음을 훤히 드러내놓고 다닌다.

[해설과 성찰] 사람이 간절히 바라는바 그 소원이 이루어지면 그것은 그 사람에게 '생명나무'가 된다(12절). 소원의 성취가 그 사람에게 육적으로, 영적으로 생명력 넘치는 활기를 부여해준다는 뜻이다. 사실이 그렇다. 애타게 바라던 소원이 성취되면, 그 사람은 마치 생명나무의 열매를 먹은 듯이 아연 생동감 넘치는 활기찬 삶을 누린다.

지혜로운 자의 가르침은 그 가르침을 받는 사람으로 하여금 사망의 덫(올무, 그물)에서 벗어나도록 하는 생명의 샘이다(14절). '생명의 샘'은 날마다 매 순간 생명을 유지시켜 주는 원천(근원)이다. 이처럼 잠언의 지혜는 단순히 사람의 지적 요소를 충족시켜 주는 데 그치지 않고, 그 사람의 생사를 결정짓는 핵심 요소가 된다.

17 악한 전령은 재앙에 빠지지만, 신실한 사신은 병을 고치는 좋은
약이 된다. 18 훈계를 무시하는 사람에게는 가난과 수치가 닥쳐오지만,
책망을 받아들이는 사람에게는 부요와 존경이 뒤따른다. 19 바라던
일이 이루어지면 어찌 마음이 기쁘지 아니하랴. 그러나 미련한 자들은
악에서 떠나기를 싫어한다. 20 지혜로운 사람과 어울려 함께 길을
떠나면 지혜를 얻지만, 어리석은 자와 어울리면 끝내 해를 입는다.

[21] 죄인에게는 온갖 재앙이 뒤따르지만, 의인에게는 좋은 보상이 뒤따
른다.

[해설과 성찰] 악한 사자(使者)는 자기 직임을 다하지 않고 주인을 속이는 불신실한 심부름꾼이다. 일시적으로는 자기 이익과 육신의 안일을 누릴지 몰라도 끝내는 그 죄과가 드러나 주인에게 엄중한 처벌을 받게 된다. 반면에 신실한 사신은 주인의 뜻에 따라 자기 사명을 신실하게 수행하는 자를 가리키는데, 이런 자의 메시지는 마치 좋은 약을 처방받은 것처럼 그것을 전달받는 자들에게 큰 위로와 활력소가 된다(17절).

죄인에게는 온갖 재앙이 뒤따르고, 의인에게는 좋은 보상이 뒤따른다(21절). '뒤따른다'(히, 라다프)는 말은 '추적하다'란 의미다. 단순히 뒤를 따라다니는 것이 아니라, 집요하게 추격해서 필시 사로잡는 것을 가리킨다. 따라서 죄인은 아무리 달아나도 재앙을 피해 숨을 수가 없고, 의인은 필히 좋은 보상으로 위로를 받는다.

[22] 선한 사람의 유산은 자손 대대로 이어지지만, 죄인의 재산은 다만
의인을 위해 쌓일 뿐이다. [23] 가난한 사람이 힘써 밭을 갈면 많은
소출을 거둘 수 있지만, 불의한 마음을 품으면 어느새 다 날아가
버린다. [24] 매를 아끼는 사람은 자식을 사랑하지 않는 것이다. 참으로
자식을 사랑하는 사람은 제때에 근실하게 징계한다. [25] 의인은 배가
흡족하도록 먹겠지만, 악인의 배는 항상 굶주린다.

[해설과 성찰] 재산과 자녀 교육에 대한 훈계다. 먼저 '재산'에 관해서는 두 가지 교훈이 있다. 첫째, 의인(선한 사람)이 합당하게 모은 재산은 주님의 보호 아래 대대손손 오래도록 보존되지만, 악인(죄인)이 부당하게 축적한 재산은 오래 보존되지 못하고 결국에는 하나님의 뜻에 따라 의인들에게 돌아간다(22절). 둘째, 비록 가난해도 열심히 땀 흘려 밭을

경작하면 많은 소출을 얻어 부자가 될 수 있다. 그러나 부자가 된 이후에 불의한 마음을 품고 엉뚱한 데에 재물을 탕진하면 어느새 도로 가난하게 된다(23절).

다음으로 '자녀 교육'에 대한 훈계다. 부모가 자녀를 사랑한다면 매를 아끼지 말고 근실하게 자녀를 징계해야 한다(24절). '근실하게'(히, 쉬헤로)는 '때를 맞추어'란 뜻으로, 자녀를 징계할 때는 징계할 때를 놓치지 말고 시의적절하게 징계해야 한다. 이 같은 징계는 확실히 부모가 자녀를 매로써 다스리는 물리적인 체벌을 의미한다는 데 의문의 여지가 없다(22:15; 23:13-14). 매(히, 쉬브토)는 '어린 가지'라는 문자적 의미에서 파생된 '회초리'를 뜻하기 때문이다.

이때의 체벌은 부모가 자녀를 사랑해서 매(회초리)를 드는 것이므로, '미움의 매'가 되어서는 안 된다. '분노의 매'나 '감정의 매'가 아니라 어디까지나 '사랑의 매'여야 한다. 오늘날의 관점에서 살펴보면, 부모가 매를 드는 목적이 자녀의 잘못을 따끔하게 일깨워주어 교정하기 위한 목적이므로, 징계의 도구가 반드시 물리적 체벌을 위한 회초리일 필요는 없다. 고대 유대인 사회의 회초리 기능을 감당하는 '그 어떤 것'으로써 적절하게 징계를 가할 수 있다.

사실, 자녀가 분명히 잘못을 저질렀는데도 때맞춰 시의적절하게 징계를 가하지 않는 것은 미워하는 것과 똑같은 효과를 지닌다. 그 자녀가 계속 잘못된 길을 걸어도 상관치 않는다는 것을 뜻하기 때문이다.

자녀를 매로 징계하는 일은 부모에게 무척 힘들고 불유쾌한 일임에 틀림없다. 그렇다고 회피하거나 방기하는 부모는 자녀를 충분히 사랑하지 않는 자다. 하나님께서도 자녀 된 우리를 무척 사랑하시기에 근실하게 징계하신다(히 12:5-11). 그러므로 모든 부모 된 자들은 하나님께서 부여하신 정당한 부모의 권위로서 자기 자녀의 잘못에 대하여 올바른 사랑의 징계를 기꺼이 행사하여야 한다.

14

지혜로운 자와 어리석은 자

땀을 흘리면 살림살이가 늘고
입만 놀리면 가난이 찾아드네
백성이 많으면 왕에게 영광이지만
백성이 없으면 설 자리가 없네

지혜로운 자와 어리석은 자 (14:1-35)

[1] 지혜로운 여자는 집안을 일으키지만, 어리석은 여자는 자기 손으로
집안을 허문다. [2] 바른길을 걷는 사람은 주님을 경외하지만, 그릇된
길을 가는 사람은 주님을 우습게 여긴다. [3] 어리석은 사람의 말은
거만하여 매를 불러오지만, 지혜로운 사람의 말은 자기 자신을 보호한
다. [4] 외양간에 소가 없으면 구유는 깨끗하겠지만, 소가 힘을 써야
곡식을 많이 거둘 수 있다. [5] 진실한 사람의 증언에는 거짓이 하나도
없지만, 거짓된 사람의 증언에는 올바른 것이 하나도 없다.

[해설과 성찰] 지금까지 그러했듯, 지혜자는 본장에서도 '~하지만', '그러나~' 같은 반의(反意) 대구법을 자주 사용하여 악인과 의인, 지혜로운 자와 어리석은 자, 미련한 자와 현명한 자를 비교하면서 소중한 교훈을 들려준다. 막연하고 추상적인 개념으로서가 아니라, 구체적이고 실제적인 다양한 삶의 묘사를 통해 의인(지혜로운 사람)과 악인(어리석은 사람)

을 규명해주고 있다. 특히 본장에서는 개인의 행동이 자신은 물론이고 가정과 사회와 국가에까지 그 영향을 미치고 있음을 강조한다.

본문의 교훈들 중에 주목을 끄는 내용은 '외양간의 소'에 관한 것이다. 곧 "외양간에 소가 없으면 구유는 깨끗하겠지만, 소가 힘을 써야 곡식을 많이 거둘 수 있다."는 교훈인데(4절), 이는 논밭을 가는 '소'가 흔히 '근면함'을 상징하는 것인 만큼, 땀 흘리는 근면한 노동을 장려하는 교훈이다. 태초에 하나님께서도 에덴동산의 아담과 하와 부부에게 그냥 "놀고 쉬고 먹어라"고 명하지 않으시고, "돌보고 관리하며 다스리고 정복하라"고 명하셨다(창 1:27-28). 그처럼 하나님께서 제정하신 노동의 원리를 지키며 살아가라는 권면이다.

[6] 남을 비웃는 거만한 사람은 지혜를 구할지라도 얻지 못하지만,
지각이 있는 명철한 사람은 쉽게 지식을 얻는다. [7] 너는 미련한 사람에게
서 되도록 멀리 떨어져라. 그의 입술에서는 아무런 지식도 얻지 못할
것이다. [8] 현명한 사람의 지혜는 자신이 가야 할 길을 제대로 알려주지
만, 어리석은 사람의 어리석음은 스스로를 속게 만들 뿐이다. [9] 어리석은
사람은 속죄하는 것을 우습게 여기지만, 정직한 사람은 속죄를 통해
하나님의 은총을 누린다. [10] 마음속 깊은 곳의 고통은 자신만이 알
뿐이고, 마음속 깊은 곳의 기쁨 역시 다른 사람들과 나누지 못한다.

[해설과 성찰] '속죄'(贖罪)에 관한 교훈을 주목하라(9절). 어리석은 자는 죄를 우습게 여겨 죄를 짓고서도 속죄할 생각조차 하지 않는다. 죄가 가져다줄 파괴적인 결과를 인식하지 못하기 때문에, 죄를 가볍게 생각하고 우습게 여겨 아무 거리낌 없이 죄를 지으며, 심지어 즐기기까지 한다. 그 결과, 어느 순간에 하나님의 심판을 받아 갑자기 멸망하게 된다. 그래서 말 그대로 어리석고 미련한 자로 남는다.

반면, 정직하고 의로운 사람은 죄를 두렵게 여겨 죄를 짓지도 않지만,

설혹 죄를 지었을 경우에도 그 죄를 사함받기 위해 무진 애쓴다. 그 결과, 속죄를 통해 하나님의 은총을 누리게 된다. 이처럼 '죄에 대한 태도' 여부에 따라 어리석은 자와 지혜로운 자(정직한 자)가 뚜렷이 구분된다.

또한 마음속 깊은 곳의 고통과 기쁨은 오직 자기 자신만 알 뿐이므로 다른 누구도 그 고통을 해결해주거나 그 기쁨에 참여하지 못한다(10절). 그렇기 때문에 마음 깊은 곳의 심장과 심령까지 다 아시고 감찰하시는 하나님만을 전적으로 의지하도록 권면한다(시 7:9; 잠 16:2).

11 악인의 집안은 끝내 망할 것이지만, 정직한 사람의 집안은 마침내
번창할 것이다. 12 어떤 길이 사람의 눈에는 바른길처럼 보일지라도,
결국에는 그 길이 사망에 이를 수도 있다. 13 웃어도 마음속으로는
아플 때가 있고, 기뻐도 끝에 가서는 슬플 때가 있다. 14 악한 자는
자신의 악행에 대한 대가를 치르고, 선한 사람은 자신의 선행에 대한
보상을 받는다. 15 어리석은 사람은 온갖 말을 무턱대고 다 믿지만,
현명한 사람은 깊게 생각하고 자기 행동을 조심스럽게 살핀다.

[해설과 성찰] 인생의 '길'(삶)에 대한 지혜자의 가르침이다. 사람이 보고 판단하는 길은 믿을 게 못 된다. 그래서 어떤 길은 사람이 보기엔 분명 바른길처럼 보여도, 그 끝은 사망에 이르는 길이 될 수 있다(12절).

타락 이후, 본래부터 죄성)을 지닌 인간은 언제든지 잘못된 판단을 내릴 수 있다. 그래서 자신이 보기에는 올바른 길처럼 보여도, 그 길이 사망으로 이어지는 잘못된 길일 가능성은 얼마든지 있을 수 있다. 이때 그 길은 분명 하나님의 지혜에서 동떨어진, 사람의 판단에 기초한 길이다. 그렇기 때문에 무엇을 판단할 때 온전히 신뢰할 수 있는 가이드, 곧 '하나님의 지혜의 말씀'에 따라야 비로소 올바른 길이 된다.

[16] 지혜로운 사람은 주님을 두려워하여 악을 멀리하지만, 어리석은
사람은 성급하여 조심성 없이 제멋대로 행동한다. [17] 벌컥벌컥 화를
쉽게 잘 내는 사람은 어리석은 일을 쉽게 저지르고, 악한 일을 꾸미는
간교한 자는 사람들의 미움을 받는다. [18] 미련한 사람은 자기 미련함에
대한 대가를 치르고, 현명한 사람은 자기 지식으로 명예로운 면류관을
쓴다. [19] 악한 사람은 선한 사람 앞에 엎드리고, 불의한 사람은 의로운
사람의 문 앞에 엎드린다.

[해설과 성찰] 마지막 구절에, 악한 사람과 불의한 사람은 선한 사람과 의로운 사람 앞에(혹은 문 앞에) 엎드린다고 되어 있다(19절). 여기서 '엎드리다'(히, 쇄하흐)란 말은 '몸을 굽혀 절하다' 또는 '낮아져서 몸을 굽히다'라는 뜻이다. 악인(불의한 사람)은 마침내 의인(선한 사람)에게 굴복하여 몸을 굽힌 채 의인에게 동정을 구하거나 의인의 집 문 앞에서 엎드려 구걸하는 신세로 전락하게 될 것이라는 교훈이다.

[20] 가난뱅이는 이웃에게 미움을 받지만, 부자에게는 많은 친구들이
따른다. [21] 이웃을 업신여기는 사람은 죄를 짓는 자요, 가난한 이웃을
돌보는 사람은 복 있는 사람이다. [22] 악을 꾀하는 사람은 잘못된
길을 가는 것이지만, 선을 도모하는 사람은 인자와 진리를 얻게 된다.
[23] 땀 흘려 일하는 사람에게는 살림살이가 불어나지만, 입만 놀리는
사람에게는 가난만이 찾아들 뿐이다. [24] 지혜로운 사람의 재산은
그에게 면류관이 되지만, 어리석은 자의 소유물은 그에게 어리석음을
더해줄 뿐이다.

[해설과 성찰] 노동과 재물의 상관성에 대한 가르침에 주목할 필요가 있다. 땀 흘려 힘껏 일하면 살림살이가 불어나고 재물을 모아 부자가 되어서 많은 친구들을 사귈 수 있지만, 입만 놀리면서 일하지 않으면

가난하게 되어 이웃의 미움을 받게 된다.

또한 지혜로운 자가 그러하듯 땀 흘린 노동의 대가로 재산을 모으면 그에게 존귀와 부요를 가져다주는 면류관이 되지만, 어리석은 자가 그러하듯 근면하게 땀 흘리지 아니하고 부당한 방법으로 재산을 모으면 어리석음을 드러내는 징표가 될 뿐이다. 이처럼 잠언에는 땀 흘리는 노동의 가치를 강조하고 그렇게 얻은 재물을 선하게 사용하는 방법을 훈계하는 내용이 많다.

25 증인의 진실한 증언은 사람의 생명을 살리지만, 증인의 거짓된
증언은 사람에게 배반을 안겨준다. 26 주님을 경외하는 사람은 견고한
요새를 가진 셈이어서 자기 자식들에게 안전한 피난처를 제공해준다.
27 주님을 경외하는 것이 곧 생명의 샘이니 사람을 사망의 덫에서
벗어나게 한다. 28 백성이 많으면 임금에게 영광이지만, 백성이 없으면
통치자도 설 자리가 없다. 29 참고 좀처럼 화를 내지 않는 사람은
아주 현명한 사람이지만, 참지 못하고 쉽게 성을 내는 사람은 자신의
어리석음만 쉽게 드러낼 뿐이다. 30 마음이 평안하면 몸도 생기가
돌지만, 마음에 질투를 품으면 뼈까지 썩는다.

[해설과 성찰] '주님을 경외하는 일'의 두 가지 유익함을 들려준다.

첫째는 '견고한 요새'를 갖는 일이다(26절). 주님은 모든 환난과 재난에서 인생의 안전한 피난처가 되시는 견고한 요새이고 산성이다(시 18:2). 그래서 주님을 경외하는 사람은 자신은 물론이고 자녀들에게도 주님 경외하는 일의 중요성을 일깨워주기 때문에 자녀들에게까지 안전한 피난처를 제공해주는 셈이다.

둘째는 '생명의 샘'을 갖는 일이다(27절). '생명의 샘'은 생명을 살릴 수 있고 생명에 유익한 물이 솟아나는 샘을 가리킨다. 주님을 경외할 때 인생은 생명의 물을 공급받을 수 있다. 즉, 영육(靈肉) 간에 생명력

넘치는 축복의 삶을 살아갈 수 있다.

한편, 주님을 경외한다는 말은 거룩한 두려움과 경건한 마음으로 주님을 경배한다는 뜻이다. 단지 무서워하거나 공포심을 갖는 것과는 다르다. 그런 것들은 주님께 징벌 받아야 하는 악인들이 취하는 태도다. 주님을 믿는 자들은 주님의 속성 곧 그분의 거룩함과 영광과 위엄과 능력 등에 온전히 압도당하여 거룩한 두려움과 합당한 존경심과 경건한 마음으로 우러러보고 경배한다. 그런 자세가 '주님을 경외하는 일'이다.

또한 지혜자는 사람의 질투(시기)에 대해서도 훈계한다. 질투가 사람의 뼈를 썩게 한다고 가르친다(30절). 실제로 그러하다. 죄악 된 행동은 몸에 물리적인 악영향을 끼친다. 타인을 심히 미워하고 질투할 때, 우리의 뼈가 문자 그대로 곧바로 썩는 것은 아니지만, 몸을 실제로 해치는 것이 사실이다. 곧 심각한 스트레스, 내적 갈등, 수면장애, 소화불량, 정신분열 등을 일으킬 수 있다. 반대로, 하나님의 말씀에 따라 이웃을 사랑하는 내적(內的) 마음의 평안 곧 '평온한 마음'은 우리의 신체 상태를 호전시켜 몸에 생기가 돌게 만든다.

> [31] 가난한 사람을 학대하는 것은 그를 지으신 하나님을 멸시하는
> 일이지만, 궁핍한 사람에게 호의를 베푸는 것은 그를 지으신 하나님을
> 공경하는 일이다. [32] 악인은 자신의 악행 때문에 쓰러지고 말지만,
> 의인은 죽음이 닥쳐와도 살 소망이 있다. [33] 지혜는 현명한 사람의
> 마음속에 진득하게 머물지만, 어리석은 자는 자기 마음속에 품고
> 있는 어리석음을 쉽사리 다 드러낸다. [34] 정의는 나라의 영예를 드높이지
> 만, 죄는 민족을 욕되게 할 뿐이다. [35] 슬기로운 신하는 왕의 총애를
> 받지만, 욕을 끼치는 신하는 왕의 분노를 산다.

[해설과 성찰] 가난한 사람을 학대하는 것은 하나님을 멸시하는 행위가 된다(31절). 왜 그런가? 부자든 가난한 자든, 모두가 하나님의 형상대로

지음 받은 고귀한 존재이기 때문이다. 사랑과 긍휼이 많으신 하나님은 소외당하기 쉬운 가난한 자들을 특별히 돌보시는 분이시다. 그래서 성경에서는 하나님을 고아의 아버지이며 과부의 재판장으로 소개하기도 한다(시 68:5).

하나님께서 가난하고 소외된 자들을 그토록 보살피시는 중요한 이유는 하나님의 공의를 위해서다. 가난하고 소외된 자들은 종종 불의의 먹잇감이 되기 때문이다. 또 다른 이유는, 자신의 피조물에 대한 애정 때문이다. 가난한 자들은 가난하다는 이유로 사람들에게 사랑받지 못하고, 그래서 세상에서 소외당한다. 하지만 그들도 하나님의 형상대로 지음 받은 소중한 자들이다. 만일 하나님께서 돌보지 않는다면, 누가 그들을 돌볼 것인가! 그리고 가난하고 소외된 자들은 종종 하나님께서 원하시는 것들을 갖고 있는 경우가 많다. 곧 깨진 심령, 겸허한 마음, 간구하는 자세, 하나님께 대한 전적인 믿음과 의존, 천국에 대한 소망 등.

이처럼 가난한 자에 대한 학대 및 호의가 곧 하나님께 대한 멸시와 공경이라고 말한 지혜자의 가르침은 예수님의 가르침에서 더욱 선명하게 확인된다. 예수님은 최후 심판에 관한 '양과 염소의 비유'(마 25:31-46)에서, 가난하고 소외된 자들에 대한 멸시와 배척을 자신에게 그렇게 한 것이라고 말했고, 그들에 대한 호의와 긍휼도 자신에 대한 것이라고 말했다. 곧 가난하고 소외된 자를 예수님 자신과 일체화시키셨다. 그만큼 가난하고 소외된 자들에 대한 우리의 태도는 천국과 지옥을 결정짓는 극히 중대한 사항이다.

15

주께서 기뻐하시는 삶

주께서는 교만한 자의 집을 허물고
악인의 생각을 미워하시네
훈계를 싫어하면 인생을 망치지만
귀 기울이면 깨달음을 얻네

주께서 기뻐하시는 삶과 미워하시는 삶 (15:1-33)

1 부드러운 대답은 분노를 가라앉혀도, 거친 말은 화를 돋운다. 2
지혜로운 사람의 혀는 선한 지식을 널리 베풀지만, 어리석은 자의
입은 어리석음만 마구 쏟아낸다. 3 주님의 눈은 어디든지 있어 악한
사람과 선한 사람을 모두 지켜보신다. 4 온순하고 따뜻한 말은 사람에
게 생기를 주는 생명나무와 같지만, 가시 돋친 잔인한 말은 사람의
마음을 갈기갈기 찢어놓는다. 5 어리석은 사람은 아버지의 훈계에
콧방귀를 뀌지만, 지혜로운 사람은 아버지의 꾸지람을 마음에 깊이
새긴다.

[해설과 성찰] 지혜 학교의 생도들에게, 나아가 모든 대중에게 잠언을 베풀고 있는 지혜자는 본장에서도 계속해서 의인(지혜로운 사람)과 악인(어리석은 사람)의 특징적인 삶을 '~하지만' 또는 '그러나~'라는 접속어를 사용하여 반의 대구법적인 표현으로 가르치고 있다. 이 같은

대조를 통해 의인의 지혜로운 언행은 하나님께서 기뻐하시는 삶이고, 악인의 어리석은 언행은 하나님께서 미워하시는 삶이란 사실을 강조한다. 그러므로 하나님의 백성 된 성도는 모쪼록 의인의 지혜로운 삶을 살아감으로써 하나님께 기쁨을 드리는 생을 추구해야 하는 것이다.

전도서의 저자이기도 한 잠언의 지혜자는 전도서의 맨 마지막 결론 부분에서 사람의 으뜸가는 본분에 관해 언급하였다. 그것은 곧 "하나님을 경외하고 그분의 명령을 지키는 것"이다(전 12:13). 요컨대 하나님의 피조물 된 인간은 하나님을 경외하고 그분의 명령을 지킴으로써 하나님을 기쁘시게 하는 삶을 살아가야 마땅한 것이다. 그렇다면 하나님께서는 무엇을 기뻐하시고 무엇을 미워하시는지를 밝히 알아야 한다. 그래서 지혜자는 본장을 통해 그것들이 무엇인지를 일깨워주고 있다.

본문에서는 '혀'(말, 입)와 '귀'에 관해 언급하고 있다. 주께서 기뻐하시는 것들은 부드럽고 유순한 대답(입), 선한 지식을 베푸는 지혜로운 혀, 마치 생명나무처럼 사람들에게 생기를 주는 온순하고 따뜻한 말, 아버지의 꾸지람을 잘 듣고 마음에 깊이 새기는 귀 등이다. 반면, 주께서 미워하시는 것들은 반대되는 언행들이다. 듣는 사람의 화를 돋우는 거칠고 과격한 말, 어리석음을 마구 쏟아내는 입, 사람의 마음을 갈기갈기 찢어놓는 가시 돋친 잔인한 말, 아버지의 훈계를 듣지 않고 콧방귀를 뀌는 불순종의 귀 등이다. 자, 그렇다면 우리는 주님 앞에서 어떤 혀와 귀를 가져야 할까? 이 시간, 자신의 혀와 귀를 성찰해보자.

6 의인의 집에는 많은 재물이 수북이 쌓이지만, 악인의 소득은 도리어
고통만 불러온다. 7 지혜로운 사람의 입술은 선한 지식을 널리 퍼뜨리지
만, 어리석은 자의 혀는 마음속의 어리석음을 널리 드러낼 뿐이다.
8 악인의 제사는 주님께 역겨움만 잔뜩 안겨다줄 뿐이지만, 정직한
자의 기도는 주님께 큰 기쁨을 안겨준다. 9 악인의 길은 주께서 아주

싫어하시지만, 의를 추구하는 자의 길은 주께서 무척 사랑하신다.
10 올바른 길에서 떠나간 사람에게는 엄한 징계가 기다릴 뿐이고,
올바른 훈계를 싫어하는 사람에게는 죽음이 기다릴 뿐이다.

[해설과 성찰] 하나하나가 주옥같은 가르침이지만, 특히 주목할 훈계는 악인의 제사는 가증하여 주께 역겨움만 안겨줄 뿐이라는 가르침이다(8절). 주님은 모든 제사를 무조건 기뻐하시는 분이 결코 아니다. 믿음 없는 가인의 제사처럼(창 4:3-5), 악인이 바치는 제사에는 주님을 경외하는 참된 예배 정신이 없기에 주님은 그런 제사를 기뻐하시기는커녕 도리어 얼굴을 돌리시며 역겨워하신다. 주께서는 위선적이며 형식적인 제사를 물리치시고 오직 순종과 믿음의 제사를 원하신다(삼상 15:22; 호 6:6).

11 저 깊디깊은 곳의 '사망'과 '파멸'까지도 주님 앞에 훤히 드러나거늘,
하물며 한 뼘 사람의 마음이야 오죽 주님 앞에 밝히 드러나지 아니하랴.
12 거만한 자들은 자신을 책망하는 사람을 싫어하고 지혜로운 사람을
찾아가 물으려 하지도 않는다. 13 마음이 즐거우면 얼굴도 환해지지만,
마음속에 근심이 있으면 심령도 상하게 마련이다. 14 지각 있는 사람은
힘써 지식을 추구하지만, 어리석은 자의 입은 자기의 어리석음만 먹고
산다. 15 고통 받는 사람에게는 삶의 모든 날들이 하루가 천 년처럼
괴롭지만, 마음이 기쁜 사람에게는 모든 나날들이 즐거운 잔칫날이다.

[해설과 성찰] 온 우주만물의 모든 곳과 모든 때에 계시는 주님 앞에 가려지거나 숨겨지는 것은 아무것도 없다. 눈에 보이는 만상은 물론이고, 눈에 보이지 않는 사람의 마음까지도 다 드러난다. 나아가 사람의 마음보다 더욱 깊은 곳에 있다고 여겨지는 사망과 파멸까지도 주님은 훤히 꿰뚫어보신다(11절).

여기서 '사망'(히, 스올)은 죽은 자들이 들어가 거처하는 흑암의 지하세계인 '무덤'을, '파멸'(히, 아바돈)은 그런 스올보다도 더욱 깊은 곳에 있다고 여겨진 영원한 죽음의 세계를 가리킨다. 신약에서는 '파멸'이 지옥의 가장 깊은 곳을 가리키는 '무저갱'(無底坑, 밑바닥이 없는 영원한 형벌의 구렁텅이)으로 번역되었다(눅 8:31; 계 9:11; 20:3).

지혜자는 또한 거만한 자들의 뚜렷한 특성 하나를 언급했는데, 그들은 자기 잘못을 책망하는 사람을 싫어한다는 것이다(12절). 여기서 '거만한 자'는 교만한 마음으로 다른 이들을 비웃고 업신여기는 자들이다. 이런 자들은 의롭고 지혜로운 모든 것을 쓸데없고 하찮은 것으로 여겨 비웃는다. 그들의 마음에는 교만이 가득 차서 다른 사람의 충고나 견책(譴責) 따위는 우습게 여겨 마음속에 그것을 받아들일 공간이 없기 때문이다. 그 결과, 교만한 마음으로 자아도취에 빠진 거만한 자들은 스스로의 어리석음에서 끝내 헤어나지 못하고 마침내 멸망에 이르고 만다.

16 가진 것이 많지 않아도 주님을 경외하며 사는 것이 많은 재물을
갖고서도 걱정하며 사는 부자들보다 낫다. 17 채소만 먹고 살아도
서로 사랑하며 사는 것이 살진 송아지를 먹으면서도 서로 미워하며
사는 것보다 낫다. 18 화를 쉽게 잘 내는 사람은 다툼만 일으킬 뿐이지만,
참을성이 있어 성을 더디 내는 사람은 하던 싸움도 그치게 한다.
19 게으른 사람의 앞길은 가시밭길을 가듯 막히기 일쑤이지만, 정직한
사람의 앞길은 큰길처럼 트여 있다. 20 지혜로운 아들은 아버지에게
기쁨을 가져다주지만, 미련한 아들은 자기 어머니를 업신여긴다.

[해설과 성찰] 삶에서 우리가 추구해야 할 것은 무엇인가. 많은 재물보다 주님을 경외하는 신앙이 낫고(16절), 배불리 먹으며 미워하는 것보다 서로 사랑하는 것이 낫다(17절). 고대에 '채소'는 일상적으로 먹을 수 있는 값싸고 흔한 서민들의 음식이었고, '살진 소'는 성대한 잔치 때에만

사용되던 귀하고 값비싼 부자들의 음식이었다. 많은 재물을 갖고 값비싼 음식을 먹고 살아도 서로 미워하며 사는 것은 이 세상을 지옥으로 만든다. 그러니 인생이 진실로 추구해야 할 가치는 재물이 아니라 신앙이고, 배부름이 아니라 사랑인 것이다.

지혜자는 '게으른 사람'과 '정직한(의로운) 사람'을 대조하여, 게으른 자의 길은 걸어가기 힘든 가시밭길이고, 정직한 자의 길은 앞길이 탁 트인 큰길이라고 가르친다(19절). 여기서 주목할 점은, 게으른 사람이 부지런한(근면한) 사람과 대조된 게 아니고 정직한 사람과 대조되었다는 것이다. 게으른 자는 땀 흘려 일하기 싫어하면서도 얻고자 하는 것들은 많기 때문에 결국 정직하지 못한 삶을 살아갈 수밖에 없다.

> 21 어리석은 사람은 분별없는 미련한 짓을 즐기지만, 지각 있는 명철한 사람은 올바른 길에서 벗어나지 않는다. 22 의논 없이 쉽사리 세운 계획은 실패하기 마련이지만, 많은 조언자들의 다양한 의견을 잘 모아 세운 계획은 성공을 보장한다. 23 적절한 대답은 사람의 마음을 기쁘게 하므로 제때에 알맞은 말은 참으로 좋고도 귀하다. 24 지혜로운 사람은 위로 향한 생명의 길을 걷게 되므로 아래로 뻗어 있는 스올의 길에서 벗어난다. 25 주께서는 교만한 사람의 집은 사정없이 헐어버리시지만, 과부의 담장은 튼튼하게 지켜주신다.

[해설과 성찰] 지혜자는 다양한 의견을 잘 모아 창조적인 아이디어를 이끌어내는 '의논' 곧 브레인스토밍(brainstorming)의 중요성을 말한다(22절). 실제로 그러하다. 혼자만의 판단은 독단적으로 흐를 수 있어 그만큼 위험 가능성이 큰 반면, 어떤 경영 계획을 세우기 전에 여러 의견을 수렴한다면 아무래도 더 좋은 계획을 세울 가능성이 높다. 그 계획과 결정이 중요할수록 다양한 의견과 충고를 구하는 일이 한층 필요하고 중요하다.

지혜로운 사람이 걷는 길은 '위로 향한 생명의 길'이다(24절). 이는 물질주의적이고 세속적인 삶을 탈피하여 도덕적, 문화적, 종교적인 고차원의 삶을 추구한다는 의미이고, 궁극적으로는 하늘나라의 비전과 소망을 바라보고 기대하는 신실한 신앙의 삶을 살아간다는 의미다. 이런 삶을 추구하는 자는 자연히 '스올의 길'에서 벗어나게 된다. 히브리어 '스올'은 땅 밑에 있는 어둠의 지하세계로 죽은 자들의 거처를 가리키는 말이다. 구약에서는 '무덤' 또는 '사망'과 동일시되었고, 신약에 이르러서는 '지옥'(헬, 게엔나)이란 개념으로 발전되었다.

> 26 주께서는 악한 사람의 생각은 아주 싫어하시지만, 순결한 사람의
> 말은 무척 기뻐하신다. 27 불의한 재물을 탐하는 사람은 자기 집안에
> 해를 끼치지만, 뇌물을 싫어하는 사람은 오래도록 평안히 살아간다.
> 28 의인은 대답할 말을 그 마음속에 깊이 생각하지만, 악인의 입은
> 생각 없이 악한 말을 마구 내뱉는다. 29 주께서는 악인을 멀리 내치시지
> 만, 의인의 기도에는 귀를 기울여주신다. 30 밝은 눈빛은 사람의 마음에
> 기쁨을 가져다주고, 기쁜 소식은 사람의 뼈를 기름지게 한다.

[해설과 성찰] 지혜자는 반의(反意) 대구법과 동의(同意) 대구법을 사용하여 우리에게 교훈을 준다. 먼저 불의한 재물을 탐하는 사람과 뇌물을 싫어하는 사람이 대조되었다(27절). 불의한 재물을 탐하는 자는 어떤 식으로든 재물을 축적하고자 하는 경향이 있어 뇌물도 스스럼없이 받는다. 그런 과정에서 자신의 지위를 이용하고 양심을 속이며 하나님의 법을 무시하기 때문에, 결국엔 자신과 자신의 집에 큰 해(害)와 화(禍)를 불러오게 된다. 반면, 부정한 재물인 뇌물을 싫어하여 물리치는 자는 뇌물로 인한 모든 해악에서 벗어나기 때문에 평안한 삶을 누리게 된다.

또한 '밝은 눈빛'(30절)은 '밝은 얼굴', 더 나아가 '맑고 순수한 마음'을 뜻한다. 히브리인들의 관념상 '눈'은 그 사람의 얼굴을 대표하고, 나아가

그 사람의 내면 곧 마음상태가 외적으로 표출되는 대표적인 것이다. 따라서 '밝은 눈빛'으로 표상되는 맑고 순수한 마음과 밝은 얼굴은 타인들에게 자연히 기쁨을 안겨준다. 이와 비슷한 맥락에서 '기쁜 소식'은 그 소식을 듣는 자들에게 '뼈의 기름짐'을 가져다주는데(30절), 그 말은 활력과 건강을 가져준다는 의미다. 실제로 기쁜 소식은 머리 싸매고 누워 있는 사람을 벌떡 일으키게 만드는 힘이 있다.

31 생명의 훈계에 귀를 기울이는 사람은 지혜로운 사람으로, 그는 지혜로운 사람들과 어울리면서 그들 가운데 자기 자리를 잡는다. 32 훈계를 무시하는 사람은 자기 영혼을 가볍게 여기는 사람이지만, 올바른 꾸지람에 귀를 기울이는 사람은 명철을 얻게 된다. 33 주님을 경외하라는 것이 지혜가 주는 훈계다. 진실로 겸손은 존귀의 길라잡이이다.

[해설과 성찰] 명철과 존귀를 얻는 비결이 제시된다. 그것은 그 가이드(길라잡이)인 '겸손'을 따라 행하는 것이다(33절). 진실로 심령이 가난한 겸손한 자는 간절히 사모하는 마음으로 귀를 기울여 생명의 훈계와 지혜의 말씀에 귀를 기울이게 마련이고, 그렇게 귀 기울여 들은 지혜의 말씀과 생명의 훈계에 따라 살아가면, 주님을 경외하는 삶을 살아가게 될 것이고, 자연스럽게 존귀와 명철이 뒤따르게 마련이다.

이와 반대로, 마음이 거만하여 지혜의 말씀과 생명의 훈계 듣기를 싫어하고 무시하는 자는 자신의 교만과 어리석음대로 살아가다가 결국엔 자기 영혼 곧 자기 인생을 완전히 망쳐버리고 만다. 요컨대, 거만은 몰락의 길라잡이이고, 교만은 패망의 선봉이다(16:18). 교만이나 자만은 자기 예찬으로 이어지고 이것은 자기 의지로 표현된다. 그가 지은 죄의 본질은 하나님 없이 홀로 서려고 했다는 것이다. 교만은 누구에게도 종속되지 않고 스스로 서기를 바라는 자기중심적인 마음이다. 그러기에 누구든지 교만을 경계해야 한다.

16

하나님의 주권

사람은 계획을 세우지만
하나님은 일을 이루시네
주께서는 세상만사 주관하시고
악인도 재앙의 날에 쓰시네

인생의 걸음을 인도하시는 주님 (16:1-9)

1 계획을 세우는 것은 사람이지만, 일을 이루시는 분은 주님이시다.
2 사람의 행위가 자기 눈에는 다 깨끗하게 보여도 주께서는 사람의
속마음을 꿰뚫어보신다. 3 네 모든 일들을 주께 맡겨라. 그리하면
주께서 네 일을 이루어주실 것이다. 4 세상에 있는 모든 것들은 주께서
다 뜻이 있어서 만드신 것이니, 악한 자들도 재앙의 날에 쓰이기 위해
존재한다. 5 주께서는 그 마음이 교만한 자들을 아주 싫어하시므로,
그런 자들은 피차 손에 손을 잡을지라도 반드시 주께 징벌을 받게
될 것이다.

[해설과 성찰] 지혜자는 모든 일의 최종 성취는 주님께 달려 있다고 가르치면서(1절), 그렇기 때문에 모든 일들을 주께 맡기라고 권면한다(3절). '맡긴다'(히, 골)는 말은 '굴려버린다', 즉 자신의 것을 주께로 넘겨드린다는 말이다. 그렇다면 여기서 한 가지 의문이 생긴다. 주께서 모든

일을 최종 성취하신다면, 우리가 무엇을 계획하고 결정하며 노력하는 것은 무슨 의미가 있는가? 지혜자는 지금껏 우리의 지혜롭고 현명한 판단에 대해 가르치고 있지 않았는가?

잠언의 가르침은 상호 충돌하지 않는다. 지혜자의 말대로, 우리는 여러 선택에서 지혜롭고 현명하게 판단해야 할 책임이 있다. 그럼에도 최종 성취가 하나님의 손에 달렸다는 것은 중요한 의미를 지닌다. 먼저, 하나님을 의지하는 자에게 이 사실은 큰 위로가 된다. 만일 자신이 잘못된 선택을 했을지라도, 결국 하나님의 손에 의해 올바르게 걸러짐으로써 마침내 선한 결과를 기대할 수 있기 때문이다. 반면, 하나님을 거부하는 자에게 그 사실은 절망을 안겨준다. 악한 계획을 치밀하게 세워놓고 아무리 완벽하게 행동할지라도, 결국은 하나님에 의해 통제당할 것이기 때문이다.

또한 지혜자는 만물이 존재하는 이유를 가르친다. 그것은 주님의 선하고 합당한 뜻에 따른 것임을 보여준다. 그러므로 "세상에 악인이 왜 존재하는가?"란 사실에 의문을 품고 번뇌할 필요가 없다. 주님은 악인들도 적당한 때를 위해 세상에 존재하도록 섭리하셨기 때문이다(4절).

주께서 아주 싫어하시는 자도 언급하는데, '교만한 자들'이다. 성경 전체를 통해 '하나님 앞에서 인간의 교만'은 어떤 이유로도 용납되지 못한 채 하나님의 징벌을 피할 수 없다. 비록 교만한 자들이 피차 손에 손을 잡고 주께 대항한다고 해도 주님의 두려운 징벌을 피할 수 없다(5절). 태초에 하나님을 거슬러 교만을 품은 천사장은 사탄이 되고 말았다. 교만은 사탄 및 사탄의 추종자들이 지닌 가장 뚜렷한 특성이다.

> [6] 사람이 자비와 진리로 살아가면 죄를 용서받을 수 있고, 주님을 경외하면서 살아가면 악을 멀리할 수 있다. [7] 사람의 행실이 주님을 흐뭇하게 해드리면, 주께서는 그의 원수까지도 그와 화목하게 지내도

록 해주신다. [8] 올바르게 살면서 적게 버는 것이 불의하게 살면서
많이 버는 것보다 훨씬 낫다. [9] 사람이 마음으로 자신의 앞날을 계획하지
만, 그의 발걸음을 인도하는 분은 오직 하나님이시다.

[해설과 성찰] 사람이 자비와 진리로 살아가면 죄를 용서받을 수 있다(6절)고 했는데, 과연 그럴까? 잠언의 어떤 가르침들은 때로 성경의 전체적인 가르침에 비추어 재해석되어야 할 필요가 있다. 이 가르침은 선한 행위가 사람의 죄를 씻어줄 수 있다는 말이 아니다. 죄 사함은 오직 피 흘림을 통해서만 가능하다는 것이 성경의 가르침이다(히 9:22). 이 말은 죄 사함의 수단(means)이 아니라, 죄 사함의 결과(results)에 관한 묘사로 보아야 한다.

여기서 '자비'(히, 헤세드)는 사람이 하나님에 대하여 갖는 순수한 사랑을 가리키고, '진리'(히, 에메트)는 말과 행동이 일치하는 삶의 성실함이다. 따라서 자비와 진리는 종종 함께 쓰여 사람이 하나님과 이웃에 대하여 가지는 고결하고 순전한 신앙적, 도덕적 삶의 태도를 가리킨다. 이런 삶의 태도는 죄 사함을 받은 자의 특징적인 삶인 것이다.

올바르게 살면서 적게 버는 것이 불의하게 살면서 많이 버는 것보다 훨씬 낫다(8절). 이런 교훈은 오늘날 자본(돈)이 중심이 되고 최고, 최선이 되는 자본주의 사회를 살아가는 현대인에게 가르치는 바가 크다. 적은 소득이지만 거기에 '공의'가 있다면, 많은 소득이지만 거기에 '불의'가 있는 것보다 훨씬 가치 있고 의미 있는 것은 소득보다 공의가 더 우선시되는 삶이라야 하나님께 인정을 받을 수 있기 때문이다.

통치자의 의무 (16:10-15)

[10] 왕이 내리는 판결은 하나님께서 내리는 판결과 마찬가지이므로,
왕은 정의에서 어긋난 판결을 내려서는 안 된다. [11] 공정한 저울과

천칭은 모두 주께 속한 것이고, 주머니 속의 저울추도 그분께서 다
만드신 것이다. 12 왕은 악행을 아주 미워해야 하고 절대 용납해서는
안 되니, 그 까닭은 오직 공의의 터 위에서만 왕위가 굳게 세워질
수 있기 때문이다. 13 왕은 진실한 말을 하는 것을 기쁘게 여겨야
하고, 올바른 말을 하는 사람을 아껴주어야 한다. 14 왕의 노여움은
죽음의 사자처럼 두렵지만, 지혜로운 사람은 왕의 노여움을 가라앉힌
다. 15 왕의 얼굴에 기쁜 빛이 돌아야 모든 사람이 안심하고 살리니,
왕의 은총은 메마른 땅에 봄비를 뿌리는 반가운 구름과 같다.

[해설과 성찰] 지혜자는 왕의 공의로운 판결과 통치에 관해 언급한다. 백성을 다스리는 왕(통치자)의 으뜸 되는 통치 원리는 '공의(公義)'다. 백성을 다스릴 때 공의가 없다면, 왕의 권위가 훼손되는 것은 물론이고 나라의 질서와 기틀을 올바로 세울 수 없기 때문이다. 왕의 공의는 오직 절대적으로 공의로우신 하나님께로부터 비롯된다(10절). 하나님의 공의로운 말씀에 기초하여 백성을 다스릴 때 왕은 비로소 불의나 편벽됨이나 그릇됨 없이 공의의 통치를 실현할 수 있는 것이다.

이런 맥락에서 왕은 공의를 거스르는 모든 거짓, 사기, 악행을 아주 미워하고 절대 용납해선 안 된다(12절). 장차 우리 모두는 만왕의 왕이시며 최고의 재판장이신 하나님의 공의의 법정에 서야 한다. 그 자리에서 모든 거짓과 악행은 정죄되어 처벌받고, 오직 진실과 참됨만이 인정받고 상급 받을 것이다.

지혜자는 앞서 가르치기를 "주께서는 속이는 저울을 미워하시고 공평한 추를 기뻐하신다."고 했다(11:1). '속이는 저울'은 어떤 물건을 달 때 공평한 추를 사용하는 대신에 거짓 추를 사용하는 '부정한 상행위'이다. 물론 그것은 이웃을 속여 부정한 이득을 취하기 위함이다. 이 같은 행위는 사회 공동체의 신뢰를 무너뜨리는 악하고 거짓된 행위였으므로, 참(진리)과 공의의 속성을 지니신 하나님께 미움을 받아 정죄를 면할

수 없었다. 그런 만큼, 하나님의 통치를 대리하는 세상의 모든 왕들도 하나님의 공의를 본받아 마땅히 그런 자세를 가져야 하는 것이다.

지혜의 소중함 (16:16-24)

16 지혜를 얻는 것이 황금을 얻는 것보다 낫고, 명철을 얻는 것이
은을 얻는 것보다 낫다. 17 악을 피하는 길이 정직한 사람이 걸어가야
할 큰길이니, 그 길을 지키며 걷는 사람은 곧 자기 생명을 지키는
것이다. 18 교만은 멸망으로 이끄는 앞잡이요, 거만한 마음은 몰락으로
향하는 지름길이다. 19 겸손한 사람들과 함께하며 자신을 낮추는 것이
거만한 자들과 어울리면서 약탈한 물건을 나누는 것보다 낫다. 20
말씀의 가르침을 잘 따르는 사람은 하는 일마다 모두 잘 되고, 주님을
믿고 의지하는 사람은 복을 받는다.

[해설과 성찰] 지혜자는 잠언 전반에 걸쳐 거듭 훈계한다. 지혜와 명철을 얻는 것이 황금이나 은을 얻는 것보다 훨씬 낫다!(8:10-11). 왜 그럴까? 금이나 은(銀) 같은 세상 재물로는 우리의 삶에서 진정으로 가치 있는 것들을 살 수 없기 때문이다. 세상 재물로 기껏 살 수 있는 것들은 전부 일시적인 것들뿐이지만, 지혜는 영원한 것이다. 우리의 삶에 참된 의미와 기쁨을 가져다줄 뿐 아니라 돈으로는 그 가치를 환산할 수 없는 하나님의 구원과 영생을 우리에게 가져다준다. 그러므로 마땅히 금은(돈, 재물)보다 지혜를 추구해야 한다. 그리고 거듭 강조된 바이지만 지혜의 근본은 '여호와 하나님을 경외하는 것'이다(1:7; 9:10).

잠언에서 지혜자가 '지혜의 가치'를 강조한 것 못지않게 특히 강조하여 교훈하고 있는 바는 '겸손의 가치'와 더불어 그것에 반대되는 '교만의 위험'이다. 본문에서도 지혜자는 교만의 위험에 관해 강력하게 경고한다. 교만은 멸망의 앞잡이이자 몰락의 지름길이고(18절), 이와 반대로 겸손

은 '존귀의 길라잡이'(15:33)라고 가르친다.

그렇다면 왜 교만이 멸망과 몰락으로 향하는 앞잡이와 지름길이 되는 것일까? 그 이유는 명확하다. 주께서는 다른 무엇보다도 교만을 극히 싫어하고 미워하시므로 교만한 자의 집을 사정없이 헐어버리시기 때문이다(15:25). 그러하니, 교만한 자가 어찌 멸망과 몰락의 구렁텅이에 떨어지지 않을 수 있겠는가!

21 마음이 지혜로운 자는 '분별력 있는 사람'이라는 칭송을 듣고,
호감을 주는 부드러운 말은 듣는 자에게 더욱 설득력을 가진다.
22 깨우침이 있는 명철한 사람에게는 그 명철이 그에게 생명의 샘이
되지만, 어리석은 사람에게는 그 어리석음이 그에게 징벌을 가져다준
다. 23 지혜로운 사람은 자기 입술을 잘 통제하여 언제나 신중하게
말하므로, 그의 입술의 말은 사람들에게 설득력이 있어 좋은 가르침을
베푼다. 24 친절하고 따뜻한 말 한마디는 꿀 송이와 같아서, 듣는
사람의 마음을 훈훈하게 하고 쑤시고 아픈 뼈까지도 낫게 해준다.

[해설과 성찰] 지혜로운 자와 어리석은 자를 구별하는 가장 큰 특징 가운데 하나는 그 사람의 입술과 혀에서 찾을 수 있다. 입술과 혀를 움직여 하는 '말'을 들어보면, 지혜로운 자인지 어리석은 자인지 판단할 수 있는 것이다. 지혜로운 자는 그 입술의 혀로써 참되고 정직하고 진실하고 올바른 말을 하는 반면, 어리석은 자는 그 입술의 혀를 놀려 악하고 거짓되고 부정직하고 그릇된 말을 한다.

지혜로운 자는 자기 입술을 잘 통제하여 항상 신중하고 호감을 주는 말로 다른 이들에게 설득력을 가진다(21, 23절). 꿀 송이 같은 친절하고 따뜻한 말로 듣는 이들의 마음을 훈훈케 하여, 마치 사람의 몸을 고치는 양약(良藥)처럼 듣는 이들의 쑤시고 아픈 몸까지도 낫게 한다(24절). 이와 반대로, 어리석은 자의 말은 마치 사람을 죽이는 독약과 같아

듣는 이들의 육신을 괴롭게 만들고 영혼을 피폐하게 만든다. 그 결과, 지혜로운 자의 말은 그에게 생명을 가져다주지만, 어리석은 자의 말은 징벌을 가져다준다(22절).

이처럼 입술(혀, 말)의 영향력이 아주 지대하므로, 후일에 야고보 선생은 혀를 '불'에 비유하면서, 자칫 잘못 놀리면 모든 것을 모조리 태워버리는 불과 같은 혀를 잘 통제하고 길들여, 모쪼록 선하고 좋은 말로 하나님께 영광 돌리는 삶을 살아가라고 당부했다(약 3:1-12).

사망의 길에 대한 경계 (16:25-33)

25 어떤 길은 사람의 눈에는 올바른 길처럼 보여도 결국엔 사망으로
이끄는 길이다. 26 사람은 배가 고파야 알거리를 찾고 굶주려야 이것저것
따지지 않고 더욱 고되게 일한다. 27 불량한 사람은 항상 악을 꾀하고
그 입술의 말들은 맹렬한 불을 토하는 것과 같다. 28 삐딱하게 말하는
사람은 다툼만 일으키고, 남에 대해 험담하기를 좋아하는 사람은
가까운 친구들까지도 멀리 떨어져나가게 만든다. 29 폭력을 즐겨 쓰는
난폭한 사람은 이웃을 윽박질러 좋지 않은 길로 끌고 간다. 30 못된
짓을 꾸미는 자들은 눈짓 주고받기를 즐겨하고, 입술을 꽉 앙다무는
자들은 악한 일을 저지르게 마련이다.

[해설과 성찰] 지혜자의 여러 잠언들이 소개되었다. 눈길을 끄는 잠언은 '사람이 보기에는 올바른 길처럼 보여도 그 길이 결국에는 사망에 이르는 길'이라는 내용이다(25절). 이는 죄의 성향을 지닌 사람의 한계 때문이다. 그래서 자신들의 생각이 올바른 줄 알고 자신 있게 행동하지만, 하나님의 참된 지혜에 비추어보면 잘못된 경우가 많다. 그래서 사람은 언제든지 자신의 생각과 의지에 따라 행동해선 안 되고, 언제나 주님 말씀의 빛에 비추어 살아가야 한다. 이런 관점에서 시편의 한 저자는 "주님의

말씀은 내 발의 등이고 내 길에 빛이시라"라고 고백했다(시 119:105).

또한 지혜자는 악하고 못된 짓을 꾸미는 자들의 일반적인 표정을 재밌게 묘사하는데, 그들은 눈짓 주고받기를 즐겨하고 입술을 꽉 앙다문다고 했다(30절). 이는 악한 자들이 자신들의 계획을 실행하기 위해 입술을 앙다물고 결연히 다짐하는 모습과 악을 실행하는 과정에서 타인이 눈치채지 못하도록 자기들끼리 은밀하게 눈짓을 주고받는 모습을 나타낸다. 이처럼 유대인들은 어떤 사실을 묘사할 때 추상적이거나 관념적으로 묘사하지 않고 눈으로 보거나 몸으로 느낄 수 있도록 구체적으로 묘사하는 경향이 있다.

31 백발은 영광의 월계관이니 의롭게 살아야만 얻을 수 있다. 32 성내기를
더디 하는 사람은 용사보다 낫고, 자기 마음을 다스릴 줄 아는 사람은
성읍을 점령한 장수보다 낫다. 33 제비는 뽑는 일은 사람이 하여도
모든 일의 결과는 오직 주님께 달려 있다.

[해설과 성찰] 주옥같은 3개의 잠언이 소개되었다. 첫 번째는, 백발이 의롭게 산 자들에게 주어지는 영광의 월계관이라는 교훈이다(31절). '영광의 월계관'은 하나님께서 주시는 존귀와 영예를 말한다. 성경의 일반적인 가르침은, 악하고 불경건한 행위는 수명을 단축시키는 위태로운 삶이고, 의롭고 경건한 행위는 오랜 수명을 보장받을 수 있다는 것이다. 이런 관점에서 오랜 수명의 결과인 백발은 의롭고 경건한 삶에 대한 하나님의 복 주심 곧 주께서 그 사람의 머리에 씌워주신 영광의 월계관으로 간주되었다.

두 번째는, 자신의 마음을 잘 다스려 쉽게 화내지 않는 등 자기감정을 지혜롭게 조절할 수 있는 자는 대적을 무찌르는 용사나 성읍을 빼앗는 장수보다 낫다는 교훈이다(32절). 이는 힘을 써서 상대방을 제압하는 일보다 마음을 다스려 자신을 제압하는 일이 더욱 어렵다는 사실을 보여준다. 육체보다는 마음, 몸보다는 영혼이 더욱 중요한 것임을 교훈한다.

세 번째는, 비록 사람이 제비뽑기를 하여도 그 결과는 하나님의 뜻에 따른 것이라는 교훈이다(33절). 여기에는 실제적인 예가 있다. 신정국가였던 이스라엘의 구약시대에 있었던 몇몇 사건들 곧 범죄자 아간을 색출할 때(수 7:16-18), 12지파에 대한 가나안 땅의 분배(수 18:10), 사울을 이스라엘 왕으로 뽑을 때(삼상 10:20-21), 그리고 신약시대의 초대교회에서 가룟 유다를 대신할 사도를 뽑을 때(행 1:26) 등에서 이루어진 제비뽑기는 분명 하나님의 뜻이 드러난 일종의 계시 수단이었다.

그렇다고 세상에서 행해지는 제비뽑기의 결과가 모두 하나님의 뜻이라고 볼 수는 없다. 이방 나라들에서 행해진 모든 제비뽑기나 오늘날 이런저런 제비뽑기들은 단지 가능성과 우연의 결과일 뿐이다. 그렇지만 보다 광의적인 차원에서 살펴보면, 우연처럼 보이는 인간사 모든 일의 이면에는 언제 어디서나 하나님의 섭리와 경륜이 역동적으로 역사하고 있는 것도 사실이다.

17

미련한 말과 행동

다툼은 댐에서 물이 새는 것이니
댐이 터지기 전에 멈추어라
변함없이 사랑하는 건 친구이며
어려울 때 돕는 건 형제라네

미련한 말과 행동을 피하라 (17:1-28)

1 마른 빵 한 조각을 먹더라도 서로 화목하게 지내는 것이 온갖
고기 음식을 풍성하게 차려놓고서도 서로 다투는 것보다 낫다. 2 지혜로
운 종은 수치스러운 짓을 하는 주인집의 못된 아들을 잘 다스리고,
장차 주인집의 아들들과 함께 유산을 물려받는다. 3 도가니는 은을
단련하고 풀무는 금을 단련하지만 주께서는 사람의 마음을 담금질하
신다. 4 악한 자는 사악한 말에 귀를 기울이고, 거짓말쟁이는 남을
헐뜯는 못된 말에 귀가 솔깃해진다. 5 가난한 사람을 경멸하는 것은
그를 지으신 하나님을 욕되게 하는 일이고, 누구든지 남의 재앙을
보고 고소해하는 사람은 형벌을 면하지 못한다.

[해설과 성찰] 지혜자는 '마른 빵 한 조각'과 '온갖 풍성한 고기 음식'을 대조하여, 마음의 평안 및 가족의 화목이 입에 풍성한 음식이나 가족의 불화보다 낫다고 가르친다(1절). 심각한 다툼과 불화가 있는 상태에서는

아무리 맛있고 진귀한 음식을 먹어도 제대로 소화되지 않을뿐더러, 다투고 싸우느라 음식을 제대로 입에 넘기지도 못한다. 반면, 마른 빵 한 조각만 있더라도 사이좋고 우애 있게 나눠 먹으면, 마음의 평안과 서로 간의 화목이 양약이 되어 먹은 양보다 더욱 배부른 경우가 많다.

지혜자는 도가니나 풀무의 뜨거운 불이 금과 은을 제련하여 온갖 불순물을 제거하듯, 주께서는 뜨거운 불 같은 힘든 고난과 역경을 통해 인격과 마음과 신앙을 보다 성숙하게 다듬어나가신다고 가르친다(3절). 아울러 가난한 사람을 경멸하지 말 것, 그런 자를 무시하고 학대하면 하나님을 욕되게 하는 일이라고 가르친다(5절a). 어떤 작품을 깔보고 무시하면 그 작품을 만든 작가를 욕되게 하는 것이듯, 가난한 자도 하나님께서 지으신 피조물인 만큼 가난한 자를 경멸하는 행위는 그를 지으신 조물주를 멸시하는 행위와 똑같기 때문이다. 그러하기에 온 세상의 모든 사람은 남녀노소와 빈부귀천을 떠나 만물의 영장으로 지음받은 바 된 하나님의 고귀한 작품으로서 충분히 대우받을 만한 가치를 지닌 것이다.

이와 비슷한 맥락에서 시편의 한 저자는 "그 거룩한 처소에 계신 하나님은 고아의 아버지시며 과부의 재판장이시라"고 했다(시 68:5).

6 손자는 노인의 면류관이고, 부모는 자식의 영광이다. 7 미련한 자가 주제넘게 큰소리치는 것도 어울리지 않는데, 하물며 존귀하고 고결한 자에게 어찌 거짓말이 어울릴 수 있으랴. 8 뇌물은 그 뇌물을 쓰는 사람에게 마법의 돌 같아서 어디에 쓰든 안 되는 일이 없게 만든다. 9 남의 허물을 덮어주면 사랑을 받고, 남의 허물을 거듭거듭 들추어내면 친한 벗까지도 등을 돌린다. 10 미련한 자에게 백 대의 매를 때리는 것보다 지각 있는 슬기로운 자를 한 번 꾸짖는 것이 더욱 효과가 있다.

[해설과 성찰] 하나하나의 잠언이 주옥같아서 가슴속 깊이 울림을 안겨준다. 그중에서 두 개의 잠언을 살펴보자. 먼저 "손자는 노인의 면류관이고, 부모는 자식의 영광이다."(6절). 여기서 손자(히, 베네 바님)는 '아들들의 아들들'이란 뜻으로, 넓게는 '자손'이란 뜻으로 이해할 수 있다. 또한 노인(히, 제케님)은 '조상'이란 의미를 지닌다. 자손들은 가문의 지속과 번영을 나타내는 증거로서 조상들에게 기쁨과 자랑의 면류관 같고, 부모를 비롯한 조상들은 자손들의 영광과 자부심을 강화시켜 준다는 의미다.

다음으로 '뇌물'에 관한 잠언이다. 뇌물(히, 샤하드)은 본래 '선물'이란 뜻인데, 자발적인 선물이 아니라, 사욕을 추구하려는 동기에서 바치는 선물이다. 그런데 그런 뇌물이 마치 마법의 돌 같아서 모든 일을 형통하게 만들어준다는 것이다(8절). 얼핏 들으면, 수긍하기 어려운 잠언이다. 물론, 절대로 뇌물을 장려하거나 정당화시키는 잠언은 아니다. 단지 인간 사회에서 뇌물이 지닌 막강한 영향력에 대해서만 언급했을 뿐이다.

그런 힘이 있는 만큼, 뇌물은 종종 인간 사회에서 얼마든지 정의를 불의로, 불의를 정의로, 유죄를 무죄로, 무죄를 유죄로 왜곡시켜 막중한 폐단을 끼친다. 그래서 성경은 뇌물을 주고받는 것을 엄히 금하면서 밝히 정죄하고 있다. 특히 참(옳은 것)과 거짓(그른 것)을 공정하게 가려야 할 재판장들에게 더욱 엄금하였다(15:27; 17:23; 출 23:8; 신 16:19; 27:25; 사 5:23; 암 5:12).

11 악한 사람은 오로지 반역만을 꾀하기 일쑤지만, 결국엔 자비심
없는 잔인한 사신의 방문을 받게 된다. 12 어리석은 일만 저지르는
미련한 사람을 만나느니, 차라리 새끼를 빼앗겨 잔뜩 독이 오른 어미
곰을 만나는 것이 낫다. 13 선을 악으로 갚는 자의 집안에는 온갖
재앙들이 끊이지 않는다. 14 다툼의 시작은 댐에서 물이 새어나오는

것과 같으니, 댐이 터지기 전에 속히 다툼을 그만두어라. [15] 악인을 의롭다고 하는 것이나 의인을 악하다고 하는 것은 주께서 모두 싫어하시는 일이다.

[해설과 성찰] 여러 잠언들이 소개되고 있다. 악한 자의 반역에는 반드시 무자비한 처벌이 뒤따르고(11절), 미련한 자의 어리석은 행위가 얼마나 무모한 결과를 초래하며, 미련한 자와 함께 하는 것이 얼마나 끔찍한 일인지를 경고한다(12절). 또한 선을 악으로 갚는 배은망덕함에 대하여(13절), 사소한 다툼이 얼마나 엄청난 재앙으로 이어질 수 있는지를 경고한다(14절). 그리고 선악에 대한 판단을 뒤집고 왜곡시키는 일이 참되고 공의로우신 주님 앞에서 얼마나 혐오스러운 일인지를 가르쳐준다(15절).

특히 사소한 다툼의 위험성에 대해서는 생생한 비유로 훈계되고 있다. 그것은 마치 '댐의 작은 틈새'와 같다. 초기에 발견된 댐의 작은 틈새를 막는 일은 아주 쉬운 일이지만, 그대로 방치할 경우에는 거대한 댐이 터져버리는 걷잡을 수 없는 재앙을 초래한다. 인간 사회에서 일어나는 살인, 방화, 전쟁 같은 끔찍한 재앙도 처음에는 사소한 다툼에서 비롯된다. 그렇기에 지혜로운 자는 비록 다툼이 있어도 초기에 다툼을 그쳐 더 큰 재앙으로 이어지는 것을 미연에 방지한다.

[16] 미련한 자의 손에 돈이 있은들, 그것으로 지혜를 살 마음이 전혀
없는데 어찌 지혜를 얻을 수 있으랴. [17] 변함없이 언제나 사랑하는
것이 친구이고, 위급하고 어려울 때 서로 돕는 것이 형제다. [18] 분별력
없는 사람일수록 함부로 서약을 쉽게 하고 남의 빚보증도 잘 서준다.
[19] 다툼을 좋아하는 사람은 죄 짓는 것을 즐겨하고, 집에 높은 대문
세우기를 좋아하는 사람은 패가망신을 자초한다. [20] 마음이 비뚤어진
사람은 복을 얻지 못하고, 혀를 놀려 거짓말하는 사람은 온갖 재난에

빠지기 마련이다.

[해설과 성찰] 친구와(17절a) 허영심에 관한 교훈이다(19절b). 참된 친구란 변치 않는 한결같은 사랑에 기초하고 있는 친구다. 특히 어렵고 힘든 시기에 그 사랑이 끊어지지 아니한다. 다윗과 요나단 같은 경우이다. 참된 친구는 듣기 좋은 말이 아닐지라도 친구를 위해 진정으로 올바른 충고를 해주는 자다. 술이나 쾌락이나 범죄나 재물로 엮어진 친구는 반드시 피해야 할 친구들이다. 자기 이익과 필요가 사라지면, 언제든지 함께 사라지는 친구들이다. 가볍게 사귀는 많은 친구를 두는 것보다는 깊은 교제와 우정을 나눌 수 있는 한두 명의 친구가 더욱 바람직하다(18:24).

다음으로 지혜자는 집에 높은 대문 세우기를 좋아하는 사람에 대해 경고한다. 예로부터 팔레스타인의 졸부들과 세도가들은 흔히 크고 높고 화려한 대문을 세워 자신들의 부유함과 세력을 과시하곤 하였다. 자신을 내세우고 다른 사람들을 주눅 들게 할 요량으로 자기 집의 대문을 높여 번지르르하게 꾸미는 겉치레 행위를 좋아하는 것이다. 이런 행위는 허영심과 교만에 바탕을 둔 허례허식으로, 결국 패가망신과 파멸의 지름길이 된다.

21 미련한 자식을 둔 부모는 근심 걱정이 그칠 날 없으니 무슨 낙으로
세상을 살아가랴. 22 마음의 즐거움은 몸에 보약 같아서 병을 낫게
하지만, 마음의 근심은 뼛속까지 상하게 한다. 23 악인은 몰래 뇌물을
받고는 재판을 굽게 하여 그른 것을 옳다고 판결한다. 24 명철한 사람의
눈은 가까운 데서 지혜를 찾지만, 미련한 자의 눈은 멀리 땅끝에서
지혜를 찾아 헛되이 헤맨다. 25 미련한 자식은 아버지의 근심이고
어머니의 고통이다.

[해설과 성찰] 미련한 자식을 두었다는 것은 얼마나 괴로운 일인가! 그런 자식은 부모의 충고나 가르침에 조금도 귀를 기울이지 않고, 오로지 자신의 고집과 어리석음대로 살아가는 자다. 따라서 언제 어디서나 갖가지 근심과 고통만 안겨줄 뿐이니, 부모의 입장에서는 세상을 웃으며 살아갈 아무런 낙이 없는 것이다(21, 25절).

지혜자는 마음의 상태가 육신에 그대로 영향을 끼친다고 일러준다. 마음의 즐거움은 보약 같아서 병을 낫게 하지만, 마음의 근심은 독약 같아서 뼛속까지 상하게 한다(22절). 마음의 상태가 사람의 몸에 직접적으로 갖가지 영향을 미친다는 사실은 오늘날 현대 의학에서도 입증된 바다.

지혜를 찾는 일에 있어 명철한 자와 미련한 자가 대조되고 있다. 명철한 자는 가까운 데서 지혜를 찾는 반면, 미련한 자는 멀리 땅끝에서 지혜를 찾는다(24절). 미련한 자는 자기의 눈을 멀리 땅끝에 두어 마음을 정하지 못한 채 지혜를 찾아 온 땅의 사방을 쓸데없이 두루 헤매고 다니지만, 명철한 자는 자신의 눈앞에 있는 지혜에 초점을 맞추고 온 마음을 쏟아 그것을 자신의 것으로 획득한다. 이런 맥락에서 하나님은 일찍이 자신의 법도와 훈계 곧 하나님의 지혜 말씀이 멀리 하늘이나 바다 밖이 아니고, 우리와 심히 가까워서 바로 입과 마음에 있다고 말씀하셨다(신 30:11-14).

[26] 의로운 사람을 벌하는 것은 옳은 일이 아니고, 고결한 사람을 정직하다 하여 때리는 것도 올바른 일이 아니다. [27] 아는 것이 많은 사람은 도리어 말을 아끼고, 통찰력 있는 사람은 냉철하여 성급히 서둘지 않는다. [28] 미련한 사람이라도 조용히 침묵하고 있으면 지혜롭게 보이고, 입을 다물고 가만히 있으면 슬기로워 보인다.

[해설과 성찰] 잠언서에서 말(혀, 입술)에 관한 훈계는 도처에서 거듭거듭

나타난다. 말은 그 사람의 전 인격과 성품을 가장 적나라하게 보여주는 것이므로, 그만큼 혀와 입술을 움직여 말을 한다는 것이 극히 중요하기 때문이다. 여기서도 지혜자는 말의 절제와 침묵의 가치에 대해서 훈계한다. 말을 많이 한다고 해서 결코 아는 것이 많다는 것을 의미하지 않는다. 이와 반대로, 아는 것이 많은 사람일수록 도리어 말을 아낀다(27절). 그런 자는 쓸데없는 말은 하지 않고 꼭 필요한 말만 하기 때문이다.

지혜자는 한 걸음 더 나아가 혀와 입술을 닫고 말을 하지 않는 것, 곧 침묵의 가치에 대해 높이 평가한다. 심지어 미련한 사람일지라도 말을 하지 않고 침묵하고 있으면 지혜롭고 슬기로워 보인다고까지 말한다. 그렇다고 해서 침묵하기만 하면, 미련한 사람이 실제로 지혜롭고 슬기로운 자가 되는 것은 아니다. 단지 미련한 사람이 침묵을 통해 조금도 미련하게 보이지 않을 수도 있다는 것이다. 이를 달리 생각하면, 미련한 자가 침묵하지 않고 입을 열고 혀를 놀려 마구 말을 내뱉는 것이 얼마나 어리석은 일인지 알 수 있다.

18

화목한 인간관계

선물은 앞길을 넓게 열어주고
높은 사람의 앞까지 인도하네
원고의 말이 옳아 보여도
피고의 말까지 들어봐야 하네

화목한 인간관계를 위한 조언 (18:1-24)

1 다른 사람들과 어울리지 못하는 외톨이는 자기 욕심만 챙기려 들
뿐이고, 다른 이들의 건전한 판단을 받아들이지 않는다. 2 미련한
사람은 깨우쳐주는 명철한 말을 들어도 아무 기쁨을 느끼지 못하고
무조건 자기주장만 고집스럽게 내세운다. 3 악한 일이 있는 곳에는
멸시가 뒤따르고, 수치스런 일 뒤에는 모욕이 뒤따른다. 4 명철한
사람의 입에서 나오는 말은 깊은 샘물과 같으니, 그 지혜의 샘은
힘차게 흐르는 시내와 같다. 5 재판할 때 악한 사람을 편드는 것이나
죄 없는 의인을 죄인으로 모는 것은 옳지 않다.

[해설과 성찰] 여기서 '다른 사람들과 어울리지 못하는 외톨이'(개역개정, 무리에게서 스스로 갈라지는 자)는 내성적이거나 비사교적인 사람이 아니라, 자기 이익과 욕망을 추구하느라 다른 사람들과 화합하지 못한 채 언제나 무리나 단체에서 다툼과 갈등과 분열을 일으키는 자를 말한다

(1절). 그런 사람들은 다른 이들의 건전한 판단이나 상식을 받아들이지 않고, 오로지 자기주장과 고집만 내세운다. 자기 욕망과 이기심에 완전히 사로잡혔기 때문이다.

지혜자는 명철자의 입에서 나오는 말은 '깊은 샘물'과 같다고 가르친다 (4절). '깊은 샘물'은 어떤 상황에서도 메마르지 않고 계속해서 솟아난다. 이처럼 명철한 자의 마음 깊은 곳에서는 심오한 지혜가 끊임없이 솟구쳐 나와 다른 이들에게로 힘차게 흐른다.

6 어리석은 사람의 입술은 다툼을 불러오니, 그의 입은 매를 불러들이기
일쑤이다. 7 어리석은 사람은 자기 입의 말 때문에 망하니, 그 입술의
말이 올가미가 되어 스스로를 옭아맨다. 8 다른 사람 헐뜯기를 잘하는
사람의 말은 맛있는 음식과 같아서, 그런 말들은 사람의 뱃속 깊은
곳까지 잘 내려간다. 9 자기 할 일을 게을리하는 사람과 일을 망치는
허랑방탕한 자는 서로 형제지간이다. 10 주님의 이름은 견고한 망대
같아서, 의로운 사람이 거기로 달려가면 안전하게 쉴 수 있다.

[해설과 성찰] 말(혀, 입, 입술)에 대해 거듭 훈계한다(6-8절). 잠언은 가히 '말에 대한 훈계 모음집'이라 할 정도로 말에 대한 교훈이 많다. 그만큼 모두에게 말(言)은 지극히 중요한 문제이기 때문이다. 따라서 지혜로운 자(슬기로운 자, 명철한 자)와 어리석은 자(미련한 자, 악한 자)의 판별은 그가 하는 말을 통해 이루어진다. 지혜로운 자의 말은 온갖 선한 결과를 낳지만, 어리석은 자의 말은 온갖 악한 결과를 낳는다.

본문에서 흥미를 끄는 교훈은, 남에 대한 험담은 맛있는 음식(별식) 같아서 뱃속 깊은 데까지 잘 내려간다는 표현이다(8절). 별식(別食)은 잘 요리된 특별한 음식으로서, 누구나 즐겨 먹고 좋아한다. 그처럼, 타락한 사람의 악한 속성은 남에 관한 험담이나 소문, 곧 남의 뒷말 (gossip)을 하거나 듣기를 즐겨하고 무척 좋아하기에 마치 별식과도 같은 것이다. 사람들은 그런 험담을 쉽게 잊어버리지도 않고 뱃속 깊은 데까지 잘 소화시켜두었다가, 다음에 다시 끄집어내어 다른 이들에게 그 이야기를 전하곤 한다.

지혜자는 또한 '게으른 자'와 '허랑방탕한 자'를 형제지간으로 보았다(9절). 그도 그럴 것이 게으른 자는 마땅히 해야 할 자기 일을 하지 않고 허랑방탕하게 세월을 보내는 자로서, 그 결과 모든 일을 망치고 만다. 게으른 자는 아무짝에도 소용없는 인물로, 그저 밥과 시간과 자신을 축내어 다른 이들에게 폐만 끼칠 뿐이다.

[11] 부자들은 자기 재산을 견고한 성채처럼 여기므로, 그들은 그것이 아무도 오를 수 없는 높은 성벽처럼 자기를 안전하게 지켜줄 것이라고 생각한다. [12] 사람의 마음이 교만하면 파멸이 뒤따르고, 겸손하면 영광이 뒤따른다. [13] 사연을 다 들어보기도 전에 대답부터 하는 것은 어리석은 짓이어서 망신을 당하기 십상이다. [14] 사람이 마음을 다잡고 정신을 바짝 차리면 병도 이겨낼 수 있지만, 마음이 꺾인다면 누군들 버틸 수 있으랴. [15] 명철한 사람의 마음은 지식을 얻고, 지혜로운 사람의 귀는 지식을 구한다.

[해설과 성찰] 재물의 헛됨(11절), 교만의 위험성(12절), 말의 절제(13절), 마음 곧 심령(心靈)의 소중함(14절), 지식을 얻고 구하는 명철한 마음과 지혜로운 귀(15절) 등에 대해서 가르친다.

본문에서도 말(言)에 관한 교훈이 나타난다. 이번에는, 자신의 말은 최대한 아껴서 절제하고, 남의 말은 최대한 충분히 들을 것을 권면한다(13절). 미련하고 어리석은 자는 상대방의 말을 충분히 듣기보다는 하고 싶은 말을 얼른 내뱉고 싶어, 남의 말을 도중에 끊고 자신의 말을 마구 늘어놓는다. 이때 그 사람은 상대방의 말을 충분히 듣지 않았으므로 당연히 적절하고 유용한 말을 해줄 리 없다. 그 결과, 제대로 알지도 못한 채 함부로 대꾸하는 격이어서 수치와 망신을 당하기 십상이다. 그러기에 성도들은 듣기는 속히 하고 충분히 해야 하며, 말하기는 더디하고 진중히 해야 한다. 귀를 활짝 열고, 혀를 잘 통제해야 한다.

[16] 선물은 그것을 주는 사람의 앞길을 넓게 열어주어, 그를 높은 사람의
앞까지 이끌어 준다. [17] 법정에서는 먼저 말하는 원고의 말이 모두
옳아 보여도, 그것을 반박하는 피고의 말까지 들어보아야 비로소
진실이 밝혀진다. [18] 제비뽑기는 사람들 사이의 말다툼을 판가름 짓고,
강한 사람들 사이의 팽팽한 논쟁을 종식시킨다. [19] 형제끼리 다투어서
의가 상하게 되면, 그것을 되돌리기가 견고한 성읍을 점령하는 것보다
훨씬 어렵다. 참으로 형제간의 다툼은 성문의 문빗장처럼 마음의
문을 꼭꼭 닫아걸게 한다.

[해설과 성찰] 선물(gift)은 뇌물(bribe)과는 그 성격이 다르다. 자신의 부정한 이익을 취하려고 몰래 바치는 뇌물(히, 샤하드)과 달리, 선물(히, 마탄)은 사심 없는 존경심으로 드리는 순수한 예물이다. 이 잠언의 뜻은, 존귀한 자에게 지혜나 조언을 들으러 갈 때 존경심의 표현으로 선물을 준비하면, 그 일을 이루는 데 한결 도움이 된다는 교훈이다(16절).

지혜자는 법정 재판에서의 지혜를 들려준다. 재판은 원고와 피고의 말을 다 들어본 후에 편파성 및 선입견을 피하고 공정하게 판결해야 한다(17절). 오늘날의 법정에서는 양자(원고 및 피고)의 입장을 충분히 들어보는 것은 물론이고, 사건의 진실이 왜곡되어 잘못된 판결이 나오지 않도록 항고나 상소 등의 절차를 통해 여러 단계의 재판을 받을 수 있게 제도로 뒷받침하고 있다.

제비뽑기도 모든 다툼과 논쟁을 판가름 짓고 종식시킨다(18절). 이는 고대 이스라엘 사회를 배경으로 한다. 이것인지 저것인지 명확한 판단 기준이 없었던 고대 이스라엘 사회에서는 제비뽑기가 복잡한 문제를

신속하고 결정적으로 해결할 수 있는 유익한 방법이었다. 비록 제비뽑기의 결과가 우연처럼 보일 수 있었지만, 신정체제에서 살았던 고대 이스라엘 백성들은 그 결과에 하나님의 뜻이 반영되었다고 믿었다. 실제로 하나님의 명을 좇아 범죄자를 가려내는 일이나 왕을 뽑는 일, 그리고 정복한 땅을 각 지파들에게 분배하는 일 등에 제비뽑기의 수단이 사용되었다(수 7:16-18; 18:10; 삼상 10:20-21).

마지막으로 지혜자는 형제간의 다툼과 불화가 얼마나 심각한 일인지를 들려준다(19절). 여기서 다툼(히, 미드와님)은 서로 싸우고 불화를 겪다가 결국 '법정 소송'까지 간 경우이다. 그런 경우에 형제들은 이기기 위해 다른 형제의 온갖 약점을 들추어내며 갖가지 방식으로 공격하여 상처를 준다. 이런 경우에는 아예 모르는 사람들보다 더욱 의가 상하게 되고 골이 깊숙이 파인다. 그렇게 형성된 형제간의 불화와 반목은 마치 견고한 성읍이나 요새의 문빗장 같아서 서로 마음을 풀고 화목하기가 아주 어렵다. 그러므로 법정으로 가서 건잡을 수 없는 파국으로 치닫기 전에, 먼저 양보하고 배려하는 마음으로 다가서야 소중한 형제를 잃지 않을 수 있다.

> 20 사람은 그 입에서 나오는 말의 열매로 배를 채우고, 그 입술에서
> 거두는 말의 결과로 만족하게 된다. 21 사람의 죽고 사는 것이 그
> 혀에 달려 있으니, 혀를 잘 다루는 사람은 그 열매를 먹게 된다.
> 22 아내를 맞이한 사람은 복된 것을 얻은 사람으로 진실로 주님께
> 은총을 받은 사람이다. 23 가난한 사람은 간절한 말로 부탁하지만,
> 부자들은 퉁명스럽게 대답한다. 24 친구를 많이 둔 사람은 피해를
> 당하지만, 어떤 친구는 형제보다 더 가까운 친구도 있다.

[해설과 성찰] 말(혀, 입)에 관한 교훈이 또 다시 등장한다(20-21절). 사람은 입에서 나오는 말의 열매로 자신의 배를 채우고 만족을 얻게

된다. 선한 말은 선한 열매를, 악한 말은 악한 열매를 가져다준다. 따라서 선한 열매로 배를 채우는 사람은 살고, 악한 열매로 그 배를 채우는 사람은 죽을 것이다.

이처럼 사람의 죽고 사는 것은 그 말(혀)에 달렸다. 자신의 말에 따라 삶과 죽음이 결정된다. 양약과 같은 선한 말을 하면 그 양약으로 인해 생명을 누리지만, 독초와 같은 악한 말을 하면 그 독초로 인해 사망에 이른다. 무엇보다 최후의 심판 날에 자신이 한 말에 의해 의롭다고 간주되어 영생을 누리고, 악하다고 정죄 받아 영벌에 처해지기도 한다(마 12:36-37).

아내에 관한 교훈도 있다(22절). 헬라어 역본 70인역(LXX)에 따르면 여기에서의 '아내'는 '좋은 아내', 곧 현숙하고 슬기로운 아내이다(31:10-31). 이 같은 아내를 얻은 자는 참으로 복된 것을 얻은 사람으로, 진실로 하나님의 은총의 선물을 받은 자다(19:14; 31:10). 지혜자는 또 을(乙)의 입장에 처할 수밖에 없는 가난한 자와 갑(甲)의 입장에서 배짱을 부리는 부자의 특성에 관해서도 지적한다(23절).

'친구'(24절)에 관한 교훈의 요점은, 친구를 얼마나 많이 두었느냐, 그게 중요한 게 아니고, 적더라도 얼마나 형제처럼 가깝고 진실한 친구를 두었느냐가 더욱 소중하다는 것이다. 친구를 사귐에 있어서는 어디까지나 양(量)보다 질(質)을 택해야 한다. 100명의 그저 그렇고 해가 되는 친구들보다는 한두 명의 진정한 친구를 두는 것이 정녕 지혜로운 일이다.

19

성도의 올바른 성품

거짓말을 해대는 사람보다
가난하게 사는 것이 더 낫네
거만한 사람에게는 형벌이,
어리석은 사람에게는 채찍이 내리네

하나님의 백성 된 자들의 올바른 성품 (19:1-29)

1 가난해도 흠 없이 진실하게 살아가는 사람이 입술로 거짓말하며
미련하게 살아가는 사람보다 낫다. 2 지식 없는 영혼은 선하지 아니하
고, 너무 서두르면 잘못을 범하기 쉽다. 3 사람은 자신이 어리석어
자기 인생을 스스로 망쳐 놓고도, 마음속으로 주님을 원망하기 일쑤다.
4 재산이 많으면 친구들도 덩달아 많아지지만, 재산을 잃고 빈털터리가
되고 나면 친구들이 다 떠나간다. 5 거짓으로 증언하는 사람은 처벌을
면할 수 없고, 거짓말하는 사람도 형벌을 피하지 못한다.

[해설과 성찰] 지혜자는 하나님의 백성들이 마땅히 지녀야 할 아름다운 덕목과 올바른 성품에 관해 가르치고 있다. 본문에서 '입술로 거짓말하며 미련하게 살아가는 사람'(1절b)은 곧 '악하고 어리석은 부자'를 가리킨다. 거짓과 악행으로 자기 재산을 불리고 그렇게 불린 자신의 재물을 의지하면서 가난한 자를 업신여기는 부자를 가리킨다. 성경은 많은 재물을 지닌

부자 그 자체를 문제 삼지는 않는다. 하지만 거짓말과 악행을 통해 부정한 방법으로 재물을 축적하거나, 그런 재물을 믿고 가난한 자를 업신여기고 구박하는 악한 부자에 대해서는 엄히 경고하고 정죄한다.

'지식 없는 영혼'(2절a)은 구원과 영생에 대해 무지한 영혼이다. 그런 영혼의 소유자는 당연히 선한 삶을 살아갈 수 없다. 3절의 교훈은 예리하다. 사람은 자신의 어리석은 실수에 대해 하나님을 원망하는 경향이 있다. 그것이 사람의 속성이다. 죄로 말미암아 타락한 사람의 속성은 어리석은 실수에 대한 책임을 겸허하게 받아들이는 대신에 다른 누군가를, 심지어 하나님까지도 원망하려는 악한 경향이 있다. 그렇게 함으로써 사람은 자신의 어리석은 행동에 대한 결과를 회피하려 든다. 하지만 그런 행위는 그 사람을 더욱 어리석게 만들어 결국 인생 전부를 망치게 한다.

4절의 교훈은 야박하고 세속적인 세상살이에서 흔히 접할 수 있는 교훈이다. 재물이 없어지면 떠나는 친구들은 '우정'이 아니라 '재물'을 보고 가까이 다가왔기 때문이다. '탕자의 비유'에서 탕자가 그런 경우다. 처음엔 많은 재물로 친구들과 어울리며 떵떵거리고 살았지만, 재물을 전부 탕진한 후에는 모든 이에게 외면당하고 심지어 돼지 먹이조차도 얻을 길 없어 굶주리게 된다(눅 15:11-16).

성경의 가르침대로, 지혜자 역시 '거짓 증언'에 대해 엄히 경고한다(5절a). 모세 율법에 의하면, 거짓으로 증언한 자는 돌에 맞아 죽임당해야 했다(신 19:15-21). 그토록 엄히 처벌한 까닭은, 그런 행위는 개인에게 억울한 피해를 줄 뿐만 아니라 사회 공동체의 공의를 파괴하기 때문이다. 성경에서 '거짓 증언'의 대표적인 경우로, 신실한 포도원 주인 '나봇'에 대하여 증언한 이스르엘 성읍의 불량자들을 들 수 있다. 그들은 이세벨 왕비의 사주를 받아 나봇이 하나님을 저주했다고 거짓으로 증언하여 그를 돌에 맞아 죽게 만든다(왕상 21:1-13).

[6] 높은 자리에 앉아 있는 사람에게는 아첨하는 자들이 우르르 몰려들고,
선물을 잘 주는 사람에게는 다들 친구가 되고 싶어 한다. [7] 궁핍하게
살면 한핏줄이라도 싫어하며 피하려 하는데, 하물며 친구들이야 더더
욱 그러하지 않겠느냐. 아무리 뒤따라가며 가까이하려 할지라도 아무
소용이 없다. [8] 지혜를 얻는 사람은 자기 영혼을 사랑하는 사람이고,
명철을 구하는 사람은 모든 일이 형통하게 마련이다. [9] 거짓으로 증언하
는 자들은 형벌을 피할 수가 없고, 거짓말하는 자는 망할 수밖에
없다. [10] 미련한 자가 사치스럽게 사는 것은 어울리지 않는 일이고,
더욱이 종이 고관들을 다스리는 것은 더 말할 나위가 없다.

[해설과 성찰] 지혜자는 궁핍한 자의 실상을 잘 보여준다. 궁핍하고 가난한 자는 누구에게서도 환영받지 못함을 지적한다. 친구들은 물론이고, 심지어 한핏줄 된 혈육과 친족들에게서도 외면당한다(7절). 세상에서 가난한 자가 의지할 데라곤 아무 데도 없는 것이다.

그런데 그런 가난한 자들을 외면하지 않으시고 알뜰히 챙겨주시는 분이 바로 하나님이시다. 지혜자는 하나님께서는 진실로 가난한 자를 불쌍히 여기시는 분이시므로 가난한 자들에게 친절을 베푸는 것은 하나님께 그렇게 한 것과 같아서, 장차 하나님께서 행위대로 되갚아주실 것이라고 교훈한다(17절). 후일 성육신하신 예수님은 가난한 자들의 참된 친구가 되셨다.

8절에 언급된 '지혜'와 '명철'은 잠언에서 셀 수 없을 정도로 많이 언급되는 단어인데, 그 단어들은 단순히 인생살이와 세상살이의 슬기로움에 국한되지 않는다. 그것들은 주님과 관련된 단어들로, 주님 앞에서 신실하고 올바르게 살아가는 삶, 곧 구원과 영생에 이르는 지혜와 명철이다. 그래서 지혜자는 지혜와 명철의 근본은 바로 '주님을 경외하는 것'이라고 명쾌하게 정의를 내리고 있다(잠 1:7; 9:10).

지혜자는 세상에서 어울리지 않는 것 두 가지를 지적한다. 하나는

미련한 자가 사치스럽게 부와 재물을 누리는 것이고(10절a), 다른 하나는 종이 권세를 쥐고 교만한 마음으로 고관이나 방백을 다스리는 것이다(10절b). 이 둘은 본인들의 분수나 자격에 전혀 맞지 않는 경우다. 마치 돼지 코에 진주 목걸이를 매단 경우와 같다. 사람은 분수에 맞게 살아야 하고, 자격에 어울리게 행동해야 보기에 좋다.

[11] 지혜로운 사람은 분통 터지는 일이 생겨도 화를 더디 내며 속으로 잘 삭이는 자이고, 남의 허물을 잘 덮어주는 사람은 사람들에게 칭송을 받는다. [12] 왕의 분노는 성난 사자가 으르렁대는 것 같고, 왕의 은총은 풀잎 위에 맺히는 이슬 같다. [13] 미련한 자식은 아버지에게 재난을 가져다주고, 다투기를 좋아하는 아내는 천장에서 쉼 없이 뚝뚝 떨어지는 빗방울과 같다. [14] 집과 재산은 부모에게서 물려받지만, 슬기로운 아내는 주님께로부터 받는다. [15] 게으른 사람은 빈둥거리며 깊은 잠이나 잘 뿐이고, 나태한 사람은 먹을거리를 구하지 못해 굶주리게 된다.

[해설과 성찰] 지혜자는 잠언 도처에서 감정을 잘 다스리는 일이 중요하다고 가르친다. 감정 중에서도 '분노의 감정'을 잘 다스릴 것을 권고한다. 그래서 분노를 속히 드러내어 화를 쉽게 내는 자는 어리석은 사람으로, 분노를 잘 삭여 화를 더디 내는 사람은 지혜로운 사람으로 규정한다(11절).

왕(王)에 대한 교훈도 있다. 고대 세계에서 왕은 절대적인 위치에 있는 최고 권력자다. 따라서 왕의 분노는 성난 사자처럼 두려운 것이고, 왕의 은총은 풀잎 위의 이슬처럼 상쾌한 것이다(12절). 이는 왕과 백성에게 각기 교훈을 준다. 왕을 향해서는 무분별하게 함부로 분노해서는 안 된다는 것을, 백성을 향해서는 왕의 정당한 명령에 복종해야 한다는 것을 교훈한다.

지혜자는 가정의 화목과 번영을 망치는 두 가지 경우를 제시한다(13절). 하나는 미련한 아들이고, 또 다른 하나는 다투기를 좋아하는 아내다.

이중에서 '미련한 아들'이 더 치명적이다. 그런 자는 부모와 가정에 재난을 가져다주기 때문이다. '다투기를 좋아하는 아내'는 천장에서 쉼 없이 뚝뚝 떨어지는 빗방울에 비유되었는데, 참으로 집안의 삶을 고단하고 어수선하게 만들기 때문이다. 팔레스타인의 지붕은 평평하고 흔히 진흙이나 회의 반죽으로 만들어졌기에 우기에는 천장에서 빗물이 새는 일이 종종 있었다.

태초의 에덴동산에서 아담이 하나님의 은총으로 '하와'라는 아내를 얻었듯이(창 2:21-23), 지혜자는 남편에게 있어 슬기롭고 현명한 아내는 하나님의 은총의 선물이라고 말한다(14절b; 18:22). 지혜자는 또한 게으르고 나태한 자를 꾸짖고 있다(15절). 게으름(나태함)에 대한 엄중한 경고와 부지런함(근면함)에 대한 장려는 잠언에서 자주 다루는 주요 주제들 가운데 하나다. 훗날 사도 바울은 "일하기 싫은 자는 먹지도 말라."고 했다(살후 3:10).

16 훈계를 잘 듣고 그 가르침에 순종하는 사람은 자기 생명을 보존하지
만, 말씀을 무시하는 사람은 죽음을 면치 못한다. 17 가난한 자를
불쌍히 여겨 그에게 친절을 베푸는 것은 주님께 빌려주는 것과 같아서,
장차 주께서 그 사람의 행위대로 되갚아주실 것이다. 18 네 아들을
훈계하라. 그리하면 그 아들에게 희망이 있다. 그러나 죽일 마음을
품듯 너무 심하게 다루어서 자녀를 파멸로 몰아가서는 안 된다.
19 성질이 불같이 급한 사람은 스스로 그만한 대가를 치러야 한다.
만일 그런 사람을 한번 구해주면, 다음에 또 구해줄 일이 반드시
생길 것이다. 20 충고를 귀담아듣고 책망을 달게 받아들여라. 그러면
네가 결국 지혜로운 사람이 될 것이다.

[해설과 성찰] 가난한 자에 대한 하나님의 관심은 지대하고, 하나님의 애정은 따뜻하다. 심지어 가난한 자들에게 친절을 베푸는 것은 주님께

그렇게 한 것이나 마찬가지이다(17절). 후일 최후 심판의 광경을 보여주는 '양과 염소의 비유'에서, 예수님도 똑같이 말씀하셨다(마 25:31-46). 그렇다면 하나님께서는 왜 그토록 가난한 자를 알뜰히 보살피는 것일까?

그 까닭은 하나님의 공의를 위해서다. 가난한 자들은 종종 부와 권세를 가진 자들에게 불의의 먹잇감이 되기 십상이기 때문이다. 또 다른 이유는 자신의 피조물에 대한 애정 때문이다. 가난한 자들은 가난하다는 이유로 사랑받지 못하고, 세상에서 소외당한다. 하지만 그들도 하나님의 형상대로 지음 받은 소중한 자들이다. 만일 하나님께서 그들을 돌보지 않는다면, 누가 그들을 돌볼 것인가!

그런데, 가난한 자들은 종종 하나님께서 원하시는 것을 갖고 있는 경우가 많다. 말하자면 깨진 심령, 하나님께 대한 전적인 의존, 구원과 천국에 대한 믿음 등. 하나님은 부자와 세도가들이 가진 재물과 권세가 아니라 가난한 자들이 가진 그런 것들을 더욱 귀하게 보신다.

지혜자는 '자녀 훈육'에 대해서도 가르친다. 자녀를 훈육하되, 너무 심하게 다루어 파멸로 몰아가선 안 된다(18절). 후일 사도 바울도 그렇게 가르쳤다. 오직 주님의 교양과 훈계로 자녀를 양육하되, 자녀를 지나치게 자극하여 성나게 하지는 말라고 가르쳤다(엡 6:4). 자녀를 훈육할 때 적절한 절제의 지혜가 필요한 것이다.

감정의 절제는 잠언에서 거듭 다루고 있는 주요 주제들 가운데 하나다. 모쪼록 쉽게 화내지 말 것을 거듭 강조한다. 그렇지 아니하고, 불같이 성을 내는 사람은 반드시 그만한 대가를 치르게 될 것이다(19절). 실제로 그렇다. 우리의 주변에서, 신문의 사회면에서, 우리는 자기 성질을 참지 못하고 불같이 분노를 터뜨린 자들이 어떤 대가를 치르고, 또 나중에 얼마나 후회하게 되는지 충분히 사례를 찾아볼 수 있다.

21 **사람의 마음에 많은 계획들이 있어도, 마침내 이루어지는 것은**

오직 주님의 뜻뿐이다. [22] 사람에게 요구되는 바는 그의 친절함이라. 가난한 자가 거짓말쟁이보다 낫다. [23] 주님을 경외하는 것이 생명을 얻는 길이다. 그런 자는 만족한 삶을 누리고 어떤 재앙도 만나지 않을 것이다. [24] 게으른 사람은 밥그릇에 숟가락을 대고서도 밥을 떠서 입안에 넣기를 귀찮아한다. [25] 거만한 자를 벌하라. 그러면 우둔한 사람도 각성하게 된다. 명철한 자를 책망하라. 그러면 그는 지혜를 얻게 된다.

[해설과 성찰] 사람의 계획과 주님의 뜻 가운데 최종적으로 실현되는 것은 '주님의 뜻'이라고 가르친다(21절). 인류 역사의 배후에서 인간사의 모든 것들을 간섭하시고 섭리하시며 경영하시는 분은 오직 주님이시다. 그래서 지혜자는 앞에서도 같은 말을 했다. "사람이 마음으로 자신의 앞날을 계획하지만, 그의 발걸음을 인도하는 분은 오직 하나님이시다"(16:9). "제비를 뽑는 일은 사람이 하여도 모든 일의 결과는 오직 주님께 달려 있다"(16:33).

지혜자는 가난해도 친절함을 갖춘 사람이 부자일지라도 친절함 없이 위선적으로 거짓말이나 해대는 사람보다 낫다고 가르친다(22절). 말하자면 '친절함'이란 덕목이 '재물'이라는 물체보다 더욱 귀하고 가치 있다는 가르침이다.

25절의 훈계는 독특하다. 거만한 자가 벌 받는 것을 보고는 우둔한 자가 자극을 받아 각성하는 일은 있을 수 있는데, 왜 명철한 자를 책망하라는 것일까? 명철한 자는 아예 책망 받을 일을 하지 않을 것이 아닌가? 그렇지 않다. 사람이 아무리 명철해도, 실수와 잘못이 없을 수가 없다. 아브라함, 모세, 다윗 같은 명철한 자들도 다 잘못이 있었다. 그런 명철한 자들도 잘못을 저질렀을 때 못 본 체 넘어가지 말고 책망을 하라는 것이다. 그러면 책망을 기꺼이 받아들여 자신들의 잘못을 속히 인정하고 더욱 지혜롭게 되는 것이다.

26 자기 아버지를 구박하고 자기 어머니를 내쫓는 자식은 부끄러움과
망신을 끌어들이는 파렴치한 자식이다. 27 내 아들아, 너는 올바른
훈계는 듣되 지식의 말씀에서 벗어나게 하는 그릇된 훈계는 듣지
말아라. 28 거짓 증인은 정의를 우습게 여겨 비웃고, 악인은 입을 크게
벌려 죄악을 통째로 꿀꺽 삼킨다. 29 거만한 사람을 위해서는 형벌이
준비되어 있고, 어리석은 사람의 등짝을 위해서는 채찍이 마련되어
있다.

[해설과 성찰] 불효는 잠언뿐만 아니라 성경 전체에서 큰 죄악으로 다뤄진다. 단순히 부모의 말에 순종하지 않는 소극적인 불효부터 여기 26절처럼 아버지를 구박하고 어머니를 내쫓는 적극적인 불효까지, 불효도 그 종류와 단계가 다양하다. 물론 불효의 단계와 정도에 따라 형벌의 강도도 달라진다.

불효가 죄인 것은 무엇보다 하나님께서 주신 큰 계명 곧 십계명을 거스르는 행위이다(출 20:12). 하나님은 부모의 권위를 세워주신 후에 모든 자녀들에게 '네 부모를 공경하라'고 명하셨다. 따라서 부모의 권위를 무시하는 불효는 결과적으로 하나님의 권위에 대한 도전이다. 그래서 구약 율법은 부모를 때리거나 저주하는 자는 사형에 처하도록 규정했다(출 21:15, 17). 잠언의 또 다른 지혜자 아굴(Agur)은 "아버지를 조롱하며 어머니에게 순종하기를 싫어하는 자의 눈은 골짜기의 까마귀에게 쪼이고 독수리 새끼에게 먹히리라."고 했다(잠 30:17).

지혜자는 정의를 비웃는 거짓 증언자(28절a), 마치 갈증이 날 때 물을 벌컥벌컥 들이키듯 죄악을 통째로 삼키는 악인(28절b), 우쭐대며 과시하는 거만한 자(29절a), 하나님의 말씀을 무시하는 어리석은 자(29절b) 등에 대해서는 하나님의 무서운 채찍과 두려운 형벌이 마련되어 있다고 경고한다.

20

의인의 온전한 삶

포도주는 사람을 거만하게 만들고
누구든 술에 빠지면 지혜를 잃네
게으르면 씨 뿌릴 때를 놓쳐
추수 때 거둘 게 없네

주님 앞에서 올바로 살아가는 의인의 온전한 삶 (20:1-30)

1 포도주는 사람을 거만하게 만들고, 독한 술은 사람을 떠들어대게
한다. 그러므로 누구든지 술에 빠지는 사람은 지혜롭지 못한 사람이다.
2 왕의 노여움은 성난 사자가 으르렁대는 것과 같으므로, 누구든지
왕의 분노를 자아내는 자는 목숨을 잃게 된다. 3 다툼을 멀리하는
것이 지혜로운 일인데도, 미련한 자는 걸핏하면 다툼을 일으킨다.
4 게으름뱅이는 씨 뿌릴 때가 되어도 밭을 갈지 않으므로, 추수할
때가 되어도 거두어들일 것이 없다.

[해설과 성찰] 주님 앞에서 올바로 살아가는 의인의 온전한 삶을 다루면서, 지혜자는 우선 '술의 남용' 곧 '술 취함'을 문제 삼는다(1절). 교훈의 강조점은 '술에 미혹되어 술에 빠지는 자는 지혜가 없다'는 것이다. 다른 부분에서는 술이 적당히 필요한 자들도 있다고 말한다(31:6-7). 후일에 예수님은 물을 포도주로 만드는 이적을 베푸셨으며, 세리들

및 죄인들과 어울리면서 포도주를 마시기도 하셨다(마 11:9; 요 2:1-11).

이처럼 잠언이나 성경은 모든 대상과 상황에 대하여 일절 금주(禁酒)를 명하고 있는 것은 아니지만, 분명 금주는 자칫 술 취함으로 인해 빠질 수 있는 여러 가지 불미스럽고 위험스런 미혹에서 벗어날 수 있음을 보장해준다. 이런 맥락에서 영국의 주석학자 메튜 헨리는 "술이 몸속으로 들어오면 명철한 판단력이 몸 밖으로 빠져나간다."라고 했다. 술 취함으로 인해 크게 실수한 성경의 예로는 '노아'나 '롯'을 들 수 있다(창 9:20-21; 19:33-35).

술의 남용(1절)에 이어 지혜자는 왕의 노여움을 불러일으키는 불순종(2절), 어리석고 미련하여 걸핏하면 다른 이들과 싸우고 반목하는 다툼(3절), 밭에 나가 씨 뿌리며 일하지 아니함으로써 추수 때에 수확할 것이 없는 게으름(4절) 등에 관해 경고한다. 이처럼 불순종, 다툼, 게으름 등은 잠언에서 자주 다루고 있는 주요 주제들이다.

> 5 사람의 생각은 깊은 물속과 같아서 명철한 사람만이 그것을 길어
> 올린다. 6 사람들은 저마다 스스로를 신실하다고 주장하지만, 참으로
> 신실한 사람을 누가 만날 수 있겠느냐. 7 의인은 정직하고 흠 없는
> 인생을 사나니, 그로 인해 그의 후손들이 복을 받는다. 8 재판석에
> 앉은 왕은 그의 눈으로 악인의 죄를 단번에 가려낸다. 9 이 세상의
> 누군들 '내 마음은 순결하니 나에게는 아무런 죄가 없다' 하고, 자신
> 있게 말할 수 있으랴.

[해설과 성찰] 지혜자는 지혜 학교의 생도들을 향해 계속해서 잠언을 베푼다. 사람의 마음속은 깊은 물속과 같아서 깊은 마음속에 있는 생각을 누구라도 알아내기가 쉽지 않다. 하지만 분별력을 지닌 명철한 사람은 그 사람의 행동이나 그 사람과의 대화를 통해 그 생각을 간파해낸다(1절). 그것은 마치 두레박으로 깊디깊은 우물의 물을 밖으로 길어 올리는

것과 같다.

지혜자는 사람의 한계를 지적한다. 세상에서 그 누구라도 자기에겐 아무런 죄가 없다고 자신 있게 말할 사람이 없고(9절), 입으로 스스로 주장하는 것과는 달리 그 행동을 통해 참으로 신실한 사람이라고 인정받을 수 있는 사람이 극히 드물다(6절). 모든 인간은 본질적인 속성상 전적인 타락과 부패의 울타리에서 벗어나기 힘든 것이다.

또 공의로운 왕의 재판석 앞에서는 악인의 그 어떤 불의나 불법도 숨겨질 수 없음을 가르치고(8절), 정직하고 흠 없는 인생을 살아가는 의인의 후손들은 복을 받는다는 것을 교훈한다(7절). 물론, 이 교훈은 일반적이고 보편적인 경우를 말한 것이다. 타락한 세상에서는 의외로 의인의 후손들이 고통당하고, 악인의 후손들이 잘 사는 경우가 왕왕 있기 때문이다.

10 거짓된 저울과 속이는 되를 주께서는 아주 싫어하신다. 11 비록
아이라 해도 아이의 행실을 보면, 그 아이가 순수한지 또는 옳은지
그 됨됨이를 알 수 있다. 12 듣는 귀와 보는 눈은 모두 주께서 지으셨다.
13 누워 잠자기를 좋아하면 가난해지고, 깨어 일하기를 좋아하면 먹을
것이 넉넉하게 생긴다. 14 물건을 사는 사람은 말끝마다 "좋지 않다,
좋지 않다" 하지만, 그 물건을 사들고 가서는 "잘 샀다, 잘 샀다"
하면서 이웃에게 자랑하고 다닌다. 15 세상에는 귀한 금도 많고 값진
보석도 많지만, 정말로 귀한 보석은 지혜를 말하는 입술이다.

[해설과 성찰] 앞에서 이미 교훈한 바 있지만(11:1; 16:11), 지혜자는 여기서 또 다시 거짓된 저울과 속이는 되에 관해 교훈한다(10절). 공정한 저울과 되(혹은 추)는 그만큼 중요한 문제이다. 하나님께서는 시장에서 상인들이 사용하는 저울, 되, 추에 관해 큰 관심을 갖고 계신다. 공의의 하나님은 비양심적인 저울이나 속이는 되 혹은 추를 사용하는 상인을

미워하신다. 그런 자가 얻은 이윤은 남의 몫을 가로챈 사기 행위이다. 이윤을 남기는 것 자체가 나쁜 일은 아니다. 그것은 모든 상거래에서 필요한 요소다. 하지만 저울과 추를 속이는 불의한 방법으로 이윤을 얻는 것은 하나님의 공의를 비웃고 무시하는 일로, 하나님의 미움을 받게 된다.

11절은 '행동'의 중요성을 일깨우는 가르침이다. 비록 아이라 해도 그의 행동으로 인해 순수한지 그렇지 않은지, 혹은 옳은지 그른지의 여부를 알 수 있는데, 하물며 어른들이야 더 말할 필요도 없다는 교훈이다. 이런 맥락에서 후일 예수님은 "그의 열매로 그 사람을 알 수 있다"라고 말씀하셨다(마 7:20).

14절의 교훈은 재밌다. 타락한 인간의 이중적 심성을 잘 보여주는 훈계다. 사람들이 시장에서 상인과 흥정할 때는 가격을 조금이라도 더 낮추기 위해 마치 그 물건이 나쁘고 필요 없는 것처럼 "좋지 않다"라고 연신 말하지만, 막상 그것을 구입한 후에는 이웃에게 "잘 샀다"라고 연신 자랑을 한다는 것이다.

이외에도 본문에는 게으름에 대한 경고와 더불어 부지런함에 대한 장려의 훈계가 나오고(13절), 세상의 모든 보석들 중에서 '지혜를 말하는 입술'이야말로 가장 귀하고 값진 보석이라는 가르침이 나온다(15절). 모두 마음속 깊이 새겨두어야 할 가르침이다.

16 모르는 사람을 위해 보증 선 사람은 자신의 옷을 잡혀야 하는 위험을 감수해야 하고, 낯선 사람을 위해 보증 선 사람은 자신의 몸을 잡혀야 하는 위험을 감수해야 한다. 17 남을 속여 얻은 빵이 당장에는 맛있는 음식 같아도, 머잖아 그것은 입 안의 모래처럼 된다. 18 계획을 세울 때는 먼저 사람들의 생각을 모으고, 전쟁을 벌일 때는 먼저 전략부터 세워야 한다. 19 여기저기 수다를 떨고 다니는 사람은

반드시 남의 비밀을 누설하게 되어 있으니, 그처럼 말 많은 사람과는
가깝게 어울려 지내지 말아라. [20] 자기 부모를 저주하는 자는 칠흑
같은 한밤중에 자기 손에 들고 있던 등불이 꺼지리라.

[해설과 성찰] 지혜자는 자칫 얄팍한 동정심이나 순간적인 충동심으로 능력이 되지 않는데도 다른 이들의 보증을 서줄 위험이 많은 지혜 학교의 젊은 생도들에게 보증의 위험에 대해 거듭 훈계한다(16절; 6:1-5). 보증을 설 때는 옷을 잡히거나, 심지어 몸까지도 담보물로 잡히는 위험을 각오해야 한다. 대량 생산이 이루어지기 전, 고대 세계에서 통자로 만들어진 긴 옷은 만드는 데 많은 시간과 노력과 비용이 드는 가치 있는 물품이었다. 그래서 오늘날의 집이나 차량처럼 담보물로의 가치를 지녔다. 그래서 채권자들은 상환의 담보물로서 종종 옷을 취하기도 했다.

18절에서 "계획을 세울 때는 먼저 사람들의 생각부터 모아야 한다."는 교훈은 오늘날 회사에서 시행하는 '브레인스토밍' (brainstorming, 기업의 기획 회의에서 아이디어 개발 방식의 하나로, 팀원들 간의 자유로운 토론으로 창조적인 아이디어를 끌어내는 일)을 연상시킨다.

20절은 자기 부모를 저주하는 적극적인 불효에 대한 두려운 경고다. 그런 자는 칠흑처럼 캄캄한 밤중에 겨우 남아 있던 등불마저도 꺼져버리는 완전한 절망 상태에 놓이게 될 것이라고 경고한다. 불효로 인해 야기될 끔찍한 결과를 은유적으로 표현한 것이다. 이외에도 속임수에 대한 경고(17절) 및 말 많은 사람에 대해 경계할 것(19절)을 가르치고 있다.

[21] 하루아침에 쉽게 모은 재산은 나중까지 복이 되지 않는다. [22] 너는
말하기를 "내가 꼭 원수를 갚겠다!"라고 하지 말아라. 원수 갚는
일은 주님께 다 맡겨라. 그러면 주께서 너를 구원하시고 모든 것을
알아서 처리해주신다. [23] 균일하지 않은 저울추는 주께서 매우 싫어하시

는 것이니, 속이는 저울은 아주 나쁜 것이다. [24] 사람의 발걸음은
오직 주께서 인도하시는 것이니, 어찌 사람이 자기의 갈 길을 안다고
말할 수 있으랴. [25] 신중한 생각 없이 하나님께 경솔하게 서원을 하고
난 후에 나중에 그 마음이 바뀌게 되면, 그것은 스스로에게 올가미가
된다.

[해설과 성찰] 잠언의 특징 가운데 하나는 앞서 가르친 교훈을 반복하는 것이다. 유대 문학에서 '반복'은 곧 '강조'를 뜻한다. 그만큼 중요하기 때문에 강조하기 위해 반복해서 말하는 것이다. 본문에서도 반복적인 교훈이 여럿 나오고 있다. 속이는 저울추에 관한 경고(23절)와 사람의 발걸음을 인도하는 주님(24절)에 관한 교훈은 앞에서도 여러 번 언급되었다.

새롭게 등장하는 교훈도 있다. 쉽고 부정한 방법으로 얻은 일확천금의 재산은 오래가지 않는다는 것(21절), 자기 손으로 직접 원수를 갚지 말고 원수 갚는 일은 공의로우신 주님께 전적으로 맡기라는 교훈(22절; 롬 12:19-21), 그리고 주님께 서원할 때에는 신중하게 해야 한다는 것, 곧 헛되고 성급한 서원에 대한 경고(25절)의 교훈이 소개된다. 서원은 주님께 대한 약속이기 때문에 신중하고 조심스레 이루어져야 하고, 그렇게 서원한 것은 반드시 실행해야 한다(잠 5:4-5).

[26] 지혜로운 왕은 악인을 키질하여 잘 골라낸 다음에 그들 위에 타작기
의 바퀴를 굴린다. [27] 사람의 영혼은 주님의 등불이라. 그 등불은
사람의 마음속 깊은 곳까지 낱낱이 다 살핀다. [28] 인자와 진리는 왕을
안전하게 지켜주고, 정의와 공의는 그 왕좌를 견고하게 받쳐준다.
[29] 청년의 영광은 그 힘에 있고, 노인의 영광은 그 백발에 있다. [30]
악은 심한 상처가 나도록 혹독하게 맞아야 비로소 없어진다. 진실로
매는 사람의 마음속 깊은 곳까지 파고든다.

[해설과 성찰] 왕에 대한 교훈이 있다. 지혜로운 왕이 진리와 공의에 따라 악인들을 찾아내어 그들을 처벌하는 과정이 알곡으로부터 쭉정이를 분리하여 처리하는 농부의 키질 및 탈곡 행위에 비유되었다(26절). 또한 왕을 모든 적대 세력으로부터 안전하게 지켜주고 그의 왕좌를 견고하게 만드는 것은 어떤 통치술이나 권모술수가 아니라, 오로지 인자와 진리 및 공의와 정의라는 사실을 훈계한다(28절).

지혜자는 사람의 영혼을 '주님의 등불'에 비유하였다(27절). 여기서 등불은 집의 어두운 구석을 밝혀주는 기름 램프(oil lamp)이다. 사람의 영혼이 '주님의 등불'에 비유된 이유는 이러하다. 사람의 영혼 혹은 양심은 주께서 만드신 것인데, 그 영혼이 주님의 빛을 받은 등불 같아서, 사람은 그것으로써 주님을 알 수 있고, 선악을 판단하며, 선(善)을 세상에 비추는 기능을 감당하기 때문이다.

29절은 늙은이나 젊은이나 각자 나름대로 장점과 영광이 있다는 가르침이다. 젊은이의 자랑거리가 무엇보다도 그 팔팔한 힘(기력)에 있다면, 백발의 늙은이에게 자랑거리는 오랜 인생 경륜에서 나오는 삶의 지혜이다. 30절은 악(惡)에 대한 육체적인 체벌이나 형벌이 그 악을 없애거나 교정시켜주므로 영적으로는 유익하다는 가르침이다. 사실, 말로 거듭 제지하여도 듣지 않고 계속해서 악의 길을 걷는 고집 세고 미련한 자에게 적절한 체벌과 형벌을 가하는 것은 좋은 교육 효과를 거둘 수 있다.

21
심령을 살피시는 주님

자기가 하는 일이 옳다고 해도
주께서는 마음을 살펴보시네
헌금보다 올바름을 원하고
나쁜 계획을 미워하시네

우리의 심령을 살피시는 주님 (21:1-31)

1 왕의 마음은 오직 주님의 손에 달려 있으므로, 주께서는 흐르는
시냇물처럼 자신이 원하시는 방향대로 마음껏 그 마음의 물길을 돌리신
다. 2 사람의 눈으로 보기에는 자기가 하는 일이 모두 옳게 보이지만,
주께서는 그 사람의 속마음을 살피시고 다 꿰뚫어보신다. 3 주께서는
희생제물을 바치는 것보다 올바르고 의롭게 사는 것을 더욱 기뻐하신
다. 4 높은 눈과 교만한 마음, 그리고 악인의 형통은 모두 죄다.

[해설과 성찰] 지혜자의 가르침은 인간의 내면을 살피시는 주님 앞에서 인간의 취해야 할 삶의 올바른 태도다. 인간의 심령 깊은 데까지 다 감찰하시는 주께서 요구하시는 것은 외적인 형식이나 화려함이 아니라 내면의 진실과 정직함이라는 사실을 깨우쳐준다. 또한 어리석고 게으르고 허탄한 자의 비극적인 운명과 그에 대비되는 지혜와 명철과 공의를 추구하고 실행하는 자의 형통함과 유익함에 관하여 가르치고 있다.

본문의 잠언에서 우리는 다음과 같은 사실을 깨닫게 된다.

첫째, 세상의 절대 통치자들인 왕들까지도 모두 하나님의 통치와 지배 아래 놓여 있다. 주님은 왕의 마음을 자신이 원하시는 방향대로 움직일 수 있기 때문이다(1절). 그런 점에서 하나님은 만왕의 왕이시다.

둘째, 주님은 사람의 속마음을 훤히 감찰하신다(2절). 사람들 앞에서는 충분히 통하고, 심지어 자신조차 스스로 속일 수는 있지만, 주님 앞에서는 어떤 위선이나 외식도 전혀 통하지 않는다. 오직 정직과 진실만 통한다.

셋째, 주께서 진정 원하시는 것은 짐승의 피와 고기로 바쳐지는 희생제물이 아니라 마음속 심령으로 바치는 진실함과 의로움이다(3절). 이는 성경 전체를 통하여 거듭 강조되는 교훈이다(삼상 15:22; 시 40:6-8; 사 1:11-17).

넷째, 높은 눈 곧 주님과 사람들 앞에서 눈을 치켜뜨는 거만함과 교만한 마음, 그리고 악인의 형통은 죄라는 사실이다(4절). 여기서 '형통'(히, 니르)은 '등불'이란 뜻으로 성경은 종종 형통과 번영을 상징하기에 그렇게 번역한다(삼하 22:29; 왕상 11:36). 악인의 형통과 번영이 죄가 되는 것은 그 바탕과 출처가 하나님께 기인하지 않고, 악인의 사악한 권모술수나 이기적인 처세술, 수단과 방법을 가리지 않는 출세의 야욕에서 비롯되었기 때문이다.

5 부지런한 사람이 일을 꾀하면 풍성한 이득을 얻지만, 마음이 조급한
사람이 일을 꾀하면 단지 가난해질 뿐이다. 6 남을 속여 모은 재산은
죽음의 올가미와 같고 덧없이 사라지는 안개와 같다. 7 악인의 폭력은
스스로를 파멸의 구렁텅이로 이끄는 것이니, 그것은 악인이 올바르게
살아가기를 거절하기 때문이다. 8 죄인의 길은 구불구불 굽어 있지만,
순결한 사람의 길은 반듯하게 뻗어 있다. 9 다투기를 좋아하는 여자와
넓은 집에서 함께 사느니, 차라리 좁은 다락방에서 혼자 사는 것이

낫다. [10] 악인은 그 마음에 항상 악한 것만을 궁리하고 있으므로,
가까운 이웃들도 그에게서는 어떤 인정도 기대할 것이 없다.

[해설과 성찰] 지혜자는, 손발이 부지런한 자들은 풍성한 이득을 얻지만, 손발의 부지런함 없이 빨리 부자가 되려는 조급함만 앞선 채 수단과 방법을 가리지 않고 일을 행하는 사람은 가난해질 뿐이라고 훈계한다(5절).

지혜자는 악인과 죄인에 대해 곳곳에서 경고한다. 남을 속여 재산을 모으거나(6절), 폭력을 마구 휘두르거나(7절), 마음속에 항상 악한 것만을 궁리하는(10절) 악인이나 죄인은 스스로의 올가미에 걸려 결국에는 파멸에 이르고 만다. 하나님께서 그들의 발이 걸려 넘어지도록 그 길들을 구불구불하게 만드시기 때문이다(8절).

지혜자는 '다투기를 좋아하는 여자'에 관한 훈계도 빼놓지 않는다. 그런 여인은 "천장에서 쉼 없이 뚝뚝 떨어지는 빗방울과 같다."고 했는데(19:13). 이제는 그런 여인과 넓은 집에서 함께 사느니, 차라리 좁은 다락방에서 혼자 사는 게 낫다고 가르친다(9절). 이 같은 가르침은 잠언의 뒷부분에서 또 다시 나타난다(25:24; 27:15).

그렇다면 지혜자는 왜 이처럼 '다투는 여인'에 대해 거듭 강조하는 것일까? 잠언은 지혜 학교의 젊은 남자 생도들에게 주로 교훈하고 있는 책이다. 그래서 젊은 남자가 배우자를 고를 때 아주 신중해야 한다는 것을 강조하여 거듭 훈계하는 것이다. 남편을 골라야 하는 젊은 여인들에게도 똑같이 적용된다. 결혼을 앞둔 젊은 여인들 역시 자신의 배우자를 고를 때 게으르며 폭력적이고 경제적인 책임감이 없으며, 그 외에도 여러 가지 좋지 못한 습관을 가진 남자를 충분히 경계할 필요가 있다.

[11] 거만한 사람이 징벌을 받으면 우둔한 사람이 그것을 보고 깨닫게
되고, 지혜로운 사람이 책망을 받으면 그는 더욱 지식을 얻는다. [12]
의로우신 하나님께서는 악인의 집을 주목하여 살피시고 그 집안을

마침내 파멸에 이르게 하신다. [13] 가난한 자의 부르짖음에 귀를 막는
사람은 자신이 어려움에 빠져 부르짖을 때 아무에게서도 응답받지
못한다. [14] 은밀하게 건네는 선물은 노여움을 누그러뜨리고, 슬쩍
품속에 넣어주는 뇌물은 큰 분노를 가라앉힌다. [15] 공의가 실현되면,
의인은 아주 기뻐하고 악인은 크게 두려워한다.

[해설과 성찰] 지혜자가 들려주는 주옥같은 잠언들 중에 14절의 '뇌물'은 쉽게 수긍이 가지 않는다. 사실, 선물(gift)과 뇌물(bribe)은 종이 한 장 차이다. 선물(히, 마탄)은 사심 없는 존경심으로 드리는 대가성 없는 순수한 예물이고, 뇌물(히, 샤하드)은 자신의 부정한 이익을 취하려고 윗선의 관련자에게 대가를 바라고 몰래 바치는 재물이다.

그런데 그런 뇌물이 당사자의 맹렬한 분노를 그치게 한다는 잠언은 얼핏 이해하기 어렵다. 앞에서 뇌물은 마법의 돌 같아서 모든 일을 형통하게 만들어준다고도 했다(17:8). 어째서 지혜자는 뇌물을 좋게 평가하는 것일까? 사실, 그렇지 않다. 잠언은 뇌물을 좋게 본다거나 장려한다거나 정당화시키는 말이 아니다. 단지 뇌물로 말미암아 그렇게 돌아가는 세상사를 객관적으로 관찰했을 뿐이다. 성경은 일관되게 뇌물을 주고받는 것에 대해 단호하게 정죄한다(15:27; 17:23; 출 23:8; 신 16:19; 27:25; 사 5:23; 암 5:12).

그렇지만 타락한 인류가 살아가는 인간 사회에서 뇌물은 잘 먹혀들고 강력한 힘을 발휘한다. 뇌물에 그런 힘이 있는 만큼, 인간 사회에서 뇌물은 종종 정의를 불의로, 불의를 정의로, 유죄를 무죄로, 무죄를 유죄로 왜곡시켜 막중한 폐단을 끼친다. 그래서 성경은 뇌물 주고받는 것을 엄히 금하면서 정죄하는데, 특히 참(옳은 것)과 거짓(그른 것)을 공정하게 가려야 할 재판장들에게 더욱 엄금하였다.

[16] 명철의 길에서 벗어나 이리저리 떠도는 자들은 죽은 사람들과 한

무리가 되어 머물게 될 것이다. 17 향락에 빠지면 가난하게 되고, 술과
기름을 좋아해도 부자가 되지 못한다. 18 악인은 의인을 살리기 위해
대신 치르는 몸값이 되고, 남을 속이는 사기꾼은 정직한 자를 살리기
위해 대신 치르는 몸값이 된다. 19 매일 다투며 쉽게 성내는 아내와
함께 사느니, 차라리 한적한 광야에서 혼자 사는 것이 낫다. 20 지혜로운
사람의 집에는 장래를 위해 값진 보물과 귀한 기름이 마련되어 있지만,
어리석은 사람은 가진 것을 닥치는 대로 다 소비해버린다. 21 의로움과
자비를 추구하면서 사는 사람은 생명과 번영과 영예를 누린다.

[해설과 성찰] 명철과 지혜의 길을 걷는 것이 얼마나 소중한가. 그러한 생명과 구원의 길에서 떠난 자들이 이리저리 떠돌다가 결국 도달해서 머물 곳은 오직 '죽음과 멸망의 자리'가 될 것이기 때문이다(16절).

18절의 잠언은 신실하고 올곧게 살아가는 땅 위의 모든 의인과 정직한 자에게 큰 위로와 소망을 준다. 악인은 의인의 몸값으로, 사악한 자는 정직한 자의 몸값으로 지불될 것이라고 말하고 있기 때문이다. 몸값(히, 코페르) 곧 속전(贖錢)은 '묶인 데서 자유롭게 풀려나기 위해 지불하는 돈'을 말하는데, 이 말은, 악인과 사악한 자의 용도는 단지 의인과 정직한 자의 속전(몸값)에 불과하다는 것이다. 말하자면, 악인은 의인을 위하여, 사악한 자는 정직한 자를 위하여 대신 몸값으로 주어져 죽임당하는 것이 마땅하다는 교훈이다. 그래야만 의인과 정직한 자는 살고, 악인과 사악한 자는 죽어서 사회의 공의가 올바로 세워지기 때문이다.

'다투는 여인'에 관한 훈계가 또 다시 등장한다. 쉽게 성내며 다투는 여인은 지붕의 천장에서 쉼 없이 떨어지는 빗방울에 비유되었는데(19:13; 27:15), 아무리 넓고 큰 집이라 해도 그런 여인과 함께 사느니, 좁고 초라한 움막이나 한적한 광야에서 혼자 사는 것이 더 낫다는 것이다(21:9, 19; 25:24).

22 지혜로운 사람은 강한 용사들이 지키는 성읍도 공격하여 그들이
굳게 믿고 있는 요새도 허물어뜨린다. 23 입과 혀를 잘 간수하는 사람은
곤경이 닥쳐와도 자기 목숨을 고이 간수할 수 있다. 24 교만하여 남을
깔보며 우습게 여기는 자를 '거만한 자'라 하는데, 그렇게 우쭐대는
자는 참으로 건방지고 무례하게 행동한다. 25 게으름뱅이의 욕망은
자기 자신을 죽이기까지 하나니, 그 까닭은 죽도록 손 놀리기를 싫어하
기 때문이다.

[해설과 성찰] 지혜자는 아무리 견고한 요새일지라도 지혜로운 사람이 능히 그 요새를 정복할 수 있다고 말한다(22절). 고대의 성읍들은 견고하게 지어져 있어서 힘으로 성읍을 정복하는 일은 극히 어려운 일이었다. 하지만 지혜로운 자의 기발한 전략으로 성읍이 쉽게 정복되는 경우가 있었다. 요점은, 힘보다 지혜를 사용하는 것이 더욱 효과적이라는 것이다.

이어 지혜자는 잠언의 주요 주제들인 말, 교만, 게으름 등에 관해 또 다시 다루고 있다. 유대 문학에서 반복은 곧 강조다. 그래서 지혜자는 또 다시 말(입, 혀)의 적절한 사용과 그 효용성(23절), 타인을 깔보고 우습게 여기는 교만한 자와 우쭐대면서 건방지고 무례하게 행동하는 거만한 자에 대한 경고(24절), 욕심은 많지만 손발 놀리기는 죽도록 싫어하는 게으른 자에 대한 경고(25절)를 다루고 있다.

26 악인은 종일토록 "더! 더!" 하면서 욕심을 부리지만, 의인은 자신이
가진 것을 아낌없이 나누고 베푼다. 27 주께서는 악인이 바치는 제물을
싫어하신다. 하물며 악인이 악한 의도를 가지고 바치는 제물이야
더 말할 나위가 있으랴. 28 거짓말하는 가짜 증인은 망할 수밖에
없으나, 진실을 밝히는 참된 증인의 말에는 힘이 있다. 29 악인은
뻔뻔한 얼굴로 마구 설쳐대지만, 정직한 사람은 자신의 행실을 잘
살피고 삼간다. 30 사람이 세운 그 어떤 지혜도, 명철도, 계략도, 주님을

거슬러 이길 수는 없다. 31 전쟁에 대비하여 군마를 많이 준비해두어도 승리는 오직 주님의 손에 달려 있다.

[해설과 성찰] '악인'과 '의인'을 대조하여 교훈한다. 악인은 조금이라도 더 많이 가지려고 끝없이 탐욕을 부리는 자이지만, 의인은 조금이라도 더 나누어주려고 아낌없이 베푸는 자이다(26절). 악인은 악한 의도를 가지고 주님께 제물을 바치는 자다(27절). 주님은 이런 제물을 아주 싫어하시는데, 그 까닭은 주님은 제물 그 자체를 원하시는 게 아니라 제물 바치는 자의 심령을 소중히 보시는 분이시기 때문이다(삼상 15:22).

또한 악인은 법정에서 거짓 증언을 하는 자이고, 의인은 진실을 밝히는 참된 증언을 하는 자다(28절). 그 결과, 악인의 증언은 스스로를 망하게 하고, 의인의 증언은 큰 효력을 발휘한다. 악인은 부정직한 삶을 살아도 양심 없는 뻔뻔한 얼굴로 마구 설쳐대지만, 정직한 삶을 살아가는 의인은 매사에 자기 행실을 살피며 삼가고 절제한다(29절).

지혜자는 또한 '사람'과 '주님'을 대조하여 교훈한다. 사람이 아무리 정교한 지혜와 명철로 치밀한 계략을 세울지라도 결코 주님을 대적하여 이길 수 없다는 것이다(30절). 피조물인 사람의 모든 지혜, 명철, 계략 등은 전지전능하신 창조주 주님의 손바닥 위에 놓여 있기 때문이다.

전쟁도 마찬가지다. 사람이 전쟁의 날에 대비하여 군마(軍馬)를 비롯한 많은 병거와 창칼과 군사 등을 준비하고 있어도, 전쟁의 승패는 오직 주님의 손에 달려 있다(31절). 이스라엘 역사의 숱한 전쟁들을 살펴보면 과연 그러했다. 군사의 수효나 전쟁의 무기가 승패를 결정지은 게 아니고, 그 전쟁에 하나님이 함께하셨느냐 그렇지 않았느냐에 따라 승패가 결정 났다. 가나안 정복전쟁 당시에 강력한 성읍 '여리고'는 하나님의 함께하심으로 쉽게 정복했지만(수 6장), 쉽게 정복할 것만 같았던 작은 성읍 '아이'와의 1차 전쟁은 하나님이 함께하시지 않았기 때문에 패배하고 말았다(수 7:2-5).

22

성도의 경건한 삶

악의 씨는 재난을 거두고
분노하는 자는 스스로 망하네
거만한 자를 쫓아내면
다툼과 욕설이 사라지네

성도가 마땅히 선택해야 할 올바른 덕목들 (22:1-16)

1 많은 재산보다는 선한 이름을 택하는 것이 더 낫고, 은과 금보다는
은총을 택하는 것이 더 낫다. 2 부자와 가난한 자의 공통점은 이것이니,
곧 그들 모두를 다 같이 하나님께서 지으셨다는 것이다. 3 슬기로운
사람은 위험을 보면 얼른 피해 가지만, 어리석은 사람은 그대로 계속
나아가다가 결국 재앙을 겪는다. 4 겸손한 마음으로 주님을 경외하며
살아가는 사람은 그 보상으로 부와 명예와 생명을 얻는다. 5 마음이
비뚤어진 사악한 자의 길에는 가시덤불과 덫이 놓여 있지만, 자기
영혼을 소중히 지키는 사람은 그런 길을 멀리 비켜간다.

[해설과 성찰] 주님의 백성 된 성도가 마땅히 취해야 할 것들과 응당 버려야 할 것들이 나타나 있다. 마땅히 취해야 할 것들은 선한 이름(아름다운 명예)과 하나님의 은총(1절), 좋은 보상들(부, 명예, 생명 등)이 뒤따르는 겸손한 마음(4절), 그리고 사악한 길에서 멀리 떠남으로써 자기 영혼을

소중히 지키는 것(5절) 등이다.

반면, 성도가 응당 취해선 안 되거나 버려야 할 것들이 있다. 선한 이름이나 하나님의 은총 밖에 있는 세상의 물질적인 재물이나 은금의 보화다(1절). 또한 재앙을 초래하는 위험한 길에서 속히 떠나야 하고(3절), 가시덤불과 덫이 놓여 있는 사악한 자의 길에서 멀리 벗어나야 한다(5절). 주님의 백성이요 자녀 된 성도는 매 순간 닥쳐오는 삶의 선택 기로에서 오직 주님의 말씀에 기초하여 언제나 지혜롭고 올바른 선택을 해야 한다.

2절의 잠언은, 부자나 가난한 자 모두가 하나님께로부터 지음 받은 그분의 피조물이라는 교훈이다. 하나님은 왜 어떤 이는 부자로, 어떤 이는 가난한 자로 지으셨을까? 그것은 하나님의 신비요 그분의 절대주권에 속하는 일이다. 부자나 가난한 자나 모두 하나님의 피조물이므로, 경제적인 상태에 상관없이 하나님의 눈에는 동등하다. 다만 중요한 것은 하나님께 대한 그들의 신앙이다. 영적인 부요가 진정 중요한 것이지 물질적인 부요는 그다지 중요하지 않다. 그래서 성경은 단지 겉모습으로 사람을 차별하지 말 것을 가르친다(약 2:1-13).

6 아이에게 마땅히 걸어야 할 올바른 길을 가르쳐라. 그러면, 늙어서도
그 아이는 그 길을 떠나지 않을 것이다. 7 가난한 자는 부자의 다스림을
받고, 빚진 사람은 빚을 준 사람의 종이 된다. 8 악의 씨를 뿌리는
사람은 반드시 재난을 거두게 되고, 분노의 몽둥이를 휘두르는 사람은
스스로 파멸하게 된다. 9 남을 잘 보살펴주는 사람, 곧 가난한 사람에게
음식을 나누어주는 사람은 복을 받는다. 10 거만한 자는 당장 쫓아내라.
그러면 이내 다툼이 없어지고 싸움과 욕설도 사라질 것이다. 11 순결한
마음으로 은혜롭게 덕을 끼치는 말을 잘하는 사람은 임금까지도
친구로 삼을 수 있다.

[해설과 성찰] 지혜자는 인성(人性) 교육 및 신앙 교육에 있어 조기 교육의 중요성을 강조한다(6절). '가르쳐라'(히, 하나크)는 '훈련시키라'는 의미다. 어릴 적에 훈련시켜야 훈련의 성과를 충분히 거둘 수 있다. 어린아이의 심령은 마치 아무것도 그려져 있지 않는 순백의 상태와 같아서, 거기에 무얼 그려넣느냐에 따라서 그 아이의 장래가 결정된다. 그러므로 부모는 어릴 적부터 자녀의 인성 및 신앙 교육에 힘써야 한다. 디모데가 어릴 적부터 외조모와 어머니에게서 신앙으로 양육 받은 것이 좋은 예다(딤후 1:5). 이 잠언은 "세 살 버릇이 여든까지 간다."는 우리 속담과 상통한다.

빚에 관한 잠언도 주목해서 들어야 한다. 지혜자는, 빚진 자(채무자)는 빚을 준 자(채권자)의 종이 된다고 훈계한다(7절). 잠언은 돈을 빌리는 것 자체를 잘못된 일이라고 단언적으로 말하지 않는다. 그러나 빚은 자신을 옭아매는 속박이 될 수 있다고 거듭 가르친다. 실제로 고대 이스라엘 사회에서 빚진 자는 빚을 갚기 위해 자신을 종으로 팔기도 했다(출 21:2-7). 오늘날 우리 사회도 빌린 돈을 제때 갚지 못하면, 채권자는 채무자의 소유물을 법적으로 차압시킬 수 있다. 신용카드의 사용과 대출의 기회가 많은 현대사회에서 빚에 대한 엄중한 주의는 아무리 강조해도 지나치지 않다.

이번에는 말에 대한 경고가 아니라, 말로 인해 얻을 수 있는 좋은 점을 가르친다. 입술(말)이 덕스러워 남에게 덕을 끼치는 은혜로운 말을 잘하는 사람은 임금까지도 능히 친구로 삼을 수 있다는 가르침이다(11절). 이는 임금의 친구가 되는 비결을 가르치는 잠언이 아니고, 임금의 친구가 받는 존귀와 영광을 얻을 수 있다는 말이다. 과연 그러하다. 사심 없는 순결한 마음으로 덕스럽고 은혜로운 말을 잘하는 사람을 싫어할 사람은 아무도 없다. 누구나 그런 자에게 호감을 갖고 그를 좋아하고 존경하게 될 것이다. 성도는 그런 덕스러운 입술을 가져야 한다.

이 외에 악인의 폭력에 대한 경고(8절), 나누고 베푸는 자에게 주어질 복(9절), 그리고 거만한 자에 대한 합당한 징계(10절) 등을 다루고 있는 나머지 잠언들도 찬찬히 읽고 성찰하며 성찰하도록 하자.

12 주께서는 참 지식 있는 명철한 사람의 말은 지켜주시지만, 신실하지
못한 사람의 거짓된 말은 뒤엎으신다. 13 집안에서 뒹구는 게으름뱅이는
곧잘 핑계 대며 말하기를 "밖에 사자가 있으니, 내가 길거리에 나갔다가
는 찢겨죽고 말 거야!"라고 한다. 14 음란한 여자의 입은 깊은 수렁과
같으니, 주님께 미움 받은 사람이 거기에 빠진다. 15 아이들은 미숙하여
미련한 짓을 행하기 일쑤이지만, 징계의 회초리로 잘 다스리면 모든
어리석음을 멀리 쫓아낼 수 있다. 16 부자가 되려고 가난한 사람을
못살게 학대하여 그들의 것을 빼앗는 사람과 부자에게 잘 보이려고
무얼 자꾸 갖다 바치는 사람은 결국 모두 가난해진다.

[해설과 성찰] 말(12절), 게으름(13절), 우상숭배(14절), 자녀 교육(15절), 그리고 부정축재와 뇌물(16절)에 관해 훈계하고 있다. 하나님은 참됨에 부합하는 진리의 말은 보존해주시고, 진리를 거스르는 거짓의 말은 폐하신다(12절). 게으른 자는 게으름을 피우기 위해 말도 안 되는 엉뚱한 핑계를 늘어놓기 일쑤다. 심지어 집 밖에 있는 사자에게 찢겨죽을까 봐 나갈 수 없다고 말한다(13절). 사자는 마을에서 멀리 떨어진 수풀이나 들판에 있고, 사람들이 살고 있는 동네 안에는 없는 법이다. 그런데도 게으름뱅이는 사자 핑계를 대며 밖에 나가서 일하려 들지 않는다.

'음란한 여자의 입'은 '낯선 여자의 유혹'이란 의미인데(14절), 우상숭배로 이끄는 이방 여인의 미혹을 가리킨다. 주님을 거스르는 자들로서 주님을 노엽게 만들고, 그 결과 주님께 미움을 받는 자들이다. 그러하기에 우상숭배의 미혹에 쉽게 걸려들고, 주님께 미움을 받는다. 지혜자는

사람의 타락한 속성에 주목했다. 그래서 미숙한 아이들은 자칫 잘못된 길로 들어서 미련한 짓을 행하기 십상이므로 징계의 매(회초리)로써 잘 훈육시킬 것을 권고한다(15절). 앞에서도 지혜자는 자녀를 올바로 훈육함에 있어 사랑의 매를 아끼지 말라고 가르쳤다. 심지어 그런 매를 아끼는 부모는 자녀를 사랑하지 않고 미워하는 것이라고까지 말했다(13:24).

16절은 부정축재와 뇌물에 관한 경고다. 부자에게 잘 보이려고 갖다 바치는 그 무엇은 분명 뇌물의 성격을 띤 것이다. 이처럼 뇌물로써 부자 혹은 권력자를 자기 뜻대로 다루려는 잘못된 노력은 대개 실패로 돌아가고, 결국 돈을 헛되이 소비한 셈이 되어 마침내 가난에 빠지게 된다. 가난한 자를 학대하고 착취해서 얻은 재물로 부자가 된 사람도 모래 위에 쌓은 성과 같아서 어느 순간 와르르 무너져 모든 것을 잃고 말 것이다.

지혜자의 훈계에 귀를 기울여라 (22:17-21)

**17 내 아들아, 귀를 기울여 지혜로운 사람의 말을 잘 듣고, 나의 가르침을
네 마음에 잘 새겨라. 18 네가 그 가르침들을 네 마음속에 잘 간직하여,
언제든지 네 입술로 말할 수 있다면 그 얼마나 즐거운 일이겠느냐.
19 오늘 내가 이렇게 네게 가르침을 베푸는 것은, 네가 오직 주님을
믿고 그분만을 의지하며 살게 하도록 위함이다. 20 지금부터 내가
네게 탁월한 지혜와 건전한 조언이 담긴 교훈들을 써줄 것인데 21
이는 네가 진리의 말씀을 분명히 깨닫고 알아서, 누가 너를 찾아와
묻더라도 그에게 올바른 대답을 할 수 있도록 하려 함이다.**

[해설과 성찰] 잠언의 대부분은 다윗의 아들이며 '지혜의 왕'으로 불리는 솔로몬의 작품이지만(1:1-22:16; 25:1-29:27), 몇몇 부분은 다른 지혜자

(현자)의 작품이기도 하다. 즉, 잠언에는 솔로몬 왕의 작품 외에 무명의 지혜자가 쓴 부분도 있고(22:17-24:34), 고대의 지혜자인 '아굴'이 쓴 작품도 있으며(30장), 경건한 왕이자 탁월한 지혜자인 '르무엘'이 쓴 작품도 있다(31장). 본문부터 24장까지는 무명의 지혜자가 쓴 작품이다.

본문에는 잠언의 처음 부분과 같이(1:1-6) 본서를 기록하게 된 이유와 목적이 다시금 소개되고 있다. 지혜자가 본서를 기록한 이유는, 지혜 학교의 사랑하는 젊은 생도들에게 지혜의 가르침과 조언을 베풀어 그들로 진리의 말씀을 깨닫게 하고 싶었기 때문이다. 그래서 지혜자는 모쪼록 귀를 기울여 잘 듣고, 그 가르침과 교훈을 마음속에 깊이 새기고 잘 간직할 것을 당부한다(17-18절).

또한 지혜자가 본서를 기록한 목적은 이러하다. 첫째, 가르침을 받은 지혜의 말씀을 통해 오직 주님을 믿고 그분만을 의지하며 살게 하도록 위해서였다(19절). 둘째, 가르침을 받은 자가 지혜의 말씀을 밝히 깨닫고 알아서, 지혜를 추구하는 또 다른 이들의 질문에 올바로 대답함으로써 그들 역시도 구원과 영생에 이르는 지혜의 말씀을 올바로 깨닫도록 인도하기 위해서였다(20-21절).

성도가 마땅히 버려야 할 악한 행실들 (22:22-29)

22 너는 힘없고 가난하다고 하여 그 가난한 사람의 것을 빼앗지 말고,
또 성문에서 가련하고 불쌍한 사람을 힘으로 짓누르지 말아라.
23 이는 주께서 친히 그들의 송사를 맡아 그들을 위해 변호해주시고,
그들의 것을 빼앗는 자들의 목숨을 빼앗으실 것이기 때문이다.
24 너는 노여움을 품고 있는 사람과 어울리지 말고, 화를 잘 내는
사람과 함께 다니지 말아라. 25 그렇지 않으면, 너 또한 그런 자들에게
물들어서 네 영혼이 올가미에 걸려들고 말 것이다.

[해설과 성찰] 지혜자는 본문에서 두 가지를 훈계한다. 하나는, 힘없고 가난한 자를 사회에서나 성문에서 착취하거나 억압하지 말라는 훈계다(22절). 여기서 성문은 곧 '법정'을 가리킨다. 고대 사회에서 법정은 재판이 이루어지는 공적인 장소였다. 지혜자는 그렇게 하지 말아야 할 이유도 설명해준다. 그것은 주께서 그런 송사를 맡아 힘없고 가난한 자들을 위해 변호해주실 것이기 때문이다. 주님의 변호를 반박하거나 누를 사람은 아무도 없다. 물러서지 않고 끝까지 고집을 부리면, 결국 자기 목숨을 잃을 뿐이다(23절).

또 다른 훈계는 마음에 노여움을 품고 있거나 화를 잘 내는 사람과는 어울리거나 함께하지 말라는 가르침이다(24절). 까닭인즉슨, 그런 자들과 어울리거나 함께하면, 자연스럽게 그런 자들의 길을 따르게 되고, 그런 삶에 물들어 자신의 영혼이 올가미에 걸려들게 되기 때문이다(25절). 근묵자흑(近墨者黑) 또는 근주자적(近朱者赤)이란 사자성어가 있다. 검은 먹물을 가까이하면 검게 되기 십상이고, 붉은색을 가까이하면 붉어지게 마련이라는 뜻이다. 그러므로 마치 순결한 백로 같은 성도는 아예 처음부터 시꺼먼 까마귀들이 노는 곳에는 가까이 가지 말아야 한다.

[26] 너는 더불어 손을 잡아 네 담보물을 대신 잡혀주거나 남의 빚에 보증을 서지 말아라. [27] 만일 그리 했다가 네가 대신 갚아줄 수 없을 때에는 네가 눕고 자는 침대마저도 빼앗기고 말 것이다. [28] 네 조상들이 옛적부터 세워놓은 땅의 경계석을 옮기지 말아라. [29] 부디 너는 네 일에 능숙한 사람이 되어라. 자기 일에 능숙한 사람을 네가 보았느냐. 무릇 그런 사람은 왕들 앞에 설 것이고, 하찮은 사람들 앞에 서지 않는 법이다.

[해설과 성찰] 세 가지 훈계가 나온다. 우선, '보증'에 관한 것이다(6:1-5;

11:15; 17:18; 20:16). 잠언의 지혜자는 줄곧 "보증을 서지 말라!"고 훈계한다(26절). 이유는, 지혜자가 당시 가르침을 베풀고 있었던 일차적인 대상은 지혜 학교의 젊은 생도들이기 때문이다. 그들은 남의 빚보증을 서줄 만한 경제적인 능력이 없는 학생들이다. 그럼에도 젊은 혈기나 값싼 우정, 그리고 어설픈 의리 등으로 타인의 부탁을 거절하지 못하고 빚보증을 서주는 경우가 왕왕 있었다(27절). 결과는 아주 비참했다. 자신의 가진 돈과 재산은 물론이고, 심지어 옷과 침상 등까지 모든 것을 탈탈 털리는 빈털터리 신세를 면치 못했다. 그렇기에 지혜 학교의 선생인 지혜자는 빚보증 서는 일에 관해 엄히 주의를 주고 거듭해서 경고한 것이다.

두 번째 훈계는 '땅의 경계석'에 관한 것이다. 지혜자는 조상들이 옛적부터 세워놓은 땅의 경계석을 옮기지 말아야 한다고 주의를 준다(28절). 경계석(境界石)은 땅의 경계를 표시하는 큰 돌이나 돌기둥이다. 고대 히브리인에게 땅은 하나님께서 허락해주신 영원한 기업으로 간주되었다. 따라서 남에게 영원히 매매될 수 없었다(레 25:23). 땅의 구분을 나타내는 경계석을 옮기는 행위는 남의 재산을 침해하고 도적질하는 일일 뿐만 아니라, 하나님의 주권에 도전하는 중대한 죄악이었다. 이런 맥락에서, 의지할 데 없는 고아들의 밭의 경계석을 옮김으로써 그들의 밭을 침범하는 일이 없어야 한다고 강력히 경고한다(23:10).

세 번째 훈계는 '일의 능숙함'에 관한 것이다. 자신이 하는 일에 능숙한 사람이 되어야 한다(29절). 여기서 '능숙한'(히, 마히르)은 근면하면서도 능력 있는 상태를 가리킨다. 말하자면 어떤 일에 오랫동안 근면하게 종사한 결과로 그 일을 전문적으로 처리해내는 실력을 갖춘 상태이다. 이들은 주어진 시간을 허투루 낭비하는 게으른 자들과는 뚜렷이 대비되는 자들로, 왕들 앞에 서서 왕을 섬기는 존귀와 명예를 누리게 된다.

23
탐욕을 삼가라

맛있는 식사 접대를 탐내지 마라
그런 식사에는 다른 의도가 있네
허망한 재물에 한눈팔지 마라
재물에는 날개가 있어서 날아가네

지혜자의 계속되는 여러 훈계들 (23:1-35)

[1] 만일 네가 높은 관리의 초청을 받아 그와 함께 음식을 먹게 될
때는, 네 앞에 앉아 있는 그 사람이 누구인지를 잠시도 잊지 말아라.
[2] 입맛이 동하여 아무리 먹고 싶어도, 네 목에 칼을 두어서라도 마구
음식을 먹어서는 안 된다. [3] 너는 그 사람이 차려놓은 맛있는 음식에
욕심을 내지 말아라. 그 사람이 너를 초청하여 그런 음식을 차려낸
데에는 분명 다른 의도가 따로 있기 때문이다.

[해설과 성찰] 이는, 음식을 탐하지 말라는 훈계이다. 특히 높은 관리의 초청을 받아 그와 함께 음식을 먹을 때는 더욱 그리해야 한다(1-3절). 높은 직책에 있는 고위 공직자들의 식사 초대는 단순히 음식을 먹기 위한 자리가 아니다. 그 자리는 무언가 중요한 논의를 하거나 혹은 남을 교묘하게 다루기 위한 자리다. 따라서 그런 자리에서 만남의 본질을 망각한 채 단지 눈앞에 놓인 맛있는 음식을 먹는 데만 골몰한다면,

분명히 좋지 못한 인상을 줄 뿐만 아니라 그 관리의 계획에 따라 놀아날 우려가 충분히 있다. 그래서 그런 자리는 음식은 되도록 삼가고, 정신은 되도록 바짝 차리고 있어야 한다.

[4] 부자가 되려고 너무 애쓰지 말고, 그런 생각을 절제하는 지혜를 가져라. [5] 한순간에 없어질 허망한 재물에 한눈을 팔지 말아라. 재물이란 것에는 날개가 달려 있어서, 어느 순간에 독수리처럼 하늘로 훨훨 날아가 버린다. [6] 너는 악한 눈을 가진 자의 음식은 얻어먹지 말아라. 그가 맛있는 음식을 차려놓아도 탐내지 말아라. [7] 무릇 그 사람이 마음속으로 생각하는 것이 곧 그의 사람 됨됨이이니, 그가 너더러 "자, 이것 좀 먹어보게" 혹은 "자, 이것 좀 마셔보게" 하고 권하더라도, 그의 속마음은 너를 위해서 그러는 것이 아니다. [8] 그것도 모른 채 그 사람의 음식을 조금이라도 먹었다면, 너는 그 먹은 것을 도로 다 토해내게 되고, 네 모든 좋은 말들도 다 헛일이 될 것이다.

[해설과 성찰] 두 가지 훈계가 나타난다. 첫 번째 훈계는 재물을 탐하지 말라는 것이다(4-5절). 근면한 노동을 통해 재물을 차곡차곡 쌓는 것을 금하는 말이 아니다. 단지 부자가 되려는 욕망으로 수단과 방법을 가리지 않고 부정하게 재물을 긁어모으지 말라, 그런 재물은 마치 독수리가 하늘 높이 훨훨 날아가듯 날개 달린 허망한 재물이 되어 어느 순간에 전부 사라질 것이기 때문이다.

두 번째 훈계는 악한 눈을 가진 자의 음식을 얻어먹지 말라는 것이다(6-8절). 여기서 '악한 눈을 가진 자'는 악한 목적을 가진 자이다. 악한 목적을 가진 자가 베푸는 음식은 순수한 친교의 음식이 아니라, 목적 달성을 위해 상대방을 이용하려는 간교한 수작에 불과하다. 따라서 그런 음식을 먹는 자는 악한 자의 계교에 말려드는 것으로, 얻어먹은 음식을 전부 토하게 됨은 물론이고, 그자와 음식을 먹으면서 나누었던 모든 좋은 말들도 전부 헛된 것이 되고 마는 날이 오고 만다.

[9] 미련한 자의 귀에는 아무 말도 하지 말아라. 그는 네가 말하는
모든 지혜를 우습게 여기고 비웃을 것이기 때문이다. [10] 네 조상들이
오래전부터 세워놓은 땅의 경계석을 옮기지 말고, 특히 고아들의 밭을
침범하지 말아라. [11] 그들을 구원해주시는 분은 진실로 강하신 분이시
니, 그분께서 고아들의 탄원을 듣고 너를 벌하실 것이다.

[해설과 성찰] 두 가지 훈계가 주어진다. 하나는, 미련한 자의 귀에는 훈계를 들려줄 필요가 없다는 것이다(9절). 미련한 자는 의도적으로 훈계를 멸시하고 비웃는 어리석은 자를 가리킨다. 따라서 그런 자의 귀에 훈계를 들려주면, 훈계는 조롱당하고 비웃음을 당할 뿐이다. 그러하기에 후일 예수님은 산상수훈에서 말씀하셨다. "거룩한 것을 개에게 주지 말며, 너희 진주를 돼지 앞에 던지지 말라. 저희가 그것을 발로 밟고 돌이켜 너희를 찢어 상할까 염려하라"(마 7:6).

다른 하나는, 바로 앞에서도 훈계한 바 있는(22:28) '땅의 경계석'에 관한 것이다(10-11절). 옛적부터 세워져 있는 땅의 경계석을 함부로 옮기지 말라는 훈계인데, 여기에서는 특별히 아버지 없는 고아들의 밭의 경계석을 옮기지 말라 경고한다. 세상의 아버지는 없지만 더욱 강하신 분 곧 하나님께서 구원자가 되시어 그들의 밭을 침범하는 자들을 강력하게 벌하실 것이기 때문이다. 이런 맥락에서 시편의 한 저자는 "그 거룩한 처소에 계신 하나님은 고아의 아버지시며 과부의 재판장이시라."하고 읊었다(시 68:5).

[12] 훈계를 네 마음속에 잘 간직하고, 깨우쳐주는 지식의 말씀에 네
귀를 기울여라. [13] 아이 훈계하기를 삼가지 말아라. 아이에게 훈계의
회초리 좀 때린다고 죽지는 않는다. [14] 아이를 회초리로 때려가면서라도

올바로 키우는 것이 도리어 그 아이의 영혼을 죽음에서 건져내는
길이다.

[해설과 성찰] 잠언의 지혜자는 모든 부모를 향하여 자신의 자녀를 훈계하되, 회초리를 사용해서라도 반드시 훈계해야 한다고 가르친다. 이처럼 잠언은 매(회초리)의 체벌을 허용한다. 심지어 자녀의 잘못을 보고서도 회초리를 들지 않고 체벌을 가하지 않는 것은 그 자녀를 사랑하지 않고 미워하는 것이라고까지 말한다(13:24).

지혜자가 자녀 훈육에 있어 회초리를 사용할 것을 권장하는 까닭은 두 가지다. 하나는, 회초리의 사용이 아이를 육체적 죽음에까지 이르게 하지는 않기 때문이다(13절). 다른 하나는, 회초리의 사용이 아이의 영혼을 죽음에서 건져내기 때문이다(14절). 아이의 잘못된 행위나 습관에 대해 매를 들어 때려서라도 올바로 잡지 않고 그대로 방치해 두면, 결국 그것은 자녀를 죽음의 길로 몰고 갈 것이 자명하다.

물론 이때의 매(회초리)는 반드시 자녀의 올바른 성장과 교정을 간절히 바라는 '사랑의 매'여야 한다. 사랑이 담긴 매가 아닌, 분노의 매이거나 감정의 매는 훈육의 효과를 절대로 거두지 못할 뿐만 아니라, 도리어 자녀를 더욱 비뚤어지게 만든다. 이런 맥락에서 후일 사도 바울은 "너희 자녀를 성나게 하지 말고, 오직 주님의 교양과 훈계로 양육하라."고 권면했다(엡 6:4).

15 내 아들아, 네 마음이 지혜롭다면 어찌 이 아버지의 마음이 기쁘지
않겠느냐. 16 네 입술이 올바른 말을 한다면, 이 아버지의 속마음은
참으로 흐뭇하다. 17 죄인들의 번영을 보고 마음속으로 부러워하지
말고, 오직 너는 주님을 경외하는 일에만 항상 전심전력하여라.
18 그러면, 분명 너의 장래가 밝아지고 너의 소망도 끊어지지 않고
다 이루어질 것이다.

[해설과 성찰] 지혜자는 바로 앞에서 모든 부모는 회초리를 사용해서라도 자녀를 훈육하라고 권면했다(13-14절). 이제 그 결과로 자녀가 부모의 훈계에 귀를 기울여 지혜를 얻고, 그리하여 입술의 올바른 말로 정직한 삶을 살아간다면, 부모의 마음은 정녕 기쁘고 흐뭇할 수밖에 없다(15-16절). 비록 체벌 당시에는 가슴이 무척 아프지만, 회초리를 들어 체벌한 보람을 느끼기 때문이다. 진실로 자녀의 잘됨과 올바름은 부모의 기쁨이요 보람이다.

지혜자는 또한 악인의 번영과 형통을 부러워하지 말고, 주님을 경외하는 일에 전념하라고 훈계한다(17절). 그 이유는 분명하다. 악인의 번영과 형통은 일시적인 것으로 그들의 장래는 어둡고 소망이 끊기는 것이지만, 주님을 경외하는 의인의 삶은 장래가 밝아지고 소망이 끊어짐 없이 다 이루어질 것이기 때문이다(18절). 시편의 한 저자도 한때는 악인의 형통을 보고 크게 부러워했지만, 후일 그들이 졸지에 파멸당하는 것을 보고는 진리를 깨닫게 되었다고 읊었다(시 73:1-20).

19 내 아들아, 너는 내 말을 귀담아 잘 듣고 부디 지혜를 얻어서 네
마음을 바르게 가져라. 20 너는 술을 많이 마시는 사람이나 고기를
탐하는 사람들과는 함께 어울리지 말아라. 21 그런 술꾼들과 먹보들은
재산을 쉬이 탕진하여 가난해지고, 또 잠자기를 좋아하는 잠꾸러기들
은 누더기를 걸치고 살 수밖에 없다. 22 너는 너를 낳아주신 아버지의
말씀에 순종하고, 네 어머니가 늙더라도 업신여기지 말아라. 23 너는
진리를 힘써 사들이긴 하되 팔아넘겨서는 안 된다. 지혜와 훈계와
명철도 마찬가지다. 24 올바르게 사는 자식은 아버지의 기쁨이요,
지혜로운 자식은 아버지의 보람이다. 25 너는 어버이를 기쁘게 해드리
고, 특히 너를 낳아준 어머니를 즐겁게 해드려라.

[해설과 성찰] 본문에는 두 가지 교훈이 나타난다. 하나는 되도록 멀리하

여 삼가야 할 자들에 관하여, 다른 하나는 되도록 가까이하여 섬기고 받들어야 할 자들에 관한 교훈이다. 먼저 되도록 멀리하여 삼가야 할 자들은 술을 많이 마시는 술꾼, 고기와 음식을 탐하는 먹보, 그리고 잠자기를 좋아하는 잠꾸러기 곧 게으름뱅이다(20-21절). 이들을 되도록 멀리하여 함께 어울리지 말아야 할 이유는 분명하다. 가난해지기 때문이다. 이런 자들은 가진 재산을 쉽게 탕진하는 자들로서, 머잖아 모든 재산을 허비하고 누더기를 걸치고 살 수밖에 없는 자들이기 때문에, 주님의 백성 된 자들은 이런 자들과 어울리지 말아야 한다.

다음으로, 되도록 가까이하여 섬기고 받들어야 할 자들은 부모이다(22-25절). 자신을 낳아주신 부모에 대해서는 그들이 늙어 죽기까지 변치 않는 효도의 마음으로 순종하고 받들며 살아가야 한다. 아버지를 기쁘게 해드리고, 어머니를 즐겁게 해드려야 한다. 그들에게 보람과 기쁨을 안겨드려야 한다. 지혜자는 자녀들이 그렇게 살아갈 수 있는 방법을 제시한다. 진리와 지혜와 훈계와 명철을 힘써 사들이되, 그것들을 팔아넘겨서는 안 된다고 권고한다(23절). 왜 그런가?

잠언은 종종 상거래의 이미지를 빌어 교훈한다. 만일 어떤 사람이 꼭 갖고자 하는 물품이 있다면, 아무리 높은 값을 지불하고서라도 반드시 구입한다. 진리와 그의 동료들인 지혜, 훈계, 명철 등이 바로 그 같은 값진 물품들이다. 그것을 얻기 위해선 어떤 값이라도 지불해야 하지만, 반대로 한번 얻었다면 상대방이 아무리 높은 값을 쳐준다고 해도 결코 다시 팔지 말고 꼭 자신의 것으로 간직해야 한다. 그런 것들을 소유하고 있어야만 부모님을 기쁘게 하고 또한 하나님께 영광 돌릴 수 있는 올바르고 참된 삶을 살아갈 수 있기 때문이다.

**26 내 아들아, 너는 이 아버지를 눈여겨보고 내가 걸어온 길을 따르도록
하여라. 27 창녀는 깊은 수렁이고, 음녀는 좁은 함정이다. 28 그런**

여자들은 강도처럼 몰래 기다리고 있다가 숱한 남자들의 신세를 망쳐놓
는다. [29] 화를 입을 사람이 누구냐? 슬퍼할 사람이 누구냐? 다툼에
휘말릴 사람이 누구냐? 탄식할 사람이 누구냐? 쓸모없이 상처를
입을 사람이 누구냐? 눈이 붉게 충혈된 사람이 누구냐?

[해설과 성찰] 지혜자는 창녀와 음녀를 깊은 수렁과 좁은 함정에 비유한다(27절). 이것들은 종종 짐승을 잡는 함정이나 죄인을 가두는 감옥으로 사용되기도 했다(창 37:22; 렘 18:20, 22). 사람을 미혹하는 창녀와 음녀는 결코 스스로의 힘으로는 빠져나올 수 없는 깊은 수렁이나 좁은 함정과 같은 존재이다. 그러하기에 누구든지 그녀들의 미혹에 걸려들면, 거기서 빠져나오지 못하고 자기 신세를 망쳐버리는 것이다(28절).

그렇다면 과연 어떤 자들이 그런 창녀나 음녀의 미혹에 잘 걸려들까? 그리하여 화를 입고, 슬퍼하고, 다툼에 휘말리고, 탄식하고, 쓸모없이 상처를 입어서 결국 자기 신세를 망치게 되는 자들은 어떤 자들일까(29절)? 그들은 술에 취해 눈이 붉게 충혈된 사람들이다. 지혜자는 이어지는 본문에서 그런 자들의 상태를 자세히 언급하면서, 술 취하지 말 것을 훈계하고 있다(30-35절).

[30] 술에 찌들어 술이라면 정신을 못 차리고, 또한 이 술 저 술을 섞어서
마셔대는 술꾼들이 바로 그런 자들이다. [31] 포도주 빛깔이 아무리
고와도, 그것이 술잔에서 아무리 아름답게 보여도, 마실 때 아무리
목구멍으로 순하게 넘어간다고 해도, 너는 아예 술을 거들떠보지도
말아라. [32] 무릇 술이란 결국에는 너를 뱀처럼 물고, 독사처럼 네
몸에 강력한 독을 번지게 할 것이다. [33] 네 눈에는 이상한 것들이
아른거리고, 네 정신이 혼미하여 입으로는 허튼소리만 주절주절 지껄여
댈 것이다. [34] 그때에 너는 바다 한가운데 벌러덩 드러누운 것 같고,
돛대 꼭대기에 누워 있는 것 같을 것이다. [35] 그리고 말하기를 "사람들이

나를 때려도 하나도 아프지 않네, 흠씬 두들겨 맞았는데도 아무렇지도 않네. 좋구나, 술이 깨면 내가 또 한잔 해야지"라고 할 것이다.

[해설과 성찰] 스스로의 힘으로는 결코 빠져나올 수 없는 깊은 수렁 같고 좁은 함정 같은 존재인 창녀와 음녀(27절), 그녀들의 미혹에 잘 걸려드는 자들은 뭐니 뭐니 해도 '술꾼들'이다. 술이라면 사족을 못 쓰고, 또한 여러 종류의 술을 한데 섞어 폭탄주로 만들어 마시는 자들이다(30절).

지혜자는 술꾼들이 술에 만취한 상태를 구체적으로 묘사한다(33-35절). 눈에 이상한 것들이 아른거림, 정신이 혼미하여 허튼소리를 주절주절 지껄여댐, 몸이 비몽사몽인 듯 몽롱하여 바다 한가운데 혹은 돛대 꼭대기 위에 누워 있는 것 같음, 감각이 마비되어 맞아도 아픈 줄을 모름, 머릿속엔 술 마실 생각만 가득함 등이다. 이런 상태는 마치 독(毒)에 마비된 상태와 같다. 그래서 지혜자는 술이 독사처럼 그 사람을 물어서 그 독이 온몸에 퍼진 상태라고 묘사한다(32절).

술의 폐해가 이처럼 크기에 지혜자는 술을 멀리하고, 아예 술을 거들떠 보지도 말라고 훈계한다(31절). 그런데도 많은 사람들이 술을 끊지 못하고 좋아한다. 술에는 사람을 끄는 강력한 매력이 있기 때문이다. 술의 빛깔이 곱고, 그 술이 담긴 술잔은 아름다우며, 술을 마실 때 목구멍으로 술술 순하게 넘어가기 때문이다. 마치 욕망을 자극하는 창녀와 음녀의 달콤한 유혹과 같다. 따라서 술의 유혹에 넘어간 술꾼들은 창녀와 음녀의 유혹에도 쉽게 넘어가는 것이다. 그러하기에 후일 사도 바울은 주님의 백성 된 성도들을 향해 권고하기를 "술 취하지 말라, 이는 방탕한 것이니 오직 성령의 충만을 받으라!"고 했다(엡 5:18).

24

성도의 지혜로운 삶

게으른 자의 포도밭에는
잡초와 가시덤불이 우거지네
그러면 가난이 강도같이 닥치고
궁핍이 군사처럼 몰려오리라

지혜자의 계속되는 훈계들 (24:1-22)

**1 너는 악한 사람이 떵떵거린다고 부러워하지 말고, 그들과 어울릴
생각조차 하지 말아라. 2 그들은 마음속으로 항상 폭력을 꾀하고,
그들의 입술은 악한 말로 다툼만 일으키기 때문이다.**

[해설과 성찰] 잠언의 지혜자는 "악인의 형통과 번영을 부러워하지 말라." 고 훈계한다(1절). 비록 겉으로는 악인이 떵떵거리며 잘 나가는 것처럼 보여도, 그들의 삶은 폭력적이고 말은 다툼과 분쟁을 일으키는 악한 말이기 때문에(2절), 실제로 참된 평강이나 장래의 소망이 없다. 또한 그들의 번영과 형통도 새벽안개처럼 잠깐 있다가 덧없이 사라지는 일시적인 현상일 뿐이다(시 37:35-36). 그렇기에 성도는 악인의 형통을 조금도 부러워하지 말고, 오직 주님을 경외하는 데 전심전력해야 한다(23:17). 그것이 장래의 소망이 확실히 보장되는 영원하고 참된 것이기 때문이다(23:18).

[3] 집은 지혜로 비로소 세워지고 명철로 확고하게 다져진다. [4] 지식이
있어야 방마다 온갖 값진 보화들로 가득 차게 된다. [5] 지혜 있는
사람은 용사보다 강하고, 지식 있는 사람은 장사보다 강하다. [6] 좋은
전략을 세운 후에야 비로소 전쟁을 치를 수 있고, 훌륭한 참모가
많아야 승리할 수 있다.

[해설과 성찰] 두 가지 교훈이 주어진다. 하나는, 집 곧 가정의 참된 행복과 번영에 관한 것이다. 지혜와 명철의 반석 위에 세워진 집이야말로 외부에서 불어오는 모든 시련과 환난의 폭풍우를 능히 견딜 수 있고(3절), 그런 지혜와 명철과 지식이 있어야만 참으로 방마다 온갖 값진 보화들로 가득 차게 된다는 교훈이다(4절). 다시 말해 한 가정의 참된 보화는 세상 재물이 아니라, 지혜와 명철과 지식이다. 그리고 지혜와 명철과 지식의 근본은 주님을 경외하는 것이므로(1:7; 9:10), 주님을 경외하는 집이야말로 참되고 영원한 보화로 가득 찬 집인 것이다.

다른 하나는 전쟁의 승리에 관한 것이다. 지혜자는 전쟁에서 승리할 수 있는 조건을 제시하는데, 그것은 용사들이나 무기가 아니다. 지혜와 지식 있는 사람들로 구성된 훌륭한 참모들과 그들이 세운 좋은 전략이 있어야 전쟁에서 승리할 수 있다(5-6절). 즉, 전쟁에서 지혜롭게 세운 좋은 전략은 용사나 무기보다 훨씬 강한 최고의 병기라는 말이다.

이는 영적인 세계에서도 마찬가지다. 하나님의 지혜를 소유한 자들만이 사탄의 세력과 치르는 영적 전쟁에서 승리할 수 있다. 이런 맥락에서 후일 사도 바울은 성도가 갖추어야 할 영적인 전신갑주에 관해 알려주고 있다(엡 6:10-17).

[7] 어리석은 사람들에게는 지혜가 너무 높은 곳에 있어서 그들은 거기에
닿지 못한다. 그래서 그들은 사람들이 모인 성문에서 제대로 입을
열지 못한다. [8] 항상 악을 도모하는 사람을 '모사꾼'이라고 한다.

[9] 어리석은 자는 죄 짓는 일만 항상 꾸미고, 남을 비웃는 거만한 사람은 누구나 싫어하고 다른 사람들에게 미움을 산다.

[해설과 성찰] 어리석은 자에게 지혜는 너무 높고 멀리 떨어져 있어서 지혜를 얻지 못한다. 그래서 성문에서 입을 열지 못한다(7절). 고대 세계에서 많은 사람들이 왕래하는 성문 앞 광장은 상거래가 이루어지고 재판이 행해지던 공공장소였다. 특히 성읍의 장로들이 사회 공동체의 여러 이슈들을 토론하는 장소이기도 했다. 그런데 지혜가 없는 어리석은 자는 지혜로운 자들의 모임에서 입을 열어 자기 견해를 펼치지 못하고, 그래서 공동체에 공헌하는 바가 아무것도 없다. 그런 일을 당하면 부지런히 지혜를 추구해야 마땅하겠지만, 어리석은 자들은 지혜를 얻는 일에는 도통 관심이 없다. 오직 악을 도모하고 죄를 짓는 일에만 골몰하고 있으니, 사회 공동체에 아무짝에도 쓸모없고 도리어 해악만 끼치는 몹쓸 존재들인 것이다.

[10] 네가 환난의 날에 낙담하여 허우적거리면, 그것은 네 힘이 약하다는
것을 드러내는 것이다. [11] 너는 죽을 자리로 끌려가는 사람을 힘써
구해주고, 살해당할 사람을 못 본 체하고 그냥 지나치지 말아라.
[12] 만일 네가 생각하기를 '그 일은 나하고는 아무 상관도 없는 일이다'
할지라도, 사람의 속마음을 헤아리시는 하나님께서 어찌 네 마음을
모르시겠느냐. 너의 목숨을 지켜주시는 하나님께서 어찌 그것을 모르실
리 있겠느냐. 그분께서는 장차 각 사람의 행실대로 갚아주신다.

[해설과 성찰] 지혜자는 환난과 역경의 날을 맞이하더라도 낙담하여 허우적거리지 말라고 권면한다(10절). 그런 때에 용기와 소망을 잃고 낙담하면, 나약한 꼴만 드러내 보일 뿐이기 때문이다. 이어 지혜자는 죽을 자리로 끌려가는 자들이나 살해당할 사람들을 본다면, 그들이

자신과는 아무 상관 없는 일인 양 생각해서 못 본 체하지 말고, 최선을 다해 힘써 구해야 한다고 훈계한다(11절). 그렇게 하면, 사람의 속마음을 헤아리시는 하나님께서 장차 그가 행한 대로 갚아주실 것이다(12절).

그렇다면 우리는 어떻게 죽음과 살해의 자리로 끌려가는 자들을 구해 줄 수 있을까? 여기서 사망과 살해의 자리로 끌려가는 자들은 전쟁, 마약, 기근, 알코올, 폭력, 질병 등 여러 가지 이유로 치명적인 죽음의 위험에 노출된 자들을 가리킨다. 그런 자들을 위해 교육, 자선, 기부, 구호 활동, 의료 봉사 등 다양한 방식을 통해 도울 수 있다. 이는 영적인 세계에서도 마찬가지다. 우리는 영적 죽음의 위험에 노출된 자들에게도 적극적으로 도움의 손길을 뻗어, 그들을 사망과 어둠의 구덩이에서 건져낼 생명과 구원의 복음을 힘써 들려주어야 한다.

13 내 아들아, 꿀은 좋은 것이니 꿀을 먹어라. 송이 꿀을 먹으면, 그것이
네 입에 참으로 달콤하지 않더냐. 14 지혜도 네 영혼에 그처럼 다디단
꿀임을 명심하여라. 네가 지혜를 얻으면, 네 장래가 환히 밝아지고
네 소망 또한 끊어지지 않고 다 이루어질 것이다. 15 악한 자들아,
너희는 의인의 집을 빼앗으려고 궁리하지 말고, 의인이 쉬는 곳을
허물지 말아라. 16 의인은 일곱 번을 넘어져도 다시 일어나지만, 악인은
재앙을 만나면 영영 망하고 만다. 17 너는 네 원수가 넘어져도 박수치며
즐거워하지 말고, 그가 걸려 넘어질 때에 마음에 기뻐하지 말아라.
18 너의 기뻐하는 모습을 주께서는 조금도 기뻐하지 아니하시니, 혹
주께서 네 원수에게 내렸던 진노를 너에게로 돌리실까 두렵구나.

[해설과 성찰] 지혜자는 많은 음식물 중에서 '꿀'을 추천한다(13절). 이는 지혜를 얻을 것을 장려하는 비유의 말이다(14절). 지혜와 영혼의 관계가 꿀과 몸의 관계에 비유된다. 꿀이 사람의 몸에 유익하고 입맛을 만족시키는 것처럼, 지혜가 사람의 영혼을 만족시키고 장래의 소망을

제공해준다는 교훈이다.

지혜자는 또한 악인에 대해 엄히 경고하면서 의인을 격려해주고 있다(15-16절). 의인은 '일곱 번'을 넘어져도 하나님의 함께하심과 도우심으로 다시 일어나지만, 악인은 재앙을 만나 한 번만 넘어져도 다시는 일어나지 못하고 영영 망한다. 그렇기에 악인은 그 어떤 술수를 쓰더라도 결코 의인을 넘어뜨리지 못한다. 여기서 '일곱 번'은 문자적 숫자가 아니라 상징적 숫자로서 '수없이 많음'을 뜻한다.

지혜자는 '원수사랑'에 관해서도 훈계한다(17-18절). 아무리 원수일망정 원수가 궁지에 몰려 곤경에 처했을 때 그 모습을 보고 손뼉 치며 기뻐하는 것은 주님의 백성 된 자들에게 합당치 못하다. 하나님의 자비로운 속성은 비록 악인일지라도 그가 죄 가운데서 그대로 멸망하는 것을 조금도 기뻐하지 않으신다(겔 18:23). 그리고 원수 갚는 일에 관한 한, 그것은 우리의 몫이 아니고 어디까지나 하나님의 몫이다(롬 12:19). 주님의 백성 된 우리는 비록 원수일지라도 주님의 말씀대로 원수를 사랑하고 그를 위해 기도해야 할 뿐이다(마 5:44).

19 악한 자들 때문에 초조해하거나 안달하지 말고 그들의 형통을
부러워하지도 말아라. 20 악한 자들에게는 아무런 장래가 없으니
악인의 모든 등불은 꺼지고 만다. 21 내 아들아, 너는 오직 주님을
경외하고 또한 임금 두려운 줄 알아라. 주님과 임금께 등을 돌려
배반하는 반역자들과는 절대로 사귀지 말아라. 22 그런 자들에게는
어느 순간 갑자기 재앙이 닥쳐오리니, 그들을 덮칠 재앙의 날을 누가
알 수 있겠느냐.

[해설과 성찰] 본문에는 두 가지 훈계가 나타나 있다. 하나는, 악인의 형통을 보고 안달하거나 부러워하지 말라는 것이다(19절). 당시엔 형통할지라도 잠시일 뿐이고 그들에겐 장래가 없다. 즉, 그들의 등불은 머잖아

모두 꺼지고 말 것이기 때문이다(20절). 여기서 '등불'은 사람이 걸어갈 때 앞을 밝히는 불빛을 가리키는데, 그것이 꺼진다는 것은 앞날(장래)의 소망이 없다는 의미다.

다른 하나는, 주님을 경외하고 임금을 두려워해야 한다는 것이다. 따라서 주님과 임금을 거슬러 반역하는 자들과는 절대로 사귀어선 안 된다(21절). 여기서 '임금'은 주께서 세우신 왕으로서, 주님을 대신하여 나라와 백성을 올바르게 다스리는 통치자이다. 그런 임금을 반역하는 행위는 곧 그를 왕으로 세우신 주님을 반역하는 행위와 같다. 그런 반역자들에게는 어느 날 갑자기 큰 재앙이 덮칠 것이므로(22절), 지혜로운 자는 그런 자들과는 어울리거나 상호 교제해서는 안 되는 것이다.

지혜자의 추가적인 교훈들 (24:23-34)

23 이것도 지혜로운 사람의 말이니 너는 귀담아들어라. 재판을 할 때,
사람을 봐가면서 한쪽만 편들어 재판하는 것은 옳지 않다. 24 죄
있는 악인을 가리켜 "너는 무죄하다!" 하고 판결을 내린다면, 그 사람은
뭇 사람들의 저주를 받게 될 것이고 또한 뭇 민족들도 그를 비난할
것이다. 25 그러나 공정한 판결로 악인을 정죄하는 자는 뭇 사람들에게서
칭송을 받고, 그 또한 복을 받게 될 것이다. 26 진실로 올바른 대답을
내는 자에게는 모든 사람이 그의 입술에 입맞춤할 것이다.

[해설과 성찰] 법정에서 공의로운 재판을 하고 올바른 판결을 내릴 것에 관한 교훈이다. 먼저, 재판에서 피해야 할 옳지 못한 행위들은 사람을 봐가면서 한쪽만 편든다거나(23절) 죄 있는 악인을 "죄 없다!"라고 무죄 판결을 내리는 행위다(24절). 이 같은 행위들은 가장 공정해야 할 재판을 부당하게 비틀고 왜곡시키는 행위로서 사람들의 저주와 민족들의 비난을 면치 못한다. 물론, 하나님의 심판도 면치 못한다.

이와는 반대로, 불편부당한 자세로 공정한 판결을 내려 죄 있는 악인에게는 유죄를, 죄 없는 의인에게는 무죄를 선고하는 자는 칭송을 받을 뿐만 아니라 스스로도 복을 받는다(25절). 주께서 그런 자에게 복을 내려주시기 때문이다. 또한 올바른 판결을 내리는 자에 대해서는 모든 이들이 존경과 사랑을 가득 담아 그의 입술(뺨)에 입맞춤을 하려 들 것이다(26절).

27 너는 네 바깥일을 먼저 다 해놓고 네 밭의 일도 잘 살핀 다음에
비로소 네 집을 세우도록 하여라. 28 너는 아무 까닭도 없이 네 이웃을
해하려고 거짓 증언을 하지 말고, 네 입술로 속이는 말도 하지 말아라.
29 너는 말하기를 "그가 나에게 행한 만큼 나도 그대로 그에게 돌려주고,
그가 나에게 행한 대로 나도 그대로 그에게 갚아주겠다!"라고 하지
말아라.

[해설과 성찰] 세 가지 훈계가 나타나 있다. 첫째, 누구든지 결혼을 통해 가정을 이루려거든, 먼저 가정을 꾸려나갈 수 있는 바깥일과 밭의 일 곧 경제적인 대책부터 마련해놓아야 한다(27절). '집을 세운다'는 말은 '가정을 이룬다'는 의미다. 둘째, 이웃을 해하려고 입술로 속이는 말로 거짓 증언을 하지 말라(28절). 진실을 왜곡시키는 거짓 증언은 사회 공동체의 정의를 훼손시키는 무거운 죄로서 장차 하나님의 정죄와 심판을 면할 수 없다(21:28). 셋째, 당한 만큼 그대로 되갚는 보복 행위를 하지 말라(29절). 보복은 사람의 몫이 아니라 어디까지나 하나님의 몫이라는 것이 성경의 가르침이다(20:22; 롬 12:19)

30 언젠가 내가 게으른 사람의 밭과 지각없는 사람의 포도밭을 지나간
적이 있었다. 31 그때에 내가 보니, 그 밭에는 가시덤불이 우거져 있었고,
그 땅에는 잡초만 무성하게 자라나고 있었으며, 돌담도 여기저기

허물어져 있었다. [32] 그런 꼴을 보고서, 나는 마음속으로 곰곰이 생각했고 마침내 소중한 교훈을 배웠다. [33] 그렇다! "조금만 더 자야지, 조금만 더 눈을 붙여야지, 조금만 더 팔을 베고 누워 있어야지!"라고 하면, [34] 그런 사람에게는 가난이 강도처럼 들이닥치고, 궁핍이 군사처럼 몰려온다는 것이다.

[해설과 성찰] 지혜자는 자신이 직접 경험한 사실을 예로 들어 '게으름'에 대해 경고한다. 어떤 게으른 자의 밭과 지각없는 자의 포도원을 보았는데, 전혀 관리되지 않은 채 엉망진창인 상태인 모습을 접하고는 마음속 성찰을 통해 하나의 소중한 교훈을 배웠다는 것이다(30-32절).

그 교훈은 이러했다. "사람이 제때 일어나 일하지 아니하고 '조금만 더 자야지!' 하면서 게으름을 피우면, 그런 자에게는 가난이 강도나 군사처럼 들이닥친다"(33절). 여기서 '강도'나 '군사'는 강압적이고 폭력적인 자들로서, 그런 자들이 들이닥치면 아무도 그들을 막을 수 없다는 사실을 가리킨다. 즉, 게으른 자에게 있어 '가난'은 피할 수 없이 반드시 맞닥뜨릴 수밖에 없는 필연적인 운명이라는 교훈이다.

성경은 게으름이나 나태함을 단순히 바람직하지 못한 잘못된 습관 정도로 보지 않는다. 그것은 하나님께서 주신 달란트(재능, 시간, 건강, 재물, 인생 등)를 땅속에 묵혀두는 죄악으로 규정한다. 후일 예수님이 들려주신 '달란트 비유'(마 25:14-30)나 '므나 비유'(눅 19:12-27)를 보면, 자신이 받은 '달란트' 혹은 '므나'를 활용하지 않고 그대로 땅속에 파묻어 두었거나 보자기에 싸두었다가 그대로 주인에게 가져온 종들을 향하여 주인은 '악하고 무익하고 게으른 종'이라고 규정하면서 "저들을 바깥 어두운 데로 내어쫒으라! 거기서 슬피 울며 이를 갈리라!" 하고 처벌하였다. 이처럼 하나님께서 부여해주신 '인생'이란 달란트를 빈둥빈둥 허투루 낭비하는 게으름은 최후 심판의 날에 지옥 형벌을 면치 못하는 큰 죄인 것이다.

25

올바른 인간관계

신실한 심부름꾼은 더울 때 냉수,
빈말하는 자는 비 없는 구름이네
먼 땅에서 들려오는 좋은 소식은
목마른 자에게 시원한 생수

솔로몬의 추가적인 잠언들 (25:1-28)

1 이어지는 잠언들도 솔로몬 왕이 또한 지은 것으로, 후일 유다 왕 히스기야의 신하들이 수집하고 편집한 것이다.

[해설과 성찰] 잠언의 대부분은 다윗의 아들이며 '지혜의 왕'으로 불리는 솔로몬의 작품이다(1:1-22:16; 25:1-29:27). 하지만 몇몇 부분은 다른 지혜자들(현자들)의 작품이다. 즉, 잠언에는 솔로몬 왕의 작품 외에 무명의 지혜자가 쓴 부분도 있고(22:17-24:34), 고대의 지혜자인 '아굴'이 쓴 작품도 있으며(30장), 경건한 왕이자 탁월한 지혜자인 '르무엘'이 쓴 작품도 있다(31장). 본문 25장부터 29장까지는 다시금 솔로몬 왕의 작품이다.

솔로몬 왕은 생전에 3천여 편의 잠언을 지었는데(왕상 4:32), 그중 8백여 편의 잠언이 성경의 잠언서에 수록되었다. '솔로몬의 제1잠언집'이라 불리는 성경 잠언의 전반부(1:1-22:16)는 솔로몬 당대에 편집된 것이고

(주전 950년경), '솔로몬의 제2잠언집'이라 불리는 후반부(25-29장)는 솔로몬 이후 250여 년의 세월이 흐른 유다 왕 히스기야 시대(주전 728-687년경)에 편집된 것이다(25:1).

남왕국 유다의 선왕(善王) 히스기야는 왕실의 서기관들에게 명하여 솔로몬의 잠언들을 수집하고 분류하여 알맞게 편집하라고 명했고, 왕의 명령에 따라 왕실 소속의 서기관들이 체계적으로 편집했다(1절). 히스기야의 신하들은 성령님의 지도하에 솔로몬의 잠언들을 연구하고 분석하여, 하나님의 백성들이 사용하기에 더욱 좋도록 재편집했다(25-29장). 자, 그렇다면 이제 히스기야 시대에 편집된 솔로몬 왕의 지혜로운 잠언들을 살펴보도록 하자.

[2] 일을 깊이 숨기는 것은 하나님의 영광이요, 일을 밝히 찾아내는
것은 왕의 영광이다. [3] 하늘이 드높고 땅이 깊디깊은 것처럼, 왕의
마음도 그러하여 우리가 헤아릴 길이 없다. [4] 은에서 더러운 찌꺼기를
제거하여라. 그래야 은장색이 그것을 그릇으로 만들 수 있다. [5] 왕
곁에서 악한 간신배들을 모두 제거하여라. 그러면 그 왕좌가 공의의
터 위에 굳게 선다. [6] 왕 앞에서 잘난 체하지 말고, 높은 사람들의
자리에 끼어들려고 하지 말아라. [7] 그런 까닭은, 네가 왕에게서 "아니,
네가 누구이기에 이런 높은 자리에 감히 끼어드느냐?"라는 말을 듣는
것보다 "너는 이리로 올라와 앉아라!" 하는 말을 듣는 것이 훨씬
낫기 때문이다.

[해설과 성찰] 지혜자는 하나님과 왕을 대비하여 하나님에게는 일을 깊이 숨기는 것이 영광이 되지만, 왕에게는 일을 밝히 찾아내는 것이 영광이 된다고 말한다(2절). 하나님은 그 속성상 세상 통치나 일의 경륜과 관련해서 신비의 요소를 갖고 계신다. 사실, 그런 신적인 요소들은 인간의 지식이 도달할 수 없는 초월적인 요소다. 결국 그렇게 깊이 숨겨진

일들로 인해 사람은 하나님을 경외하게 되고, 하나님께 영광이 되는 것이다.

반면에 왕은 국사 전반에 관한 문제들을 부지런히 탐구하고 살펴서, 백성들이 알아야 할 것들을 애매모호함 없이 밝히 찾아내는 역할을 잘 감당해야 한다. 왕이 국사 전반의 행정을 잘 처리할 때 백성들은 왕을 칭송하며 존경하게 되고, 그것은 왕에게 영광이 된다. 이런 맥락에서 한 나라와 수많은 백성을 다스리는 왕은 모름지기 하늘의 높음이나 땅의 깊음같이 일반 백성들로서는 헤아릴 길 없는 높고 깊은 지혜나 통찰력을 갖추어야 한다(3절).

지혜자는 또한 왕위가 공의의 터전 위에 굳게 자리 잡을 수 있는 비결을 알려준다. 그것은 은에서 더러운 찌꺼기를 제거해내듯(4절) 왕 주변에서 마냥 왕에게 아첨 떠는 사악한 간신배 무리들을 제거해내야 가능하다는 것이다(5절). 이어 지혜자는 신하들이 왕에게 인정받고 영전할 수 있는 비결도 알려준다. 그것은 교만한 마음으로 스스로 높은 자리에 끼려고 하지 말고(6절), 겸손한 마음으로 스스로 낮은 데에 처할 줄 알아야 한다(7절)는 것이다. 후일에 예수님도 어느 잔칫집에서 제자들을 교훈하기 위해 이와 똑같은 이야기를 들려주셨다(눅 14:7-11).

8 무슨 일이든, 너는 급하게 소송하지 말아라. 만일 송사에서 네 이웃이
너를 이기기라도 한다면, 네가 그 수모를 어찌 감당하려느냐. 9 만일
이웃과 무슨 다툴 일이 생기면, 너는 당사자와 직접 말하고 다른
사람들에게 그 일을 말하지 말아라. 10 만일 그랬다가, 네 말을 들은
그 사람이 도리어 너를 비난하면, 너는 좋지 않은 평판에 휩싸이게
되기 십상이다. 11 상황에 알맞은 적절한 말은 은쟁반에 담긴 금사과와
같다. 12 지혜로운 사람의 합당한 책망은 그것을 들을 줄 아는 사람의
귀에 금귀고리요 순금 장식과 같다.

[해설과 성찰] 지혜자는 법정 소송에 관해 충고한다. 만일 이웃과 다툴 무슨 문제가 생겼을 때에는 그 일을 성급하게 법정 소송으로 끌고 가지 말고, 당사자와 직접 대화하여 문제를 풀어나가는 것이 좋다(8절). 그렇지 아니하고 성급하게 법정으로 끌고 갔다가 만일 소송에서 패하게 되면, 그에 따른 손해와 수모를 온전히 감당해야 하기 때문이다.

이와 관련해서 지혜자는 자신의 옳음을 인정받으려고 남에게 상대방의 개인적인 단점이나 치부 등을 함부로 누설해선 안 된다고 충고한다(9절). 그런 비열하고 치졸한 행위는 다른 이들의 반감을 사기 십상이고, 그 결과 도리어 자신의 그런 행위가 비난을 받아 좋지 않은 평판에 휩싸일 수 있기 때문이다(10절). 그러므로 최선의 선택은, 문제를 법정으로 끌고 가기 전에 최대한의 인내심을 갖고 당사자와 허심탄회하게 직접 대화하여 문제를 풀어나가는 것이다.

지혜자는 또한 말에 관해 언급한다. 말(입술, 입, 혀)에 관한 훈계는 잠언에서 거듭 반복되는 핵심 주제 가운데 하나인데, 여기서는 상황에 알맞은 적절한 말과 지혜로운 자의 책망에 관한 것이다. 먼저, 상황에 알맞은 적절한 말은 '은쟁반에 담긴 금사과'에 비유되었다(11절). 이는 보기에도 무척 아름답고 좋을뿐더러 탁월한 가치를 지니고 있다는 비유다. 다음으로, 지혜로운 자의 합당한 책망은 들을 줄 아는 사람의 귀에 달린 '금귀고리와 순금 장식'에 비유되었다(12절). 이것들은 사람을 한층 돋보이게 하고 그의 품위를 한껏 높여주는 장신구들인데, 그만큼 순종하는 사람의 귀에 지혜로운 자의 합당한 책망은 품격 있고 가치 있는 빛을 발한다는 의미다.

13 신실한 심부름꾼은 추수 때에 일꾼들의 속을 시원하게 해주는 얼음냉수 같아서, 그 주인의 답답한 마음을 시원하게 해준다. 14 거짓말로 "선물을 주겠다!" 하고 빈말을 하는 사람은 비를 머금지 않은

구름과 바람 같다. [15] 오래 참고 인내로써 설득하면 통치자의 마음도 능히 돌려놓을 수 있고, 상냥하고 부드러운 말은 뼈까지도 꺾는다. [16] 꿀을 얻었느냐? 그러면 적당히 만족할 만큼만 먹어라. 꿀도 너무 많이 먹으면 속이 상하여 토하게 된다.

[해설과 성찰] 13절의 '얼음냉수'는 더운 여름철에 열기를 식히기 위해 왕궁에서 음료에 얼음을 타서 먹던 물을 가리킨다. 맡은바 임무를 완수한 충성되고 신실한 사자(使者, 심부름꾼)에게서 들려오는 기쁜 소식은 주인에게 마치 곡물을 거두어들이는 격렬한 노동으로 인해 심한 갈증에 목 타는 추수 때에 시원한 얼음물과도 같다. 그리고 자신이 발설한 약속을 지키지 않는 허튼 말, 곧 빈말은 '비를 머금지 않은 구름과 바람'에 비유되었다(14절). 아무런 결과나 실속이 없는 빈 껍데기 상태를 나타내는 말이다.

지혜자는 다시금 말의 소중함과 효용성을 강조한다. 먼저 오래 참고 인내로써 설득하는 말의 효용성을 언급하는데, 그런 말은 완강한 통치자의 마음까지도 능히 돌려놓는 강력한 힘을 발휘할 수 있다(15절a). 다음으로, 상냥하고 부드러운 말의 효용성을 언급하는데, 그런 말은 상대방의 뼈까지도 꺾을 수 있는 엄청난 힘을 발휘한다는 가르침이다(15절b). 여기서 '뼈를 꺾는다'는 말은 '적대감을 누그러뜨린다'는 의미를 지닌 은유적인 표현이다.

16절은 '꿀'에 관한 훈계다. 들판에서 야생 꿀을 발견했을 경우에 적당히 만족할 만큼만 먹고, 너무 과식함으로써 속이 상하여 토하는 일이 없어야 한다는 훈계다. '절제의 미덕'에 관한 가르침이다. 여기서 '꿀'은 모든 맛있음과 즐거움을 상징하는 음식물로서, 세상의 모든 즐거움에 대하여 절제의 미덕을 갖고 지나치지 않도록 정도껏 취하라는 가르침이다. 이처럼 '절제'는 성경에서 아주 중요하게 보는 큰 미덕이다. 심지어 후일에 사도 바울은 성령의 아홉 가지 열매를 언급하면서 '절제'를 맨 마지막 위치에 놓아 그 중요성을 강조하였다. "오직 성령의 열매는 사랑과 희락과 화평과 오래 참음과 자비와 양선과 충성과 온유와 절제니, 이 같은 것을 금지할 법이 없느니라"(갈 5:22-23).

17 친한 이웃집도 너무 자주 드나들지 말아라. 너무 자주 드나들면,
그가 너를 지겨워하게 되고 싫어하게 된다. 18 이웃에 대해 거짓말로
증언하는 사람은 사람 잡는 곤봉이요 칼이며 뾰족한 화살이다.
19 어려운 일을 당했을 때 거짓된 사람을 믿는 것은 썩은 이로 밥을
씹고 부러진 다리로 걸어가는 꼴이다. 20 마음이 상한 사람 앞에서
흥겹게 노래를 부르는 것은 추운 날에 겉옷을 벗기는 것과 같고 상처
난 살갗에 초를 붓는 것과 같다. 21 네 원수가 배를 곯고 있거든 그에게
먹을 것을 나눠주고, 네 원수가 목말라 하거든 그에게 마실 물을
떠다주어라. 22 그리하면, 네 원수는 머리 위에 활활 핀 숯불을 올려놓은
것처럼 얼굴을 붉히며 크게 부끄러워할 것이고, 너는 주님께 상을
받게 될 것이다.

[해설과 성찰] 여러 훈계가 주어지고 있다. 첫 번째 훈계는 '절제의 미덕'에 관한 것으로, 친한 이웃집이라도 너무 자주 드나들지는 말라는 훈계다(17절). 친구 집이나 이웃집을 방문하는 것은 서로 기쁨이 될 수 있다. 문제는, 너무 자주 방문한다든지 너무 오랫동안 머무는 것이다. 그것은 좋은 관계를 해칠 수 있다. 왜냐하면 이웃이나 친구는 그들만의 일을 돌보기 위해, 혹은 가족들과 오붓한 시간을 보내기 위해 그들만의 개인적인 시간과 공간이 필요하기 때문이다.

두 번째 훈계는 '거짓 증언'에 관한 것이다(18절). 그런 행위는 죄 없는 사람을 죽이는 곤봉, 칼, 화살에 비유되었다. 성경 속의 좋은 실례가 아합 왕 때의 '나봇'이다. 조상의 땅을 지키려는 신실한 포도원 주인 나봇은 거짓 증언자들 때문에 무고하게 돌에 맞아 죽었다(왕상 21:1-13).

이처럼 거짓 증언은 죄 없는 개인을 죽음에 이르게 할 뿐만 아니라, 사회 공동체의 신뢰나 정의를 무너뜨리는 큰 죄악이었기에 거듭해서 엄히 금지되었고 엄중한 처벌로 경고되었다.

세 번째 훈계는 환난 날에 진실하지 못한 자를 의뢰하는 것의 위험성에 관한 것인데, 그것은 마치 썩은 이로 밥을 먹고 부러진 다리로 걸음을 걷는 것과 같은 부질없는 행위에 비유되었다(19절). 네 번째 훈계는 '이웃 및 타인에 대한 배려'에 관한 것이다(20절). 이웃이나 타인의 딱한 처지나 힘든 상황을 배려하지 않고 자신의 감정대로 행동하는 것은 아주 미숙한 행위인데, 단순히 미숙한 행위를 넘어 마치 추운 날에 그들의 겉옷을 벗겨 더 춥게 만든다거나 상처 난 살갗에 식초를 부어 더욱 쓰리게 만드는 것과 같이 이웃과 타인에게 해를 끼치는 나쁜 행위인 것이다.

다섯 번째 훈계는 '원수사랑'에 관한 것이다(21-22절). 비록 원수일지라도 그가 어려운 처지에 처했으면 필요한 도움을 베풀어야 한다는 훈계인데, 지혜자는 그렇게 하는 행위를 '원수의 머리 위에 활활 핀 숯불을 올려놓은 것'에 비유하였다. 여기서 '활활 핀 숯불'은 잘못을 깨달은 자가 느끼는 후회와 부끄러움의 고통을 상징한다. 원수에 대하여 보복하지 않고 오히려 그에게 선행을 베푸는 행위는, 그 원수로 하여금 마치 활활 핀 숯불이 자신의 머리 위에 있는 것처럼 양심의 고통과 부끄러움을 느끼게 할 것이라는 말이다. 후일에 사도 바울은 원수 갚는 일은 오로지 하나님께 맡겨야 한다는 사실을 강조하기 위해 잠언의 이 구절을 인용하였다(롬 12:20). 성경은 개인적인 복수를 허락하지 않는다. 우리는 다만 사랑할 뿐이고, 원수 갚는 일은 하나님의 몫이다(롬 12:19).

23 북풍이 땅에 세찬 비를 몰고 오듯 헐뜯는 말은 얼굴에 격렬한

분노를 몰고 온다. [24] 다투기를 좋아하는 여자와 넓은 집에서 함께
사느니, 차라리 좁은 다락방 한 구석에서 혼자 사는 것이 낫다.
[25] 먼 땅에서 들려오는 좋은 소식은 목마른 사람에게 주어지는 시원한
냉수와 같다. [26] 악인 앞에서 무릎 꿇는 의인은 흐려진 샘물과 같고
더러워진 우물과 같다. [27] 꿀도 너무 많이 먹으면 자기 몸에 이롭지
않듯, 명예도 지나치게 추구하면 자기 영혼에 좋지 않다. [28] 자제력이
없어 자기 성질을 다스리지 못하는 사람은 성벽이 허물어져 무방비
상태로 노출된 성읍과 같다.

[해설과 성찰] 지혜자는 소중한 여러 잠언을 들려준다. 헐뜯는 말을 '북풍'에, 격렬한 분노를 '세찬 비'에 비유하여, 남을 헐뜯고 참소하는 말을 금할 것을 충고한다(23절). 이어 '다투기를 좋아하는 아내'에 대해 언급한다(24절). 이 문제는 앞에서도 이미 언급하였는데(19:13), 여기서 또 다시 언급하고, 나중에 또 다시 언급한다(27:15). 지혜자는 왜 이처럼 '다투기를 좋아하는 여인'에 대해 거듭 강조하는 것일까?

그것은 잠언이 지혜 학교의 젊은 남자 생도들에게 주로 교훈하고 있는 책이기 때문이다. 그래서 젊은 남자가 배우자를 고를 때 아주 신중해야 한다는 것을 강조하고자 한다. 이는 남편을 골라야 하는 젊은 여인들에게도 똑같이 적용된다. 결혼을 앞둔 젊은 여인들 역시 자신의 배우자를 고를 때 게으르고 폭력적이며 경제적인 책임감이 없으며, 그 외에 여러 가지 좋지 못한 습관을 가진 남자를 충분히 경계할 필요가 있다. 따라서 23절을 여자의 관점에서 읽으면, 그런 폭력적인 남자와 넓은 집에서 함께 사느니, 차라리 좁은 다락방에서 혼자 사는 게 나은 것이다. 요점은 집은 그 평수나 금액 가치가 중요한 게 아니고, 부부 간의 화목이 가장 중요하다는 것이다.

먼 땅에서 들려지는 좋은 소식은 '목마른 자에게 주어지는 냉수'에 비유되었다(25절). 그만큼 반갑고 간절하다는 의미다. 교통편이 발달되

지 않아 먼 곳에 사는 친족의 소식을 자주 들을 수 없었던 고대의 사람들에게 여행자들이나 대상(隊商)을 통해 전해 듣는 소식은 아주 귀중했고, 더욱이 기쁜 소식은 더더욱 반가운 일이었다.

의인이 악인의 강압에 굴복하여 악인 앞에 무릎을 꿇게 되면, 그것은 마치 '흐려진 샘물' 같고 '더러워진 우물' 같아서 더는 그 의인이 의인으로서의 가치와 의의를 지닐 수 없게 된다(26절). 따라서 그 의인을 사표(師表)로 삼았던 많은 사람들이 크게 낙담하고 실망하게 되는 것이다.

27절은 '절제'에 관한 훈계다. 명예가 '꿀'에 비유되었다. 꿀에 관한 절제의 교훈은 이미 주어졌다(16절). 몸에 좋고 맛있는 꿀도 지나치게 먹으면 도리어 몸에 해를 끼치듯, 사람의 품격을 돋보이게 하는 명예도 지나치게 추구하면 더는 품격을 올리지 못하고 도리어 나쁜 평판을 받아 자신에게 해를 끼친다는 교훈이다.

28절은 '자제력'에 관한 훈계다. 사람은 모름지기 자신의 마음과 감정을 다스릴 줄 알아야 한다는 교훈이다. 그래서 자제력을 갖춘 사람은 성읍을 빼앗는 용사보다 더 강하고(16:32), 자제력이 없는 사람은 성벽이 허물어져 무방비로 노출된 성읍과 같다. 이런 허술한 성읍은 누구라도 쉽게 정복할 수 있다. 그만큼 자제력이 없는 사람은 허술하고 빈틈이 많아 누구라도 그 사람을 쉽게 휘두를 수 있다.

26

멀리해야 할 자들

함정을 파면 자신이 빠지고
돌을 굴리면 자신이 깔리네
거짓말하는 자는 남을 미워하고
아첨하는 자는 신세 망치네

미련한 자에 대한 경계 (26:1-12)

[1] 미련한 자에게는 영예가 어울리지 않으니, 그것은 한여름에 눈이
펑펑 내리는 것과 같고 추수철에 비가 주룩주룩 내리는 것과 같다.
[2] 까닭 없이 퍼붓는 저주는 머물 자리를 찾지 못해 아무에게도 미치지
않으니, 그것은 참새가 이리저리 떠도는 것과 같고 제비가 날쌔게
훌쩍 날아가 버리는 것과 같다. [3] 무릇 미련한 자의 등짝에는 매가
필요한 법이니, 그것은 말에게는 채찍이, 나귀에게는 재갈이 필요한
것과 같다. [4] 미련한 자가 어리석은 말을 할 때에 그 말에 대꾸하지
말아라. 그렇지 않으면, 너도 미련한 자와 똑같은 사람이 되고 말
것이다. [5] 미련한 자가 어리석은 말을 하거든, 똑같이 어리석은 말로
그에게 대꾸해 주어라. 그렇지 않으면, 미련한 자가 스스로를 지혜롭다
고 여길 것이기 때문이다.

[해설과 성찰] 미련한 자의 특성 및 상태, 그들을 대하는 적절한 처신

등에 관한 지혜는 없을까. 성경에서 '미련한 자'(히, 케실)는 무식하고 멍청한 자란 의미가 아니다. 죄로 인해 그 마음과 영혼이 강퍅해진 자로서, 하나님을 무시하며 자기 잘못을 회개하지 않는 어리석은 자란 의미다. 영적인 우매자(愚昧者)이다. 이런 미련한 자에게는 '영예'가 어울릴 수 없다. 그에게 있어 영예란 마치 한여름에 눈이 펑펑 내린다거나 추수철에 비가 주룩주룩 내리는 것처럼, 서로 전혀 어울리지 않는 아주 이질적인 현상이다(1절). 미련한 자에게 잘 어울리는 것은 '매(회초리)'다(3절).

'까닭 없이 퍼붓는 저주'는 아무런 근거 없이 행해지는 악담이다. 고대인들은 주술사들에 의해 행해지는 축복이나 저주의 말이 신비한 능력을 가지고 있다고 믿었다. 잠언의 지혜자는 그러한 미신을 깨뜨린다. 까닭 없는 저주는 마치 까닭 없이는 땅으로 내려오지 않고 공중에서 이리저리 떠도는 참새처럼, 또한 잽싸게 허공으로 날아가 버리는 제비처럼, 그 효험이 실제로 전혀 없다(2절).

미련한 자에게 잘 어울리고 또 꼭 필요한 것은 영예나 존경이 아니라 매(회초리)다. 말에게는 채찍이 필요하고, 나귀에게는 재갈이 어울리는 것과 같은 이치다(3절). 말이나 나귀 같은 동물을 대할 땐 이성적인 말로써 다스릴 수 없고 채찍이나 재갈로 통제해야 하듯이, 미련한 자를 대할 땐 영예나 존경으로는 다스릴 수 없고 물리적인 매를 사용할 때 그 효과를 비로소 기대할 수 있다는 가르침이다.

지혜자는 미련한 자를 대하는 적절한 방법에 대해서도 가르친다. 미련한 자의 말에 되도록 대꾸하지 말 것(4절), 만일 대꾸한다면 미련한 자의 어리석은 말에 똑같이 어리석은 말로 대꾸할 것(5절). 그래야만 미련한 자가 스스로를 지혜롭다고 여기지 않을 것이기 때문이다. 요컨대, 돼지에게는 돼지에게 어울리는 것을 던져주어야 하고, 괜스레 진주처럼 값진 것을 던져주어 그것이 돼지의 발아래 짓밟히게 할 필요는 없다는 가르침이다(마 7:6).

[6] 미련한 자 편에 소식을 전하는 것은, 자기 발등을 내리찍는 것이요
스스로에게 화를 불러들이는 것과 같다. [7] 미련한 자의 입에서 나오는
잠언은 다리 저는 자의 저는 다리처럼 아무런 힘이 없다. [8] 미련한
자에게 영예를 돌리는 것은 물매에 돌을 붙들어 매어놓는 것과 같다.
[9] 미련한 자가 잠언을 입에 담는 것은, 술에 잔뜩 취한 자가 손에
가시나무를 들고 있는 것과 같아서 남에게 해만 끼칠 뿐이다. [10] 미련한
자를 고용하는 것은 지나가는 행인을 붙들고 일을 시키는 것과 같아서,
궁수가 마구잡이로 쏘아대는 화살처럼 많은 사람을 다치게 한다.
[11] 개가 그 토해낸 것을 다시 핥아먹듯이 미련한 자는 자신의 어리석은
짓을 거듭 저지른다. [12] 너는 자기 스스로를 지혜롭다고 여기는 사람을
보았느냐? 아서라, 그런 자보다는 차라리 미련한 자에게 더 소망이
있다.

[해설과 성찰] 잠언에서 말하는 '미련한 자'는 단순히 무지하고 우둔한 자가 아니다. 하나님께 불순종하는 자로서, 악하고 게으르며 불신실하고 거짓말하는 자를 가리킨다. 지혜자는 이 같은 미련한 자 편에 소식을 전하는 것이 얼마나 위험한 일인지(6절), 미련한 자의 입에서 나오는 잠언의 부적절함과 해로움에 관해 경고한다(7, 9절). 어리석은 사람을 일깨워주는 지혜의 교훈인 잠언은 반드시 지혜로운 자의 입에서 나와야만 비로소 그 효험을 제대로 발휘하기 때문이다.

지혜자는 미련한 자에게 영예를 돌리는 것을 물매에 돌을 붙들어 매어놓는 것에 비유하였다(8절). 둘의 공통점은 아주 어처구니없는 일이라는 것이다. 물매는 돌을 멀리 던지는 기구인데, 거기에다 돌이 날아가지 못하도록 꽉 붙들어 매어놓는 것은 참으로 어처구니없는 짓이다. 미련한 자에게 영예를 주는 것 역시 아무런 효과를 기대할 수 없는 엉뚱한

짓이다.

모든 일에는 그 일에 적합한 자격을 지닌 사람들이 있게 마련이다. 그런데 그 일과 아무런 상관도 없는 행인을 붙들어 시킨다면, 그 일은 엉망진창이 될 것이다. 어떤 일에 미련한 자를 고용하는 것이 이와 같다. 마치 궁수가 마구잡이로 화살을 쏘아대는 것처럼 일은 철저하게 망가지고 많은 사람들이 다치게 된다(10절). 지혜자는 미련한 자가 어리석은 짓을 계속해서 반복하는 모습을 개가 그 토해낸 것을 도로 핥아먹는 일에 비유하였다(11절). 그만큼 목불인견의 추접스러운 짓이라는 의미다. 후일 베드로 사도는 의로운 길을 알면서도 짐짓 하나님의 거룩한 계명을 저버리는 자들에 대해 이 말을 인용하였다(벧후 2:22).

지금껏 지혜자는 미련한 자가 얼마나 해롭고 무익한 존재인지를 말했다. 그런데 그런 미련한 자보다 더 소망 없는 자가 있는데 '스스로를 지혜롭다고 생각하는 자'다(12절). 스스로 미련함을 인정하는 자는 장차 나아질 소망이 있어도, 스스로를 지혜롭다고 여기는 자는 구제 불능에 가깝다. 자기 처지를 깨닫지 못하는 교만함이 자기 처지를 아는 미련함보다 더욱 더 기대할 것이 없다. 교만은 결국 패망을 낳게 되기 때문이다.

게으른 자에 대한 경계 (26:13-16)

13 게으른 자는 "길에 사자가 있다!" 또는 "저 문밖 거리에 사자가
어슬렁거린다!" 하면서 일하러 나가지 않을 핑계만 댄다. 14 문짝이
돌쩌귀에만 착 달라붙어 돌아가듯이, 게으른 자는 이부자리에만 착
달라붙어 이리저리 뒹군다. 15 게으른 자는 밥그릇에 손을 넣고서도,
그 밥을 떠서 입에 넣는 것조차 귀찮아한다. 16 게으른 자는 분별력
있게 대답을 잘하는 일곱 사람보다도 자신이 더 지혜롭다고 여긴다.

[해설과 성찰] '게으름'은 지혜자가 잠언에서 자주 다루고 있는 주요

주제다. 본문에서도 게으름에 관해 다루고 있는데, 게으른 자는 몸과 손발 움직이기를 무척 싫어한다(14-15절). 땀 흘려 일하는 것을 기피하고, 어떻게든 일하지 않으려고 온갖 말도 안 되는 핑계를 갖다 붙인다. 심지어 문밖에 사자(獅子)가 있다고 말하면서 방구석의 이부자리에서 도통 나가려 하지 않는다(13절; 22:13).

고대 이스라엘에서는 간혹 사자가 산림지대나 수풀지대에 출현하긴 했지만, 길이나 거리에는 나타나는 일이 없었다. 그럼에도 게으른 자는 사자의 출현을 핑계로 일하러 나가지 않고 집에서 마냥 빈둥거린다. 그러면서도 자신은 스스로 지혜롭다고 생각한다(16절). 따라서 게으른 자는 미련한 자보다 더욱 소망이 없는 자다(26:12).

성경은 게으름이나 나태함을 단순히 바람직하지 못한 잘못된 습관 정도로 보지 않는다. 그것은 하나님께서 주신 달란트(재능, 시간, 건강, 재물, 인생 등)를 땅속에 묻어 썩히는 죄악인 것이다. 그래서 게으른 자는 후일 예수님의 달란트 비유에서 최후 심판 날에 지옥 형벌을 받을 자로 규정되었다(마 25:14-30). 이런 맥락에서 잠언에서는 '게으른 자'를 악한 자, 어리석은 자, 미련한 자와 동의어로 사용하고 있다.

다투기를 좋아하는 자에 대한 경계 (26:17-22)

17 길을 가다가 자기와 아무 상관 없는 싸움에 다짜고짜 끼어드는
것은, 사나운 개의 귀를 꽉 움켜잡는 것과 같다. 18 사람을 향해 타오르는
횃불을 던지고 화살을 마구 쏘아 사람을 죽이는 미치광이가 있다면
19 이웃을 속이고 나서 '내가 장난으로 그랬소!' 하고 말하는 사람이
바로 그런 자다. 20 장작이 다 타고 나면 불이 저절로 꺼지듯이, 남의
말을 잘하는 수다쟁이가 없어지면 다툼도 저절로 그친다. 21 핀 숯불
위에 숯을 더 올려놓듯, 타오르는 불 위에 나무를 더 올려놓듯, 다투기를
좋아하는 사람은 싸움에 부채질하여 더 큰 싸움을 만든다. 22 남을

잘 헐뜯고 다니는 사람의 말은 맛있는 별미 같아서, 듣는 사람의 뱃속 깊숙이 잘도 내려간다.

[해설과 성찰] 다투기를 좋아하는 자에 대한 경계의 말씀이다. 그자는 타인의 일에 무작정 끼어들고(17절), 다투는 일에 신이 나서 앞장서는데 싸움을 말리기는커녕 도리어 더 큰 싸움이 되도록 부추긴다(21절). 엉뚱한 장난과 거짓말로 분란과 소요를 일으키고(19절), 이러쿵저러쿵 많은 말로써 소문을 널리 퍼뜨리며(20절), 남에 대한 이런저런 험담을 마구 늘어놓는다(22절).

그런데 이런 자들이 남에 관해 헐뜯고 쑥덕거리는 말 곧 가십(gossip)은 흥미롭고 재미있기 때문에, 마치 맛있는 별미처럼 사람들의 입맛을 돋우고 이목을 끌며 그들의 뇌리에 깊이 스며든다(22절; 18:8). 그런 재미가 있기에 헐뜯고 쑥덕거리기를 쉽사리 멈추지 않는다. 하지만 이런 자들은 사나운 개의 귀를 움켜잡는 것처럼 스스로 화를 자초하게 되고(17절), 이웃을 향해 횃불을 던지고 화살을 마구 쏘아대는 것처럼 이웃과 사회에 막대한 해악을 끼친다(18-19절). 따라서 주님의 백성된 성도들은 이런 자들을 엄히 경계하고 되도록 멀리해야 한다.

거짓되고 위선적인 입술에 대한 경계 (26:23-28)

23 마음속에는 악한 생각을 품고서 입으로만 매끄럽게 듣기 좋은
말을 하는 것은, 질그릇에 은 찌꺼기를 입힌 것과 같다. 24 악한 감정으로
남을 미워하는 사람은 입으로는 달콤하게 말하면서도 속으로는 나쁜
계략을 꾸민다. 25 그러니 그가 좋은 말로 다정스레 말한다고 할지라도
믿어서는 안 된다. 사실, 그의 마음속에는 일곱 가지 사악한 것들로
가득 차 있기 때문이다. 26 따라서 그가 아무리 자신의 악한 감정을
교활하게 감춘다고 해도, 결국에는 그의 악의가 뭇 사람들 앞에 밝히

드러나고야 만다. 27 함정을 파는 사람은 그 함정에 자기 자신이
빠지고, 돌을 굴리는 사람은 그 돌 아래 자기 자신이 깔린다. 28 거짓된
혀를 가진 사람은 자기가 해치려는 사람을 미워하는 법이고, 아첨하는
입을 가진 사람은 결국 자기 신세를 망칠 뿐이다.

[해설과 성찰] 거짓되고 위선적인 입술(말, 혀, 입)에 관한 경계의 교훈이다. 그런 입술을 가진 자의 말은 '질그릇에 은 찌꺼기를 입힌 상태'와 같은데(23절), 은 찌꺼기를 입힌 질그릇은 겉으로는 은빛을 띠는 고가품처럼 보이지만, 실상은 겉과 속이 달라 아무런 가치 없고 쓸모없는 가짜에 불과하다. 성도들은 그런 위선적이고 거짓된 입술(말)을 믿어선 안 되는데, 그 까닭은 그런 입술을 가진 자의 마음속에는 '일곱 가지 사악한 것들'로 가득 차 있기 때문이다(25절).

성경에서 숫자 '일곱'은 종종 '완전한 것'이나 '신성한 것' 또는 '셀 수 없이 많은 것'을 뜻한다. 따라서 '일곱 가지 사악한 것들'은 온갖 악하고 가증한 것들로 가득 찼다는 뜻이다. 말하자면, 비록 악인의 입술이 겉으로는 좋은 말을 한다고 해도, 그의 마음속에는 온통 악하고 가증한 것들로 가득하다는 의미다.

거짓되고 위선적인 입술을 가진 자들은 아무리 자기 위선과 거짓을 감추려고 해도 언젠가는 그의 악의가 밝히 드러나게 되는 법이고(26절), 다른 사람을 해치려고 위선과 거짓으로 함정을 파놓고 돌을 굴린다고 해도 결국 그 함정에 빠지고 그 돌에 깔리는 자는 자기 자신일 뿐이다(27절). 이처럼 다른 사람의 신세를 망치려고 거짓된 입술, 위선적인 혀, 아첨의 입을 놀리는 자들은 다른 사람이 아니라 자기 신세를 망칠 뿐이다(28절). 진실로 뿌린 대로 거둔다는 것은 성경의 가르침이고 만고의 진리다. 이것은 육적인 일에 적용될 뿐만 아니라, 영적인 일에도 그대로 적용되는 영원한 진리다(시 126:5-6; 갈 6:8).

27

올바른 처신에 관한 교훈

물속에 사람의 얼굴이 비치듯이,
얼굴에는 그 사람의 마음이 나타나네
도가니와 풀무로 은금을 단련하듯
칭찬으로 사람의 됨됨이를 살펴볼 수 있네

삶의 유익한 충고와 권면 (27:1-27)

1 너는 내일 일을 자랑하지 말라. 오늘 하루 동안에 무슨 일이 일어날지
네가 어찌 알 수 있으랴. 2 네 입으로 너 스스로를 칭찬하지 말고
남이 너를 칭찬하게 하여라. 무릇 칭찬이란 남이 해주는 것이지, 자기
입으로 자기 스스로를 칭찬하는 법이 아니다. 3 돌은 아주 무겁고
모래도 짐이 되지만, 어리석은 자가 화내는 것을 감당하는 것보다는
훨씬 견디기 쉽다. 4 분노는 폭풍처럼 잔인하고 진노는 범람하는 큰물처
럼 건잡을 수 없다지만, 어찌 활활 타오르는 질투에 비할 수 있으랴.

[해설과 성찰] 인간은 유한한 존재이기에, 장래 일과 내일 일은 물론이고 한 치 앞의 일도 알 수 없다. 그만큼 장래에 일어날 일에 대해 자랑한다는 것은 어리석고 무모한 일이다(1절). 후일에 예수님도 '어리석은 부자의 비유'를 통해 이 같은 교훈을 들려주셨다(눅 12:16-21).

지혜자는 말한다. 누구든지 스스로를 칭찬하지 말고 남이 자신을 칭찬하도록 하라고(2절). 누군가가 칭찬받을 만하다면, 다른 사람이 그 점을 발견하고 그를 칭찬해줄 것이다. 그렇지 않고, 스스로를 칭찬한다면 그것은 분명 교만한 마음이고, 그것은 도리어 다른 사람들의 비난을 자초하는 일이 된다. 타인이 해주는 칭찬이 스스로의 칭찬보다 신빙성과 무게감을 더해준다. 다른 사람이 누군가의 업적이나 인격에 관하여 객관적인 입장에서 제대로 평가할 수 있기 때문이다.

지혜자는 두 사물이나 현상을 서로 비교하여 더욱 감당하기 힘든 것이 무엇인지 가르친다. 돌과 모래의 무게 및 어리석은 자의 성냄이 비교되었다(3절). 둘 중에 더 무거운 것은 어리석은 자의 성냄으로, 그것이 더 견디고 감당하기 힘들다. 폭풍 같은 분노와 큰물 같은 진노 및 활활 타오르는 질투(4절) 모두 견잡을 수 없이 강력한 것이지만, 그중에서도 '활활 타오르는 질투'가 더욱 견잡을 수 없다. 세찬 폭풍과 엄청난 홍수일지라도 활활 타오르는 질투의 불을 가히 끌 수 없는 것이다. 질투의 감정이 얼마나 무섭고 강력한 것인지를 잘 보여준다. 그래서 후일 사도 바울은 주님의 백성 된 성도가 반드시 버려야 할 육체의 소욕들 가운데 하나로 '질투(시기)'를 꼽았다(갈 5:19-21).

5 몰래 아끼고 사랑하는 것보다는 드러내놓고 꾸짖는 것이 더 낫다.
6 친구의 책망은 아파도 진실한 우정에서 나오는 것이지만, 원수의
입맞춤은 달콤해도 교활한 속임수에서 나오는 것이다. 7 배부른 사람은
달콤한 꿀도 지겨워하지만, 배고픈 사람은 쓰디쓴 것도 달게 먹는다.
8 고향을 떠나 이곳저곳 떠도는 사람은 둥지를 잃고 이리저리 떠도는
새와 같다. 9 매끄러운 기름과 향기로운 향료가 사람의 마음을 기쁘게
하듯, 우정에서 비롯된 친구의 다정한 충고도 그러하다. 10 네 벗이나
네 아버지의 친구를 저버리지 말고, 어려운 일이 닥쳤을 때 멀리 있는
친척 집으로 가서 도움을 구하지 말라. 멀리 사는 친척보다 가까운

이웃의 도움을 구하는 편이 훨씬 낫다.

[해설과 성찰] 사랑과 우정에서 비롯된 진실하고 다정한 충고의 효용성과 가치를 가르친다(5-6, 9절). 그런 충고가 때로는 아프고 쓰라리기도 하지만, 그것은 상대방이 잘 되기를 진심으로 바라는 참된 우정과 사랑에서 비롯된 것이므로, 마치 매끄러운 기름이나 향기로운 향료처럼 결국에는 약이 되고 기쁨이 된다.

이와 반대로 우정과 사랑 없는 원수의 달콤한 입맞춤이나 아첨은 속임수에서 비롯된 것이므로, 당장에는 꿀처럼 달콤해도 나중에는 상대방을 망치는 독(毒)이 된다. 따라서 충고의 핵심은 사랑과 우정이다. 진실한 사랑과 참된 우정에서 비롯된 충고는 상대방을 살리는 약(藥)이 되지만, 그런 사랑과 우정이 없는 책망은 단지 상대방을 비난하고 상처를 주기 위한 것으로 사람을 망치는 독이 되는 것이다.

7절과 8절의 잠언은 별다른 설명이 필요 없을 정도로 상식적이고 일반적인 교훈이다. 특히 7절은 "시장이 반찬이다"는 우리의 속담과 일맥상통한다. 10절의 교훈 역시 "이웃이 사촌보다 낫다"란 속담을 연상시킨다. 이 교훈의 강조점은, 어려울 때에 가족이나 친족이 필요 없다는 말이 아니라, 가까이 있는 이웃의 재빠른 도움이 훨씬 효과적이란 말이다. 멀리 사는 가족이나 친족은 도움을 베풀고 싶어도 거리 형편상 그럴 처지가 못 되기 때문이다.

또한 어려움과 환난의 때를 대비하여 이웃과 돈독한 관계를 유지하는 것이 필요하다는 의미도 내포하고 있다. 그래야만 어려운 일이 생기거나 급한 일이 있을 때 언제든 달려가 도움을 청하고 필요한 도움을 받을 수 있기 때문이다. 따라서 성도들은 평소에 돈독한 신뢰를 쌓으며 이웃 및 친구들과의 관계를 잘 관리하고 유지할 필요가 있다.

11 내 아들아, 모쪼록 지혜로운 사람이 되어 내 마음을 흐뭇하게

하여라. 그래야 나를 욕하고 돌아다니는 사람들에게 내가 대답할
말이 있지 않겠느냐. [12] 슬기로운 사람은 나쁜 일을 만나면 미리 그
자리를 피하지만, 어리석은 사람은 제 발로 계속 나아가다가 결국
화를 입는다. [13] 모르는 사람의 보증을 서는 사람에게서는 그 사람의
옷을 담보물로 잡도록 하고, 낯선 사람의 보증을 서는 사람에게서는
그 사람의 몸을 담보물로 잡도록 하여라. [14] 이른 아침 고요한 시간에
큰 소리로 이웃을 축복하는 것은 도리어 저주로 여겨질 것이다. [15]
다투기를 좋아하는 아내의 바가지는 비 오는 날 새는 지붕에서 끊임없
이 뚝뚝 떨어지는 빗방울과 같으니, [16] 그런 여자를 다스리려고 하는
것은 허공의 바람을 다스리려고 하는 것과 같고, 손으로 기름을 꽉
움켜쥐려고 하는 것과 같다.

[해설과 성찰] 본문에서 특히 주목할 훈계는 세 가지다. 우선, 보증(保證)에 관한 것이다. 잠언에서 거듭 다루고 있는 주제로서, 지혜자는 보증인이 되었을 때의 위험성을 상기시켜 주면서 "보증을 서지 말라!"고 단호하게 훈계한다(6:1-5; 11:15; 17:18; 22:26-27). 이는 훈계 대상이 보증의 능력이 없는 젊은 생도들을 대상으로 한 것이기에 더욱 그러했다.

여기서는 돈을 빌려주는 채권자의 입장에서 말하는데, 만일 누군가가 모르는 타인이나 낯선 이의 보증인이 되려고 하면, 그의 '옷'이나 '몸'을 담보물로 잡아야 한다고 훈계한다(13절). '몸'을 담보물로 취하는 것은, 채무자가 빚을 갚지 못할 경우에 보증인을 종으로 부려 그의 노동력을 취하기 위해서였다.

둘째는, 상황과 경우에 알맞은 적절한 처신과 사려 깊은 배려에 관한 훈계다. 큰 소리로 이웃을 축복하는 일은 좋은 일이다. 하지만 아무리 좋은 소리라도 모두가 잠들었거나 휴식을 취하는 이른 아침의 고요한 시간이라면, 그것은 축복이 아니라 소음이 되어 저주의 말로 들릴 것이다(14절). 도리어 공해가 되는 것이다. 그러므로 좋은 말이나 행동일지라도

상황이나 경우를 봐서 적절하게 행해야 하고, 이웃과 상대방을 배려해서 행해야 한다. 그것이 지혜로운 행위다.

셋째는, 다투기를 좋아하는 아내에 관한 훈계다(15-16절). 이 주제 역시 잠언에서 자주 다루고 있다. 다투기를 좋아하는 여인은 비 오는 날 천장에서 새는 빗방울 같아서(19:13; 27:15), 그런 아내를 다스린다는 것은 허공의 바람이나 미끄러운 기름을 손으로 움켜쥐려고 하는 것처럼 불가능에 가깝다. 그러니 그런 여인과 넓고 큰 집에서 함께 사느니 차라리 좁은 움막이나 다락방에서 혼자 사는 것이 더 낫다는 것이다(21:9; 25:24).

그러면 어떤 배우자를 만나야 할까? 잠언의 맨 후반에 등장하는 현숙한 여인이 그 대상이 될 것이다(31:10-31).

17 쇠는 쇠로써 비벼대야 강하고 날카로워지듯, 사람도 친구와 어울리
고 부대껴야 그 지혜가 예리하게 된다. 18 무화과나무를 잘 가꾸는
사람이 그 열매를 따먹듯, 주인을 잘 섬기는 사람은 그 주인의 영화를
따먹게 된다. 19 물속에 사람의 얼굴이 비치듯이, 그 사람의 얼굴에는
그 사람의 마음이 나타나 있다. 20 죽음과 파멸은 결코 만족을 모르듯이,
사람의 눈도 도저히 만족을 모른다. 21 도가니로 은을 단련하고 풀무로
금을 단련하듯이, 칭찬으로 사람의 됨됨이를 시험해볼 수 있다. 22
어리석은 자의 어리석음은 곡식과 함께 절구에 넣고 공이로 아무리
찧어도 그 어리석음이 벗겨지지 않는다.

[해설과 성찰] 17절은 상호 교제와 토론과 공부의 효용성에 관한 훈계다. 에덴동산에서 아담 혼자로는 좋아 보이지 않았듯(창 2:18), 사람은 본질상 혼자 살아갈 수 없다. 쇠가 쇠를 벼리고 예리하게 하듯, 사람은 친구 또는 타인과 교제하고 논쟁하고 공부하며 부대끼는 중에 인격이 자라고 지혜가 예리하게 된다. 탈무드에는 이런 말이 있다. "두 생도는 함께

토라를 연구하는 중에 서로를 예리하게 만든다."

18절은 부지런하고 세심하며 신실하게 일하고 봉사하며 섬기라는 교훈이다. 무화과나무는 부지런하고 세심하게 주의를 기울여야 잘 자라난다. 그처럼, 주인을 섬길 때 세심하고 신실하게 잘 섬기면 '주인'이라는 무화과나무에 열리는 영화의 열매를 함께 나누어 먹을 수 있게 된다. 19절은 그대로 이해하면 된다. 우리가 물속을 들여다보면 거기에 내 얼굴이 비치듯, 얼굴은 그 사람의 물속과 같아서 그 마음이 그대로 비치게 된다. 그러므로 사람은 모름지기 자기 얼굴에 책임을 갖고 살아야 한다. 주님의 백성 된 성도는 누가 보더라도 그 얼굴에 신실하고 거룩한 성도의 모습이 드러나야 한다.

20절의 죽음(히, 쉐올)과 파멸(히, 아바도)은 의인화된 단어인데, 곧 '죽음의 세계'와 '파괴적인 멸망'을 가리킨다. 죽음과 파멸은 역사 이래 모든 사람, 민족, 나라를 계속 삼켜왔는데, 아직도 만족을 모른 채 계속 삼키고 있다. 이 둘처럼, 눈으로 봄으로써 시작되는 인간의 욕망 역시 아담과 하와의 타락 이래 만족을 모른 채 이어지고 있다. 사도 요한은 세상에 있는 모든 것들이 육신의 욕망과 안목의 욕망과 세상 살림에 대한 자랑에서 비롯되는 것이므로, 성도는 그것들을 추구하거나 사랑해선 안 된다고 가르쳤다(요일 2:15-16).

21절은 칭찬이 사람을 단련할 수 있고 가늠할 수 있다는 가르침이다. 칭찬에 반응하는 태도에 의해서, 그가 누구인지를 알아차릴 수 있다는 말이다. 실제로 그렇다. 비난보다는 도리어 칭찬이 사람의 인격을 더욱 드러나게 할 수 있는 훌륭한 단련 도구다.

22절은 어리석은 자에게 박혀 있는 어리석음이 얼마나 강력한지를 보여준다. 곡물의 껍질을 제거할 때 농부는 곡물을 절구에 넣고 공이로 계속 빻고 찧는다. 그것은 매우 세밀하고 힘든 노동이다. 그런 노동을 통해서 농부는 곡물에서 쓸모없는 껍질을 제거해낼 수 있다. 그러나 어리석은 자의 '어리석음'이라는 껍질은 절구에 넣고 아무리 찧어도 제거되지 않는다. 너무나 강력하고 단단하게 붙어있기 때문이다. 어리석은 자는 자신의 어리석음 가운데서 망할 수밖에 없다. 성경은 "하나님이 없다!"라고 하는 자를 가장 어리석은 자로 규정한다(시 14:1).

> 23 너는 네 양떼의 상태를 주의 깊게 살피고 네 가축 떼를 정성껏
> 보살펴주어라. 24 그 까닭은 이러하니, 현재의 재물은 영원토록 네
> 곁에 있는 것이 아니며, 집안의 면류관도 대대로 이어지는 것이 아니기
> 때문이다. 25 그러나 가축 떼를 먹일 풀은 그렇지 아니하니, 풀은
> 벤 뒤에도 새 풀이 다시금 자라나는 법, 너는 산에서 계속 꼴을 마련할
> 수 있을 것이다. 26 그러면 너는 양털을 깎아 옷을 지어 입을 수 있고,
> 염소를 팔아 밭을 마련할 수도 있다. 27 뿐이랴! 염소의 젖은 넉넉하여
> 너와 네 집의 식구들뿐 아니라, 네 집의 여종들까지도 배불리 먹일
> 수 있을 것이다.

[해설과 성찰] 고대 이스라엘 사람들은 농사와 가축을 하는 반농반목(半農半牧)을 생업으로 삼았다. 본문은 영원토록 지속되지 아니하는 집안의 재산이나 권세나 부귀 등에 의존하지 말고(24절), 해마다 계속 돋아나는 풀을 베어 가축 떼를 먹이는 등 자신의 일상적인 생업을 성실하게 유지하라는 훈계다(25절). 가축 떼의 주인은 자기 양떼를 목동들에게만 맡기지 말고 직접 나서서 그것들을 잘 살피고 보살펴야 한다(23절). 그러면 양떼의 털과 염소 떼의 젖으로 생계를 유지하고 가정의 화목을 도모할 수 있다(26-27절). 이처럼 잠언의 지혜자는 생업의 현장에서 흘리는 땀(노동)의 가치를 높이 평가한다. 반면에, 일하기를 싫어하는 게으름이나 나태함에 대해선 아주 강력하게 질책하고 정죄한다(잠 6:9-11; 10:26; 12:24; 15:19; 19:15 등). 사도 바울은 "일하기 싫은 자는 먹지도 말라."고 했다(살후 3:10).

28

악인과 의인

악인은 자꾸 허물을 감추고
의인은 죄를 고백하여 용서받네
악인은 헛된 꿈을 추구하지만
의인은 땀 흘려 밭을 일구네

의인과 악인의 대조적인 삶 (28:1-28)

1 악인은 뒤쫓는 자 하나 없어도 도망치기 바쁘지만, 의인은 언제나
사자처럼 담대하다. 2 나라 안에 죄가 있어 반역이 일어나면 통치자가
자주 바뀌지만, 슬기롭고 지식 있는 지도자가 다스리면 나라의 질서가
굳게 잡혀 오랫동안 안정이 유지된다. 3 가난한 자를 억압하는 가난한
자는 먹을 곡식을 하나도 남기지 않고 전부 쓸어가 버리는 잔인한
폭우와 같다. 4 율법을 저버린 자들은 악인을 칭찬하지만, 율법을
지키는 자들은 악인에게 대항하여 일어선다. 5 악한 자들은 공의를
깨닫지 못하지만, 주님을 찾는 자들은 모든 것을 능히 깨닫는다.

[해설과 성찰] 뚜렷하게 대조되는 악인과 의인의 삶을 다루고 그 결과까지 소개함으로써 정직하고 의로운 삶을 살아갈 것을 훈계한다. 본장은 물론이고, 잠언과 성경 전체에서 의인과 악인을 판별하는 가장 중요한 기준은 '하나님과 그분의 말씀'이다. 즉, 하나님을 경외하느냐(14절),

또는 하나님의 말씀을 지키느냐(4, 9절)에 따라 의인과 악인이 판별된다.

요약하면, 하나님을 경외하면서 그분의 말씀을 지키는 자는 구원과 생명의 길을 걷는 의인이고, 그렇지 않은 자는 멸망과 죽음의 길을 걷는 악인이다. 이런 맥락에서 악인은 뒤쫓는 자가 없어도 자신의 죄로 인한 두려움 때문에 도망치기 바쁘지만, 하나님의 보호와 인도를 받는 의인은 언제나 사자처럼 담대하다(1절).

2절의 잠언, 곧 통치자가 자주 바뀌는 것은 나라 안에 죄가 많다는 것을 뜻한다는 말로, 역사적으로 분명히 입증된다. 나라에 죄가 많으면 정치적인 불안정성 때문에 반역하는 일이 잦고, 그 결과 통치자가 자주 바뀌게 된다. 북왕국 이스라엘의 경우에는 배도의 죄로 인해 2세기 남짓의 기간 동안에 아홉 왕조가 바뀌었다(주전 930-722년). 많은 왕들이 모반을 통해 권력을 잡았고, 하나님께 신실한 왕은 한 명도 없었다. 반면, 보다 하나님께 신실했던 남왕국 유다는 3세기가 넘는 기간 동안에 오직 한 왕조 곧 다윗 왕조만이 나라를 다스렸다(주전 930-586년).

3절의 잠언은 가난한 자가 가난한 자를 억압하고 착취하는 일이 얼마나 비정하고 몹쓸 짓인지를 비유적으로 잘 보여준다. 그것은 모든 곡물을 깡그리 쓸어버리는 세찬 폭우에 비유되었는데, 여기서 착취당하는 앞의 '가난한 자'는 실제로 궁핍한 자를 가리키고, 착취하는 뒤의 '가난한 자'는 비천한 자로서 권력을 얻었으나 말단에 불과한 하급 관리를 가리킨다. 4-5절의 잠언은 의인과 악인의 삶이 어떻게 다른지를 보여준다. 하나님의 율법을 지키는 의인은 공의가 무엇인지 깨닫고 있기에 악인을 책망하고 대항하지만, 율법을 지키지 않는 악인은 공의를 깨닫지 못하기에 불법을 저지르는 악인을 도리어 칭찬한다.

6 가난하지만 정직하게 살아가는 사람이 재산은 많아도 어그러진 길을 걷는 사람보다 낫다. 7 지혜로운 아들은 하나님의 법을 따르지만,

방탕한 자들과 어울리는 자식은 아버지에게 욕을 끼칠 뿐이다.
[8] 비싼 돈놀이로 자기 재산을 늘리는 것은, 결국 가난한 사람을 불쌍히
여겨 그들에게 은혜를 베풀 의인들을 위해 재산을 쌓아두는 것이나
마찬가지다. [9] 사람이 율법의 가르침을 싫어하여 귀를 막아버리면,
하나님께서도 그 사람의 기도에 귀를 막아버리신다. [10] 정직하게 살아
가는 사람을 나쁜 길로 이끄는 자는 자신이 판 함정에 제 스스로
빠지게 되지만, 흠 없이 정직하게 사는 사람은 복을 받는다.

[해설과 성찰] 모세 율법은 돈놀이 곧 고리대금(高利貸金)을 금한다(출 22:25; 레 25:36-37; 신 23:20). 돈을 빌리는 자들은 형편이 어려운 가난한 자들이기에 그들을 불쌍히 여겨 착취하지 말라는 취지다. 율법을 어기고 가난한 자들을 대상으로 돈놀이를 하면, 결국 하나님의 율법을 어긴 대가를 치르게 된다. 탐욕스럽게 모은 재산은 결국 가난한 자를 보살피는 의인들의 소유로 귀속되기 때문이다(8절). 가난한 자를 불쌍히 여기시는 하나님의 공의로우신 간섭으로 일이 그렇게 돌아가는 것이다.

9절의 잠언은 기도 응답의 조건과 비결이 무엇인지를 알려준다. 그것은 하나님의 율법을 귀 기울여 듣고 그대로 순종하는 삶이다. 그런 자의 기도에 주님 역시 귀 기울여 들으시고 응답해주신다. 하나님의 율법을 듣지 않고 지키지 않는 자의 기도는 하나님의 뜻에 부합되는 기도가 아니라 자신의 사리사욕을 채우려는 기도임이 분명하다. 따라서 기도 응답을 기대할 수 없다. 기도하는 자가 하나님의 말씀에 귀머거리가 될 때 하나님 역시 그의 기도에 귀머거리가 되신다.

[11] 재산이 많은 부자는 스스로를 지혜롭다고 여기지만, 가난해도 명철
을 지닌 사람은 그들의 속을 꿰뚫어본다. [12] 무릇 의로운 자가 뜻을
이뤄 권세를 얻으면 많은 사람들이 크게 기뻐하지만, 악한 자가 권력을
잡으면 사람들이 숨어 살기 마련이다. [13] 자기 허물을 자꾸 감추려는

사람은 잘 되는 법이 없지만, 누구든지 자기 죄를 고백하고 죄를 끊어 더 이상 죄 짓지 않는 사람은 불쌍히 여김을 받는다. [14] 주님을 항상 경외하는 사람은 복을 받지만, 마음이 완악한 사람은 재앙에 빠진다.

[해설과 성찰] 11절은 부자의 많은 재산보다 가난한 자의 명철함이 훨씬 낫다는 교훈이다. 부자는 많은 재산을 의지하고 자랑하면서 우쭐댈 테지만, 가난하지만 명철한 자는 부자의 그런 모습이 얼마나 부질없고 가식적인 것인지를 꿰뚫어본다. 사람을 진정 지혜롭게 만드는 것은 많은 재물이 아니라 사물의 옳고 그름을 올바로 분별하는 명철인 것이다.

12절 잠언은, 의로운 통치자가 다스리는 나라의 백성들은 기쁨과 평안을 누리지만, 악한 통치자가 다스리는 나라의 백성들은 폭정과 악정으로 인해 고통을 겪는다는 의미다. 그래서 지혜자는 악한 통치자를 '울부짖는 사자'와 '굶주린 곰'에 비유하기도 했다(15절). 이런 사실은 실제로 이스라엘 역사뿐만 아니라 인류 역사가 밝히 입증하고 있다.

13절의 잠언은 '죄의 회개'를 촉구하는 훈계다. 우리가 죄를 지으면, 하나님은 그 사실을 모두 아신다. 그럼에도 불구하고 하나님은 우리가 죄를 인정하고 고백하기를 원하신다. 시편 32편과 51편에 나타난 다윗의 회개 시는 죄 고백의 좋은 모델이다. 그런 시편들은 스스로 죄를 인정하는 것이 매우 가치 있음을 보여준다. 어쨌든 죄를 솔직하게 빨리 고백하면 할수록, 그만큼 빨리 하나님의 자비와 용서를 체험할 수 있다.

14절의 잠언에서 '완악하다'는 말은 본래 목에 멍에 매기를 완강히 버티는 황소의 이미지에서 유래된 말이다. 이는 하나님의 통제에 완강하게 저항하는 사람의 강퍅한 마음이다. 이런 자는 복(福)과는 아주 거리가 멀고, 주어질 것이라곤 '재앙'뿐이다.

[15] 가난한 백성을 짓누르는 악한 통치자는 울부짖는 사자요 굶주린

곰과 같다. 16 분별력 없는 어리석은 통치자는 백성들을 짓누르고
탄압하지만, 탐욕과 부패를 미워하는 통치자는 오래도록 살 것이다.
17 사람을 죽여 피 흘리게 한 자는 제 무덤을 스스로 파는 자니,
아무도 그런 자를 돌볼 필요가 없다. 18 흠 없이 정직하게 사는 사람은
끝내 구원을 얻을 것이지만, 그릇된 길을 걷는 악한 자는 어느 날
갑자기 거꾸러지고 말 것이다. 19 땀 흘려 자기 밭을 열심히 일구는
사람은 넉넉한 양식을 얻을 것이지만, 욕심껏 허망한 꿈만 좇는 사람은
가난에 찌들게 될 것이다. 20 성실하게 살아가는 사람은 많은 복을
받지만, 벼락부자가 되려고 서두르는 사람은 징벌을 면하기 어렵다.

[해설과 성찰] 악한 통치자의 폭정이나 학정에 대한 15-16절의 잠언은 앞선 12절의 잠언과 맥을 같이 한다. 악한 통치자의 학정으로 인해 백성들이 고통 받은 사례는 인류 역사에 수없이 많다. 17절의 잠언은 사람을 죽인 살인자는 자신의 피로 되갚아야 한다는 교훈이다. 말하자면 "생명은 생명으로, 눈은 눈으로, 이는 이로" 되갚아야 마땅하다는 동해보복의 원칙을 언급한 내용이다(출 21:23-25).

19-20절의 잠언은 성실한 노동과 땀의 가치를 교훈하는 내용이다. 성실하게 땀 흘려 일하며 살아가는 사람은 복을 받고 양식을 넉넉히 거두어 청렴한 부자가 될 수 있지만, 일하기를 싫어하여 게으름을 피우면서 벼락부자가 되겠다는 허망한 꿈만 좇는 사람은 가난하게 되고 결국 징벌을 받게 된다. 왜냐하면 욕망만 많고 게으른 자는 벼락부자를 노리는 과정에서 남을 속인다거나 사기를 치는 등의 불법 행위를 자행할 가능성이 농후하기 때문이다.

21 사람의 외모를 보고 차별하는 것은 옳지 않으니, 그런 사람은 심지어
빵 한 조각을 받고서도 그런 죄를 지을 수 있다. 22 이기적이고 인색한
사람은 오직 부자가 되는 데에만 정신이 팔려, 언제 가난이 자신에게

들이닥칠지를 전혀 알지 못한다. [23] 입에 발린 아첨의 말을 하는 사람보다는 잘못을 지적하고 바르게 꾸짖는 사람이 결국에는 더 많은 사랑을 받는다. [24] 자기 부모의 재산을 강제로 빼앗고서도 "이것은 죄가 아니다!"라고 우기는 자는, 집안을 멸망시키는 강도와 한 패거리다.

[해설과 성찰] 21절의 잠언은 특히 법을 집행하는 재판관들이 귀 기울여 듣고 마음에 새겨야 할 교훈이다. 누구나 겉으로 드러나는 외모를 보고 사람을 차별하기 쉽다. 학연, 지연, 혈연, 이해관계 등에 따라 사람을 차별 대우한다. 이 같은 차별 대우는 자칫 뇌물을 받는 단계에까지 이를 수 있다. 처음에는 뇌물의 큰 액수에 마음이 끌려 차별 대우하지만, 차츰 습관화가 되어 양심이 마비되면 나중에는 '빵 한 조각' 같은 작은 이익을 위해서라도 사람을 쉽게 차별 대우하여 공의와 정의를 왜곡시키는 지경에 이른다. 지혜자는 이를 경고하고 있다.

22절과 23절의 잠언은 내용 그대로 성찰하고 성찰하면 된다. 부자 되는 것이 인생 최고의 목표인 사람은 기대와는 반대로 가난하게 되기 십상이고(22절), 입에 발린 아첨의 말보다는 진실한 충고와 책망이 더 소중하다는 교훈이다(23절).

24절은 오늘날 물질만능의 사회에 경종을 울린다. 부모에게 효도하기는커녕 온갖 강제적인 수단과 방법을 동원하여 부모의 재산을 빼앗고도, 누가 그 사실을 책망하면, 언젠가는 내 재산이 될 텐데 뭐가 잘못이냐는 식으로 뻔뻔한 태도를 취하는 자식, 그런 패륜적인 불효자식은 집안을 파멸시키는 '강도' 같은 자로서 더는 자식이라 불릴 수 없다.

성경은 이처럼 부모의 가슴에 대못을 박는 불효자식에 대해 무서운 경고를 한다. "아비를 조롱하며 어미 순종하기를 싫어하는 자의 눈은 골짜기의 까마귀에게 쪼이고 독수리 새끼에게 먹히리라"(30:17). "만일 누구든지 자기의 아버지나 어머니를 저주하는 자는 반드시 죽일지니, 그가 자기의 아버지나 어머니를 저주하였은즉 그의 피가 자기에게로 돌아가리라"(레 20:9).

[25] 욕심이 많은 사람은 언제나 다툼을 일으키지만, 주님을 신뢰하는
사람은 항상 풍성한 삶을 누린다. [26] 자기 자신만 의지하는 자는
참으로 미련한 사람이지만, 주님을 의지하며 지혜의 길을 걷는 사람은
구원을 받는다. [27] 가난한 사람을 보살피는 사람은 도리어 모자라는
것이 없지만, 가난한 사람을 보고서도 못 본 체하는 사람은 많은
저주를 받는다. [28] 악인이 권세를 잡으면 사람들이 숨어버리지만,
악인이 망하면 의인들이 많이 나타난다.

[해설과 성찰] 지혜자는 자신만 의지하는 자를 향하여 '미련한 자'라고 규정한다(26절). 여기서 지혜자는 타인의 충고나 도움 없이 스스로 모든 답을 갖고 있다는 교만한 생각을 경고한 것이다. 그러므로 교만하지 않고 지혜로운 자가 되기 위해서는 자신의 한계와 연약함을 충분히 알고, 자신을 지혜로운 말씀 앞에 굴복시킬 줄 알아야 한다. 그래서 지혜의 근본 되시는 하나님을 경외하는 삶이 진실로 지혜로운 것이다.

27절은 역설의 교훈이다. 가난한 자에게 손을 펴고 지갑을 열어 도움을 베푸는 자는 도리어 모자람 없이 풍족하게 되지만, 가난한 자가 행여 구걸할까 봐 지갑을 닫고 아예 못 본 체 시선을 돌리는 자는 저주를 받아 가난에 빠지게 된다는 교훈이다. 지혜자는 앞서 유사한 잠언을 말한 적이 있다. "흩어 구제하여도 더욱 부하게 되는 일이 있나니, 과도히 아껴도 가난하게 될 뿐이니라"(11:24).

28절의 잠언은 12절과 유사하다. 악한 자가 권세를 잡고 통치하면 고통을 받고 의로운 자들은 불법을 피해 숨어 살게 되지만, 의로운 자가 권세를 잡고 통치하면 백성들은 평안을 누리고 의로운 자들이 전면에 많이 등장하여 마음껏 의로운 삶을 살아갈 수 있게 된다. 이스라엘 역사와 인류 역사가 이 같은 사실을 생생하게 입증한다.

29

참된 지도자

공의로운 왕은 나라를 세우지만
뇌물 바라는 왕은 나라를 망치네
올바로 재판하는 왕은
왕위를 오래도록 유지하네

나라와 가정의 번영을 위한 조언 (29:1-27)

1 자주 꾸지람을 들으면서도 여전히 목이 곧은 사람은 어느 순간
갑자기 파멸을 맞되 다시 회복할 길이 없다. 2 의인이 권세를 잡으면
백성들이 기뻐하지만, 악인이 득세하면 백성들이 탄식한다. 3 지혜를
사랑하는 자식은 아버지를 흐뭇하게 하지만, 창녀와 어울리는 자식은
재산만 탕진할 뿐이다. 4 공의로 다스리는 왕은 나라를 굳게 세우지만,
뇌물을 좋아하는 왕은 나라를 망하게 한다. 5 입에 발린 말로 이웃에게
아부하는 자는 결국 자기 발 앞에 그물을 치는 것과 같다.

[해설과 성찰] 한 나라의 번영과 한 가정의 행복을 위한 몇 가지 교훈이다. 먼저 나라를 다스리는 통치자는 정의와 공평을 행함으로써 나라를 견고하게 세워가야 하고, 가정을 꾸려나가는 부모는 자녀를 잘 훈계함으로써 가정의 행복을 유지해야 한다고 가르친다.

1절의 잠언에서 '목이 곧다'는 것은 어떤 권위나 통제에 순종하지 않고 뻣뻣하게 버티는 완고함이나 고집 센 상태를 가리킨다. 마치 목에 멍에를 매지 않으려고 힘껏 버티는 황소의 모습과 같은 것이다. 성경은, 하나님의 말씀에 불순종하며 거역하는 마음이 완악하고 강퍅한 사람을 가리켜 '목이 곧은 사람'이라고 표현한다(출 32:9; 신 9:6). 그런 자들이 피하지 못하고 결국 맞이할 운명은 갑작스레 닥치는 파멸이다.

2절의 잠언은 앞선 28장의 12절 및 28절과 맥을 같이한다. 악인의 권세는 백성에게 고통과 탄식을 안겨주고, 의인의 권세는 백성에게 기쁨과 평안을 제공한다는 가르침이다. 3절과 4절의 잠언은 내용 그대로 성찰하고 성찰하면서 마음에 새기면 된다.

5절의 잠언은 거짓으로 아양을 떠는 아부꾼들에 대한 경고다. 아첨하는 것은 자기 발 앞에 그물을 치는 것과 같다는 훈계인데, 그물은 주로 새를 잡기 위해서, 때로는 함정 위에 넓게 펼쳐 짐승을 잡는 데 사용되는 사냥 도구다. 따라서 이 잠언의 교훈은, 아첨하는 자는 자신의 말에 의해 스스로 올무에 걸려든다는 뜻이다. 입에 발린 아첨은 거짓된 것으로 마치 짐승을 잡기 위해 속이는 함정같이 자신과 이웃을 속이는 행위이기 때문이다.

> 6 죄 짓고 살아가는 악인은 그 죄의 덫에 스스로가 걸려들지만, 죄
> 짓지 아니하는 의인은 노래하며 기쁘게 살아간다. 7 의인은 가난한
> 사람의 사정을 잘 헤아리지만, 악인은 그들의 형편을 아예 못 본
> 척한다. 8 거만한 사람은 다른 사람을 들쑤셔 온 성읍을 시끄럽게
> 하지만, 지혜로운 사람은 다른 사람의 분노를 가라앉힌다. 9 지혜로운
> 사람이 어리석은 자와 더불어 다투게 되면, 어리석은 자가 미련하게
> 화를 내든지 비웃든지 하기 때문에 그 다툼이 원만하게 해결될 수
> 없다. 10 남을 피 흘리게 하기를 좋아하는 악인은 정직한 자를 싫어하지
> 만, 의인은 그런 정직한 사람의 생명을 잘 보살펴준다. 11 어리석은

사람은 마음을 다스리지 못해 벌컥벌컥 화를 잘 내지만, 지혜로운 사람은 마음을 다스려 화를 잘 삭인다.

[해설과 성찰] 잠언에서 '어리석은 자'는 미련한 자, 악인, 죄인, 거만한(교만한) 자 등과 동의어로 사용되고 있다. 같은 맥락에서 '지혜로운 자'는 명철한 자, 의인, 정직한 자, 겸손한 자 등과 동의어로 사용된다. 본문에서는 이런 동의어를 사용하여 어리석은 자와 지혜로운 자의 대조되는 특성과 행위를 살펴보고 있다.

어리석은 자 곧 악인의 특성과 행위는 죄 짓기를 즐겨하고 자신이 지은 죄의 덫에 스스로 걸려든다(6절a). 가난한 자들의 형편을 무시하고(7절b), 여러 사람을 들쑤셔 온 성읍을 시끄럽게 만들며(8절a), 원만한 대화보다는 화내고 다투는 것을 더 좋아한다(9절). 남의 피를 흘리게 하는 것을 좋아하고, 자신의 뒤틀린 성향과 맞지 않는 정직한 자를 싫어하며(10절a), 마음속 분노를 제어하지 못하고 사사건건 벌컥벌컥 화를 잘 낸다(11절a).

지혜로운 자 곧 의인의 삶은 주님을 경외하는 삶이기에 찬양과 기쁨이 있다(6절b). 가난한 자들의 어려운 사정을 살펴주고(7절a), 온순하고 다정한 말로 타인의 분노를 가라앉히며(8절b), 원만한 대화를 통해 문제를 해결하려 든다(9절). 또 올곧게 살아가는 정직한 자들을 잘 보살펴주고(10절b), 무엇보다 마음을 잘 다스려 쉽게 성내지 않고 화를 잘 삭인다(11절b).

그렇다면 왜 이처럼 어리석은 자와 지혜로운 자의 특성이 확연히 대조되는 것일까? 어리석은 자는 지혜의 근본인 하나님을 거부하기에 그 삶에 지혜가 없어 파멸과 죽음의 길을 걸을 수밖에 없고, 지혜로운 자는 하나님을 경외하기에 마땅히 구원과 생명의 길을 걷고 있기 때문이다. 그러므로 둘의 근본적인 차이점은 "하나님을 경외하느냐, 그렇지 않느냐"에 달려 있음을 알 수 있다.

12 통치자가 거짓말하는 자에게 귀를 기울이면 그의 신하들이 모두
악하게 된다. 13 세상에는 가난한 사람이나 착취하는 사람이 서로
섞여 다 함께 살고 있다. 그렇지만 한 가지 공통점이 있으니, 그것은
곧 주께서는 그들 모두의 눈에 똑같이 빛을 주어 그 목숨을 이어갈
수 있도록 하셨다는 점이다. 14 왕이 올바로 재판하여 가난한 사람들의
억울함을 잘 풀어주면, 그 왕위는 오래도록 견고하게 유지된다.
15 회초리와 꾸지람은 자식에게 지혜를 가져다주지만, 그냥 내버려둔
자식은 그 어머니를 욕되게 한다.

[해설과 성찰] 본문의 12절과 14절은 통치자(왕, 임금)에 대한 교훈이다. 왕이 누구의 말에 귀를 기울이고(12절), 얼마나 올바르게 나라와 백성을 다스리느냐에 따라(14절) 그 나라의 번영과 평안과 그 왕위의 견고함과 지속성이 달렸다. 악한 왕이 다스리는 나라에는 온갖 반역과 모반이 잦고, 선한 왕이 다스리는 나라에는 태평성대의 세월이 이어진다.

13절은 세상의 실제적 현상에 대한 고찰이다. 세상에는 가난한 자와 착취하는 자, 빈부와 귀천, 남녀와 노소가 서로 섞여 다 함께 살아가고 있다. 이들 모두에게 한 가지 공통점은 주께서 모두의 눈에 똑같이 빛을 주었다는 사실이다. '눈에 빛을 준다'는 말은 빛(태양)을 보며 살아갈 수 있도록 육체적 생명을 주었다는 말이다. 진실로 그렇다. 악한 자라고 금방 죽지 않으며, 의로운 자라고 해서 더 오래 살지도 않는다. 누구나 주께서 주신 빛의 세월만큼 이 세상에서 목숨을 부지하며 살아간다. 이와 같은 맥락에서 예수님은 "하늘에 계신 너희 아버지 하나님은 그 해를 악인과 선인에게 고루 비취게 하시며, 그 비를 의로운 자와 불의한 자에게 두루 내리시느니라."하고 말씀하셨다(마 5:45).

15절은 잠언에서 자주 다루는 '자녀 훈계'에 대한 가르침이다. 회초리(매)를 사용해서라도 자녀를 올바른 길로 훈육할 것을 강력히 권고하고 있다. 심지어 그렇게 하지 않는다면, 그 부모는 자녀를 사랑하지 않는

것이라고까지 말한다(13:24). 여기서 회초리 사용은 분명 '물리적 체벌'을 의미한다(22:15; 23:13-14). 하지만 그 회초리는 훈계의 목적에 합당한 크기나 재료의 회초리로서, 진실로 자녀가 그릇된 길에서 돌이켜 올바른 삶을 살아감으로써 잘 되기를 바라는 애정과 관심이 담긴 '사랑의 매'여야 한다. 회초리가 감정이나 분노가 실린 파괴적인 몽둥이가 되어서는 안 되는 것이다. 그것은 마치 그릇된 길로 나가는 양을 올바른 길로 인도하는 목자의 지팡이 같은 것이어야 한다(시 23:4).

이 같은 고대 유대사회의 자녀 훈육법과 달리, 오늘날 현대사회에서는 "꽃으로도 때리지 말라."며 어떤 이유로도 물리적 체벌을 금기시하고 있다. 하지만 이 잠언의 본질은 매(회초리)의 사용 여부가 아니라 훈육의 가치와 정신에 있다. 자녀를 훈육하는 구체적인 방식에 대해서는 시대에 따라 여러 견해가 있을 수 있지만, 한 가지 공통된 점은 반드시 자녀를 훈육해야 한다는 사실이다. 자녀가 그릇된 길로 향하고 있음에도 그냥 방치해두는 것은 부모의 도리가 아닌 만큼, 반드시 애정과 관심을 갖고 자녀를 훈육하여 올바른 길로 이끌 책임이 있다는 것이다. 자녀를 둔 모든 부모는 이 사실을 명심해야 한다.

16 무릇 악인이 많아지면 그만큼 죄악도 늘어나지만, 결국 의인은
그들이 망하는 꼴을 보게 된다. 17 너의 자식을 잘 훈계하여라. 그러면
그가 잘 자라서, 너를 평안하게 하고 네 마음을 흐뭇하게 해줄 것이다.
18 하나님의 묵시가 없으면 백성들이 망할 수밖에 없지만, 하나님의
법을 잘 지키는 백성은 복을 받는다. 19 단순히 말로만 해서는 종을
제대로 가르칠 수 없으니, 그것은 종이 알아듣는다고 해도 그대로
행하지 않기 때문이다. 20 너는 성급하게 말만 앞세우는 사람을 만나
보았느냐? 그런 사람보다는 차라리 미련한 사람에게서 더 바랄 것이
있다. 21 어릴 때부터 종을 "오냐, 오냐" 하고 곱게 받아주면, 나중에는

그가 자식처럼 굴 것이다. 22 화를 잘 내는 사람은 많은 다툼을 일으키고, 분노하는 사람은 많은 죄를 짓는다.

[해설과 성찰] 지혜자의 입술로부터 여러 훈계가 주어진다. 죄악에 빠진 악인의 궁극적인 멸망(16절), 자녀 훈계의 유익함(17절)을 언급한 뒤, 하나님의 묵시와 그 말씀의 필요성을 지적한다(18절). 여기서 묵시(히, 하존)는 일반적으로 선지자들을 통해 전달되는 하나님의 계시 말씀이다. 모세도 큰 선지자이므로, 그가 전한 율법 역시 묵시이다. 그래서 지혜자는 묵시의 있고 없음, 또한 묵시를 지키느냐 안 지키느냐에 따라 백성들의 복(福)과 화(禍)가 결정된다고 가르친다.

19절과 21절은 '종'(히, 에베드)에 관한 훈계다. 얼핏 들으면, 주인은 종을 엄하고 거칠게 다루어야 한다는 가르침 같지만 가르침의 본질은 그렇지 않다. 모세 율법은 종을 구박하지 말고 최대한의 자비로써 너그럽게 다룰 것을 가르친다. 여기서는 다만 위계질서가 무너지는 것을 경계하는 교훈이다. 주인과 종의 위계질서가 무너지면 사회질서가 무너지게 된다. 나라의 기강이 흐트러지고 국가적 혼란이 발생하여 모두가 불행에 빠지게 된다. 지혜자는 그런 일이 일어나지 않도록 훈계한 것이다.

이외에도 말만 앞세우고 행동은 하지 않는 사람의 어리석고 허황됨에 대하여 언급했는데, 그런 자는 아둔하게 행하는 '미련한 자'보다 더 바랄 게 없다고 규정한다(20절). 지혜자는 앞에서도 언급된 분노 조절에 관해 말한다. 분노를 조절하거나 화를 다스리지 못하고 쉽게 성내고 성급하게 혈기를 폭발하는 행위가 얼마나 위험하고 악한지를 지적하면서 (22절), 자기 마음을 다스려 노하기를 더디 하는 사람은 성읍을 빼앗는 용사보다 낫다고 가르친다(16:32).

23 사람이 거만하면 반드시 낮아지고, 마음이 겸손하면 높이 들려 영예를 얻는다. 24 도둑과 어울려 한통속이 되는 사람은 자기 영혼을

아주 하찮게 여기는 사람이니, 그런 자는 법정에서 진실만을 말하기로
선서해놓고서도 도리어 거짓말만 늘어놓게 된다. 25 누구든지 사람을
두려워하면 올가미에 걸릴 뿐이지만, 오직 주님만을 의지하는 자는
누구나 안전하다. 26 많은 사람들이 통치자의 은총을 얻으려고 애쓰지
만, 모든 사람에 대한 올바른 판결은 오직 주님에게서 나온다.
27 의인은 불의한 사람을 싫어하고, 악인은 정직한 사람을 미워한다.

[해설과 성찰] 본문은 '지혜의 왕'으로 불린 지혜자 솔로몬이 들려주는 마지막 부분이다. 시편이 여러 저자들에 의해 쓰였지만, 그중 절반 이상을 다윗이 썼으므로 흔히 '다윗의 시편'이라 부르듯, 잠언도 솔로몬 이외에 몇몇 저자들이 있지만 그중 80% 이상을 솔로몬이 썼으므로 흔히 '솔로몬의 잠언'이라 부른다. 살펴보면, 잠언은 솔로몬 왕의 작품(1:1-22:16; 25:1-29:27) 이외에, 무명의 지혜자가 쓴 부분도 있고(22:17-24:34), 고대의 지혜자인 '아굴'이 쓴 작품도 있으며(30장), 경건한 왕이자 탁월한 지혜자인 '르무엘'이 쓴 작품도 있다(31장).

지혜자는 지금껏 가르친 내용을 추려서 다시금 반복해서 훈계한다. 고대 유대문학에서 '반복'은 중요한 것을 강조하기 위한 문학적인 주요 수사 기법이다. 여기서 지혜자는 거만하지 말고 부디 겸손할 것(23절), 못된 무리와 어울리지 말고 부디 정직하고 진실한 삶을 살아갈 것(24절), 왕이나 사람을 두려워하지 말고 오직 모든 사람의 마음속 깊은 곳까지 감찰하셔서 올바른 판결을 내리시는 주님만을 두려워하고 의지할 것(25-26절), 그리고 정직한 사람을 미워하는 악인이 되지 말고 불의한 사람을 싫어하고 멀리하는 의인이 될 것을 훈계하고 있다(27절).

30

아굴의 잠언

배가 불러 주를 부인할까 봐
가난하여 도둑질할까 봐 걱정이네
주인에게 종을 헐뜯지 마라
뒷감당하지 못할까 두렵네

아굴의 잠언 (30:1-33)

[1] 이것은 야게의 아들 아굴의 잠언이다. 아굴이 이디엘에게, 곧 이디엘과 우갈을 함께 앉혀놓고 그들에게 들려준 잠언이다.

[해설과 성찰] 여기에 등장하는 네 사람 곧 야게, 아굴, 이디엘, 우갈이 누구이며 어떤 인물인지는 알려져 있지 않다. 우리가 알 수 있는 것은 아굴은 본장의 지혜를 베푼 인물이고, 야게는 그런 아굴의 아버지이며, 이디엘과 우갈은 아굴 가까이에 앉아 그의 지혜를 직접 들은 인물이라는 정보 정도일 뿐이다.

솔로몬 주변과 그의 왕국에는 적지 않은 지혜자들(현자들)이 있었다(왕상 4:30-31). 아마도 아굴(Agur)은 당대의 탁월한 현자들 가운데 일인으로 겸손한 자세로 지혜를 힘써 추구한 인물인 것만은 분명하다. 그의 이름은 '모으는 자', '수집하는 자'라는 뜻이다.

2 참으로 나는 짐승같이 무지한 사람이니, 사람이라면 응당 깨우쳐야
할 것들을 나는 미처 깨우치지 못하였다. 3 나는 지혜를 배운 적도
없고, 또 지극히 거룩하신 분에 대해서도 아는 것이 없다. 4 하늘에
올라갔다가 하늘에서 내려온 자가 누구인가? 이리저리 부는 바람을
손으로 움켜쥐고 있는 자가 누구인가? 온 세상의 모든 물들을 자기
옷자락으로 감싸고 있는 자가 누구인가? 온 땅에 모든 경계선을
그은 자가 누구인가? 만일 네가 그 사람을 알고 있다면, 그의 이름이
무엇이며, 그의 아들의 이름은 무엇인지, 나에게 어디 말해보아라.
5 진실로 하나님의 말씀은 모두 순전하고, 그분께서는 자신을 믿고
의지하는 자마다 견고한 방패가 되어주신다. 6 너는 그분의 말씀에
무엇 하나라도 더 보태지 말아라. 그렇지 않으면, 그분께서 너를 심히
책망하실 것이고, 너는 거짓말쟁이가 되고 말 것이다.

[해설과 성찰] 아굴은 본격적으로 지혜의 말을 들려주기 전에 자신의 부족함과 무지를 고백하고 있다. 마치 짐승과 같아서 사람으로서 깨우쳐야 할 것들을 미처 깨우치지 못했고(2절), 지혜도 배우지 못했으며, 거룩하신 하나님께 대해서는 아는 것이 아무것도 없다고 고백한다(3절).

이 같은 아굴의 고백은 일종의 과장법으로서 그의 겸손함을 나타내는 것이다. 우주만물을 지으시고 운행하시며 섭리하시는 하나님의 위대하심과 전지전능하심에 비하여 볼 때(4절), 자신이 얼마나 하찮고 무능한 존재인지를 솔직하게 고백한 말이다. 그래서 아굴은 모쪼록 하나님을 믿고 의지하는 가운데 그분의 순전한 말씀에 전적으로 순종할 것을 권고한다(5절). 나아가 순전하고 온전한 하나님의 말씀을 그대로 받아들이고, 거기서 무엇 하나라도 보태서는 안 된다고 경고한다(6절). 마치 사도 요한이 요한계시록 말미에서 엄숙하게 경고한 내용과 같다(계 22:18-19).

그렇다면 하나님의 말씀에 무엇 하나라도 더하지 말라는 말은 성경을

쉽게 풀어쓰는 것에 대한 경고이기도 한 것인가? 그렇지는 않다. 성경을 신중하게 해설하고 또 알기 쉽게 풀어쓰는 작업은 단순히 하나님의 말씀을 오늘날의 독자들에게 보다 쉽게 접근시키기 위한 경건한 노력일 뿐이다. 거기에는 하나님의 말씀에 어떤 새로운 요소를 더하거나, 혹은 말씀 중에서 어떤 부분을 뺌으로써 성경을 변경시키려는 어떠한 시도도 없다. 그러므로 잠언의 이 경고는, 하나님의 말씀에 어떤 흠이 있거나 부적절하다는 판단 하에 자신의 인간적인 생각으로 성경의 내용 중에서 어떤 부분을 더하거나 뺌으로써 하나님의 말씀을 근본적으로 변경하려는 자들에 대한 것이다.

7 나는 이렇게 기도한 적이 있다. "오 하나님, 이 몸이 주님께 두
가지를 간구하오니, 내가 죽기 전에 꼭 이루어주소서. 8 먼저 모든
헛된 것과 거짓말이 내게서 멀리 떠나가게 해주소서. 또한 나로 하여금
너무 가난하게도, 너무 부유하게도 살지 않게 하시고, 오직 내게 필요한
양식으로 부족하지 않게만 먹고 살게 해주소서. 9 그렇지 않으면,
내가 잔뜩 배불러서 '주님이 누구란 말이냐?'하고, 주님을 부인할까
봐 두렵고, 내가 너무 가난하게 되면, 도둑질을 하여 하나님의 이름을
욕되게 할까 봐 두렵기 때문입니다."

[해설과 성찰] 지혜를 베풀기에 앞서 아굴은 자신의 신앙을 간증한다. 그는 자신이 죽기 전에 두 가지를 꼭 이루어달라고 주님께 간구했다고 말한다(7절). 여기서 간구하다(히, 솨알)는 '계속 졸라대며 간청하다'란 뜻으로 일상의 매일 기도제목으로 삼았음을 의미한다.

두 가지 기도 제목 중 첫째는, 모든 헛된 것과 거짓말에서 벗어나게 해달라는 것이다(8절a). '헛된 것'(히, 솨웨)은 진정한 가치가 없는 모든 위선적이고 외식적인 것들이다. 마치 바람을 움켜잡는 것과 같은 허탄한 것을 뜻한다. 요컨대, 삶의 참된 가치인 하나님과 관련되지 않은 모든

일시적이고 세속적인 것들이다. '거짓말'(히, 데바르-카잡)은 속임수, 사기, 표리부동 등 참됨이 없는 모든 사악하고 거짓된 것들이다. 진리에서 벗어난 모든 언행, 참 진리가 되는 하나님의 말씀에서 이탈하고 어긋난 것들이다. 아굴은 이런 거짓된 길에서 멀리 떠나게 해달라고 간구한 것이다.

두 가지 기도 제목 중 두 번째는, 너무 가난하게도 말고 너무 부유하게도 말고, 오직 필요한 양식으로 부족하지 않게만 먹고 살게 해달라는 것이다(8절b). 너무 부유하면 그 부유함에 빠져 주님을 부인할까 봐 두렵고, 만일 너무 가난하면 그 가난에 찌들어 행여 남의 것을 훔쳐 주님의 이름을 욕되게 할까 봐 두렵기 때문이라고 그 까닭을 이야기한다(9절).

아굴의 기도는 참으로 실제적이고 적절하다. 절제와 중용의 아름다움으로 빛나는 지혜자의 현명한 기도다. 정말 그렇다. 인간은 부하면 교만해지기 십상이고 가난하면 치졸해지기 십상이다. 아굴은 그런 사람의 속성을 제대로 간파하여 매일의 적당한 양식으로 청렴하게 살아가게 해달라고 간구한 것이다. 후일에 예수님도 '주기도문'을 통해 평생의 풍족한 양식이 아니라 매일의 일용할 양식을 위해 간구하라고 가르치셨다(마 6:11; 눅 11:3).

10 너는 주인에게 나가서 그의 수하에 있는 종에 대해 헐뜯는 말을
하지 말아라. 그렇지 않으면, 그 종이 너를 저주하여 너에게 그 죄가
돌아갈까 두렵다. 11 내가 이 세대를 살펴보니, 여러 악한 무리가
있다. 자기 아버지를 우습게 여겨 저주하고, 자기 어머니를 홀대하여
축복하지 않는 무리가 있다. 12 또한 스스로를 깨끗하다고 여기고,
자기 더러움을 씻어내지 아니하는 무리가 있다. 13 또한 눈이 심히
높아서 하늘 높은 줄 모르는 체 눈꺼풀을 치켜올리고 남들을 깔보는
무리가 있다. 14 그리고 이빨이 긴 칼과 같고 턱은 예리한 칼과 같아서,

이 땅에서 가난한 자들을 탐욕스럽게 몽땅 삼켜버리고 궁핍한 자들을 인정사정없이 게걸스럽게 먹어치우는 무리가 있다.

[해설과 성찰] 본문에서부터 지혜자 아굴은 지혜의 보자기를 본격적으로 펼친다. 먼저 남을 헐뜯고 비방하는 말에 대한 경고이다. 특히 주인의 수하에 있는 종을 대상으로 그의 주인에게 그렇게 하지 말 것을 권고한다(10절). 주인에게 종을 비방하는 자는 그저 쉽게 생각하고 그런 행동을 할 수 있지만, 주인의 손에 생사여탈권이 달린 종에게는 먹고사는 생계의 문제, 또는 죽고 사는 생존의 문제가 달린 것이다.

만일 그렇게 된다면, 그 종은 원한을 품고 주인에게 자신을 비방한 사람을 원망하며 저주할 것이다. 나아가 그자에 대해 복수를 꾀할 수도 있다. 그러므로 비록 종에게 어떤 문제가 있더라도, 주인에게 그 종을 비방하는 방식으로 문제를 해결해선 안 되고, 보다 나은 방식을 통해 해결해야 후환이 없다. 어쨌든 잠언뿐만 아니라 성경은 어떤 이유로도 다른 이를 헐뜯거나 비방하는 일을 엄히 금한다.

아굴은 세상을 살면서 자세히 살피고 관찰한 여러 악한 무리에 대하여 피력한다. 그중 첫 번째 무리는 부모에게 불효하는 자들이다(11절). 그들은 아버지를 우습게 여기고 어머니를 홀대한다. 부모를 향해 복을 비는 대신에 저주를 퍼붓고 경멸한다. 아굴은 그런 자들의 눈은 까마귀에게 쪼이고 독수리에게 파 먹힐 것이라고 정죄한다(17절).

두 번째 무리는 위선을 떨며 외식하는 자들이다(12절). 스스로를 의롭다고 여기면서 도무지 자신들의 더러움, 곧 도덕적이고 종교적인 잘못을 고치려고 하지 않는다. 마치 예수님 시대의 위선적인 바리새인, 사두개인, 서기관과 같다. 예수님은 이런 자들에 대해 일곱 가지 화(禍)를 선언하셨다(마 23:13-36).

세 번째 무리는 눈을 높이 치켜뜨고 다른 이들을 깔보는 거만하고 교만한 자들이다(13절). 잠언은 이러한 교만을 시종일관 강력하게 정죄하는데, 심지어 이런 자들을 미련한 자나 어리석은 자보다 더욱 악하고 소망 없는 자로 간주했다(26:12).

네 번째 무리는 가난하고 연약한 자를 짓밟고 착취하는 강포하고 탐욕스런 자들이다(14절). 이런 자들은 알량한 권세를 마구 휘둘러 가난하고 연약한 자들을 무자비하게 학대하고 착취하여 자신들의 탐욕을 채운다. 아무거나 가리지 않고 모든 푸른 것을 게걸스럽게 먹어 치우는 메뚜기 떼와 같다. 하지만 그것은 가난하고 연약한 자들의 보호자와 구원자 되시는 하나님을 정면으로 거스르는 패역무도한 행위로서, 마침내 하나님의 심판을 받아 영원한 파멸에 이르고 만다.

15 보라, 거머리에게는 두 딸이 있는데, 그들은 "조금만 더 달라!,
조금만 더 달라!" 하면서 끊임없이 보채는구나. 이와 같이 아무리
채우고 또 채워도 배부른 줄 모르고, 결코 만족할 줄 모르는 것들이
서너 가지 있다. 16 그것들은 곧 죽은 자들을 계속해서 받아들이는
무덤, 아기를 배지 못하는 자궁, 비가 내려도 해갈되지 않는 메마른
땅, 그리고 아무리 태워도 "이젠 충분하다!" 하고 말하지 아니하는
불이다.

[해설과 성찰] 본문에서 지혜자 아굴은 '거머리'를 통해 세상에서 결코 만족할 줄 모르는 네 가지 사물에 대해 고찰한다. 거머리는 다른 동물의 피를 빨아 먹고 사는 동물인데, 여기서는 계속 피를 빨아도 전혀 만족할 줄 모르는 특성을 지닌 동물로 묘사되었다. 이 같은 관점에서, 거머리의 '두 딸'은 거머리 몸의 앞뒤 끝의 배 쪽에 각각 한 개씩 부착되어 있는, 강력한 흡인력을 가진 두 개의 흡반(吸盤, 다른 동물이나 물체에 달라붙기 위한 기관)을 가리킨다고 볼 수 있다.

그러면 거머리의 두 딸처럼 만족을 모르고 끝없이 더 달라고 계속 요청하는 네 가지 사물은 무엇일까? 그것들은 곧 무덤, 자궁, 땅, 그리고

불이다(16절). 여기서 무덤 곧 '스올'은 죽은 자들이 들어가 거처하는 지하세계를 말한다. 지하세계는 결코 만족을 모르고 모든 세대를 초월하여 빈부귀천과 남녀노소를 막론하고 끝없이 받아들인다. 또한 아기를 배지 못하는 자궁도 아기를 낳고 또 낳더라도 만족을 모르고 계속 더 낳고 싶을 것이다.

오랫동안 가물어 바짝 메마른 땅 역시 마찬가지다. 비가 내리고 또 내려도 땅은 만족을 모르고 계속 더 내리기를 바랄 것이다. 그리고 활활 타오르는 불은 눈앞에 태울 거리만 있다면 만족을 모른 채 닥치는 대로 모든 것들을 모조리 계속해서 태우고 또 태울 것이다. 태울 거리가 있는데도 "그만 족하다!" 하면서 스스로 멈추는 일은 없다.

17 아버지를 조롱하고 어머니의 말을 우습게 여겨 순종하지 않는 자식은, 그 눈이 골짜기의 까마귀들에게 사정없이 후벼 파일 것이고 새끼 독수리의 먹이가 될 것이다.

[해설과 성찰] 지혜자 아굴은 불효자에 대해 무시무시한 경고를 선포한다. 그들의 눈이 까마귀에게 후벼 파일 것이고 독수리의 먹잇감이 될 것이라는 형벌이다. 이 같은 경고와 형벌은 앞선 11절의 잠언과 관련성이 있다. 거기서 아굴은 아버지를 우습게 여기고 어머니를 홀대하는 불효에 대해 언급했는데(30:11), 이처럼 부모를 얕보고 우습게 여기는 기관은 사람의 신체 가운데 '눈'이 담당한다고 보았다. 그래서 그런 불효자의 눈이 응당 받아야 할 형벌을 선포한 것이다.

아굴뿐만 아니라 성경 전체는 불효에 대해 아주 엄격하게 다룬다. 불효는 십계명 가운데 대인(對人) 계명의 첫째 되는 계명을 거스르는 큰 죄로서(출 20:12), 부모에게 패악질을 하는 불효자는 저주를 받고(신 27:16) 반드시 처형당해야 한다고 말한다(출 21:17). 나아가 그런 자를 처형하되, 공개적으로 성문 광장에서 돌로 쳐 죽여야 한다고 말한다(신

21:18-21).

불효와 관련해서 이처럼 두려운 형벌을 명한 것은, 성경의 개념상 부모는 단순히 자녀를 낳아준 혈육적인 관계에만 머물지 않고, 천상의 하나님을 대리하여 지상에서 자녀를 돌보는 신적 대리자이기 때문이다. 따라서 부모를 얕보고 거스르는 행위는 그 부모를 대리자로 세우신 하나님을 얕보고 거스르는 행위로 간주된 것이다.

18 오호라, 내 머리로는 정녕 더듬어 깨닫고 추적할 수 없는 기이한
흔적들이 서너 가지 있다. 19 그것들은 곧 공중에 독수리가 날아간
흔적, 바위 위로 뱀이 기어간 흔적, 바다 한가운데로 배가 지나간
흔적, 그리고 남자가 여자와 함께 잠자리를 가진 흔적이다. 20 또한
나로서는 간음한 여자의 흔적도 알 수 없기는 마찬가지다. 마치 다 먹은 후에 전혀 안 먹은 듯 입을 싹 닦아내듯이, 분명 외간 남자와 더불어 잠자리를 같이하고서도 "나는 아무 잘못도 행한 적이 없다!"라고 시치미를 딱 잡아떼는구나.

[해설과 성찰] 18절의 히브리어 원문은 이러하다. "내게 너무나도 경이로운 것 세 가지가 있고, 또 내가 모르는 네 번째 것도 있다." 이는 세상에 수수께끼 같은 일이 네 가지 있는데, 세 가지는 한 범주에 묶을 수 있고, 다른 한 가지는 특히 자신이 보기에 더욱더 수수께끼처럼 파악할 수 없는 기묘한 일이라는 사실을 의미한다.

아굴에게 수수께끼처럼 경이로운 세 가지는 '하늘'과 '땅 위'와 '바다 위'에서 일어나는 흔적들이다. 하늘에서는 '독수리가 공중에서 날아간 흔적'이 경이로운 수수께끼다. 하늘을 날아다니는 독수리의 모습을 보는 것은 쉽지만 그 독수리가 종횡무진으로 날아다니는 방향이나 날아다닌 거리, 날아갈 목적지 등을 파악하는 것은 관찰자들에게 숨겨져 있다. 땅 위에서는 '뱀이 바위 위로 기어간 흔적'이 경이로운 수수께끼다.

발 없이도 바위 위를 제 마음대로 이리저리 능숙하게 기어 제 갈 길을 바삐 가는 뱀의 흔적 역시 관찰자에게 그 갈피를 종잡을 수 없는 오리무중이다. 바다 위에서는 '배가 바다 한가운데로 지나간 흔적'이 경이로운 수수께끼다. 배가 바다 물살을 가르고 지나간 자리는 이내 다시 물로 채워지기에 그 길의 흔적을 파악한다는 것은 불가능하다.

지혜자 아굴에게 특히 짙은 베일에 가려진 수수께끼처럼 도무지 알 수 없는 일은 '남녀의 잠자리 흔적'이다. 남자와 여자가 함께 잠자리를 가진 후에 아무 일도 없는 듯 일상으로 돌아오면 누군들 그 사실을 알 수 있겠는가! 남녀 당사자들이 직접 말하지 않는다면, 그 일은 모든 사람들에게 영원히 수수께끼로 남아있게 될 것이다.

이런 맥락에서 합법적인 남녀의 잠자리 흔적뿐만 아니라 불법적인 남녀의 잠자리 흔적도 수수께끼처럼 오리무중이기는 마찬가지다. 음란한 부녀가 남편에 대한 정조를 저버리고 외간남자와 잠자리를 갖고서도 마치 음식을 먹은 뒤에 입을 싹 씻듯이 "난 절대 그런 적이 없다!"라고 시치미를 잡아떼면(20절), 그 불륜의 현장을 직접 목도하지 않은 이상 간통의 흔적을 찾을 길은 없다. 오늘날의 시대에야 여러 추적 장치들로 흔적을 찾을 길이 있지만, 주전 10세기의 고대 사회에서는 누구도 알 수 없는 수수께끼였을 것이다.

> 21 세상을 뒤흔들고 세상 사람들이 도무지 감당할 수 없는 일이 서너 가지 있다. 22 그것들은 곧 종이 임금이 되는 것, 미련한 자가 배불리 먹고 부자가 되는 것, 23 아무 매력도 없는 밉살스런 여자가 시집을 가는 것, 그리고 계집종이 자기 안주인의 자리를 꿰차는 것이다.

[해설과 성찰] 지혜자 아굴이 들려주는 잠언의 특징은 세상의 일반적인 이치와 사물의 오묘한 현상을 서너 가지로 요약해서 간결하게 제시하고 있다는 점이다. 그래서 앞서 세상에 존재하는 네 부류의 악한 무리에

대해 언급하였고(11-14절), 이어 세상에서 수수께끼 같은 기이한 일 네 가지를 언급하였다(18-20절).

이제 본문에서는 세상을 뒤흔들고 세상 사람들이 견뎌내기 어려운 서너 가지를 들려준다. 그 성품이나 행동이나 특성으로 보아 '종'에나 딱 걸맞은 종이 어쩌다 임금이 되어 나라와 백성을 통치하는 것. 어리석고 미련한 자가 어쩌다 돈을 많이 벌어 배불리 먹으며 떵떵거리며 졸부로 사는 것. 괘씸하고 미운 짓만 골라 하는 여자가 어쩌다 남자를 만나 시집가서 가정을 꾸려나가는 것. 집안의 허드렛일을 맡아 하던 여자 몸종이 어쩌다 기회를 잡아 안주인의 자리를 꿰찬 뒤에 마치 예전부터 그랬던 양 아랫사람들에게 큰소리치며 살아가는 일 등이다.

위에 열거된 네 가지 것들은 맡겨진 책무나 합당한 가정적, 사회적 역할을 감당할 만한 준비나 자질 없이 어쩌다 갑자기 신분이 상승된 경우다. 이럴 경우, 권세를 행사할 수 있는 높은 자리에 앉은 사람으로 말미암아 가정과 사회와 국가는 막대한 손해와 타격을 받을 것이 분명하다.

> 24 땅에 사는 것들 가운데 아주 작아도 무척 지혜로운 동물이 넷
> 있다. 25 그것들은 곧 힘없는 종류이지만 겨울을 대비하여 여름에
> 먹을 양식을 미리 장만하는 개미, 26 연약한 종류이지만 바위 틈새에
> 자기 집을 짓고 사는 너구리, 27 통솔하는 왕이 없어도 떼를 지어
> 앞으로 함께 나아가는 메뚜기, 28 그리고 사람의 손에 잡힐 법도
> 한데, 왕궁을 제멋대로 잘도 드나드는 도마뱀이다.

[해설과 성찰] 지혜자 아굴은 계속해서 세상의 일반적인 원리와 자연의 오묘한 이치에 대해 고찰한다. 이번에는 땅에 사는 동물로서, 몸집은 무척 작고 힘은 약하지만 그에 비해 아주 지혜롭게 살아가는 동물 넷에 대해 들려준다(24절). 개미, 너구리, 메뚜기, 도마뱀이다.

개미는 겨울을 대비하여 여름에 먹을 양식을 부지런히 장만하고(25

절), 너구리는 겁이 많은 동물로 바위 틈새에 집을 지어놓고는 누구든지 눈에 띄면 얼른 거기로 숨어버린다(26절). 메뚜기는 잘 훈련된 군대처럼 아주 질서 있고 체계 있게 이동하고(27절), 도마뱀은 사람 손에 이내 잡힐 듯하면서도 잡히지 아니하고 제멋대로 이동하는데, 심지어 사람들의 출입이 까다로운 왕궁까지도 제 마음대로 드나든다(28절).

이 같은 네 가지 동물을 통해 얻을 수 있는 교훈은 무엇일까? 개미를 통해서는 미래를 위해 오늘 준비하는 지혜를, 너구리를 통해서는 위험에서 스스로를 보호하는 지혜를, 메뚜기를 통해서는 질서와 규율의 지혜를, 그리고 도마뱀을 통해서는 어떤 방법을 통해서든 스스로 기회를 잡을 줄 아는 지혜를 배울 수 있다.

29 늠름한 자태로 위풍당당하게 걸어 다니는 것이 서너 가지 있다.
30 그것들은 곧 뭇 짐승들 가운데서 가장 힘이 강하여 어떤 짐승들 앞에서도 전혀 물러설 줄 모르는 사자,
31 뽐내며 걷는 사냥개, 우쭐거리는 숫염소, 그리고 누구도 감히 맞설 수 없는 왕이다.

[해설과 성찰] 지혜자 아굴은 계속해서 예리하고 세심한 눈길로 자연의 이치와 사물의 현상에 관해 고찰한다. 이번에는 세상에서 늠름한 자태로 위풍당당하게 걸어 다니는 것 넷에 관해 들려준다(29절). 사자, 사냥개, 숫염소, 그리고 왕이다. 동물의 세계에서 셋(사자, 사냥개, 숫염소), 그리고 인간 세상에서 하나(왕)를 관찰하여 소개하고 있다.

동물 중에서 가장 강하여 흔히 '백수의 왕'으로 불리는 사자는 그 어떤 짐승을 만나도 당황하여 숨거나 도망가지 않고 당당하게 제 걸음을 걷는다(30절). 주인과 함께 사냥을 나가는 사냥개도 그러하다(31절). 주인 곁에서 자태를 한껏 뽐내며 사냥감을 찾아 당당하게 걷는다. 숫염소(히, 타이쉬)도 그러하다(31절). 숫염소라는 이름은 '머리로 들이받다'란 어근에서 파생된 말인데, 과연 숫염소는 자기 뿔이 세상에서 최고인

양 머리를 치켜들고 거치적거리는 것은 그대로 들이받겠다는 모습으로 우쭐대며 당당하게 걷는다.

인간 세상에서 '왕'이라는 지위도 그렇다(31절). 강력한 군대의 호위 속에 맨 앞에 서서 전쟁터로 당당하게 나가는 왕이야말로 그 늠름한 자태에서 비길 것이 없다. 지혜자가 이처럼 넷에 관해 들려주는 까닭은 위엄과 당당함, 그리고 대담함과 용기는 우리가 추구해야 할 미덕이기 때문이다.

> 32 만일 네가 어리석어서 잘난 체를 하였거나 또는 악한 일을 꾀하였다
> 면, 얼른 손으로 네 입을 막고 깊이 반성하도록 하여라. 33 무릇 젖을
> 휘저으면 버터가 되고 코를 비틀면 코피가 나듯이, 누구든 화를 돋우면
> 다툼이 생기는 법이다.

[해설과 성찰] 본문에서 지혜자는 일이 더 커져 큰 다툼으로 번지기 전에 얼른 수습할 것을 교훈한다. 다툼(히, 리브)은 흔히 '법정 소송'을 가리키는 말이다. 자신에게 어떤 잘못이나 실수가 있다면, 계속 입을 열어 무슨 변명이나 핑계를 대지 말고, 얼른 입을 다물고 반성하고 고치는 것이 최선의 해결책이라는 교훈이다.

이런 교훈을 주기 위해 지혜자 아굴은 재밌는 비유를 든다. 소나 양의 젖을 계속 휘저으면 엉긴 젖 곧 버터가 되고, 코를 세게 잡고 계속 비틀면 코피가 난다는 비유다. 그것은 당연한 이치로서 다른 사람의 화를 계속해서 돋우면 처음에는 사소한 말다툼을 하다가 나중에는 "죽느냐, 사느냐" 하는 목숨 건 법정 다툼으로까지 이어지게 된다. 그러므로 자신에게 무슨 문제가 있으면 입을 꾹 다문 채 얼른 반성하고 고치는 것이 최선이다. 그것이 바로 가래로도 못 막을 일을 간단히 호미로 막을 수 있는 지혜로운 길이다.

31

왕에게 주는 훈계

현숙한 아내는 허리를 동여매고
두 팔 걷어붙여 밤늦도록 일하네
가난한 이들을 돕는 손이 넉넉하고
가족 따뜻이 입혀 추위도 걱정 없네

르무엘 왕의 잠언 (31:1-9)

1 이것은 르무엘 왕의 말씀들로, 곧 그의 어머니가 아들인 르무엘
왕에게 일러준 잠언이다. 2 "내 아들아, 내 말 좀 들어보아라. 내
태에서 나온 아들아, 내 말에 귀를 기울여라. 내가 하나님께 서원하고
낳은 아들아, 내가 네게 무슨 말을 해줄까."

[해설과 성찰] 잠언을 마무리 짓는 31장은 '르무엘' 왕의 작품이다. 르무엘(Lemuel)은 '하나님께 속한 자'라는 뜻이다. 이 이름은 별명으로 추정된다. 이스라엘 역사에 등장하는 왕들 중에는 르무엘이라는 이름을 가진 자가 없기 때문이다.

본문을 통해 추론해보면, 르무엘의 어머니는 자식을 하나님께 바치겠다고 서원하고 아들을 낳았을 뿐만 아니라, 그렇게 낳은 아들에게 지혜로운 말을 들려준 것으로 보아 독실한 여호와 신앙의 소유자인 동시에 무척 현명한 여인이었음이 분명하다. 그런 어머니의 아들인 르무엘이 어머니께 받은 훈계를 다른 이들과 함께 나누고 있는 것으로 보아, 그는 어머니 못지않게 경건하고 지혜로운 왕이었을 것이다.

[3] "너는 모쪼록 네 정력을 여자들에게 쏟지 말아라. 여자 때문에
망한 왕들이 수두룩하단다. [4] 내 아들 르무엘아, 왕에게 적합하지
않은 일이 또 있단다. 포도주를 즐겨 마시는 것은 왕에게 적합하지
않단다. 무릇 통치자는 독한 술을 좋아해서는 안 된다. [5] 왕이 술에
빠지게 되면, 하나님의 법을 잊어버리게 되고, 그래서 가난하고 억눌린
사람들을 위해 올바른 판결을 내리지 못할까 두렵구나. [6] 독한 술은
조만간 죽게 될 사람에게나 주고, 포도주는 마음속에 근심이 가득한
사람들에게나 주어라. [7] 그래야 그 술을 마시고, 그가 자기 처지를
잊을 게 아니냐. 그래야 그가 근심을 잊어버릴 게 아니겠느냐."

[해설과 성찰] 르무엘 왕의 어머니는 한 나라와 많은 백성을 다스려야 할 왕에게 합당치 않은 일, 두 가지를 일러준다.

우선, 여자에게 정력을 쏟는 일(3절)로 곧 여색(女色)에 빠지지 말라는 훈계다. 고대의 왕들은 왕이 원하는 대로 얼마든지 후궁을 둘 수 있었다. 비근한 예로, 솔로몬 왕만 하더라도 무려 700명의 왕비에다 300명의 후궁을 두었다(왕상 11:3). 그 결과, 그토록 현명하던 지혜의 왕조차 말년에는 총기가 흐려져 이방 우상을 섬기는 큰 죄를 범하고 말았다(왕상 11:3-8). 인류 역사에서 여색에 빠진 왕이 정사를 잘 챙겨 나라와 백성을 잘 다스린 적은 없다.

다음에는, 술을 즐기는 일이다(4-5절). 술과 여색은 '세상 쾌락'을 대표한다. 왕이란 모름지기 항상 맑은 정신으로 정사를 돌봐야 하는 법인데, 왕이 술에 취해 제정신이 아닌 상태가 되면 하나님의 법을 망각할 뿐만 아니라 억눌린 백성들을 위해 올바른 판결을 내리지 못할 가능성이 농후하다. 그래서 왕에게 술은 어울리지 않는다. 굳이 술이

어울리는 사람들을 찾는다면, 육체적인 고통으로 죽을 지경에 이른 자들과 정신적인 근심을 호소하는 자들이다(6절). 그들이 술을 마신다면, 술기운으로 인해 잠시나마 육체적인 고통과 정신적인 근심에서 벗어날 수 있기 때문이다(7절).

> 8 "또 너는 입이 있어도 제대로 할말을 못하는 사람들의 입이 되어 진실을 말해주고, 힘없는 사람들의 대변자가 되어 그들을 옹호해주어라. 9 부디 너는 입을 열어 모든 일을 공정하게 재판하고, 가난하고 억눌린 사람들의 편이 되어 그들의 억울한 문제를 올바로 해결해주도록 하여라."

[해설과 성찰] 왕으로서 두 가지 금할 일(여색을 밝히지 말 것, 술을 즐기지 말 것)을 일러준 르무엘 왕의 어머니는 이제 왕 된 자가 왕의 임무를 감당할 때 가장 우선순위에 두고 적극적으로 행해야 할 일이 무엇인지를 일러준다. 곧 왕은 모쪼록 힘없는 자들의 편에 서서 그들의 대변자가 되어 억울한 사정을 올바로 해결해주는 공정한 재판관으로서의 역할과 책임을 다해야 한다(8-9절). 여기서 힘없는 자들은 고아, 과부, 나그네 등 전통적인 3대 약자를 비롯하여, 경제적으로 가난하고 사회적으로 소외된 모든 자들이다. 재물도 없고 권세도 없으며 돌봐줄 뒷배조차 없는 이들은 자칫 권세와 부를 지닌 힘 있는 자들의 먹잇감이 되어 착취와 학대의 대상이 되기 십상이다.

그래서 일찍이 하나님은 모세 율법을 통해 고아와 과부와 나그네를 해롭게 말라고 명하시면서, 해를 당한 그들이 부르짖으면 반드시 그 부르짖음을 들을 것이라고 말씀하셨고(출 22:21-23), 또한 하나님은 사람을 외모로 보지 아니하시고 뇌물을 받지 아니하시는 분으로서, 고아와 과부를 위하여 신원하시며 나그네를 사랑하셔서 그에게 식물과 의복을 주시는 분이라고 말씀하셨다(신 10:17-18). 더 나아가 시편 저자는

"그 거룩한 처소에 계신 하나님은 고아의 아버지이시며 과부의 재판장이시다."라고 읊었다(시 68:5).

세상의 왕들, 특히 이스라엘의 왕은 만왕의 왕이신 하나님께서 자신을 대신해서 일정 기간 동안 나라와 백성을 다스리도록 특별한 권세를 주셔서 왕위에 올려놓으신 하나님의 대리자다. 따라서 모든 왕들은 자신을 왕위에 앉히신 하나님의 뜻에 걸맞은 올바른 통치를 해야 할 의무와 책임이 있다. 그런데도 만일 왕이 자신을 세우신 하나님의 뜻을 거스르고 자기 마음대로 나라와 백성을 통치하면, 필연적으로 그 왕위는 무너지고 그 왕은 패망에 이르게 된다. 만왕의 왕이신 하나님은 그 기쁘신 뜻대로 세상의 왕들을 세우기도 하시고 폐하기도 하시기 때문이다(단 2:21). 지혜롭고 독실한 르무엘의 어머니는 아들 르무엘 왕에게 이런 사실을 일깨워준 것이다.

잠언의 부록 : 현숙한 아내 (31:10-31)

**10 누가 덕이 있는 현숙한 여인을 찾아 자기 아내로 맞을 수 있겠느냐.
참으로 그런 여인은 진주보다 더욱 값지다. 11 그런 현숙한 여인의
남편은 자기 아내를 진심으로 믿으니 부족한 것이 아무것도 없다.
12 그런 아내는 사는 날 동안 남편을 도와 잘 되게 하고, 한평생
아무런 해를 끼치지 않는다.**

[해설과 성찰] 잠언의 마지막 부분(31:10-31)은 일종의 부록 격으로, 따로 독립된 주제를 가진 단락이다. 그 주제는 '현숙한 아내'에 관한 것이다. 여기서 '현숙하다'(히, 하일)는 말은 '강하고, 용기 있다', '덕이 있고, 신실하다', '활동적이고, 인내하다' 등의 다양한 의미를 지닌 말이다. 종합하면, 신실한 여호와 신앙을 지닌 채 유덕하고 정숙한 행실로 부지런히 활동하면서 어떤 역경이 닥쳐도 인내하며 돌파해낼 수 있는 능력을

지닌 상태를 뜻한다고 볼 수 있다. 참으로 이상적인 여인상이 아닐 수 없다.

또한 이 마지막 부분은 잠언 중에서 독특하게 답관체(Acrostic, 각 절의 첫 단어 첫 자음이 히브리어 알파벳의 순서에 따라 차례대로 배열된 형식)로 이루어져 있다. 예컨대, 10절 첫 단어의 첫 자음은 히브리어 알파벳의 첫 글자인 '알레프'(א)이고, 11절 첫 단어의 첫 자 음은 히브리어 알파벳의 두 번째 글자인 '베트'(ב)다. 이런 식으로, 히브리어 알파벳 순서대로 각 절이 시작된다. 따라서 마지막 31절 첫 단어의 첫 자음은 히브리어 알파벳의 마지막 글자인 '타우'(ת)로 되어 있다.

지혜자는 여기서 이상적인 아내상으로 제시된 현숙한 여인의 모범적인 면모를 소개하고 있다. 진실로 하나님께서 인정하시고 사람이 기뻐할 만한 이상적인 아내상은 매사에 부지런하고 신실한 여인이다(13-27절). 위로는 하나님을 경외하고(30절), 안으로는 남편을 도와 잘 되게 하며(12, 23절), 자녀를 잘 양육함으로써(28절) 가정을 화목하게 이끌고 번성케 하는 여인이다(21, 27절). 그리고 밖으로는 이웃과 다른 이들에 대해 섬기는 자세로 헌신하고 봉사하는 여인이다(20절). 이 같은 여인은 정녕 모든 면에서 잠언의 가르침에 딱 부합하는 여인이라 할 수 있는데, 이런 여인을 아내로 얻는다면 그것은 값비싼 진주를 얻는 것보다 더욱 귀하고 가치 있는 일인 것이다(10절).

13 그녀는 또 양털과 삼을 구해다가 부지런히 손을 놀려 일하면서
베를 짠다. 14 마치 그녀는 먼 바다로 나가는 상인들의 배와 같아서
집밖 멀리까지 나가서 먹을거리를 구해오기도 한다. 15 또 그녀는
날이 밝기도 전 이른 새벽부터 일찍 일어나서 식구들을 위해 맛있는
음식을 준비하고, 집안의 여종들에게는 각자 일할 몫을 골고루 정해준
다. 16 또 밭을 살 때에는 주의 깊게 이것저것 잘 살펴본 다음에 사들이되,

자신이 직접 번 돈으로 포도밭을 사서 정성껏 가꾼다. [17] 그녀는 허리를 질끈 동여매고 두 팔을 걷어붙인 채 힘차게 일한다. [18] 그녀는 땀 흘려 일하는 보람과 유익을 잘 알아서 밤늦게까지 등불을 끄지 않고 열심히 일한다. [19] 그녀는 손수 실을 뽑고 베를 짜는데, 한 손을 물레 가락에 대고 다른 한 손으로는 솜뭉치를 잡고 물레질을 한다.

[해설과 성찰] 현숙한 아내의 성실하고 부지런하며 신중한 면모가 소개되고 있다. 13절의 '양털과 삼'은 당시 팔레스타인에서 직물의 주요 재료로 사용되었고, 19절의 '물레 가락'은 베 짜는 과정에서 물레(솜이나 털을 자아서 실을 만드는 틀)로 실을 자를 때, 고치솜에서 풀려나오는 실이 감기는 대략 한 뼘 정도 길이의 뾰족한 쇠꼬챙이를 말한다. 잠언은 물레를 돌려 실을 뽑는 일, 곧 물레질하는 것을 현숙한 여인의 부지런함 및 유능함으로 보고 있다.

본문에서 그녀는 남다른 생활력이 있어서 허리를 동여매고 두 팔을 걷어붙인 채 힘차게 일함으로써 밖에서 먹을거리를 구해와 집안사람들을 먹여 살린다(14, 17절). 뿐만 아니라 부지런히 손을 놀려 밤늦도록 물레질하여 실을 뽑고 베를 짜며(13, 18-19절), 집안의 아랫사람들에게 알맞게 일거리를 분배하고(15절), 밭을 살 때에는 이것저것 신중하게 살펴 실수가 없다(16절).

그렇다면 잠언의 현숙한 여인은 오늘날의 여인들에게 실제적인 모델이 될 수 있는가? 비록 힘들고 어렵기는 하겠지만, 실제적인 모델이 될 수 있다. 잠언의 현숙한 여인은 비현실적인 여성상을 이상적으로만 공허하게 묘사한 것이 아니다. 하나님을 경외하는 경건한 신앙 위에 서서, 자기 삶을 부지런하고 지혜롭게 물레질해 나간다면 그녀는 잠언의 현숙한 아내 못지않게 가정에서, 사회에서, 일터에서, 공동체에서 아름답고 빛나는 인생의 피륙을 자아낼 수 있을 것이다.

20 그녀는 또 손을 펴서 가난한 자들을 힘껏 돕고, 손을 내밀어 궁핍한
자들을 정성껏 돌본다. 21 또 그녀는 자주색 좋은 옷으로 집안 식구
모두를 따뜻하게 입히니, 한겨울에 눈이 펑펑 내려도 아무 걱정도
하지 않는다. 22 그녀는 손수 자기 이부자리를 만들고, 고운 모시옷과
아름다운 자주색 옷을 지어 입는다. 23 그러니 그런 현숙한 아내를
둔 남편은 성문에서 그곳 성읍의 장로들 가운데 함께 앉고 뭇 사람들의
존경을 한 몸에 받는다. 24 또 그녀는 모시로 고운 베옷을 지어서
팔고, 허리에 두르는 띠를 만들어 상인들에게 넘긴다. 25 그녀에게는
능력과 기품이 있으니 앞날에 대한 걱정과 두려움이 전혀 없다.

[해설과 성찰] 현숙한 여인의 헌신적인 삶과 유능한 삶, 그리고 남편을 일으켜 세우는 탁월한 내조의 삶이 소개되고 있다. 현숙한 여인은 집안을 잘 보살필 뿐만 아니라 집 밖의 가난하고 궁핍한 자들도 헌신적으로 보살핀다(20절). 그녀는 유능해서 제 손으로 손수 이부자리와 고운 옷을 지어 식구들을 따뜻하게 덮이고 맵시 있게 입힌다(21-22절). 이에 그치지 않고, 곱게 만든 옷과 띠 등을 상인들에게 팔아 이윤을 남겨 집안 살림에 보탠다(24절). 그러니 그녀의 앞날에는 아무런 걱정이나 두려움이 있을 수 없다(25절).

여기서 특히 주목을 끄는 점은, 현숙한 여인의 남편은 다른 장로들과 함께 성문에 앉는다는 표현이다(23절). 고대 성읍의 성문 앞 넓은 광장은 많은 사람들이 왕래하던 곳으로, 매매와 재판과 토론 등이 이루어지는 공적인 장소였다. 그런 곳에 자리를 잡고 앉을 수 있다는 것은, 그녀의 남편이 성읍의 영향력 있는 유지임을 나타내는데, 그것은 현숙한 여인의 탁월한 내조 덕분임을 암시한다.

26 그녀는 또 입술을 열어 말할 때마다 지혜로운 말을 하고, 혀를
움직여 따뜻한 훈계의 말로 사람의 마음을 다독인다. 27 그녀는 또

집안의 크고 작은 일들을 두루 잘 돌보고, 일하지 않고 가만 앉아서
얻은 양식은 먹지 않는다. 28 그러므로 그녀의 자녀들이 다 함께 일어나
서 자기 어머니를 찬양하고, 그녀의 남편도 자기 아내를 칭찬하며
이르기를, 29 '세상에는 덕을 끼치는 훌륭한 여인들이 많다지만, 당신은
참으로 그 모든 여인들 가운데서도 가장 탁월하구려!'라고 한다. 30
진실로 고운 것도 거짓되고, 아름다운 것도 헛되지만, 주님을 경외하는
여인은 두고두고 칭송을 받을 것이다. 31 이처럼 현숙한 여인은 자기
손으로 직접 일해서 얻은 결실을 자신이 다 거두게 될 것이고, 또한
그녀 자신이 행한 모든 선한 일들로 인하여 성문 어귀의 광장에서
뭇 사람들에게 널리 칭찬을 받을 것이다.

[해설과 성찰] 다른 이들에게 용기와 위로를 주는 현숙한 여인의 지혜롭고 따뜻한 말과 혀(26절), 집안의 대소사를 잘 보살피는 가운데 땀 흘려 먹을거리를 힘써 구하는 그녀의 부지런하고 성실한 손발이 묘사되었다(27절). 그 결과, 자녀들에게 칭송받고(28절), 남편에게 인정받고 존중받으며(29절), 또한 성읍의 뭇 사람들에게서 칭찬을 받는다(31절). 그렇다면 그녀가 모든 이들에게서 그러한 모든 칭송과 인정과 존중과 칭찬을 받게 된 근본적인 원인은 어디에 있는 것일까?

잠언의 지혜자는 그 근원을 분명히 밝히고 있다. "진실로 고운 것도 거짓되고, 아름다운 것도 헛되지만, 주님을 경외하는 여인은 두고두고 칭송을 받으리라."(30절). 즉, 현숙한 여인은 세상 기준으로 곱고 아름다운 여인에 그치는 것이 아니라, 무엇보다 '주님을 경외하는' 여인이다. 그리고 잠언의 대주제는 "주님을 경외하는 것이 모든 지식과 명철과 지혜의 근본"이라는 것이다(1:7; 9:10). 그러므로 현숙한 여인은 삶의 모든 면에서 명철하고 지혜롭게 행하는 여인이기에, 이처럼 모든 이들에게 인정받고 존중받으며 칭송받는 아름답고 빛나는 삶을 살아갈 수 있는 것이다.

이처럼 잠언의 현숙한 여인은 경건하고 부지런하며 신실하고 유능하며 지혜로운 여인이기에, 오늘날의 여인들이 본으로 삼기에는 심히 벅차 보인다. 하지만 그녀에게서 배워야 할 핵심적인 교훈은 겉으로 드러나는 이런저런 행실들 하나하나가 아니라 마음속에 깃든 한결같은 삶의 원칙과 기준이다.

무엇보다 그녀의 좋은 성품과 유능한 능력, 그리고 훌륭한 성취는 주님을 경외하는 데서부터 비롯되었다. 바로 그것이 그녀의 핵심 덕목으로서, 오늘날 여인들이 반드시 본받아야 할 필수 요소다. 그런 필수 요소가 올바로 갖춰지면, 그녀는 자연스럽게 주님의 말씀대로 살아가겠다는 다짐과 노력을 하게 될 것이다.

그리고 그렇게 되면, 그녀는 게으름을 피우지 않고 우선은 자신과 자기 가정에 대해 충실하게 되고, 이웃과 다른 이들을 위해 헌신하고 봉사하는 데까지 나아갈 수 있다. 이처럼 이웃과 다른 이들을 위한 헌신과 봉사는 그녀를 지치게 하는 것이 아니라 더욱 활력 있게 만들어주어 매일 생동감 있는 삶을 살아가게 만든다. 이렇게 주어진 하루하루를 신앙 안에서 성실하고 부지런하게 살아가다 보면, 어느덧 잠언의 현숙한 여인과 유사한 삶을 살고 있는 자기 자신을 발견하게 될 것이다.

물론, 잠언의 마지막 부분에 소개된 '현숙한 여인'에 대한 고찰은 일차적으로는 '가정을 지닌 아내들'을 대상으로 삼은 것이다. 하지만 이는 결혼 관계를 떠나 모든 여인들에게도 다소간에 적용되는 것이다. 나아가 입장과 처지를 바꾸어 생각하면, 모든 남성들에게도 역시 두루 적용되는 교훈이다. 남자들 역시 현숙한 아내처럼 주님을 경외하고 삶에 성실하고 충실하며 이웃에 봉사하는 현숙한 남편이 되고 현숙한 남자가 되어야 하는 것이다.

잠언을 덮기 전에 꼭 명심해야 할 것이 있다. 거듭 강조한 바이지만,

성경의 잠언 책에 나타난 여러 가르침과 훈계들이 기존의 여러 가르침이나 명상이나 격언 등과 유사한 점이 많다. 그래서 자칫 잠언의 가르침과 훈계들을 세상 사람들의 일개 경구나 속담이나 격언, 또는 명언이나 금언 정도로 취급할 우려가 있다. 그래선 안 된다. 그런 생각은 잠언의 근본을 망각한 잘못된 생각이다.

잠언의 근본은 '여호와 경외'에 있다. 따라서 여호와 경외가 밑바탕에 깔려 있지 않은 모든 훈계나 가르침, 격언이나 속담은 그저 사람들의 좋은 말에 불과할 따름이다. 그런 격언이나 속담이나 명언은 그저 사람의 교양이나 삶을 조금 진전시킬 뿐 사람을 구원과 생명의 길로 인도하지 못한다. 그 속에 살아 숨 쉬는 성령의 능력이 없기 때문이다.

그러나 성경의 잠언은 비록 사람에 의해 말해지고 편집되긴 했으나, 어디까지나 성령이 간섭하고 사역하셨다. 잠언 하나하나 속에는 '여호와 경외 사상'이 짙게 깔려 있고, 그래서 매 잠언이 궁극적으로 사람을 여호와께로 인도하여 마침내 구원과 생명의 삶에 이르게 한다. 바로 이것이 세상의 명언이나 격언과는 근본적으로 궤를 달리하는 성경 잠언의 고유한 특성이다. 이런 점을 밝히 알고서, 우리는 손 모아 기도하는 심령으로 '주님(여호와) 앞에서' 잠언 한 구절 한 구절을 주의 깊게 읽고 묵상하는 가운데 내 삶을 성찰해 보아야 한다.

전도서

하나님을 경외하는 것이 사람의 본분

무얼 찾고 무얼 얻으려 하는가
해 아래 있는 걸 왜 추구하는가
그러나 솔로몬은 누릴 수 있었네
해 아래 있는 모든 것을 누렸네

권세와 영예의 절정에 치닫고
향략과 지혜의 바다도 헤엄쳤지만
돌아보면 봄날의 한 자락 꿈
여름밤의 뿌연 안개처럼 헛되네

무얼 하러 이 세상에 왔는가
허공에 손 휘저으며 무얼 찾는가
사막의 신기루 같은 욕망을 찾아
방황하는 사람아, 꿈을 깨어라

눈을 들어 해 위를 바라보고
해 아래에 없는 기쁨을 누려라
영생복락은 주를 경외하고
그 계명을 지키는 데에 있는 것을

서론

솔로몬 왕의 지혜가 농축된 전도서의 대강

"폐하, 공기가 차갑습니다. 행여 옥체라도 상할까 적이 우려되오니, 이제 그만 안으로 드시옵소서!"

신하의 재촉에도 불구하고 왕은 아무런 반응이 없다. 노년기에 이른 왕은 예루살렘 궁중의 평평한 지붕 위에 올라 한쪽 난간에 몸을 기댄 채 저물어가는 석양을 하염없이 바라볼 뿐이다. 하늘을 붉게 물들인 저녁노을은 참으로 아름다웠지만, 어쩐지 왕의 뒷모습은 처연하고 쓸쓸해 보인다. 살아온 인생에 이런저런 회한이 많은 듯 더러 탄식 섞인 한숨을 길게 내쉰다. 시간이 얼마쯤 또 흘렀을까? 낮의 뜨거운 열기는 이미 식었고 예루살렘의 밤공기는 시시각각 차가워진다. 신하가 안절부절못하며 다시금 왕께 아뢴다.

"폐하, 이제 그만 안으로 드시옵소서. 공기가 차가워 옥체가 상할까 염려됩니다."

신하의 재촉에 왕은 마지못해 몸을 돌이킨다. 솔로몬 왕이다. 다윗의 아들로서 20대 안팎의 젊디젊은 나이에 예루살렘에서 왕위에 올라 이스라엘을 40년 가까이 다스리고 있는 왕이다(주전 970-930년경). 즉위 초기에 기브온 산당에서 하나님께 일천 번제의 제사를 드린 기도의 응답으로 솔로몬 왕은 하나님께로부터 나라와 백성을 다스릴 지혜의 은사를 얻었고, 게다가 세상의 모든 부귀영화까지 약속받았다. 그리하여 부왕 다윗이 물려준 광대한 영토와 탄탄한 왕국의 기반 위에서 솔로몬 왕은 이스라엘 최고의 황금기를 구가하며 아무런 전쟁 없는 태평성대의 세월을 보냈다.

솔로몬은 나라 안팎의 모든 이들에게서 '지혜의 왕'이란 찬사를 들으며 수많은 잠언들과 노래들을 지었고, 아주 어려운 재판들도 쾌도난마처럼 명쾌하고 올바르게 판결을 내려 모두를 놀라게 했다. 무엇보다도 이스라엘의 오랜 숙원이었던 하나님의 성전을 7년에 걸쳐 건축하였고(주전 959년경), 곧이어 13년에 걸쳐 왕 자신이 머물 궁궐도 세상의 어느 왕궁 못지않게 레바논의 백향목과 온갖 값비싼 보석들과 진귀한 상아들로 호화찬란하게 지었다(946년경).

지혜롭고 명철한 왕의 통치하에 나라는 일취월장 부강해졌고, 왕은 세상의 모든 부귀영화를 마음껏 누렸으며, 백성들은 저마다 자기들의 양식을 풍족히 먹으면서 집집마다 웃음꽃을 피우고 있었다. 그런 세월이 오래도록 이어졌다. 그런데…. 그런데 왜 노년기에 이른 왕의 뒷모습이 마치 서산에 지는 석양처럼 처연하고 쓸쓸해 보이는 것일까? 세상에 부족할 것 하나 없이 보이는 그의 풍요로운 인생에 무슨 후회와 회한이 그리 남아있는 것일까?

이 의문에 대한 해답은, 바로 부족할 것 하나 없었던 솔로몬 왕의 풍요롭고 호화로운 삶 자체에 있었다. 그런 부귀영화의 삶이 처음에는 감사요 기쁨이며 만족이었다. 하지만 날이 가고 해가 갈수록 그것은 당연히 주어지는 일상이 되었고, 나아가 그저 그렇고 그런 권태가 되었다. 어느새 부귀영화에 중독된 것이다.

정신을 바짝 차리고 삼가 근신하면서 하나님의 말씀을 좇아 행하던 청년기와 중년기가 지나고, 세상의 부귀영화와 수많은 처첩들에 흠뻑 빠져 거기에 중독 된 노년기에 이르게 되자, 그의 삶은 방만하고 해이해져 하나님을 깜빡깜빡 망각하고 순간순간 떠나는 지경에 이르렀다. 그 결과, 왕은 하나님이 가장 싫어하고 미워하는 이방 우상을 자신이 다스리는 이스라엘 땅에 허용하는 비극적인 상황을 연출하고 말았다.

솔로몬 왕이 이스라엘 땅에 이방 우상을 허용하게 된 직접적인 계기는 그가 취한 수많은 이방의 처첩들 때문이었다. 이방 나라들과의 친선 외교 때문이든, 개인적인 사랑이나 욕망 때문이든, 왕은 이집트, 모압, 암몬, 에돔, 헷, 두로, 시돈 등 주변의 이방 나라 각처에서 수많은 후궁들과 첩들을 취했는데, 그 수효가 실로 엄청났다. 후궁이 무려 700명이었고, 첩이 300명이었다(왕상 11:3).

바로 이 같은 이방의 처첩들이 솔로몬 왕의 마음을 하나님에게서 돌아서게 했고, 그 결과 왕은 이방의 처첩들이 각자 원하는 대로 자기들 나라의 신들을 마음껏 숭배할 수 있도록 이스라엘 땅에 우상의 산당을 지어주었다. 그래서 솔로몬 왕이 통치하던 이스라엘 땅에 아스다롯, 밀곰, 그모스, 몰록 같은 이방 우상들이 버젓이 세워져 여러 가증한 방식으로 숭배되고 있었다. 이에 하나님은 크게 진노하셨고, 솔로몬에게서 나라를 빼앗아 그의 신하에게 넘겨줄 계획을 가지셨다. 하지만 솔로몬의 부왕인 신실한 다윗을 생각해서 하나님은 솔로몬 당대에는 그 계획을 실현시키지 않으셨고, 그의 아들인 르호보암 대에 이르러 실현시키셨다(주전 930년경).

솔로몬 왕이 이방 우상을 이스라엘 땅에 허용한 이후, 나라는 하루가 다르게 쇠퇴하기 시작했다. 나라 도처에서 반란의 조짐이 보였고, 백성들의 집집마다 웃음소리가 그치고 탄식소리가 흘러나왔다. 왕의 통치 권위도 예전과 달랐다. 백성들은 더 이상 순종적이지 않았고, 지금껏 고분고분 조공을 잘 바치던 주변 나라들도 여러 핑계를 대며 조공을 바치려 하지 않았다. 국력은 기울었고, 왕좌는 흔들렸다. 왕의 권위가 떨어졌고, 민심은 흉흉했다.

영민한 솔로몬 왕이 이 같은 위태로운 조짐과 심각한 상황을 모를 리 없었다. 참 좋았던 지난 세월이 주마등처럼 지나갔고, 자신의 삶이 허무하게 느껴지기 시작했다. 해 아래 세상에서의 모든 부귀영화가 바람을 잡은 듯 무상하고 공허했다. 무언가 일이 크게 잘못된 것을 깨달았다. 하나님 앞에 자신의 모습이 한없이 초라하게 느껴졌다. 처첩들에게 휘둘려 이방 우상을 허용한 자신의 행동이 많이 후회되었다. 늦었지만, 이제라도 모든 것을 다시 되돌리고픈 심경이었다. 또 반드시 그리하겠노라 마음먹었다. 이런저런 생각으로 왕은 시간 가는 줄 모르고 왕궁 지붕에서 저 멀리 서산으로 지는 석양을 바라보며 처연한 모습으로 깊은 상념과 회한에 깊이 젖었던 것이다.

다섯 권(욥기, 시편, 잠언, 전도서, 아가)으로 구성된 성경의 시가서(詩歌書) 중 잠언, 전도서, 아가를 흔히 '솔로몬의 3부작'으로 일컫는다. 이들 3권 가운데 '아가'는 솔로몬이 갓 왕위에 오른 그의 20대 청년기에 쓴 순결한 사랑의 연가이고, '잠언'은 한창 성숙한 40대 중년기에 쓴 교훈들이다. 그리고 '전도서'는 황혼에 다다른 그의 60대 안팎의 노년기에 쓴 자서전적인 고백록이다.

이처럼 전도서는 '해 아래' 모든 부귀영화를 누려본 한 노왕(老王)이 자신의 체험을 바탕으로 인생을 돌이켜 성찰하는 신앙고백적인 간증록(干證錄)이라 볼 수 있다. 그 핵심 내용은 분명하다. 하나님 없는, 또는 하나님을 망각하거나 하나님을 떠난 '해 아래' 인생의 모든 것은 결국 헛되고 허무하며, 인생의 참된 가치와 의미는 오직 '해 위의' 하나님에게서만 발견할 수 있다는 것이다.

이런 관점에서 전도서는 두 가지 뚜렷한 특성을 지닌다.

첫째는, 유신론(有神論) 사상이다. 전도서를 얼핏 읽으면, 이 책에는 숙명론, 염세주의, 불가지론, 인본주의, 쾌락주의 등 무신론 사상이 도드라지고 유신론 사상이 없는 책인 양 보인다. 그러나 그 모든 표현은 유신론 사상을 드러내기 위한 역설적인 표현일 뿐이다. 그래서 이 책의 결론은 그 모든 무신론 사상을 부정하고, 오직 유일신 하나님만을 최대의 가치와 의미로 제시한다(12:13-14).

둘째는, 역설적(逆說的) 교훈이다. '해 아래 있는' 세상 것들의 가치와 의미를 철저하게 헛되고 허무한 것으로 강조함으로써, 역설적으로 '해 위에 있는' 하늘의 것들 곧 하나님께 속한 것들만이 참된 가치와 의미를 지니고 있다는 사실을 일깨워준다.

전도서에는 '헛되다'란 단어가 무려 37회나 나타나고, '해 아래'(이 세상에서)란 표현은 29회나 등장한다. 요컨대, 해 아래 있는 세상 것들은 모두 헛되고 헛될 뿐이라는 것이 전도자의 진솔한 고백이다. 이 고백은 그저 머릿속으로 성찰한바 관념적이고 추상적인 고백이 아니라, 자신의 온몸과 손발로 해 아래 세상 것들을 전부 추구하고 모조리 누려본 자의 체험적인 고백이다.

그러하기에 얼핏 읽으면, 전도서의 여러 부분이 허무주의나 염세주의, 숙명론이나 유물론, 불가지론이나 무신론 등을 피력하고 있는 듯이 보인다(1:13; 3:19-21; 4:2; 7:13 등). 그래서 한때는 이 책의 영감성(靈感性)에 상당한 의문을 품고 성경의 정경(正經) 66권에 포함시키기를 거부하던 학자들도 있었다. 하지만 그때마다 치열한 토론과 정확한 연구, 그리고 면밀한 검토를 거쳐 이 책의 영감성이 확인되었고, 그 결과 정경 편입에서 제외되는 일은 없었다.

그렇다면 전도자가 이 책을 통해 진정으로 말하고자 한 것은 무엇인가? 우리는 전도서의 결론 부분에서 그것을 발견할 수 있다. 전도자는 세상일의 결국을 다 말한 후에 "하나님을 경외하고 그분의 명령을 지키는 것이 모든 사람의 본분이다."라고 분명하게 결론지었고(12:13), 그런즉 모든 사람은 장차 있을 하나님의 심판을 의식하면서 오직 그분 앞에서 참되게 살아가야 한다고 말한 것이다(12:14). 전도자는 한때 하나님을 망각하고 떠난 자신의 쓰라린 체험을 바탕으로 이 진리를 뼈저리게 깨달은 것이다.

그러므로 우리는 전도서의 결론 부분(12:13-14)의 말씀에 비추어 이 책을 바라보고 이해해야 한다. 쉽게 요약하면, 하나님을 믿고 그분께서 설정해주신 말씀의 울타리 안에서 살아가는 인생은 의미 있고 가치 있는 영생의 삶인 반면, 그 울타리와 가이드라인을 벗어나 세상의 것들을 추구하는 인생은 그 자체가 무의미하고 허무한 패망의 삶인 것이다.

마치 물고기가 물을 떠나서는 그 존재 의의가 사라지듯, 사람은 창조주 하나님을 떠나서는 그 본분과 의미를 어디에서도 찾을 수 없다. 진실로 모든 사람은 오직 창조주 하나님과의 올바른 관계 하에서만 그 참된 존재의 의미와 가치를 보장받을 수 있게끔 조성된 것이다. 전도서는 전도자의 실제적인 삶을 통해 이것을 역설적으로 실험하여 분명하게 입증한 생생한 인생 실험 보고서라 할 수 있다.

그러하기에 본서의 저자가 이 책을 기록한 목적은 자명하다.

첫째, 자신의 실제적인 경험을 토대로 하여 하나님 없는 인생, 또는 하나님을 떠났거나 망각한 인생의 모든 부귀영화로는 결코 만족함을 얻을 수 없고, 결국 그 모든 것들이 헛되고 무의미할 뿐이라는 사실을 일깨워주기 위해 이 책을 기록하였다.

둘째, 그처럼 하나님 없는 '해 아래' 인생의 철저한 헛됨과 허무함을 통해 오직 '해 위의' 하나님을 추구하고, 그분과 올바른 관계를 회복하는 것만이 인생의 참 본분이요 영원한 가치와 의미임을 교훈하기 위해 이 책을 기록하였다.

1
모든 것이 헛되다

모든 것이 헛되고 헛되네
해 아래서 얻을 게 무엇이냐
시간은 오가고 해는 뜨고 지는데
한 세대가 가고 또 한 세대가 오네

헛되고 헛된 인생 (1:1-11)

(1) 다윗의 아들이요 예루살렘의 왕인 전도자 솔로몬의 말이다.

본서의 저자가 '솔로몬'(Solomon) 왕임을 밝히 보여주고 있다. 여기서 솔로몬 왕은 '전도자'(히, 코헬렛)로 소개되었는데, 이 말은 '소집하다' 또는 '불러 모으다'란 뜻의 히브리어 '콰할'에서 파생된 말로, 곧 '회중을 불러 모으는 자'란 의미다. 그가 회중을 불러 모으는 까닭은 그들에게 가르치고 설교하기 위함이다. 따라서 여기 전도자(傳道者)란 '모여든 회중에게 설교하여 가르치는 자'를 가리킨다.

(2-7) 전도자가 말한다. "헛되도다. 헛되도다. 참으로 헛되고 헛되니 모든 것이 다 헛되도다! 사람이 해 아래 세상에서 힘써 수고하여 무엇을 얻은들, 그것이 도대체 무슨 소용이 있단 말인가. 한 세대가 가고 또 한 세대가 오지만, 세상은 변함없이 언제까지나 그대로 있을

뿐이고, 해는 여전히 떴다가 또 여전히 져서 본래 떴던 제자리로 서둘러 돌아가고, 바람은 남쪽으로 불다가 갑자기 북쪽으로 돌이켜 이리저리 돌고 돌며 불고 불다가, 본래 불던 제자리로 다시 돌아가고, 모든 강물은 흐르고 흘러 바다로 다 들어가지만 바다를 가득 채우지 못하고, 또 처음 흘러나왔던 제자리로 되돌아가서 바다로 또다시 흘러가는구나."

전도자는 해 아래 세상에서의 모든 수고와 현상들이 공허하고 헛되다는 사실을 한숨 쉬듯 토로하고 있다. 한 세대가 오고 한 세대가 가는 세상의 돌아가는 이치도 그렇고, 일몰과 일출 및 바람과 강물 등 자연의 모든 현상들도 마치 다람쥐 쳇바퀴 돌 듯 매번 똑같은 현상의 반복이라는 사실을 통해 그것들의 헛됨을 토로하고 있다.

여기서 '헛되다'(히, 헤벨)란 말은 추운 날에 숨을 내쉴 때 나오는 입김 같은 짧은 기운(사 57:13)이나 안개(잠 21:6)를 가리키는 말이다. 이 말은 전도서에 37회나 나타난다. 결국 이 말은 시간적으로는 매우 짧은 순간을, 질적으로는 전혀 무익하고 덧없음을 의미한다(약 4:14). 특히 '헛되고 헛되니'란 말은 강조적인 표현으로, 그런 헛된 것들 중에서도 더욱 헛된 것이란 뜻의 최상급 표현인데, 더는 바라고 소망할 만한 것이 아무것도 없는 완전히 덧없고 허무한 상태를 일컫는다.

그렇다면 해 아래 세상에서의 모든 수고와 현상들, 곧 우리네 인생의 삶은 정말로 추운 날에 허공으로 사라지는 한줌 입김처럼 아무런 가치가 없고 무의미한 것일까? 전도자는 지식, 일, 쾌락, 명성, 재물, 권력, 건축 등 자신이 추구하려 했던 모든 것들에 대해서, '헛되고 헛되다'라고 결론내리고 있다. 그렇지만 전도자는 그 헛됨이 '해 아래에서' 이루어지고 있다고 매번 강조한다. 전도서에서 그 말은 29회나 반복되고 있다.

그렇다면 '해 위에서'의 삶 곧 하늘의 하나님과 함께하는 삶은 어떠할까? 바로 그것이 이 책의 마지막 부분에서 전도자가 회중에게 충고해주고 있는 핵심 메시지다. 해 아래 인생, 곧 하나님 없는 인생은 헛되고 헛되어 아무런 의미와 가치가 없지만, '해 위에' 계시는 하나님과 더불어 살아갈 때 그제야 해 아래 모든 인생이 비로소 그 가치와 의미를 지니게 된다는 것이다.

화가들은 인생의 허무감을 표현할 때 만개(滿開)된 화사한 꽃을 그렸다. 인생의 허무함을 표현하려면 흰머리에 이빨이 빠지고 등이 굽고 지팡이 하나 짚고 석양을 향해 걸어가는 촌로(村老)의 모습을 그려야 할 텐데 화가들은 왜 화사하게 피어있는 꽃으로, 아름다운 자태를 자랑하고 있는 꽃으로 인생의 허무함을 표현하려 할까?

북유럽에 '바니타스'라는 장르의 미술 화풍이 있다. 지중해와 영국의 라인 지방을 잇는 교통의 십자로에 위치한 지리적 여건으로 북유럽 시민들은 전대에 비해 풍성했다. 그러나 삶이 즐거우면 다가오는 죽음도 아쉬울 수밖에 없다. 그래서 북유럽, 그 중에서도 엠브로시우스 보스샤르트('꽃이 있는 화병'의 작가)를 비롯한 벨기에의 화가들은 화병에 꽂혀져 있는 꽃이나 과일을 그리면서 인생의 허무함을 드러냈다. 왜 아름다운 꽃이 허무의 상징일까? 아름다웠기에, 화사했기에 지고 나면 더 허무할 수밖에 없다. 미인일수록 늙게 되면 더 허무하고 대통령은 권력이 사라졌을 때 더 허무하고 부자들이 거금을 놔두고 죽어야 할 때 그 허무감은 더 심각할 수밖에 없음을 화병의 화사한 꽃으로 표현했을 것이다. 예루살렘의 코헬렛(전도자)는 오래전에 이미 부귀영화의 허무함을 깨닫고 예루살렘을 찾는 방문객들에게 '허무를 극복하는 법'을 가르치고 있는 것이다.

> (8-11) 이처럼 세상 만물은 온통 지쳐 있어서 그 피곤함을 이루 다 말할 수 없으니, 사람의 눈은 아무리 많은 것을 보고 또 보아도 만족할 줄을 모르고, 사람의 귀는 아무리 많은 것을 듣고 또 들어도 채워지는 법이 없구나. 이미 있었던 것들이 훗날에도 다시 있을 것이고, 이미

일어났던 일들이 훗날에도 다시 일어날 것이니, 해 아래 세상에는 새로운 것이란 없구나. 그러니 "보라, 이것이야말로 새로운 것이다!"라고 내세울 만한 것이 과연 있으랴. 사실 그것은 이미 오래전부터 있었던 것, 우리 시대 이전에도 있었던 일이로다. 누군들 이전 세대의 일을 기억하랴. 지나간 세대는 지금 세대의 기억 속에서 다 사라지고, 앞으로 오고 올 모든 세대들도 그 다음 세대의 기억 속에서 영영 사라지고 말 것이다.

만물의 주인공인 인생의 수고가 해 아래에서 단조롭고 허무한 것처럼, 자연 만상의 무엇을 보고 어디를 보더라도 동일한 반복만 거듭될 뿐 새로운 것이라곤 전혀 없어 그냥 짜증스럽고 싫증만 날 뿐이라는 말이다.

이처럼 전도자는 '해 아래' 이 세상에 새로운 것은 하나도 없다고 말하고 있다. 비록 사람이 무엇을 새롭게 발명한다고 해도 그 새로움은 이내 시간 속에서 옛것이 되기 때문에, 진정한 의미에서 땅 위의 삶은 오래전의 것과 같은 것이고 새로운 것이 하나도 없다는 것이 전도자의 시각이다. 게다가 문명의 분야가 아니라, 쉽게 변치 않는 사람의 속성과 매일 반복되는 자연의 분야에서 살필 때에는 더욱 더 새로운 것이란 있을 수 없다고 보았다.

그래서 해 아래 세상 만물은 그러한 단조로운 반복으로 인해 피곤하여 탄식하고, 그 결과 세상 만물이 우리 인생에게 안겨주는 것 역시 피곤함과 탄식뿐이라는 것이다. 이런 맥락에서 후일 사도 바울은 해 아래 있는 모든 피조물이 우리 인생들과 함께 탄식하며 함께 고통을 겪고 있다고 진술하였다(롬 8:22).

세상 지혜의 덧없음 (1:12-18)

(12-15) 나 전도자는 이스라엘의 왕이 되어 예루살렘 궁궐에서 지내는

동안에, 하늘 아래 세상에서 일어나고 있는 온갖 일들의 이치를 깨닫기 위해 온갖 지혜를 짜내 깊이 연구하고 살폈도다. 그러나 인생은 온통 괴로움뿐! 나는 깊이 탄식하기를 "아, 하나님께서는 어찌하여 인생들에게 이리도 무거운 짐을 지워 평생 수고하게 하셨는가!" 하였도다. 내가 하늘 아래 세상에서 일어나고 있는 모든 일들을 깊이 살펴보았는데, 그것은 다 헛되고 허무할 뿐이니 마치 바람을 잡으려는 것과 같구나. 구부러진 것은 똑바로 펼 수 없고, 부족한 것은 더 이상 채울 수가 없구나.

하나님께 지혜와 명철의 은사를 받은 전도자 솔로몬 왕은 그 지혜와 명철로써 세상사 온갖 일들의 이치를 깊이 연구하고 살폈다. 그래서 그는 세상에 널리 알려진 탁월한 현자가 되어 3천 개의 잠언을 말하였고, 1천 다섯 편의 노래를 지었다. 뿐만 아니라 자연의 모든 식물들과 동물들에 대하여 모르는 게 없을 정도로 해박하였다(왕상 4:32-33). 게다가 그는 인생이 누릴 수 있는 최고, 최대의 부귀영화를 마음껏 누렸다. 매일 산해진미를 맛보았고, 위대한 건축물들도 많이 지었으며, 무려 일천 명에 달하는 처첩도 두었다(왕상 11:3).

그런 솔로몬 왕이 인생 말년에 이르러 깨달은 진리는 참으로 허망한 것이었다. 해 아래 세상에서의 모든 수고는 마치 바람을 손안에 움켜쥐려고 하는 것처럼 허무하고, 인생은 온통 괴로움으로 가득 찼으며, 세상사의 구부러진 것들을 똑바로 펼 수도 없고, 인생의 부족한 것들에 대해 채우고 또 채워도 다 채울 수 없다는 것이었다. 그런 까닭은, 하나님께서 인생들에게 무거운 짐을 지워 일평생 수고롭게 하셨기 때문이라고 결론지었다.

그렇다면 전도자가 깊이 연구하고 살펴본 대로 하나님은 정말로 인생들에게 괴로운 짐을 지워주셨는가? 이 물음에 대해선 전도자의 결론에 동의하여 "그렇다"라고 답할 수 있다. 태초 에덴동산에서의 타락 이후,

사람은 기본적으로 생계의 수고와 출산의 고통, 그리고 마침내 죽음이라는 필연적인 저주하에 놓이게 되었다(창 3:16-19).

그래서 사람은 해 아래 세상에서 무엇을 행하고 어떤 업적을 쌓든 궁극적으로는 허무와 공허에 이를 수밖에 없다. 해 아래에 살고 있는 모든 인생들 위에 짙게 드리워져 있는 죽음의 그늘에서 아무도 벗어날 수 없기 때문이다. 그래서 이 문제를 해결하기 위해서는 '해 위에' 계시는 하나님을 바라보고 그분을 추구하며 그분께 소망을 두어야 한다는 것이 이 책의 결론이다(12:13-14).

(16-18) 그때에 나는 혼자 마음속으로 이런 생각을 해 보았다. '나는 지혜를 많이 쌓았지 않았는가. 이전에 나보다 먼저 예루살렘에서 다스리던 그 누구보다도, 나는 더 많은 지혜를 쌓았고 더 많은 지식을 얻었지 않았는가.' 그래서 나는 무엇이 지혜롭고 슬기로운 일인지, 무엇이 어리석고 미련한 짓인지를 알아보려고 온 마음을 다 쏟아 깊이 살펴보았다. 그러나 그것이 다 헛된 일! 그처럼 알려고 애쓰고 힘쓰는 그것 또한 하늘의 뜬구름을 잡으려는 것처럼 모두 부질없는 일이었다. 오호라, 지혜가 많을수록 근심도 더욱 많고, 아는 것이 많을수록 걱정도 더욱 쌓이는구나.

솔로몬 왕은 즉위 초기에 기브온 산당에 올라가 일천 번제의 제사를 하나님께 드렸고, 그 기도의 응답으로 지혜의 은사를 받았다(왕상 3:4-12). 그 결과, 솔로몬 왕의 지혜는 이스라엘 모든 왕들을 통틀어 전무후무하게 탁월했고, 그 사실은 국내외를 막론하고 자타 모두가 이론의 여지없이 공인하는 바였다(왕상 4:30, 34).

이런 지혜의 왕 솔로몬이 이제 말년에 이르러 자신의 탁월한 지혜와 명철로써 세상사의 모든 이치를 연구하고 살핀 것이 다 헛된 일이라고 고백하고 있다. 마치 하늘의 뜬구름을 잡으려는 것처럼 부질없는 일이라고 한탄하고 있다. 그러면서 지혜가 많을수록 그만큼 근심도 더욱 많아지고, 아는 것이 많을수록 그만큼 걱정도 더욱 쌓인다고 말하고 있다.

우리나라에도 '식자우환(識字憂患)'이란 말이 있고, "모르는 게 약이다"란 속담도 있다. 모르면 모르기 때문에 그냥 지나칠 수 있는 것도 알면 알기에 번뇌와 근심이 따라온다는 의미다. 이처럼 지혜 없는 자는 무엇을 모르기에 삶의 종국에 대해 번뇌와 근심 없이 모르는 채로 살아갈 수 있다. 하지만 지혜 있는 자는 인생의 종국을 알기에 그만큼 번뇌와 근심이 많다. 분명 인생에 지혜는 가치 있는 것이지만, 그 지혜가 인생의 어깨 위에 놓여 있는 필연적인 운명을 바꾸게 할 수는 없다. 그래서 지혜의 왕 솔로몬도 인생사를 깊이 살피고는 도리어 깊은 번뇌와 근심에 빠져들 수밖에 없었다.

2
쾌락과 부요와 지혜의 헛됨

어느 왕보다 크게 번창했어도
돌아보면 바람을 잡고 살았네
스스로 만족하며 사는 것은
하나님이 허락하셔야 가능하네

세상 쾌락의 헛됨 (2:1-11)

(1-2) 나는 또 혼자서 이런 생각도 해보았다. '자, 이제는 쾌락을 누려보리라. 무엇이 인생의 낙인지 시험 삼아 마음껏 즐겨보리라.' 그러나 이것도 다 헛된 일임을 깨달았다. 웃으며 희희낙락거린들, 그것이 대체 무슨 소용이란 말인가. 그래서 나는 결론 내리기를, 웃는 것은 미친 짓이고 즐거워하는 것은 아무짝에도 쓸데없는 짓이라 하였도다.

전도자는 인생의 쾌락을 즐기는 일에 대해서, 그것은 미친 짓이고 아무짝에도 쓸데없는 짓이라고 과격하게 말한다. 전도자의 말대로 인생의 낙(樂)은 정말 그런 것인가? 인생의 낙은 본래 하나님께서 의도하신 것인 만큼, 소용없거나 나쁜 것은 아니다. 하지만 그런 낙이 우리 인생에 참된 의미를 제공하지는 않는다. 그렇기에 만일 낙을 인생의 목적인 양 추구한다면, 그것은 공중의 바람이나 하늘의 뜬구름을 잡으려는 것처럼 허무한 일이 될 것이다. 하나님의 영광을 즐거워하는 낙이 아닌,

이 세상의 모든 낙은 기껏해야 고단한 현실을 잠시 잊게 해주는 마취제 역할을 할 뿐이다.

우리는 전도자 솔로몬 왕이 왜 그토록 세상 쾌락에 대하여 환멸을 느꼈는지를 살펴보아야 한다. 이른바 솔로몬의 3부작(아가, 잠언, 전도서) 가운데 전도서는 그의 노년기 작품으로 타락 이후에 쓴 것이다. 하나님의 법도를 떠나 우상숭배에 빠지고 이방 여인들에게 빠져 세상 쾌락을 마음껏 누려본 이후, 영혼의 탕아가 된 솔로몬이 다시금 하나님 앞에 초라한 모습으로 서서 자신이 겪은바 세상 체험을 진솔하게 토로하고 성찰한 인생 간증이 바로 전도서다.

따라서 전도서에는 솔로몬이 자신의 뼈아픈 실패를 통해 체득한 지혜가 곳곳에 배어 있다. 한때 그토록 추구하고 마음껏 누렸던 세상의 모든 즐거움과 쾌락이 자신을 하나님에게서 멀어지게 한 원인으로 작용했음을 깨닫고, 돌이켜 생각해보니 그것들은 공중의 바람을 잡고 하늘의 뜬구름을 잡으려 했던 것처럼 전부 미친 짓이고 부질없는 짓이었음을 체험적인 육성(肉聲)으로 고백한다. 자신과 같은 실패를 겪지 말라는 간곡한 호소다.

> (3-6) 나는 또 어떻게 하면 지혜로써 내 마음을 잘 다스리면서도, 술로써 나 자신을 즐겁게 할 수 있을지를 곰곰 궁리한 적도 있었다. 참으로 어리석게도, 그렇게 사는 것이 하늘 아래 이 덧없는 짧은 인생을 가장 보람 있게 사는 길이라고 생각하였다. 나는 또 여러 가지 큰일을 벌여 이것저것 성취하기도 하였다. 나를 위하여 화려한 궁궐을 지었고, 여러 곳에 넓은 포도원도 가꾸었으며, 아름다운 정원과 과수원도 만들어 그 안에 갖가지 과일나무들도 심어보았다. 뿐만 아니라, 온갖 나무들이 자라나는 동산 숲에 물을 대려고 저수지도 만들어보았다.

솔로몬은 자신의 지혜를 믿었기에, 지혜로써 마음을 신중하게 잘 다스려 술로써 자신을 즐겁게 해보려고 시도했다. 여기서 '술'은 세상 쾌락을 대표한다. 그러나 이는 매우 위험한 시도다. 그 까닭은, 인간의 지혜와 의지와 감정은 결코 믿을 만한 것이 못되기 때문이다. 결국 솔로몬은 자신의 지혜로써 세상 쾌락을 다스리지 못했고, 그 결과 그는 하나님의 법도를 거스르고 이스라엘 땅에 우상숭배를 허용하는 지경에까지 이르렀다.

솔로몬은 또 여러 가지 큰일을 벌여 즐거움을 얻고자 시도했다. 무려 13년에 걸쳐 화려한 궁궐도 건축했고(주전 959-946년경), 나라 도처에 넓은 포도원도 가꾸었고, 아름다운 정원과 과수원을 만들고는 거기에 갖가지 과일나무들을 심은 뒤 그 나무들이 잘 자라도록 저수지도 만들었다. 나라가 부요하고 강했기에, 솔로몬 왕은 자신이 마음먹은 대로 무엇이든 시도했다. 이처럼 솔로몬은 크고 다양한 건축 사역을 통해 즐거움을 얻고자 애썼다. 하지만 그 모든 것들도 솔로몬 왕에게 참된 만족과 기쁨을 가져다주지 못했다. 도리어 무상함과 공허함만 안겨다줄 뿐이었다.

> (7-8) 나는 또 남종과 여종을 많이 사들이기도 했고, 내 집 안에서도 숱한 종들을 태어나게 하였다. 가축 떼로 말할 것 같으면, 나보다 앞서 예루살렘을 다스렸던 그 어떤 왕들보다도 훨씬 더 많은 소떼와 양떼를 소유하였다. 나는 또 은과 금은 말할 필요도 없고, 뭇 왕들이 소유하고 있던 여러 나라의 진귀한 보물들도 다 가져보았고, 또 노래로 흥을 돋우어주는 남녀 가수들도 많이 두었고, 뭇 남성들이 좋아하는 아름다운 처첩들도 숱하게 거느려 보았다.

솔로몬 왕은 다양한 건축 사업뿐 아니라 숱한 남녀 가수들을 수하에 두어 각종 연예 활동도 마음껏 즐겼다. 재산으로 말할 것 같으면, 역대 이스라엘의 왕들은 물론이고 세상 어느 위대한 왕 못지않게 엄청난 남녀 종들과 수많은 가축 떼, 그리고 금은을 비롯한 온갖 진귀한 보물들을 소유했다.

게다가 모든 남성들이 머릿속에서나 상상할 수 있는 수많은 처첩들도 실제로 거느렸다. 그 수효가 무려 일천 명이나 되었다(왕상 11:3). 그런데도 솔로몬 왕은 참된 만족과 기쁨을 누릴 수 없었다. 그런 세상 쾌락은 일순간의 말초적 즐거움만 제공할 뿐, 그것들을 통해서는 진정한 의미와 가치를 조금도 느낄 수 없었다.

그렇다면 도대체 그 무엇이 인생에 참된 만족과 기쁨을 주고 진정으로 시도할 만한 가치와 의미를 지닌단 말인가? 여기서 기억할 것이 있다. 전도자가 '해 아래서' 곧 하나님을 떠나서 그 모든 일을 시도했을 때 그처럼 허무하다고 계속해서 고백하고 있다는 사실이다.

이것은 반대의 교훈을 준다. 인생에서 참된 만족과 기쁨을 누리고 진정한 가치와 의미를 지닌 일을 발견하기 위해서는 반드시 눈을 들어 '해 위'를 바라보아야 한다는 것이다. 즉, 해 위에 계시는 하나님을 믿고 소망하면서 그분과 지속적으로 생명력 있는 유기적 교제를 나누면서, 자신의 기쁨이 아니라 그분의 영광을 위한 일들을 해나갈 때 인생의 참된 만족과 기쁨이 가능하고, 오직 그런 일들만이 진정한 의미와 가치를 지닌다.

(9-11) 이처럼 나는, 나보다 앞서 예루살렘을 다스렸던 그 어떤 왕들보다도 더욱 크게 번성하였고 더욱 큰 세력을 가진 왕이 되었다. 더군다나 나에게는 여전히 탁월한 지혜가 있었다. 참으로 나는, 내 눈이 원하는 것은 무엇이든 다 가질 수 있었고, 내 마음이 기뻐하는 것이라면 하나도 삼가지 않고 무엇이든 다 누릴 수 있었다. 더구나 나는, 내가 행한 모든 일들을 자랑스럽게 여겼으니, 그것들을 내 모든 수고의 대가요 보상으로 간주했기 때문이었다. 오호라, 그러나 내 손으로 행한 모든

> 일들과 또 이루려고 애쓴 나의 모든 수고들을 돌이켜보니, 그 모든 것들이 다 헛되고 허무하니 마치 공중의 바람을 붙잡으려는 것과 같았도다. 해 아래 이 세상에서는 진정 의미 있고 유익한 일이란 하나도 없었다.

부왕(父王) 다윗으로부터 탄탄한 국력과 광대한 영토를 물려받은 솔로몬 왕은 그 바탕 위에서 이스라엘 최대의 황금기를 구가했다. 즉위 초기에 일천 번제의 제사를 하나님께로부터 지혜의 은사를 받았고, 거기에 부귀영화의 복까지 받았다. 그 결과, 솔로몬 왕은 부족할 것 하나 없는 부요와 영광의 극치를 누렸다. 눈에 보이는 대로 무엇이든 다 가졌고, 마음이 원하는 대로 무엇이든 다 누렸다. 세상 모든 사람들에게서 모든 존귀와 칭송을 다 받았다. 솔로몬 왕은 그런 존귀와 칭송, 부귀영화가 자신의 탁월한 지혜와 모든 수고에 대한 보상으로 간주하고 스스로 자랑스럽게 여겼다.

그런데 통치 말년에 이른 지금, 지난날들을 돌이켜 보니 솔로몬 왕을 감쌌던 모든 자랑과 영광은 어디론가 다 사라지고 단지 그의 주변엔 허무함과 무상함만 덩그러니 남아있었다. 지난날에 자신이 누리고 행했던 모든 일들이 마치 공중의 바람을 움켜쥔 것처럼 헛되고 허무할 뿐이었다. 왜 그런가?

그것은 하나님을 떠난 '해 아래' 세상에서 이루어진 일이었기 때문이다. 솔로몬 왕의 극한 영화와 자랑거리들은 그에게 도리어 독(毒)이 되었다. 화려하고 찬란했던 그의 통치 초반기와 중반기를 넘어 말년으로 접어들면서 그는 급격하게 사치와 방종으로 흘렀고, 그런 해 아래 세상의 만족과 기쁨을 추구하면서 왕은 하나님을 망각하고 하나님을 떠나 그분의 법도를 거스르는 지경에 이르렀다. 그러자 나라는 기울기 시작했고 민심은 흉흉해졌다. 전도서는 이 같은 배경에서 쓰인 책으로, 저자가 후세인들에게 인생의 참된 의미와 가치가 정녕 어디에 있는지를 생생하게 일깨워주는 인생 교본이다.

세상 지혜와 어리석음도 모두 헛됨 (2:12-17)

(12-14) 그래서 나는 또 어떻게 사는 것이 지혜롭게 사는 길이며, 무엇이 어리석고 미련한 짓인지를 깨닫기 위해 깊이 연구해보았다. 그러나 선왕에게서 왕위를 물려받은 사람이 대체 무엇을 더 할 수 있겠는가. 내가 할 수 있는 일이라곤 기껏해야 선왕들이 했던 일들을 되풀이하는 것뿐이었다. 내가 일찍부터 깨달아 알고 있었던 것은, 빛이 어둠보다 낫듯 지혜가 어리석음보다 낫다는 것이었다. 그래서 지혜로운 사람은 그 머리에 눈이 있어 제 앞길을 내다보지만, 어리석은 사람은 소경처럼 어둠속을 헤매게 마련이다. 이때 내가 또 깨달아 알게 된 것은, 그런데도 지혜로운 자든 어리석은 자든 결국에는 모두가 똑같은 운명을 맞이한다는 사실이다.

선왕 다윗에게서 왕위를 물려받은 솔로몬은 왕으로서는 특출나게 달리 행할 것이 없었다. 그저 선왕이 행했던 대로 나라와 백성을 잘 다스리면 될 일이었다. 그래서 솔로몬은 '지혜의 왕'답게 해 아래 세상에서 지혜롭게 사는 길은 무엇이고 또 어리석고 미련한 삶은 어떤 것인지를 깊이 탐구해보았다. 그래서 내린 결론은, 지혜가 어리석음보다 더 낫다는 것이었다.

그런데 지혜자가 여기서 또 깨달은 것이 있었다. 지혜가 어리석음보다 나은 것은 분명한 사실이지만, 그것도 어디까지나 한계가 있음을 깨달았다. 전도자 솔로몬이 깊이 탐구한 대로, 지혜자나 어리석은 자나 모든 인생의 종국인 '죽음' 앞에서는 모두 일반이므로, 끝까지 살펴보면 지혜가 어리석음보다 딱히 나을 것도 없다고 할 수 있다. 죽음의 사신은 지혜자나 어리석은 자를 조금도 구분하지 않고, 둘 모두를 땅 밑의 지하세계인

스올(무덤)로 매몰차게 끌고 가기 때문이다. 그러니 인생의 삶이 지혜롭든 어리석든 이 어찌 허무하고 헛되다고 하지 않을 수 있겠는가!

하지만 이것은 어디까지나 '해 아래' 세상에서의 깨달음이고 인식이다. 죽음 이후 '해 위의' 하나님께 영생의 소망이 있다는 사실을 알게 되면 이야기는 사뭇 달라진다.

> (15-17) 그래서 나는 또 혼자 마음속으로 이런 생각을 하게 되었다. '지혜롭다고 하는 나 또한 어리석은 사람과 매한가지로 모든 인생의 운명인 무덤 속으로 직행할 것이 아닌가. 그렇다면 내가 무엇을 더 바라고, 남보다 더욱 많은 지혜를 얻기 위해 이토록 힘쓰고 애쓴단 말인가.' 그리고 속으로 나 스스로에게 대답하기를 '그렇다! 지혜를 더 얻으려는 이것 또한 헛되고 허무할 뿐이로구나.' 하였다. 지혜로운 사람이라고 해서 영영 기억되는 것은 아니니, 먼 훗날에는 지혜로운 자든 어리석은 자든 후세 사람들의 기억 속에서 다 같이 영영 사라져버리고 만다. 정녕 죽음 앞에서는, 지혜로운 사람도 어리석은 사람과 똑같은 신세일 뿐이다. 이처럼 사람 산다는 것이 참으로 덧없고 허망하니, 내가 사는 것을 싫어하여 크게 탄식하였다. 해 아래 세상에서 일어나는 모든 인생살이가 내게는 다 괴로움뿐이고, 그 모든 것들이 공중의 바람을 붙잡으려는 것처럼 헛되고 헛될 뿐이로다.

해 아래 세상의 삶이란 울타리 안에서는 그래도 지혜가 어리석음보다 훨씬 낫다. 지혜는 그 사람으로 하여금 여러 유용한 일들을 하도록 이끌어주는 반면, 어리석음은 다른 사람들에게 온갖 해를 끼치는 악한 일을 하게끔 만들기 때문이다. 그렇지만 전도자는 시간이 지나면 둘 다 인생의 필연적인 운명인 무덤 속으로 들어가고, 그 이후 또 세월이 흐르고 흐르면 둘 다 후세 사람들의 기억 속에서 영영 잊힐 것임을 깨달았다. 그러니 '죽음 앞에서' 조금 더 지혜롭다고 한들 무슨 의미가 있으며, 조금 더 어리석다고 한들 무슨 의미를 지닐 수 있겠는가!

생각이 이에 미치자, 전도자는 '산다는 것' 자체에 깊은 회의를 품지 않을 수 없었다. 지혜롭게 살든 어리석게 살든, 아등바등 산다는 것 자체가 궁극적으로는 참으로 덧없고 허망하게 느껴질 뿐이었다. 그 모든 인생의 삶이 공중의 바람을 손 안에 움켜쥐려고 하는 것처럼 헛되고 헛될 뿐이었다. 이런 생각이 들자, 전도자는 삶이 우울해져 사는 것이 싫어졌다. 바로 이것이 탁월한 지혜를 갖춘 솔로몬 왕이 '해 아래' 인생의 삶을 깊이 탐구하여 마침내 도달한 결론이었다. 달리 말하면, 해 아래 세상의 향락과 우상숭배에 빠져 인생 후반부를 낭비해버린 노왕 솔로몬의 쓰라린 후회와 뼈저린 반성이었다.

세상 수고의 헛됨 (2:18-26)

(18-20) 내가 해 아래 세상에서 수고하고 노력하여 무엇을 얻은들, 그것이 내게 무슨 소용이란 말인가. 내가 그것들을 싫어할 수밖에 없으니, 결국에는 내가 그 모든 것들을 내 뒤에 올 사람에게 남김없이 다 넘겨주고 떠나가야 하기 때문이다. 더구나 내 뒤를 이을 그 사람이 지혜로운 사람일지 어리석은 사람일지 누가 알 수 있단 말인가. 그런데도 어쨌든 나는, 내가 수고하고 노력하여 얻은 모든 것들 곧 내가 해 아래 세상에서 온갖 지혜를 다 짜내어 이룩해놓은 모든 것들을 그에게 다 물려주어야 하고, 결국 그가 그 모든 것들을 다스리게 될 터이니, 이것 또한 참으로 헛되고 허무하도다. 그러므로 나는, 내가 해 아래 세상에서 수고하고 노력하여 얻은 모든 것들을 바라보고서, 그 부질없는 짓에 크게 낙심하고 후회하였다.

전도자는 자신이 평생을 바쳐 땀 흘리고 수고하여 이룩해놓은 것들을 싫어하고 미워하는 지경에 이르렀다. 그 까닭은, 기껏 수고해서 자신이 무엇을 이루어놓았더라도, 자신의 뒤를 이을 자가 그것을 잘 관리하지 못하면 하루아침에 모두 물거품이 될 것이기 때문이다. 따라서 결국 수포로 돌아갈 일을 두고서 자신이 그토록 수고한 사실을 생각하면, 자신의 수고가 싫어지고 미워질 수밖에 없는 것이다. 해 아래 세상에서 자신이 수고하여 얻은 모든 것들이 부질없고 헛되며 허무할 뿐이다.

전도자 솔로몬이 크게 염려한 대로 실제로 그의 왕위를 물려받은 아들 르호보암(주전 930-913년 재위)은 어리석어서 나라를 둘로 분열시켰고, 부왕 솔로몬이 이룩해놓은 것들을 몽땅 말아먹었다. 솔로몬의 모든 수고가 물거품이 되고 만 것이다. 이처럼 해 아래에서 이루어지는 모든 세상 수고는 믿을 게 못 되고 영원하지도 않다.

(21-23) 자, 생각해보라. 자기 지혜와 지식을 다 짜내고 온갖 기술을 총동원하여 이룩해놓은 일들을 결국엔 아무런 수고도 하지 않은 사람에게 몽땅 다 넘겨주어야 하다니, 사람의 모든 수고가 얼마나 헛된 것인가. 이것은 무언가 크게 잘못된 일이다. 이처럼 해 아래 세상에서 사람이 아무리 애써 수고하고 끙끙 속썩여가며 힘껏 노력해도, 과연 무엇을 얻을 수 있고 또 무슨 보람을 느낄 수 있단 말인가. 일생 애쓰고 수고하여도 평생 근심과 슬픔뿐, 밤에도 그 마음이 편히 쉬지 못하니, 이것 또한 헛되고 허무하도다.

수고(work)는 전도서가 다루고 있는 주요 주제들 가운데 하나다. 전도자 솔로몬은 수고의 땀을 확신하는 이들에게 자신이 깨달은 중요한 교훈을 주고자 했다. 솔로몬도 한때는 자신의 모든 힘과 노력과 지식을 다 쏟아 이룩해놓은 수고의 결과가 분명 자신에게 인생의 참된 의미와 가치, 만족과 기쁨을 제공해줄 것이라고 확신했다. 그런데 궁극적인 결과는 "그렇지 않다!"는 것이다. 그러기는커녕 도리어 "헛되고 허무하다"는 것이다.

그렇다면 솔로몬은 허무주의자이고 염세주의자인가? 아니다. 이는 어떤 주의(主義)의 문제가 아니라 그 자신의 체험에서 비롯된 생생한 간증이고 고백이다. 사실 솔로몬 왕의 수고와 업적은 세상의 어떤 왕들보다도 찬란했고 괄목할 만했다. 그래서 때로는 성취의 기쁨과 보람을 느끼기도 했다. 하지만 그것은 영원한 시간에 비해 너무나도 일시적인 것이었고, 더욱이 죽음(무덤) 앞에서는 그냥 헛되고 허무할 뿐이었다.

솔로몬은 '해 아래' 세상에서 이루어지는 인생들의 모든 수고가 얼마나 보잘것없고 부질없는 것인지를 뼈저리게 깨달았다. 그래서 인생 말년에 이르러 그는 자신이 이룩해놓은 모든 수고와 업적을 되돌아보면서 "해 아래 인생들의 모든 수고가 다 헛되고 허무하다."라고 진솔하게 고백했던 것이다. 그리고 이를 통해 그는 소중한 교훈을 얻었다. 그러므로 해 아래의 것들을 얻기 위한 수고가 아니라, 해 위에 있는 하늘의 신령한 것들 곧 하나님께 속한 영원한 것들을 얻기 위한 수고야말로 진정으로 가치 있고 의미 있으며, 오직 그것만이 해 아래 살고 있는 모든 인생들에게 참된 만족과 기쁨을 제공한다는 것이다.

(24-26) 사실, 사람이 잘 먹고 잘 마시면서 자기 일에 스스로 만족을 느끼며 사는 것보다 더 좋은 일은 없다. 하지만 내가 깨닫고 보니, 이것 또한 전적으로 하나님의 손에 달려 있는 것! 만일 그분께서 허락하지 않으신다면, 어느 누군들 그렇게 먹거나 즐길 수 있으랴. 하나님께서는 자기 마음에 드는 자들에게는 지혜와 지식과 기쁨을 듬뿍 주시지만, 자기 눈 밖에 난 악인들에게는 재산을 애써 모으고 힘껏 쌓는 고생과 수고만 잔뜩 주실 뿐, 마침내는 그 쌓아놓은 재산을 모두 빼앗아 자기 마음에 드는 자들에게 다 넘겨주신다. 그러니 해 아래 세상에서 애쓰고 힘쓰는 악인의 모든 수고 또한 다 헛되고 허무하여 마치 공중의 바람을 붙잡으려는 것과 같도다.

전도자 솔로몬은 인생의 희로애락과 길흉화복이 전부 하나님의 손에 달려 있음을 깨달았다(24절). 모든 사람이 잘 먹고 잘 마시기 위해 수고하고 땀 흘리지만, 정작 그렇게 살아가려면 하나님의 허락이 있어야만 가능하다는 것이다. 그렇다면 하나님은 어떤 자들에게 그런 복을 허락해 주시는 것일까?

전도자가 살핀 바로는, 하나님께서는 자신이 기뻐하셔서 자기 마음에 드는 자들 곧 선한 사람들에게는 지혜, 지식, 기쁨 등의 복(福)을 듬뿍 허락해주시고, 그분의 눈 밖에 난 자들 곧 악한 자들에게는 고생, 수고, 불만족 등의 화(禍)만 잔뜩 주실 뿐이라는 것이다. 따라서 악인들이 세상 수고를 통해 획득한 모든 것들은 의인들의 기쁨과 만족을 위한 불쏘시개에 불과하다는 것이다.

이런 사실을 깨닫고 있는 전도자가 볼 때, 해 아래 세상에서의 악인들이 자기 재산을 조금이라도 더 불리기 위해 온갖 수단과 방법을 가리지 않고 애쓰고 힘쓰는 광경은 가히 애처로울 뿐이었다. 아득바득 재산과 부귀영화를 추구하는 그들의 수고와 땀이 마치 공중의 바람을 붙잡으려는 것처럼 헛되고 허무할 뿐이었다. 결국 이는 해 아래 세상에서 살아가는 우리네 인생은 범사에 하나님의 주권을 인정하고, 오직 그분을 기쁘시게 하려고 애쓰는 삶이 최고 최선의 삶임을 일깨워준다.

3

만사에는 때가 있다

해 아래서는 모두 때가 있구나
태어날 때, 죽을 때, 슬플 때,
심고 거둘 때, 세울 때, 허물 때,
울 때, 웃을 때, 춤출 때가 있구나

세상만사의 정한 때와 기한 (3:1-8)

(1-8) 무릇 모든 일에는 다 정한 때와 기한이 있다. 하늘 아래 세상에서 일어나는 모든 일에는 다 알맞은 때가 있다. 태어날 때가 있고 죽을 때가 있으며, 심을 때가 있고 거둘 때가 있다. 죽일 때가 있고 치료할 때가 있으며, 허물 때가 있고 세울 때가 있다. 울 때가 있고 웃을 때가 있으며, 슬퍼할 때가 있고 춤출 때가 있다. 돌을 던져버릴 때가 있고 돌을 모을 때가 있으며, 껴안을 때가 있고 멀리할 때가 있다. 찾을 때가 있고 포기할 때가 있으며, 간직할 때가 있고 내다버릴 때가 있다. 찢을 때가 있고 꿰맬 때가 있으며, 침묵할 때가 있고 말할 때가 있다. 사랑할 때가 있고 미워할 때가 있으며, 싸울 때가 있고 화해할 때가 있다.

해 아래 세상의 모든 일을 깊이 탐구한 전도자는 인생의 모든 일에는 다 정한 때와 기한이 있다는 사실을 깨닫고, 그런 때와 기한에 대하여 구체적으로 길게 언급하고 있다. 사람들의 계획이나 의지나 수고에 상관없이 인간 세상에서 일어나고 있는 모든 일들, 비록 그것들이 우연한 일처럼 보이더라도, 전도자는 모든 일이 다 우주 만물을 다스리시고 만유를 경영하시는 하나님의 거대한 계획과 정해진 섭리 속에서 질서 있게 진행되고 있음을 깨달았던 것이다. 따라서 전도자는 아무리 애써도 어쩔 수 없는 인간의 한계와 더불어, 모든 시간과 역사의 주인 되시는 하나님의 절대주권을 겸허하게 인정하고 있다.

전도자처럼, 우리도 모든 때와 기한에 관하여 하나님의 절대주권을 순순히 인정할 때, 오늘날 우리에게 일어나는 선악(善惡) 간의 모든 일에 대하여 오직 하나님만을 전적으로 의지할 수 있다. 또한 우리에게 닥친 일이 좋은 것이든 나쁜 것이든 그 모든 것을 합력하여 마침내 선(善)을 이루시는 하나님의 오묘하신 섭리와 경륜의 손길을 믿고 소망 가운데 범사에 참고 인내할 수 있으며(롬 8:28), 언제 어떤 예기치 않은 일이 일어날지라도 매사에 하나님께 감사하고 찬양할 수 있다.

인생사를 주관하시는 하나님 (3:9-22)

(9-11) 일하는 사람이 무진 애쓰고 수고한다고 해서 거기서 실제로 무슨 유익을 더 얻을 수 있단 말인가. 이제야 깨닫고 보니, 그 모든 수고로운 일들은 하나님께서 인간들에게 지워주신 고통의 짐이었다. 하나님께서는 자신의 기쁘신 뜻에 따라 세상의 모든 일들이 제때에 다 일어나게 하셨고, 또한 사람의 심령 속에 영원을 사모하는 마음도 심어 놓으셨다. 그러나 하나님께서는 자신이 하는 일의 처음과 끝을 사람들이 낱낱이 다 헤아려 알 수 있게 하시지는 않았다.

전도자는 세상사의 이치와 삶에 관해 자신이 깊이 살피고 탐구하여 깨달은 바를 들려주고 있다.

첫째, 하나님께서는 인생들에게 고통의 짐을 지워주셨다. 과연 세상에 태어난 모든 인간들은 나름대로 괴로운 인생의 짐을 지고 살아간다. 타락 이후, 사람은 원천적으로 먹고사는 생계의 수고와 아이를 낳는 출산의 고통, 그리고 궁극적으로는 '흙으로 돌아갈' 죽음의 저주하에 놓이게 되었다(창 3:16-19).

둘째, 하나님은 자신의 기쁘신 뜻에 따라 세상의 모든 일들이 다 제때에 일어나게 하셨다. 곧 모든 세상사와 인생사에 하나님의 섭리와 경륜이 엄연히 작동하고 있다는 것이다. 그래서 전도자는 바로 앞부분에서 범사에 다 기한이 있고 천하만사가 다 제때가 있다고 구체적으로 언급하였다.

셋째, 하나님은 사람의 심령 속에 영원을 사모하는 마음을 심어놓았다. 이를 직역하면 '사람들의 마음속에 영원을 두셨다'이다. 이로써 사람들은 본능적으로 자아(自我)를 뛰어넘는 초월적인 것을 인식하고, 그 영원한 것에 대하여 갈증을 느끼면서 그것을 추구하는 존재가 된 것이다. 바로 이것이 전도자가 누차 언급했듯, 사람들이 이 세상의 모든 쾌락으로도 참된 만족과 기쁨을 누리지 못하는 이유이다.

넷째, 하나님은 자신이 하는 일의 시종(始終)을 사람으로 측량할 수 없게 하셨다. 본질상 하나님은 창조주이시고 사람은 그분의 피조물 중 하나에 불과하기 때문에, 사람이 자신의 한계를 초월하는 하나님의 신묘막측한 신적인 일을 감히 헤아려 알 수 없다. 다만 하나님이 자신의 일에 대해 사람들에게 설명해주시고 계시해주실 때에야 사람이 비로소 알 수 있는데, 하나님은 대부분의 일에 대해서는 사람들에게 알려주시지 않고 주권적으로 일하신다. 그러니 당연히 사람이 하나님의 일을 헤아려 알 수 있는 도리가 없는 것이다. 그러하기에 바로 이 부분에서 하나님께 대한 사람의 전적인 의탁과 신뢰가 요구된다.

(12-15) 그러니 사람으로서는, 자신이 사는 날 동안 인생을 기쁘게 살면서 선을 행하는 것보다 더 좋은 일이 어디 있으랴. 그렇다. 사람이 먹고 마시며 자신이 수고하는 모든 일에 보람과 만족을 느끼면서 살아갈 수 있다면, 그것이야말로 하나님께서 사람에게 주신 은총의 선물인 것이다. 내가 또 깨달은 바가 있으니, 그것은 하나님께서 하시는 일은 그 무엇이든 한결같고 영원하다는 사실이다. 거기에 사람이 무엇 하나 보탤 수도 없고 뺄 수도 없으니, 그 까닭은 하나님께서 사람으로 하여금 오직 하나님만을 경외하게 하시기 위함이다. 보라, 지금 있는 일은 예전에 이미 있었던 일이고, 앞으로 있을 일 또한 이미 과거에 있었던 일이다. 이처럼 하나님께서는 이미 행하신 일을 또다시 되풀이하신다.

전도자는 자신이 깨달은 사실 두 가지를 들려준다. 하나는, 하나님께서 인생들에게 수고의 짐을 지워주신 사실을 순순히 인정하면서, 그런 삶 가운데서도 선한 일들을 행하는 가운데 땀 흘려 열심히 일함으로써 수고의 열매를 먹고 마시고, 또한 자신의 그런 수고를 통해 나름대로 보람과 만족을 느끼면서 살아가는 것이 최선의 삶이라는 것이다. 그런 삶을 하나님의 은총의 선물로 여기고 기쁘고도 감사한 마음으로 살아가는 것이야말로 그나마 이 세상에서 인생이 누릴 수 있는 최선의 삶이다. 즉, 인생의 분수를 알고 주어진 삶에 최대의 선행과 수고를 다 하는 것이 최선이라는 가르침이다.

다른 하나는, 세상사와 인생사를 어제나 오늘이나 변함없이 영원토록 한결같이 주관하시는 하나님의 섭리와 경륜을 인정하고, 오직 경건한 마음으로 하나님을 섬기면서 살아가는 삶이 최선이라는 것이다. 즉, 세상사와 인간사에 무엇 하나 보태거나 뺄 수 없는 인생의 한계와 분수를 알고, 영원토록 변함없이 인류 역사를 시종일관 주관하시는 하나님을 경외하는 삶이 최선의 삶이라는 가르침이다.

(16-19) 나는 또 해 아래 세상에서 일어나고 있는 많은 잘못을 보았으니, 재판하는 곳에 버젓이 악이 자리 잡고 있고 공의가 실현되어야 할 곳에 죄악이 판을 치고 있었다. 그런 광경을 보고, 나는 마음속으로 생각하기를 '모든 일에는 정해진 때가 있으니, 때가 되면 하나님께서 마침내 의인들과 악인들 모두를 다 같이 심판하실 것이다.' 하였다. 나는 또 마음속으로 생각하기를 '하나님께서는 사람이 짐승과 마찬가지요, 짐승보다 더 나을 것이 없다는 사실을 사람으로 하여금 깨닫게 하시려고 사람을 시험하시는구나.' 하였다. 생각해보라. 사람에게 닥치는 운명이나 짐승에게 닥치는 운명이나 똑같지 아니한가. 짐승이 죽듯 사람도 어차피 죽으니, 다 같이 죽음의 운명이 기다리고 있을 뿐이다. 둘 다 목숨이 하나뿐이요, 둘 다 호흡하는 존재로서 잠시도 숨을 쉬지 않고는 살지를 못하니, 과연 사람이라고 해서 짐승보다 나을 것이 무엇이더냐. 그러니, 모든 것이 헛되고 허무할 뿐이다.

본문에서 전도자는 자신이 깨달은 두 가지 사실을 또 들려준다. 하나는, 해 아래의 세상사와 인생사에는 많은 잘못이 존재하고 있다는 사실이다. 일례로, 옳고 그름을 가리는 재판정이 대표적이다. 재판정에서는 옳은 것을 옳다고 판결하고, 그른 것을 그르다고 판결해야 하는데, 이와 반대로 그른 것을 옳다고 하고, 옳은 것을 그르다고 하는 일이 버젓이 자행된다. 공의가 짓밟히고 불법이 횡행하는 현실인 것이다. 하지만 이와 관련해서 전도자가 또 깨달은 것은, 언젠가 때가 되면 하나님의 법정에서는 의인과 악인이 옳게 판별되는 날이 반드시 올 것이라는 사실이다.

다른 하나는, 죽음 앞에서는 사람이나 짐승이나 똑같은 존재라는 사실이다. 죽음만 놓고 본다면, 사람이나 짐승이나 다를 게 없고 사람이 짐승보다 나을 게 하나도 없다. 그러니 인생이 헛되고 허무할 뿐이라는 것이다. 사실이 그렇다. 죽음으로 인해 사람이나 짐승이나 모두 한 줌의 흙으로 돌아간다는 점에서, 전도자의 관점은 옳다.

그렇지만 여기 전도자의 관점은 언젠가 있을 사람의 육체적 부활을 계산에 포함하지 않은 것이다. 후일 사도 바울의 가르침에 따르면, 죽음 이후에 짐승의 육체는 한 줌의 흙으로 영원히 사라지지만, 사람의 육체는 예수님의 재림 때에 신령한 몸으로 부활한다(고전 15장; 살전 4:13-18). 그러니, 사람과 짐승의 운명은 확연히 다른 것이다.

> (20-22) 사람이나 짐승이나 둘 다 같은 곳으로 돌아간다. 모두가 흙에서 나왔으니, 흙으로 돌아간다. 사람의 영은 위 하늘로 올라가고 짐승의 혼은 아래 땅속으로 내려간다고, 누가 입증할 수 있겠는가. 그러므로 내가 보기에, 사람이 자기 일에 만족하고 보람을 느끼며 사는 것보다 더 좋은 것이 없으니, 그것이야말로 사람으로서 그가 받은 몫이요 운명이기 때문이다. 그렇지 않고서야 사람이 죽고 난 다음에는, 누가 그를 세상에 다시 데려와서 그에게 일어날 장래의 일들을 보여줄 수 있단 말인가.

죽음은 전도서가 다루고 있는 주요 주제들 가운데 하나다. 전도자가 파악한 대로, 사실 '죽음'이야말로 사람의 모든 수고와 업적을 헛수고로 만드는 장본이다. 후세인들의 칭송이 아무리 자자한들, 무덤에 누워 이미 흙이 된 자에게 무슨 의미가 있으랴. 그러나 죽음이 끝이라고 생각하고, 그 이후를 준비하지 않는 인생이야말로 '멸망하는 짐승'과 하등 다를 바 없다(시 49:12).

생각해보라! 죽음이 모든 것의 끝이라면, 장구하고 영원한 시간대에 비하여 잠시 일어났다 스러지는 바다의 포말 같은 70-80년의 생을 위해 그토록 땀 흘려 수고하고 아등바등 다투며 밤새 번민하고 괴로워하는 것이 대체 무슨 의미가 있단 말인가! 그래서 전도자는 인생의 헛됨과 허무를 거듭 외쳤지만, 실상은 그 자신도 우리네 인생이 죽음으로 끝난다고 보지 않았다. 그는 모든 인간의 마음속에는 하나님께서 주신 '영원을 사모하는 심령'이 있음을 깨달았다(3:11). 그래서 그 영원을 추구할 때, 죽음 너머에 영원한 삶이 있음을 내다보았다.

그렇다! 창조주 하나님은 죽음을 인생의 종착역으로 만들지 않으셨다. 죽음은 다만 인생 열차를 갈아타는 간이역에 불과할 뿐이다. 하나님은 일찍부터 죽음 이후의 세상에 대한 계획을 이미 다 짜놓았다. 하나님은 자신의 잣대로써 모든 사람을 판결하신 후에 신자들은 천국행 열차에 태워 영생의 삶이 있는 천국으로 보내시고, 불신자들은 지옥행 열차에 태워 영원한 형벌의 고통이 있는 지옥에 보내신다.

그러므로 '해 아래' 이 세상에서의 삶이 진정 가치 있고 의미 있는 생이 되는 길은 하나님의 평가에 합격함으로써 죽음 이후에 영생을 보장받는 삶을 사는 것이다. 그것은 곧 모든 세상사와 인생사의 주관자이신 창조주 하나님을 경외하는 가운데 그분의 말씀에 따라 살아가는 믿음과 순종의 삶이다. 바로 이것이 전도자가 이 책의 마지막 부분에서 최종적으로 내린 전도서의 결론이다. "일의 결국을 다 들었으니, 하나님을 경외하고 그 명령을 지킬지어다. 이것이 사람의 본분이니라. 하나님은 모든 행위와 모든 은밀한 일을 선악 간에 심판하시리라"(전 12:13-14).

4
세상의 불공평

억울한 사람의 눈물을 아는가
죽음이 살아가는 것보다 낫고
태어나지 않음이 더 나으니
더 갖거나 얻으려 애쓰지 마라

해 아래 세상사의 허무한 모습들-부조리한 사회 현실의 허무함 (4:1-3)

(1-3) 나는 또 해 아래 세상에서 일어나고 있는 모든 억압과 학대를 보았다. 억눌린 자들이 고통의 눈물을 흘려도 그들을 위로해주는 사람이 없고, 학대하는 자들이 제멋대로 권세를 마구 휘둘러도 학대받는 사람들을 변호해주는 사람이 없다. 그런 모습을 보고 있자니, 이미 죽어 무덤 속에 있는 자들이 이 세상에서 아직 살아서 숨 쉬고 있는 자들보다 더 복이 있다는 생각이 들었다. 나아가 이들보다도 더 복이 있는 자는, 아직 태어나지 않아서 지금 해 아래 세상에서 벌어지고 있는 온갖 악행과 험한 꼴을 보지 못한 자들이라고 생각하였다.

전도자는 해 아래 세상에서 일어나고 있는 여러 부조리한 사회 현실을 목격했다. 가진 자들에 의해 없는 자들이 억압받고, 권세 있는 자들에 의해 약한 자들이 학대를 받아 고통의 눈물을 흘려도, 그들을 위로하거나 변호해주는 사람 없이 사회는 여전히 부조리한 채로 굴러가고 있는 모순된 현실을 보았다. 이처럼 불공평하고 부조리한 사회 현실을 보고서, 전도자는 세상에 살아가는 자들보다 이미 죽어 무덤 속에 있는 자들이 더 복되고, 나아가 아예 세상에 태어나지 않아 그 모든 악행과 험한 꼴들을 한 번도 겪어보지 못한 자들이 더 복되다고 생각했다.

극심한 고난 중에 욥도 이 같은 생각을 한 적이 있었다(욥 3장). 전도자도 세상에서 일어나고 있는 모든 압제와 불의에 대해 설명할 길을 찾지 못했기에 똑같이 생각하고 있다. 만일 하나님의 정의와 구원에 대한 소망이 없다면, 욥과 전도자의 이 같은 생각은 부당하게 압제를 겪고 있는 사람들의 가슴에 충분한 공감을 불러일으킬 수 있다. 그렇지만 욥과 전도자도 나중에 그처럼 신앙고백을 했지만, 세상사와 인생사에 대한 하나님의 섭리와 주권을 믿는 자들은 언젠가는 모든 불공평하고 부조리한 것들이 올곧게 고쳐질 것임을 확신하고, 주어진 현실의 삶에 감사하고 주님을 찬양할 수 있다.

해 아래 세상사의 허무한 모습들: 개인적인 욕망의 허무함 (4:4-12)

(4-6) 내가 또 깨달은 것은, 사람의 온갖 노력과 성취는 사실상 그 동기가 다른 사람들에 대한 경쟁심과 시기심에서 비롯된 것임을 알았다. 하지만 결국엔 그런 모든 수고 또한 헛되고 허무한 일이니, 바람을 붙잡으려는 것처럼 부질없는 짓이다. 그렇다고 해서, 어리석은 자가 그렇듯 팔짱만 끼고 앉아 제 몸만 축내다가 스스로 파멸하는 것 또한 아주 바보짓이다. 그러므로 두 손 가득 움켜쥐려고 애쓰고 번민하다가 결국 바람을 붙잡으려는 것 같은 허망한 꼴을 당하느니, 차라리 한 손 가득한 것으로 만족하고 마음의 평안을 누리는 것이 더 낫다.

세상사와 인생사를 깊이 관찰하고 탐구한 전도자는, 사람이 무엇을 성취하려고 애써 노력하는 것이 남보다 더 잘 되고 싶고 더 낫게 평가받고 싶은 경쟁심과 이기심에서 비롯되는 것임을 깨달았다. 하지만 세월이 흘러 무덤 속으로 들어가면, 그 모든 칭송이나 호평이 무슨 의미가 있단 말인가. 그러니 남보다 잘 되려는 사람의 모든 수고는 바람을 잡으려는 것처럼 허무할 뿐이다.

그렇다고 해서, 이와는 반대로 빈둥빈둥 게으름을 피우면서 세월을 허송하고 자기 몸만 축내다가 스스로 파멸에 이르는 삶도 인생을 허비하고 축내는 아주 바보짓이다. 그렇다면 어떻게 살아가는 게 좋을까?

전도자는 중용(中庸)과 자족(自足)의 삶을 제시한다. 스치는 바람 같은 출세와 공명을 위해 죽도록 애쓰는 것, 곧 두 손 가득 무엇을 움켜쥐려고 지나치게 애쓰지 말라고 권면한다. 그렇다고 아무것도 이루려 하지 않고 빈둥빈둥 허송세월 보내는 것도 바보짓이다. 그래서 중용을 지켜, 한 손에 가득 쥐고 있는 것만으로 만족하고, 그것으로 충분하다 생각하면서 마음의 평안을 누리며 사는 것이 현명하다고 가르친다.

(7-8) 나는 또 해 아래 세상에서 행해지고 있는 헛된 일을 보았다. 형제도 자식도 없이 혼자 사는 사람이 있었는데, 그는 쉬지도 않고 끝도 없이 죽어라 일만 하면서 살고 있다. 그래서 재산을 엄청 모았는데도 그는 도무지 만족하지 않는다. 사실, 그는 그렇게 애써 수고할 목적이 없는데도 만족을 모르는 채 계속 재물만 좇고 있었다. 그는 도대체 누구를 위해 그처럼 아득바득 애쓰고 있는가. 그러면서도, 왜 스스로는 아무런 삶의 즐거움을 누리지 못하고 있단 말인가. 참으로 이것 또한 헛되고 허무한 일이니, 그의 모든 수고가 부질없고 비참할 뿐이다.

전도자는 해 아래 세상에서 일어나고 있는 헛되고 부질없는 일의 대표적인 것들 중 하나로 부모, 형제, 처자식 없이 혼자 사는 사람의 끝없는 수고에 대해 언급한다. 그 고독한 사람은 자신이 죽도록 땀 흘려 모은 많은 재산을 물려주거나 함께 누릴 가족이 없는데도, 자신이 지금껏 모은 재산에 만족하지 않고 계속해서 재물을 더 얻으려고 죽도록 일만 한다. 삶의 즐거움을 도외시한 채 "조금만 더, 조금만 더" 하면서 아등바등 애쓸 뿐이다. 결국엔 죽어서 무덤 속에 들어가 한 줌 흙으로 변할 인생인데, 인생의 목적 없이 그저 일하려고 일하고 수고하려고 수고하는 그 인생이 참으로 부질없고 비참할 뿐이었다.

(9-12) 내가 또 깨닫고 보니, 혼자보다는 둘이 더 낫다. 혼자서 애쓰는 것보다는 둘이서 함께 일하고 노력할 때 더욱 좋은 결과를 얻을 수 있기 때문이다. 둘이면, 길을 가다가 그중에 한 사람이 넘어지면 다른 한 사람이 얼른 자기 동무를 일으켜 줄 수 있다. 그러나 혼자 가다가 넘어지면, 불쌍하게도 그를 일으켜 줄 사람이 아무도 없다. 또 둘이 함께 자리에 누우면 금방 따뜻해지겠지만, 혼자라면 어찌 따뜻해질 수 있겠는가. 혼자서는 감히 맞설 수 없는 공격도 둘이서는 능히 맞서 이길 수 있으니, 무릇 세 겹 밧줄은 쉽사리 끊어지지 않는 법이다.

전도자는 '동무의 가치'에 대해 언급한다. 전도자는 인생의 삶을 헛되고 허무하게 보고 있지만, 그럼에도 어디까지나 그는 현실적이다. 그래서 전도자는 수고와 고통으로 가득 찬 세상의 허무함에 관해 언급하면서도, 그런 세상에 대처해나갈 수 있는 실제적인 길을 제시한다. 혼자서 인생길을 걷기보다는 좋은 동무를 곁에 두어 둘이서 함께 걷는 것이 더 낫다는 것이다. 동무는 인생길을 걷다가 삶의 난관과 위기에 부딪힐 때 아주 큰 힘이 되기 때문이다. 그렇다. 삶이 차갑고 어렵고 힘들 때일수록 동무는 더욱 빛을 발한다. 동무와 함께하는 것은 힘이고 격려이며 위로다.

해 아래 세상사의 허무한 모습들: 세상 권세의 허무함 (4:13-16)

(13-16) 충직한 신하가 온갖 조언을 해도 도무지 받아들일 줄 모르는 늙고 미련한 왕보다는 비록 가난할지라도 지혜 있는 젊은이가 훨씬 낫다. 그처럼 지혜 있는 젊은이는 미련한 왕이 다스리는 그 나라에서 가난하게 태어나 감옥살이까지 했을지라도, 결국에는 옥에서 나와 크게 성공하여 왕의 자리까지 올랐다. 그런 뒤 내가 보니, 해 아래 세상에서 살아가는 모든 사람들이 왕위에 앉은 그 젊은이를 따랐다. 그러나 그 세대의 수많은 백성들이 그를 따르고 높이 떠받든다고 한들 그게 다 무슨 소용이랴. 그 세대가 지나가고 다음 세대가 오면, 아무도 그를 기뻐하지 않고 모든 일을 다 잊고 말 터이니, 이것 또한 헛되고 허무하다. 마치 바람을 붙잡으려는 것처럼 부질없는 일이로다.

가난하지만 지혜로운 젊은이가 늙고 미련한 왕이 다스리는 나라에서 갖은 고초를 겪지만, 결국에는 왕의 자리에까지 오른 이야기는 인간 승리를 보여주는 감동적인 장면이다. 게다가 왕이 된 그 지혜로운 젊은이는 나라를 잘 다스려 백성들에게 큰 칭송을 받고 높이 떠받들려지기까지 했으니, 이보다 더 가슴 뭉클한 이야기는 찾아보기 힘들다.

그런데 전도자는 이 같은 감동적인 일도 결국엔 바람을 붙잡으려 하는 것처럼 헛되고 부질없는 일이라고 보았다. 세대가 지나가고 세월이 흐르고 흐르면, 그 지혜로운 젊은이의 이야기도 뭇 사람들의 기억 속에서 다 잊히고 영영 사라질 것이기 때문이다. 이는 곧 세상 권세와 부귀와 명성의 헛됨을 보여준다. 그 무엇도 켜켜이 쌓이는 세월의 흐름을 이길 수 없기 때문이다. 지혜롭고 선한 왕의 명성과 권세도 이러하다면, 하물며 어리석고 악한 왕의 권세야 오죽하겠는가. 그러니 흐르는 세월 속에서 덧없이 묻혀버릴 한낱 세상 권세와 명성을 죽도록 추구한다는 것은 얼마나 허무하고 부질없는 짓인가.

5

올바른 신앙관과 재물관

돈을 좋아하고 부를 사랑하는 자는
아무리 재산이 불어도 만족을 모르네
돈 없는 일꾼은 단잠을 이루지만
돈 많은 부자는 걱정에 잠 못 이루네

함부로 서원하지 말라 (5:1-7)

(1-7) 너는 하나님의 집에 들어갈 때 네 발걸음을 조심하여라. 가까이 다가가 하나님의 말씀을 귀 기울여 듣는 것이, 악을 행하고서도 자기 죄를 깨닫지 못한 채 하나님께 희생제물만 바치면 다 되는 줄 착각하는 어리석은 자의 제사보다 낫다. 너는 네 입을 함부로 놀리지 말고, 하나님 앞에서 말을 꺼낼 때 조급한 마음에 아무 말이나 경솔하게 내뱉지 말아라. 하나님께서는 저 높은 하늘에 계시고 너는 이 낮은 땅 위에 있으니, 말을 많이 하지 말고 되도록 말수를 적게 하여라. 걱정이 많으면 꿈자리가 어지럽듯, 말이 많으면 어리석은 소리가 나오게 마련이다. 만일 네가 하나님께 서원하고 맹세한 일이 있으면, 미적거리지 말고 속히 지켜라. 하나님은 허투루 말을 내뱉는 어리석은 자를 결코 좋아하지 않으시니, 너는 서원한 것을 반드시 지켜라. 서원을 하고서도 지키지 못할 바에는, 차라리 처음부터 서원하지 않는 편이

훨씬 낫다. 너는 네 입을 함부로 놀려 죄 짓는 일이 없도록 삼가 주의하여라. 네가 어찌 제사장 앞에서 "내가 실수로 서원했습니다." 하고, 말하려 하느냐. 너는 어찌 그런 말로 하나님의 진노를 돋우어, 네가 그동안 이룩해놓은 모든 일들을 다 망치려 하느냐. 꿈이 많으면 헛된 것도 많고, 말이 많아도 역시 그러하다. 그러므로 너는 오직 하나님을 두려워하고 섬기면서 살아가거라.

전도자는 제사 및 서원과 관련해서 두 가지 충고를 한다. 먼저 제사와 관련해서는 하나님의 말씀에 순종하는 것이 어리석은 자의 제사보다 낫다는 것이다. 즉, 순종이 제사보다 낫다는 가르침인데, 이는 성경 전체를 통하여 항상 강조되는 교훈이다(삼상 15:22). 사실, 사람이 하나님께 희생 짐승을 잡아 제사를 드리는 목적은 자신의 죄를 사함 받고 이후로는 하나님의 말씀에 더욱 순종하기 위해서다. 그러므로 순종 없는 제사는 제사로서의 가치나 의미가 하나도 없다. 그런 제사는 괜스레 짐승의 피만 흘리는 헛되고 부질없는 짓이다.

다음으로, 서원과 관련해서는 허투루 입을 놀려 함부로 서원하지 말고, 만일 한번 서원했으면 반드시 지키라는 것이다. 서원(誓願)은 예배자가 하나님께 무엇을 드리거나 행하겠다고 굳게 약속하는 신성한 맹세다. 즉, 예배자들은 만일 기도가 응답되면 하나님께 특별한 무엇을 이행하겠다는 약속을 했다.

이 같은 서원은 제사 드릴 때 반드시 해야 하는 것은 아니지만, 일단 무슨 서원을 하게 되면 반드시 이행해야 했다. 그러므로 반드시 이행하겠다는 굳은 의지나 다짐 없이 충동적으로 입을 놀려 경솔하게 행하는 서원은 자신을 속이고 하나님을 기만하는 죄악이었다. 그래서 전도자는 이행하지 못할 서원은 아예 처음부터 서원을 하지 않은 것보다 못하다고 충고한 것이다. 이런 맥락에서 전도자는 모쪼록 하나님 앞에서 말을 많이 하지 말고, 되도록 말수를 줄여 신중하게 꼭 해야 할 말만 하라고 훈계한 것이다.

세상에는 언제나 불법과 악행이 존재한다 (5:8-9)

(8-9) 네가 어느 지방에 가든지, 가난한 사람이 학대를 받고 법과 공의가 짓밟히는 것을 보더라도, 그런 일에 놀라거나 당황하지 말아라. 나라에는 그런 일을 감시할 관리들이 따로 있고, 또 그런 관리들 위에는 그들보다 더 높은 관리들이 있어서 그들을 역시 감시하고 있다. 그리고 모든 관리들의 맨 위에는 왕이 있다. 땅은 모든 백성들의 유익을 위해 있고, 왕이라도 밭에서 나는 소산물로 먹고 살 수밖에 없는데, 어찌 왕이 백성들의 농사를 망치게 하거나 그들의 소산물을 빼앗는 탐관오리들을 가만 보고 있겠느냐.

전도자는, 세상의 관리들이 힘없고 가난한 자들을 학대하고 압제하는 것이 당연하다고 말하는 것이 아니다. 다만 그런 현상을 보고는 너무 놀라거나 당황하지 말라고 충고하는 것뿐이다. 해 아래 세상에서는 그런 부패하고 부조리한 현상이 비일비재하게 일어나고 있기 때문이다.

하지만 전도자는 나라의 통치 조직이나 감시 체제를 어느 정도 신뢰한다. 말단의 탐관오리는 그 위의 고위 관리들에 의해 감시당할 것이고, 고위 관리의 악행은 그들 위에 있는 왕에 의해 감시당할 것이기 때문에, 세상의 불법과 악행이 어느 정도까지는 시정될 수 있다고 보았다. 그렇다면 만일 왕이 왕의 역할과 임무를 망각한 채 악행을 자행하고 불법을 행한다면 누가 그를 감시하고 벌할 것인가? 결국 세상의 왕들은 그들보다 더 높으신 만왕의 왕이신 하나님에 의해 감시를 받고 최종 심판을 받게 될 것이다. 그리하여 최종적으로는 하나님에 의해 모든 것이 올바로 세워지게 된다.

세상 재물의 헛됨 (5:10-20)

(10-17) 돈을 좋아하는 사람은 아무리 돈이 많아도 만족할 줄 모르고, 부를 사랑하는 사람은 아무리 재산이 불어나도 만족할 줄 모르니, 이것 또한 헛되고 허무한 일이로다. 재산이 많아지면 그만큼 쓰는 사람도 많아지게 마련이니, 재산의 임자는 그저 눈으로만 자기 재산을 즐길 수 있을 뿐, 실제로 그 많은 재산이 무슨 소용이 있겠는가. 막일을 하는 노동자는 많이 먹든 적게 먹든 단잠을 이룰 수 있지만, 재물이 많은 부자는 이런저런 걱정 때문에 잠을 제대로 이루지 못한다. 내가 해 아래 세상에서 한 가지 서글픈 일을 보았는데, 그것은 재물이 그것의 임자에게 도리어 해악을 끼치는 일이었다. 어떤 사람은 어느 날 재난을 만나서 그동안 모은 많은 재산을 순식간에 다 잃고, 자식이 있어도 그 자식에게 남겨줄 것이 한 푼도 없는 빈털터리 신세가 되고 말더라. 어차피 모든 사람은 태어날 때 벌거숭이 빈손으로 나왔으니, 아무리 수고해본들 이 세상을 떠나갈 때는 다시 빈손으로 돌아갈 수밖에 없는 법, 일평생 수고해서 얻은 것들이라 할지라도 아무것도 가져가지 못한다. 이것 또한 참으로 서글픈 일이 아니던가. 이렇듯 사람은 빈손으로 왔다가 결국 빈손으로 떠나갈 수밖에 없는데, 무슨 유익을 위해, 무엇을 더 얻으려고 그토록 애쓴단 말인가. 아서라, 모든 것이 다 바람을 붙잡으려는 것처럼 허무하고 부질없는 일이로다. 사람은 평생을 어둠 속에서 먹고, 온갖 슬픔과 번민과 분노와 병마에 시달리며 살아갈 뿐이로다.

전도자는 세상 재물의 헛됨에 관해 길게 언급한다. 세상 재물이 헛된 까닭은 분명하다. 첫째는, 세상 재물은 아무리 많아도 항상 부족함을 느끼게 만들어 만족을 주지 못한다. 둘째, 세상 재물이 아무리 많아도 그 임자는 그 재물을 다 쓸 수 없고 눈으로만 즐길 뿐이다. 셋째, 세상 재물이 많으면 그만큼 쓰는 사람들도 더 많이 따라붙게 마련이다. 넷째,

세상 재물이 많으면, 그 임자는 그것을 잘 지키려는 이런저런 염려 때문에 잠을 잘 이루지 못한다. 다섯째, 세상 재물은 영원한 것이 아니어서 언제라도 재난이 닥치면 일순간에 전부 사라질 수 있다. 여섯째, 아무리 세상 재물이 많아도, 그 임자는 죽을 때 단 한 푼도 챙기지 못하고 빈손으로 떠나갈 수밖에 없다.

세상 재물과 관련해서 상황이 이러하다면, 그런 재물을 한 푼이라도 더 긁어모으려고 아득바득 애쓰고 힘쓰는 것이 무슨 유익이나 의미가 있단 말인가. 마치 바람을 붙잡으려 하는 것처럼 헛되고 부질없고 허무한 일이 아닌가. 그래서 후일에 예수님은 세상 재물과 관련해서 아주 유익한 가르침을 주셨다. 그 재물을 세상 창고에 쌓아두려고 하지 말고 하나님을 위한 일에 사용함으로써 하늘 창고에 쌓아두라고 가르친 것이다. 그러면 그 재물이 온전히 보존되어 죽음 이후에 도로 찾게 될 것이라고 말씀하셨다(마 6:19-21).

(18-20) 그래서 내가 깨닫게 된 것은 이러하니, 곧 하나님께서 우리에게 허락해주신 그 짧고 덧없는 인생이나마, 해 아래 이 세상에서 애쓰고 수고하여 얻은 것들로 즐겁게 먹고 마시며, 자기 일에 보람과 만족을 느끼는 것이 가장 좋은 일이며, 또한 바로 그것이야말로 사람이 하나님께 받은 몫이라는 사실이다. 그러므로 만일 하나님께서 누군가에게 부와 재물을 주셔서 그것을 온전히 누리게 하시고, 또 그 사람에게 제몫을 챙겨주셔서 자기 자신이 수고하여 얻는 것들로 즐거워하게 하셨다면, 그는 이 모두가 하나님께서 허락해주신 은총의 선물임을 알아야 할 것이다. 이처럼 하나님께서는 사람의 마음에 나름대로 삶의 기쁨을 채워주실 것이므로, 사람은 덧없고 짧은 자신의 인생살이를 슬퍼하거나 그리 심각하게 생각할 필요가 없다.

전도자는 해 아래 일어나는 세상사와 인생사의 모든 것들이 헛되고 허무하며 부질없다고 말한다. 하지만 전도자는 허무주의자나 염세주의자가 아니었다. 전도자는 그렇게 말하면서도 다른 한편으로는 할 수 있는 한 최대한으로 인생의 즐거움을 마음껏 누리라고 말한다. 즉 '열심히 일하고, 그렇게 일한 수고의 대가로 주어지는 것들을 먹고 마시며 즐기라'고 권면한다. 그리고 그런 삶의 즐거움을 하나님께서 자신의 몫으로 허락해주신 은총의 선물로 여기라고 말한다.

하나님께서 인생들의 어깨 위에 수고와 고통의 짐을 얹혀주신 것은 분명하지만, 그런 중에서도 하나님께서는 각각의 몫으로 사람에 따라 삶의 보람과 만족과 즐거움을 챙겨주셨으므로, 인생살이가 그리 슬픈 것만은 아니라고 위로하고 격려한다. 따라서 자신의 몫으로 허락받은 것들에 자족하면서 즐겁게 살아간다면, 그것은 해 아래 세상의 삶에서 가장 좋은 일이라고 말한다.

이 같은 전도자의 권면과 충고는 '해 아래 세상의 삶에 관한 한' 아주 실제적이고 현실적이다. 그렇지만 전도자 자신이 그러했듯, 마음속으로 영원을 사모하는 영적이고 사려 깊은 사람은 단지 세상 삶의 보람과 즐거움이 최선의 인생살이가 아니라는 것을 잘 안다. 결국 진정한 해답은 이 책의 결론 부분에 명쾌하게 나타난다. "일의 결국을 다 들었으니, 그러므로 하나님을 경외하고 그분의 명령을 지킬지어다. 이것이 모든 사람의 본분이니라"(12:13). 곧 '해 아래' 살고 있는 인생의 참된 기쁨과 영원한 만족은 '해 위에' 계시는 하나님을 경외하는 가운데 그분의 말씀대로 살아가는 믿음과 순종의 삶을 통해 비로소 주어진다.

6

하나님 없는 인생의 허무

재산과 명예 있어도 건강이 없으면
다른 사람이 대신 누려 허무하네
그림자 같은 덧없는 인생살이
죽은 후에 일어날 일을 누가 알랴

해 아래 인생들의 허무함 (6:1-12)

(1-2) 나는 또 해 아래 세상에서 한 가지 잘못된 문제점을 발견했는데, 그것은 사람들 사이에서 흔히 일어나고 있는 일이다. 하나님께서 어떤 사람에게 부와 재산과 명예를 그가 원하는 대로 아무 부족함 없이 다 주셨으나, 그로 하여금 그것들을 하나도 누릴 수 없게 하시고, 엉뚱하게도 다른 사람이 그것들을 다 누리게 하시니, 이것 또한 참으로 허망하고 서글픈 일이로다.

해 아래 인생들의 온갖 허무함에 관해 언급하고 있는 본장은 허무주의나 염세주의적인 색채가 강하다. 모든 것을 가질지라도 진정한 낙이 없으며, 그 누구도 죽음을 피할 수 없다고 말하고 있기 때문이다. 그러나 이것은 하나님과의 관계가 단절되었을 때의 근원적인 허무에 관한 것이다. 사실, 전도자는 이 같은 인생의 철저한 허무를 통해 인생들에게 참된 만족과 영원한 기쁨을 제공해주는 유일한 길, 곧 해 위의 하나님께로 나아가는 길을 제시하고 있다.

여하튼 본문에서는 세상 부귀영화의 허무함에 관해 언급하고 있다. 해 아래 세상에서 어떤 사람이 원하는 대로 부귀영화를 다 가졌다고 할지라도, 정작 자신은 그것을 누리지 못하고, 다른 엉뚱한 사람들이 누리는 경우가 허다하니, 참으로 허망하고 서글픈 일이 아닐 수 없다. 그러니 결코 믿을 수 없는 세상의 부귀영화를 자랑하고 의지하는 사람은 참으로 어리석은 자일 수밖에 없다.

> (3-6) 사람이 비록 백 명이나 되는 자녀를 자기 슬하에 둘 만큼 아무리 오래 살았다고 해도, 살아생전에 아무런 즐거움도 누리지 못하고, 또한 죽어서 제대로 묻히지도 못한다면, 차라리 태어날 때 죽어서 나온 아이가 그 사람보다 더 낫다. 생각해보라. 태어날 때 죽어서 나온 아이 곧 사산아는 헛되이 세상에 왔다가 자기 이름조차 얻지 못한 채 어둠 속으로 곧장 사라지므로, 빛도 보지 못하고 자신의 존재조차 알지 못하지만, 그래도 제대로 묻히지도 못한 사람보다는 그 아이가 더 평안히 무덤 속에서 안식을 누리고 있지 않는가. 정녕 사람이 천 년의 갑절을 산다고 해도, 살아생전에 자기 재산으로 즐거움을 누리지 못하고, 또 죽어서 평안함을 누리지 못한다면, 그 오래 사는 것이 무슨 소용이 있으랴. 결국 모든 사람은 언젠가는 다 죽어 모두가 똑같이 무덤으로 내려가지 않는가.

해 아래 세상에서 많은 후손을 두고 오래 사는 것, 곧 장수(長壽)의 삶도 결코 영원한 삶이 아니므로 마침내는 무덤으로 내려갈 수밖에 없으니 결국 인생은 헛되고 허망하다는 내용이다. 또한 비록 오래 살았다고 해도 살아생전에 삶이 불행해서 아무런 즐거움을 누리지 못했다거나, 또는 끝이 좋지 못하여 죽어서 제대로 묻히지도 못했다면, 그런 장수의 삶은 차라리 태어날 때 죽어서 나온 사산아(死産兒)보다도 못한 삶이라는 말이다. 왜냐하면 사산아는 아예 일찍부터 무덤 속 좋은 곳에 자리 잡고 평안히 쉬고 있는 반면, 오래 살았지만 불행하게 오래 산 사람은 고생과 고통만 실컷 겪다가 뒤늦게야 무덤 속으로 들어가고, 그마저도 제대로 묻히지 못한다면 평안한 죽음의 안식을 누리지 못하기 때문이다.

고대 유대인들은 시신이 곱게 안장되는 것을 무척 중요하게 생각했다. 고대 세계에서 안장(安葬)은 그 사람의 생을 평화롭고 성공적으로 종결짓는 마지막 중요한 절차였다. 따라서 전쟁이나 가난 등으로 시신이 무덤에 안장되지 못하고 들판에 방치되는 것은 큰 수치로 간주되었고, 그 사람의 인생이 실패했음을 의미했다(삼상 17:46). 이런 맥락에서 고대에 시신의 유기나 방치, 또는 시신을 매달거나 부관참시(剖棺斬屍, 죽은 뒤에 큰 죄가 드러난 사람을 극형에 처하던 일로, 무덤을 파고 관을 꺼내어 시체를 베거나 목을 잘라 거리에 내건 형벌) 하는 일은 극형을 당한 범죄자에게 내려진 가혹한 형벌 중 하나였다.

(7-9) 사람이 애써 수고하는 것은 다 먹고 살자고 하는 일이지만, 사람의 입은 결코 만족을 모르니 그 식욕을 채울 길이 없도다. 그러니 지혜로운 사람이라고 해서 어리석은 사람보다 더 나은 것이 무엇인가. 가난한 사람이 세상 살아가는 법을 터득했다고 해도, 아무것도 가진 것 없는 빈털터리 신세인 그에게 그게 무슨 소용이 있겠는가. 눈에 보이는 것을 갖고서 즐거움을 누리며 사는 것이 눈을 감은 채 마음속의 온갖 욕망과 공상에 사로잡혀 이리저리 방황하는 것보다 낫다. 그렇지라도 이것 또한 다 헛되고 허무하니 바람을 붙잡으려는 것과 같다.

전도자는 계속해서 인생의 여러 헛되고 허무한 것들에 관해 언급한다. 그것들은 이러하다. 먹고 또 먹어도 결코 채울 길 없어 만족을 모르는 사람의 식욕, 지혜롭지만 아주 가난하여 아무것도 시도해볼 수조차 없는 사람의 딱한 처지, 눈에 보이는 소유를 갖고서 나름 즐거움을 누리며 살아가는 것. 이런 자들은 머릿속의 공상과 욕망만으로 삶을 허비하고 방황하는 자들보다야 낫지만, 결국엔 이러나저러나 모두가 죽음 앞에서는 똑같아지니 인생이란 그저 바람을 붙잡으려는 것처럼 다 허무하고 헛될 뿐이라는 것이다.

전도서는 "헛되고 헛되며, 모든 것이 헛되다."란 말로 시작되는데(1:2), 그런 '헛되다'란 말이 무려 37회나 나타난다. 전도자는 단순히 개념적이고 추상적인 이론만으로 인생무상을 외치고 있는 것이 아니다. 자신의 생생한 체험에 근거하여 결론적으로 인생무상에 도달한 것이다. 그렇다면 전도자는 허무주의나 염세주의를 주장하고 있는 것인가?

그렇지 않다. 전도자가 외친 인생의 무상과 허무는 어디까지나 '해 아래'에서 그렇다는 것이다. '해 아래'란 말은 전도서에서 29회나 나타난다. 말하자면 '하나님이 없는' 또는 '하나님을 떠난' 상태에서의 모든 인생이 그렇다는 것이다. 하나님을 떠난 상태에서, 사람이 인생의 만족을 재물, 권력, 쾌락, 학문, 건축, 연예, 명성 등에서 찾을 때에는 절대로 참된 만족이나 기쁨을 누릴 수 없고, 궁극적으로 '무덤(죽음)' 앞에서 '헛되다!'란 결론에 도달한다는 것이다.

그렇다면 이 같은 인생무상과 허무를 치유하는 약은 없는 것일까? 아니다. 전도자는 이 책의 결론 부분에서 그 치유 약을 밝히 제공한다. 그것은 바로 "하나님을 경외하는 가운데 그분의 말씀을 좇아 살아가는 것"(12:13)이다. 즉, 자기중심과 '해 아래' 세상 중심의 것들이 아니라, 하나님 중심과 '해 위' 하늘나라 중심의 것들을 추구하는 삶을 살아갈 때(골 3:1-4), 비로소 참된 만족과 영원한 기쁨을 누릴 수 있다고 말한다.

사람의 참된 만족과 영원한 기쁨은 허무의 구름 너머 저 하늘나라에 있다. 무덤(죽음)의 권세를 깨뜨린 십자가 보혈의 능력 안에 있다(고전 15:55-58). 세상의 물은 바닷물 같아서 먹고 또 먹어도 더욱 목이 타고 갈증만 일으키지만, 하늘의 생명수는 한 번만 마셔도 인생의 모든 갈증을 해소시켜 준다. 우리는 그 생명수를 예수 그리스도를 통하여 해 위의 '하나님 안에서' 발견할 수 있다(요 4:13-14).

(10-12) 지금 있는 것은 무엇이든지 오래전에 이미 그 운명이 결정된 것이고, 사람 역시 장차 어떻게 될 것인지 이미 알려진 일이다. 그러므로 사람이 자기보다 강하신 분과 다투어 보았자 아무런 소용이 없다. 말이 많을수록 공허함도 더욱 커지니, 많은 말로 떠들어대는 것이 사람에게 무슨 유익이 있으랴. 그림자처럼 덧없이 지나가는 짧은 인생에서, 사람에게 진정 좋은 것이 무엇인지를 과연 누가 알 수 있으랴. 또한 사람이 죽은 다음에 해 아래 세상에서 일어날 일들을 과연 누가 그에게 말해 줄 수 있으랴.

전도자는 사람이 자신의 분수를 알고 강하신 분과 더불어 다투지 말 것을 권면한다. 그래서 사람이 많은 말로 이러쿵저러쿵 떠드는 것은 자신에게 아무런 유익이 없고 다만 부질없고 헛될 일일 뿐이라고 경고한다. 여기서 '많은 말'은 세상의 모든 것을 이미 작정하시고 주관하시는 하나님을 불신하고 거스르는 중에 그분과 다투는 인간의 무익한 변론이나 온갖 주장들을 가리킨다.

그러므로 지혜로운 자들은 영원부터 영원까지 세상사와 인생사를 홀로 섭리하시고 경륜하시는 강하고 전능하신 분의 절대적인 주권을 인정하는 가운데 그분 앞에서 입을 다물고 잠잠할 수밖에 없다(시 37:7; 사 30:15). 그림자처럼 덧없이 지나가는 짧은 인생을 사는 사람이 자신에게 진정 좋은 것이 무엇인지를 제대로 알 길이 없고, 또한 자신이 죽은 다음에 세상에서 일어날 일에 대해서도 전혀 알 길이 없기 때문이다. 따라서 사람이 입을 열어 자신의 짧고 불완전하며 단편적인 주장과 견해로 전능자 하나님과 더불어 세상사 및 인생사에 관해 많은 말로 다투는 것은 실로 어리석고 무익하며 헛된 짓이다.

7

더 나은 것을 사모하라

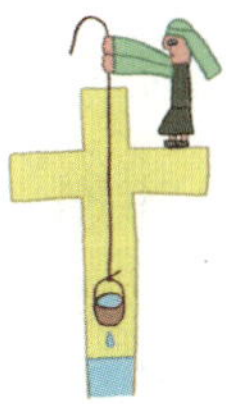

지혜는 멀리 있고 깊디깊으니
누가 그걸 찾고 또 알 수 있으랴
주께서는 사람을 단순하게 지으셨지만
사람들이 온갖 꾀로 복잡하게 했네

더 나은 것을 사모하라 (7:1-14)

(1-4) 좋은 명성이 값비싼 향유보다 낫고, 죽는 날이 태어나는 날보다 낫다. 초상집에 가는 것이 잔칫집에 가는 것보다 낫다. 결국 모든 사람은 다 죽을 것이므로, 살아있는 동안에 언젠가는 죽는다는 사실을 항상 명심해야 한다. 슬픔이 웃음보다 나으니, 그 까닭은 삶의 염려로 인해 슬픔 어린 얼굴이 도리어 그 사람의 마음을 다잡아주기 때문이다. 그러므로 지혜로운 사람의 마음은 초상집에 가 있지만, 어리석은 자의 마음은 흥청망청 즐기는 잔칫집에 가 있다.

본문은 "~이 ~보다 낫다"라는 비교법 패턴의 문장 형식을 통해 인생에서 더욱 사모해야 할 것들이 무엇인지를 가르치고 있다. 그 내용은 이러하다. 하나님과 사람에게 인정받는 아름답고 명예로운 이름이 값비싼 향유(세상의 헛된 재물과 영화)보다 낫고, 인생의 고통과 곤고함(죽는 날, 초상집, 슬픔)을 통해 죽음과 영생의 문제를 진지하게 숙고하는 것이 육체적이고 세상적인 쾌락(생일, 잔칫집, 웃음)을 즐기는 것보다 낫다는 것이다.

이런 맥락에서 얼굴에 슬픈 기색을 띠고 염려하는 것이 우리의 마음에 더 유익한데, 그 까닭은 타락한 세상에서 우리의 삶은 괴롭고 슬프며 진지한 문제들로 가득 차 있기 때문이다. 따라서 세상 쾌락을 추구하는 일시적이고 피상적인 가벼운 웃음보다는 엄숙한 슬픔으로 삶의 현실을 진지하게 생각하는 얼굴의 무거운 염려가 우리의 인생에 보다 유익을 가져다주는 것이다.

> (5-10) 지혜로운 사람의 꾸지람을 듣는 것이 어리석은 사람의 노래를 듣는 것보다 낫다. 어리석은 사람의 웃음소리는 솥단지 밑에서 가시나무가 바짝바짝 타들어가는 소리 같으니, 그것 또한 헛되고 허무할 뿐이다. 탐욕은 지혜로운 사람을 아주 어리석게 만들고, 뇌물은 지혜로운 사람의 마음을 썩게 만든다. 일은 시작할 때보다는 마무리할 때가 더 좋고, 마음은 교만할 때보다 참을 때가 더 낫다. 성급하게 화를 내지 말아라. 무릇 분노는 어리석은 자의 품에 머무는 법이다. "어째서 지금보다 옛날이 더 좋은가?"라고 말하지 말아라. 그런 질문은 지혜롭지 못하다.

전도자는 계속해서 우리의 삶에서 더 나은 것이 무엇인지를 말한다. 어리석은 자의 노래를 듣는 것보다 지혜로운 자의 꾸지람을 듣는 것이 더 낫다. 그 까닭은, 어리석은 자의 노래 곧 그들의 떠들고 노는 웃음소리는 가시나무 타는 소리와 같기 때문이다. 건조한 가시나무는 마치 쇠로 양철을 두드리는 것처럼 요란한 소리를 내며 타다가 순식간에 소멸되고 연기만 내뿜는 특성이 있다. 결국 어리석은 자의 노래와 웃음소리는 오래가지 못하고 순식간에 허무하게 사라진다는 말이다. 지혜로운 자는 그런 헛된 노래와 웃음소리에 귀 기울이지 않고, 자신의 영육에 유익을 주는 지혜자의 꾸지람에 귀를 기울인다.

전도자는 또한 지혜로운 자가 멀리하고 버려야 할 세 가지를 언급한다. 그것들은 '탐욕'과 '뇌물'과 '분노'다. 이런 것들은 지혜로운 자를 어리석게 만들고 그 마음을 썩게 만드는 아주 해로운 것들이다. 그러므로 되도록 멀리하고, 되도록 단호하게 끊어내야 한다. 더불어 전도자는 "옛날이 지금보다 더 좋다."라고 말해서는 안 된다고 충고한다. 이 말은, 과거에만 집착하고 현재를 지나치게 비관적으로 살지 말라는 권면이다. 즉, 전도자는 오늘 극복해야 할 현실의 문제를 등한시한 채 지나간 옛날만 그리워하고 뒤돌아보는 무책임하고 나약한 삶의 태도를 책망한 것이다.

(11-14) 지혜는 유산을 물려받는 것만큼이나 좋은 일이니, 그것은 세상을 살아가는 데 참으로 유익하기 때문이다. 돈이 사람을 지켜주듯 지혜도 사람을 지켜준다. 하지만 돈보다 지혜를 깨우쳐 아는 지식이 더욱 나은 까닭은, 지혜는 그 사람의 목숨까지도 살려주기 때문이다. 하나님께서 행하시는 일들을 곰곰 생각해보아라. 하나님께서 한번 구부려 놓으신 것을 누가 능히 곧게 펼 수 있겠느냐. 시절이 좋을 때는 기뻐하고 역경을 만날 때는 생각하라. 하나님께서는 우리 인생들에게 좋은 일도 주시지만 궂은일도 주시므로, 그렇기에 사람은 다음에 일어날 일을 헤아려 알지 못한다. 어찌 제 앞일을 알 수 있으랴.

전도자는 '돈'과 '지혜'를 비교하면서 돈보다 지혜가 더 낫다고 가르친다. 돈도 인생들에게 꼭 필요하고 여러 소중한 것들을 지켜주지만, 돈으로 목숨까지 얻을 수는 없다. 사람의 목숨까지 살리고, 더 나아가 사람을 영생의 자리에까지 인도할 수 있는 것은 지혜다. 그러므로 돈보다 더욱 추구해야 할 것은 진리를 깨우쳐 아는 참된 지식, 곧 지혜다.

전도자는 또한 제 앞일을 알지 못하는 인생의 한계를 지적하면서,

좋은 일을 만나 시절이 좋을 때는 기뻐해도 되지만, 궂은일을 만나 시절이 좋지 않을 때에는 '생각하라'고 권면한다. 무엇을 생각하라는 것일까? 하나님께서 내게 왜 이런 시련과 역경을 주시는지를 생각하라는 말이다. 진실로 하나님은 평안도 지으시고 환난도 창조하신다(사 45:7). 복도 주시고, 화도 내리신다(욥 2:10). 하나님은 만유의 주권자이시다. 그러므로 우리는 하나님의 절대주권에 순응하면서, 힘들고 곤고한 날에는 하나님께서 우리를 힘들게 하고 곤고케 하신 목적이 무엇인지를 곰곰 생각하고 주님의 뜻과 삶의 진리를 깨달아야 한다.

지나치게 행하는 무모한 삶을 피하라 (7:15-18)

(15-18) 지금껏 나는 허망한 삶을 살아오면서 모든 일을 살펴보았다. 그런데 의인들이 의롭게 살아가는데도 그 의로움 가운데 일찍 망하는 것과 악인들이 악하게 살아가는데도 그 악함 가운데 오래 사는 것을 보았다. 그러니 지나치게 의롭게 살려고 하지도 말고, 지나치게 지혜롭게 살려고 하지도 말아라. 그러다가 멸망을 자초할 필요가 어디 있겠느냐. 또한 지나치게 악하게 살려고 하지도 말고, 지나치게 어리석게 살지도 말아라. 그랬다가는 제 명대로 살지 못하고, 때가 되기도 전에 죽고 말 것이다. 양쪽 극단을 피하는 것이 좋으니, 한쪽을 붙잡았다고 해서 다른 쪽을 놓지 말아라. 하나님을 경외하는 사람은 어느 쪽이든 양쪽 극단을 피하느니라.

전도자가 이 부분에서 말하고자 하는 바는 뭐든지 넘치거나 모자라지 않게 적당히 행하라는 이른바 '중용(中庸) 사상'이 아니다. 그것보다는 하나님의 말씀에서 좌로든 우로든 어느 한쪽으로 치우지지 말고 가운데로 똑바로 걸어가라는 '중심(中心) 사상'이라고 보아야 한다. 따라서 본문에 언급된 '의로움'이나 '지혜'는 남들보다 월등하게 탁월한 의로움이나 지혜를 뜻하지 않고, 지나치게 무모한 자기 의로움이나 세상 지혜를 뜻하는 말이다.

그러므로 지나치게 의인이나 지혜자가 되지 말라는 말은, 인간의 의나 세상 지혜의 한계를 겸허하게 인정하고 완벽하고 완전한 자가 되기 위해 자신을 필요 이상으로 괴롭히지 말라는 뜻이다. 즉, 자기 의로움이나 세상 지혜를 분수에 넘치도록 지나치게 추구하여 그것으로써 자랑거리를 삼으려는 어리석음을 경계하는 말이다(롬 3:20; 갈 2:16).

또한 지나치게 악하거나 어리석게도 살지 말라는 말은 지나치게 의롭거나 지혜롭게 살지 말라는 말에 대응하는 경고로서, 스스로의 의로움과 세상 지혜를 내세우고 자랑하려고 지나치게 자신을 괴롭혀 그것을 추구해서는 안 되듯이, 이와는 반대로 스스로 타락하고 부패한 인생임을 내세워 의도적으로 끔찍한 악행을 함부로 행해서는 안 된다는 말이다. 이는 극단적인 악행을 경고하는 말일 뿐, 그렇다고 해서 적당한 수준에서 악을 행하는 것은 괜찮다는 말은 결코 아니다.

어찌 되었든, 여기서 전도자가 의도한 바는 하나님을 떠나 타락한 인간의 육신적 생각에서 비롯된 모든 행위는 선하든 악하든, 지혜롭든 어리석든, 의롭든 불의하든, 좌나 우의 어느 한쪽으로 크게 치우칠 수밖에 없다는 사실을 지적하고자 하는 것이다. 결론적으로 사람이 하나님을 경외할 때에 비로소 좌나 우의 한쪽 극단으로 치우치지 아니하고, 중심을 잡고 올곧게 살아갈 수 있음을 교훈하고자 하였다.

지혜의 탁월한 능력 (7:19-29)

(19-22) 지혜로운 사람 한 명이 성읍을 다스리는 열 명의 통치자보다 강하니, 한 명의 지혜로운 자가 열 명의 통치자들보다 더욱 능력을 발휘한다. 비록 의인이라 할지라도, 옳은 일만 행하고 전혀 죄를 짓지 않는 의인은 이 세상에 단 한 명도 없다. 남들이 너에 대해 이러쿵저러쿵

하는 말에 조금도 신경 쓰지 말아라. 그렇지 않으면, 너는 네 종이 너를 욕하는 소리까지도 듣게 될지 모른다. 생각해 보면, 너도 뒤에서 남을 욕한 일이 많았다는 것을 스스로 잘 알고 있지 않느냐.

전도자는 지혜의 가치를 높이 평가한다. 이때의 지혜는 참되고 옳은 것을 깨우쳐 아는 지식이다. 이런 지혜를 가진 자가 한 명이라도 있다면, 그 한 명이 열 명의 통치자(성주)보다 더욱 성읍을 외세의 침략으로부터 잘 지킬 수 있다고 말한다. 실제로, 다윗 시대에 '세바'란 자가 반역을 일으켜 아벨 성읍으로 숨어들자, 다윗의 군대장관 요압이 그 성읍을 쳐서 초토화시키려고 했을 때, 그 성읍의 지혜로운 여인에 의해 아벨은 처형되고 성읍은 온전히 보존되는 일이 있었다(삼하 20:14-22).

전도자는 또한 전혀 죄를 짓지 아니하는 의인은 세상에 단 한 명도 없다고 말하는데, 그 말은 정말로 맞는 말이다. 타락 이후, 모든 사람은 죄의 영향력 아래 놓여 있기 때문에, 크고 작은 죄의 오염으로부터 완전히 벗어날 길이 없다. 그래서 성경은, 스스로의 의로움으로 구원을 얻을 수 있는 의인은 단 한 사람도 없고(시 14:1), 모든 사람이 죄를 범하였다고 단언하고 있다(롬 3:20).

전도자는 또한 세상살이의 유익한 지혜 하나를 들려준다. 그것은 자신에 관해 이러쿵저러쿵하는 다른 이들의 입방아에 조금도 신경 쓸 필요가 없다는 조언이다. 이는 자신에 관한 다른 이들의 말을 무조건 무시하라는 말이 아니고, 다른 사람들이 하는 대화를 들으려고 억지로 애쓸 필요가 없다는 말이다. 만일 그럴 경우, 자신도 역시 그러하듯 사람은 본래 누구든지 말에 있어 허물과 실수가 많은 존재들이므로, 다른 사람들의 말에 의해 상처를 받고 낙담을 할 것이 분명하기 때문이다.

(23-26) 나는 세상사 이 모든 일에 대해 지혜로 시험해보았다. 그런 뒤 나는 "이제부터 나는 지혜로운 사람이 되어야지!" 하고 스스로

다짐해보았지만, 항상 지혜가 나에게서 저 멀리 떨어져 있으니 나로선 어쩔 수 없었다. 정녕 지혜란 무엇인지, 그것은 너무나 멀리 있고 너무도 깊디깊으니, 누가 그것을 찾겠으며 누가 그것을 알 수 있으랴. 그럴지라도 나는 온 마음을 다 바쳐 지혜를 찾고 또 세상만사 모든 사물의 근본 이치를 깨달으려고 노력했다. 최선을 다해 힘껏 살펴보고 연구하고 조사하여, 악한 것이 얼마나 어리석은지, 우매한 것이 얼마나 멍청한 것인지를 제대로 파악하려고 하였다. 그러던 중에 내가 한 가지 깨달은 사실이 있었으니, 곧 세상에는 죽음보다도 더 지독한 것이 있는데, 그것은 그 마음이 덫과 올가미 같고 그 손이 포승줄 같은 여자다. 하나님을 기쁘시게 해드리는 사람은 그런 여자에게서 벗어날 수 있지만, 뭇 죄인들은 그런 여자에게 걸려들고 만다.

당대의 사람들에 의해 '지혜의 왕'이라 불린 전도자 솔로몬은 자신이 다른 이들에 비해 탁월한 지혜를 지녔음에도 힘써 지혜를 추구하였지만, 더욱 깊고 참된 지혜를 찾기에는 한참이나 역부족이었다고 솔직히 고백하고 있다. 그런 와중에서도 전도자 솔로몬이 밝히 깨달은 진리 하나가 있었다. 죽음보다 더 쓰디쓰고 독한 것이 있는데, 그것은 '여자'라는 것이었다. 구체적으로 말하면, 여자 중에서도 그 마음은 덫이나 올가미 같고, 그 손은 포승줄(죄인을 잡아 묶는 노끈) 같은 여자였다. 이런 여자가 얼마나 쓰디쓰고 독한지, 하나님을 신실하게 경외하는 가운데 오직 하나님만을 기쁘시게 해드리는 사람 외에는 누구든지 그 여자의 덫, 올가미, 포승줄에 걸려들지 않는 남자는 없다는 것이다.

이는 전도자 솔로몬의 뼈아픈 실패의 경험에서 비롯된 생생한 깨달음이었다. 그토록 남달리 지혜로웠던 솔로몬 왕조차 통치 말년에 이르러 이방 여인들의 덫에 걸리고 포승줄에 묶여 하나님이 그토록 싫어하고 미워하시는 이방우상에 빠져들고 말았다(왕상 11:1-8). 그 결과, 그의 사후에 나라가 둘로 쪼개지는 남북 분열의 비극적인 단초를 제공했던 것이다(왕상 11:9-13). 이처럼 지혜의 왕인 솔로몬조차 허무하게 무너지고 말았으니, 여인들의 덫과 포승줄이란 얼마나 강력하고 독하고 쓰디쓴 것인가!

(27-29) 이제 나 전도자는 말한다. "보라, 내가 깨달은 것은 이것이다. 내가 사물의 모든 이치를 알아내려고 낱낱이 찾고 구하여 살펴보았지만 아직도 알아내지 못한 것들이 수두룩한데, 그래도 깨달은 것이 있었으니 그것은 남자들 천 명 가운데 지혜로운 사람이 한 명 정도는 있어도, 여자들 천 명 가운데는 단 한 명도 없다는 사실이다. 그리고 내가 또 깨달은 것은 이것이다. 하나님께서는 본래 사람을 정직하게 지으셨지만, 사람이 공연히 많은 꾀를 내어 문제를 꼬이게 만들었다는 사실이다.

본문에서 전도자는 자신이 깨달은 두 가지의 진리를 들려준다. 하나는, 남자들 천 명 중에서는 지혜로운 자 하나를 겨우 발견할 수 있어도, 여자들 천 명 중에서는 지혜로운 자를 하나도 발견할 수 없다는 사실이었다. 여기서 '천 명'은 문자적으로 '일천 명'을 뜻한다기보다는 '많은 수'를 뜻하는 상징적인 숫자다. 그렇다면 솔로몬의 이 말은 무슨 뜻일까?

이는 여자들이 남자들보다 더 무지하다거나 열등하다는 것을 의미하지 않는다. 다만 태초의 에덴동산에서 남자인 아담보다 여자인 하와가 먼저 뱀(사탄)의 유혹에 넘어가 타락했듯이, 근원적으로 여성이 남성보다 유혹에 더 무르고 약하다는 사실을 가리킨다(딤전 2:11-15). 하와의 후예 된 정상적인 여자들도 이렇기 때문에, 그 마음이 덫 같고 그 손이 포승줄 같은 악한 여자들이야 오죽하겠는가.

따라서 그런 악한 여성을 가까이하는 것이야말로 얼마나 위험천만한 일이고, 얼마나 참된 지혜에서 멀어지는 일인지를 모든 남자들은 밝히 깨달아야 한다. '지혜의 왕'이라 칭송받은 솔로몬이 이방의 악한 여자들의 유혹에 넘어가, 하나님께서 그토록 가증하게 여기시는 우상숭배의 죄악에 빠진 자신의 뼈저린 실패와 잘못을 거울삼아 이 같은 생생한 교훈을 전하고 있는 것이다(왕상 11:1-8).

솔로몬이 깊이 탐구하여 깨달은 또 다른 진리 하나는, 하나님께서는 본래 사람을 정직하게 지으셨지만, 사람이 공연히 많은 꾀를 내어 일을 뒤틀리게 만든다는 사실이다. 이것은 사람 사는 세상에 왜 그렇게 온갖 문제들이 많고 왜곡된 일들이 허다한지에 대한 대답이다. 말하자면, 사람들이 여러 악한 생각들로 본래 하나님께서 의도하신바 순수하고 올곧은 일을 불순하고도 뒤틀리게 만드는 것이다.

마치 이것은 거룩하신 하나님의 형상으로 지음 받은 아담이 본래는 에덴동산에서 지복의 삶을 누리도록 의도되었으나 스스로 죄의 유혹을 받아 하나님의 계명을 어기고 타락하여 본래 의도된 삶이 아닌 수고와 고통의 뒤틀린 삶을 살아간 것과 같다. 이는 분명한 교훈을 준다. 사람이 자신의 꾀와 생각대로 살아가면 일이 더욱 복잡하고 뒤틀리게 될 뿐이므로, 하나님의 본래 의도된 뜻에 따라 살아가야만 참된 행복과 만족을 누릴 수 있는 것이다.

8

권위에 순복하라

지혜는 얼굴을 빛나게 하고
굳은 표정을 환하게 풀어주네
왕이 원하는 대로 하니
왕의 명령에 따르고 복종하여라

왕의 권위에 순복하라 (8:1-8)

(1-5) 어떤 사람이 지혜 있는 사람이며, 누가 지혜로운 사람과 같겠는가. 사물의 이치를 깨달아 설명할 수 있는 사람이 누구인가. 정녕 지혜는 사람의 얼굴을 빛나게 하고, 굳은 표정을 환하게 바꾸어준다. 내가 권하노니, 하나님 앞에서 맹세한 대로 왕의 명령에 복종하여라. 왕으로부터 받은 직무를 소홀히 여겨 벗어나려고 하지 말고, 왕이 싫어하거든 그 일에 고집을 피우지 마라. 무릇 왕이란 무엇이든 자기가 하고 싶은 것을 자기 마음대로 할 수 있는 사람이다. 왕의 말에는 최종 권위가 있는데, 어느 누가 왕에게 "무엇 때문에 그리 하시는 것입니까?" 하고, 감히 따질 수 있겠는가. 그러므로 누구든지 왕의 명령에 순순히 따르는 사람은 아무런 해가 없으니, 지혜로운 사람의 마음은 왕 앞에서 언제 어떻게 행해야 할지를 잘 분별한다.

전도자는 해 아래의 세상에서 두 발을 딛고 살아가는 우리 인생들에게 삶의 여러 지혜를 일깨워준다. 그런 지혜들 중 하나는, 왕의 권위에 순복하며 살아가라는 것이다. 고대 세계에서 왕은 무엇이든 행할 수 있고 무엇이든 결정을 내릴 수 있는 최종 권위자였다. 그리고 그러한 왕의 권세와 권위는 하늘의 하나님께로부터 주어지는 것이라고 생각했다. 따라서 우리가 하나님의 초월적인 주권을 겸허하게 인정해야 하듯, 하나님께로부터 부여된 왕의 권세도 순순히 인정하고 왕의 권위에 순복해야 한다는 가르침이다.

후일에 사도 바울도 통치자의 권세가 하나님께로부터 주어진 것임을 상기시키면서 세상 통치자의 권세에 순복할 것을 가르쳤다(롬 13:1-2). 세상을 질서 있게 창조하신 하나님은 질서를 중요하게 여기시는 분으로서, 왕을 정점으로 하는 세상의 통치 질서도 세우셨다. 따라서 나라의 백성들은 하나님이 세우신 통치 질서의 원칙에 따라 그에 순응하는 것이 지혜로운 일인 것이다.

물론, 이것은 세상의 왕들과 통치자들이 더 높은 권세와 권위인 하나님의 통치를 인정하고, 그 통치 원리에 따라 정상적으로 나라와 백성을 다스릴 때 국한된 것이다. 그렇지 아니하고, 세상의 왕들과 통치자들이 하나님의 통치 원리를 거역하고 거스른다면 하나님의 백성들은 세상의 왕이 아니라 더 높은 권위인 하나님의 권세에 우선적으로 순복해야 한다. 초대교회 당시에 사도들이 이렇게 처신하였다(행 4:19-20).

(6-8) 세상의 모든 일에는 다 적절한 시기와 절차가 있건만, 사람이 그것에 대해 잘 알지 못하고 자기 나름대로 판단하여 스스로 행하므로 고통과 불행이 임하게 된다. 사람은 누구도 앞일을 알지 못하니, 장차 닥쳐올 일을 알려줄 사람이 어디에 있겠느냐. 바람을 붙잡아 바람을 그치게 할 사람이 없듯이, 죽음이 임했을 때 어느 누구도

자기 죽는 날을 피하거나 미룰 수 없다. 전쟁이 일어나면 그 전쟁에서 혼자 빠져나갈 수 없듯이, 악을 행하면 악을 행한 자는 그 악의 손아귀에서 절대로 벗어날 수가 없다.

왕을 세워 나라의 질서를 세우시는 하나님은 그와 마찬가지로 세상사 모든 일에도 적절한 때와 올바른 절차를 통해 질서를 세우신다. 따라서 사람은 하나님께서 세우신 그 세상 질서에 순응하고 순복할 때 평강과 만족의 삶을 누릴 수 있다. 그렇지 아니하고, 그런 질서에 반항하고 거스르면 스스로 고통과 불행의 삶을 살아갈 수밖에 없다.

따라서 사람은 무엇보다 전능자이시며 절대 주권자이신 하나님 앞에서 인간의 유한함과 나약함을 깊이 인식해야 한다. 그래서 전도자는 사람이 얼마나 유한하며 나약한 존재인지를 일러준다. 즉, 사람은 한 치 앞의 일도 알지 못할뿐더러, 필연적으로 다가오는 죽음도 도무지 피할 길 없이 그대로 맞이해야 한다. 죽음을 피하기는커녕 단 한 순간조차 미룰 수 없다. 또한 악을 행하면, 자신이 행한 그 악에서 결코 빠져나가지 못하고 반드시 심판받아야 한다. 이처럼 인간은 숙명적으로 유한하고 나약한 존재이므로, 하나님께서 세우신 세상 질서에 순응하고 순복하는 것이 지혜로운 삶인 것이다.

악인의 형통과 의인의 고통 (8:9-14)

(9-14) 내가 해 아래 세상에서 행해지고 있는 모든 일을 살펴보다가 깨달은 것은, 사람이 사람을 지배하여 해롭게 하는 경우가 있다는 사실이다. 내가 또 보니, 악한 사람들이 죽어서 거룩한 곳에 묻히고, 그를 땅에 묻은 자들은 무덤에서 돌아오는 길에 그 악인들의 악행을 다 잊어버리는 것이었다. 뿐만 아니라, 사람들은 그 악인들이 악행을 저지르던 바로 그 성읍에서 도리어 그들을 칭찬하고 있으니, 이 얼마나

허탈하고 허망한 일인가. 악인들이 악한 짓을 아무리 제 마음대로 저질러도 당장 그들에게 어떤 벌도 내리지 않으니, 사람들이 모두가 서슴지 않고 악을 자행하는 것이다.

전도자는 자신이 세상사와 인생사를 깊이 살펴보고 탐구하다가 깨달은 두 가지 사실을 말한다. 그중 하나는, 사람이 사람을 지배하여 해롭게 하는 경우가 종종 있다는 사실이다. 대표적인 경우가 폭군(暴君)이 왕위에 앉아 나라를 제멋대로 다스리면서 백성들을 압제하고 착취하는 경우다. 특히 고대의 폭군들은 아무런 제약을 받지 않았기 때문에 더욱 그 폐해가 심했다. 이 같은 견지에서 사무엘 시대에 이스라엘 백성들이 이방 나라들처럼 왕을 요구했을 때, 하나님은 왕정(王政) 정치가 가져올 여러 폐단들을 강력하게 경고하신 적이 있었다(삼상 8:10-18).

또 다른 하나는, 악인들이 죽을 때까지 잘 먹고 잘 살다가, 죽어서도 성스러운 곳에 묻히고, 그 이후에도 그들의 악행은 사람들의 기억에서 잊힌 채 도리어 칭송을 받는 경우가 종종 있다는 사실이다. 참으로 허탈하고 허망한 일이 아닐 수 없었다. 상황이 이러하다 보니, 그런 악인들을 보고서 사람들이 용기를 얻어 그들도 서슴지 않고 악을 자행하는 현실이 반복되고 있었다. 이처럼 악과 선이 왜곡되고 뒤틀리다보니, 해 아래 세상사와 인생사가 참으로 피곤하고 곤고하지 않을 도리가 없다.

(12-14) 하지만 악인들이 백 번 죄를 범하고도 아무런 벌도 받지 않고 오래 살아남을 수 있을는지 모르지만, 나는 분명히 아노니 하나님을 경외하는 사람들 곧 두려운 마음으로 하나님을 섬기며 살아가는 사람들이 결국엔 더 잘 될 것이다. 악인들은 전혀 하나님을 두려워할 줄 모르기 때문에, 그들이 하는 모든 일은 결국 잘 될 리가 없을 것이고, 또한 그들이 사는 날들은 그림자와 같아서 속절없이 휙 지나가

고 말 것이다. 해 아래 이 세상에서 일어나는 헛된 일이 또 있으니, 악인이 마땅히 받아야 할 벌을 도리어 의인이 받고, 의인이 당연히 받아야 할 보상을 도리어 악인이 받는 일이 많다는 것이다. 그러니 이것 또한 헛되고 허망한 일이 아닐 수 없다.

앞서 전도자는 악인이 잘 살고 잘 죽으며, 또한 죽은 이후에도 칭송받는 왜곡된 현실을 개탄하였다. 하지만 전도자는 확신했다. 궁극적으로는 악을 자행한 악인은 패망하고, 하나님을 경외하는 의인이 잘 될 것임을! 그렇다면 왜 하나님은 악인들을 속히 징벌하시지 않는 것일까?

긍휼이 풍성하신 하나님은 악인들조차 그들의 죄악 가운데서 그대로 멸망당하기를 원치 않으시고, 그들도 속히 회개함으로써 구원받기를 원하신다(겔 18:23). 그래서 하나님은 하나님의 시간표에 따라 악인을 다루신다. 그러한 하나님의 시간표는 종종 '오래 참음'이란 성격을 띠고 있는데, 이것은 악인의 죄를 묵과하시거나 심판 베풀기를 싫어하시는 것과는 차원이 다르다. 오래도록 참으시고 기다리시는 것이다. 그러다가 마침내 오랜 인내의 시간이 다 지나면, 악인에 대한 하나님의 심판은 아주 혹독하고 엄중하게 임한다(계 20:11-15).

전도자는 해 아래 세상에서 또 다른 헛되고 허망한 일을 목격했는데, 그것은 의인이 받아야 할 보상을 악인이 받고, 악인이 받아야 할 형벌을 의인이 받는 모순된 상황이었다. 왜 세상에서는 이처럼 의인과 악인이 옳게 평가받지 못하는 것일까?

세상 자체가 부패하고 타락된 상태에 있기 때문이다. 그래서 세상에서는 의인이 벌을 받고 악인이 상을 받는 부조리가 만연하고 있고, 이 같은 현상에 전도자는 '헛되고 허망하다'고 외친 것이다. 이처럼 선과 악이 제대로 평가받지 못한다면, 의롭고 경건한 삶이 무슨 소용 있단 말인가! 그렇지 않다. 이 책의 결론을 보면, 사람이 선악 간에 행하는 모든 일이 언젠가는 하나님에 의해 옳게 심판받는 날이 있음을 분명히 알 수 있다(12:14).

인간의 뚜렷한 한계와 하나님의 초월적인 주권 (8:15-17)

(15-17) 그래서 나는 인생을 즐겁게 살라고 권하고 싶다. 해 아래 세상에서는 먹고 마시며 즐기는 것보다 사람에게 더 좋은 일이 없다는 것을 깨달았기 때문이다. 참으로 하나님께서 허락해주신 짧은 인생을 사는 날 동안에 자기에게 주어진 일에 수고하면서 즐겁게 살아갈 일이다. 나는 온 마음을 다 바쳐 지혜가 무엇인지 알려고 애썼고, 또 이 세상에서 일어나고 있는 모든 일들의 이치를 알아내려고 힘써 살펴보았다. (그런데, 그런 세상사 이치를 알려고 밤낮 자지 않고 애써 수고하는 자들이 나 말고도 많이 있음을 알았다.) 그때 나는 하나님께서 하시는 모든 일들을 가만히 살펴보고 크게 깨달은 것이 있었으니, 곧 사람으로서는 해 아래 세상에서 일어나고 있는 모든 일들의 이치를 도무지 알 수가 없다는 것이다. 사람이 제 아무리 수고하고 온갖 애를 다 써도, 그 이치를 제대로 찾아낼 수 없다. 비록 어쩌다가 지혜로운 자들이 나타나서 자신은 그 이치를 알고 있다고 주장하더라도, 사실은 그 사람도 참말로 이해할 능력이 없는 것이다.

전도자는 자신이 가진 모든 지혜를 총동원하여 세상사와 인생사의 이치와 도리를 파악하고자 밤낮으로 애쓰고 힘썼다. 자신뿐 아니라, 이른바 '현자'(賢者)라 불리는 자들도 그렇게 애써 노력하고 있음을 보았다. 그런데 결과는 '도무지 알 수 없다는 것'이었다. 자신뿐 아니라, 다른 현자들도 그들의 주장과는 달리 자신과 마찬가지로 실상은 그 이치와 도리를 제대로 파악하지 못했다는 것이다.

그래서 전도자가 내린 결론은, 모든 사람은 하나님께 각자 분배받은 복대로 자신의 인생을 즐겁게 살면서, 자신에게 주어진 수고의 몫을 기꺼이 잘 감당해내는 것이 최선이라는 것이다. 즉, 인생의 한계와 유약함을 철저하게 인정하는 가운데 무한하신 전능자 하나님께서 세우신 세상 질서와 이치에 순응하고 하나님을 경외하는 가운데 그분의 말씀에 순복하며 사는 것이 최고의 삶이라고 결론내린 것이다. 바로 이것이 전도자 솔로몬이 깊이 탐구하여 내린 결론이었다. 이 같은 결론에 이르기까지 전도자의 탐구 과정을 살펴보면 이러하다.

마치 과학적 실험을 하듯, 전도자 솔로몬은 삶의 만족을 구하고 세상사의 이치를 파악하고자 자신의 인생을 탐구하였다. 그리하여 솔로몬은 '해 아래' 세상에서 인간이 누릴 수 있는 모든 즐거움과 쾌락을 누렸다. 권력, 부요, 지식, 재물, 처첩, 건강 등 어느 하나 남 부러울 것 없는 최상의 삶을 누렸다. 하지만 그는 거기서 참 만족을 얻을 수 없었고 세상사 이치도 파악할 수 없었다. 생에 대한 갈증과 불만족만 반대급부로 더욱 주어질 뿐이었다.

결국 솔로몬은 자신이 그토록 탐구했던 인생의 참 만족과 세상사의 이치는 '해 아래' 인간의 능력과 지식으로는 결코 얻을 수 없는 '해 위' 하나님의 영역에 있는 것임을 깨닫기에 이르렀다. '하나님 없이' 해 아래 세상에서 인생의 만족과 삶의 이치를 탐구하고 파악하는 것은 사막의 신기루를 끝없이 좇는 것에 불과하고, 금 없는 탄광을 끝없이 파헤치는 것에 다름없는, 헛되고 허망한 일에 불과하다는 사실을 깨달았다.

불행하게도 솔로몬은 그런 생의 실험과 탐구를 하느라고 인생의 황금기를 허비했고, 하나님의 계명을 떠나는 뼈저린 실패도 경험했다. 그래서 솔로몬은 뼈아픈 자신의 체험을 바탕 삼아 오고 오는 후세대들을 향하여 모쪼록 젊은 날에 창조주 하나님을 기억하라고 권면했고(12:1-2), 나아가 오직 주님을 경외하는 가운데 그분의 말씀을 지키는 것이 사람의 본분이라고 결론지었다(12:13).

9

인생의 참된 주관자

누구든 죽음을 피할 수 없네
산 개가 죽은 사자보다 낫듯이
살아있는 자는 죽음을 생각해도
죽은 자는 이름조차 사라지네

하나님이 주관하시는 인간의 삶 (9:1-12)

(1-3) 내가 온 마음을 다 바쳐 세상 모든 일들을 주의 깊게 살펴본 후에 크게 깨닫고 내린 결론은 이러하니, 곧 의로운 자들이나 지혜로운 자들을 비롯하여 세상 사람들이 행하는 모든 일은 전부 하나님의 손에 달려 있다는 것이다. 그렇지만 사람들은 자기 앞날에 놓여 있는 것이 하나님의 사랑인지 하나님의 미움인지 아무도 알지 못한다. 모든 사람들 앞에 놓인 운명은 똑같다. 의인이나 악인이나, 선한 사람이나 나쁜 사람이나, 정결한 사람이나 부정한 사람이나, 희생 제사를 드리는 사람이나 드리지 않는 사람이나, 너나 할 것 없이 다 같은 운명을 타고났다. 선한 사람이라고 해서 죄인보다 나을 것이 없고, 맹세를 하는 사람이라고 해서 맹세하기를 두려워하는 사람보다 나을 것이 없다. 모두가 똑같은 길을 걷는다. 이처럼 모든 사람이 똑같이 죽음의 운명을 타고났다는 것, 이것이야말로 해 아래 세상에서 일어나고

있는 모든 악한 일들 가운데서도 가장 잘못된 일들 가운데 하나다. 그렇기에 사람들은 구태여 선하게 살려고 애쓰지 않고, 한평생 그 마음에 악을 가득 품고서 미친 듯이 살아가다가 결국에는 죽은 자들의 처소인 무덤으로 돌아가고 만다.

전도자는 해 아래 살고 있는 세상 사람들의 모든 일이 전부 하나님의 손에 달려 있다고 말한다. 이는 사람의 모든 행위가 하나님의 주권적인 섭리 안에 포함되어 있다는 뜻이다. 이로써 전도자가 거듭해서 외친 '헛되고 헛됨'은 염세적인 비관주의가 아니라, 해 아래 사는 인간의 한계성에 대한 진지한 고찰이고, 동시에 절대 주권자이신 하나님께 대한 겸허한 신앙고백이었음을 알 수 있다.

사람들은 자신들의 운명을 주관하시는 하나님께서 자신의 미래에 어떤 길흉화복의 일이 일어나도록 작정해놓으셨는지 알 길이 없지만, 모든 인생의 주관자이신 하나님께서 모든 사람들에 대해 한 가지 공통적인 미래를 설계해 놓으셨는데, 그것은 '무덤' 곧 '죽음'이다. 그가 선하든 악하든, 지혜롭든 어리석든, 어떤 경우를 막론하고, 모든 인생은 필연적으로 죽은 자들의 처소인 무덤으로 돌아갈 운명을 타고난 것이다.

이처럼 무덤(죽음)은 그가 선하든 악하든 어떤 경우도 묻거나 따지지 아니하고 모든 사람을 똑같이 집어삼키는 것이기에, 전도자는 이를 해 아래 세상에서 행해지는 일들 가운데 가장 이해할 수 없는 악한 것이라고 규정한다. 하지만 세상사 모든 일들 중에서 '죽음'이야말로 사람과 하나님의 본질적 차이를 가장 뚜렷하게 상기시켜주는 것이다. 사람이 제아무리 난다 긴다 하여도 죽음 앞에서는 어찌 손써볼 도리 없는 인생의 한계를 뼈저리게 느낄 수밖에 없고, 그렇게 되면 그런 죽음을 능히 지배하시는 전능자 하나님 앞에 겸손해질 수밖에 없기 때문이다. 그래서 살펴보면, 수많은 인생들이 죽음 앞에서 비로소 하나님을 애타게 찾고, 결국 빈손 들고 하나님께로 돌아오곤 하였다.

(4-6) 그럴지라도 무릇 살아있는 사람에게는 누구나 소망이 있으니, 이것은 살아 있는 개가 죽은 사자보다 나은 것과 마찬가지다. 살아 있는 사람은 자신이 죽게 될 것임을 알지만, 이미 죽은 자들은 아무것도 알지 못한다. 죽은 자들은 더 이상 받을 상도 없고, 산 자들의 기억 속에서 그 이름조차 사라져버린다. 죽은 자들은 그들의 죽음과 더불어 살아있을 때의 사랑과 미움과 질투도 다 사라져버리고 말았으니, 이제 그들은 해 아래 세상에서 무슨 일이 일어나든 끼어들 여지가 없다.

마침내 무덤(죽음)에 들어갈 수밖에 없는 인생의 뼈저린 한계와 허망함을 외친 전도자는, 그렇기에 죽은 상태보다는 살아 있는 상태가 더 낫다고 말한다. 고대 유대 사회에서 무덤(히, 스올)은 죽은 자들이 예외 없이 모두 들어가야 하는 크고 넓은 지하세계를 가리켰는데, 그곳은 하나님과의 교제가 끊어진 어둠과 침묵과 망각의 장소로 간주되었다.

그래서 전도자는 '죽은 사자보다는 살아 있는 개'의 비유를 들면서, 모두에게서 아예 단절되고 잊힌 존재가 되는 죽은 자보다는 비록 수고와 고통이 있더라도 땅 위에 살아 있는 자에게 그나마 소망이 있다고 말한 것이다. 과연 생각해보면, 아무리 악인이라 해도 땅 위에 살아 있어야만 회개하고 죄를 용서받을 기회를 얻을 수 있는 것이다. 나아가 우리가 하나님을 경외하고 그분의 말씀대로 살아가는 것, 곧 사람이 사람답게 사람의 본분을 수행할 수 있는 것도 '살아 있는 동안에' 가능한 것이다.

(7-10) 그러니 너는 살아 있을 때에, 곧 하나님께서 네가 하는 일을 좋게 보아주시는 동안에 즐겁게 음식을 먹고 기분 좋게 포도주를 마셔라. 너는 또 항상 흰옷으로 깨끗한 옷차림을 하고, 머리에는 향기로운 기름을 발라라. 너의 덧없는 일생 동안에, 곧 하나님께서 해 아래 세상에서 네게 허락해주신 허무한 일생 동안에, 너는 네

> 사랑하는 아내와 더불어 하루하루를 즐겁게 살아라. 그것이 네가 사는 날 동안 이 세상에서 네가 땀 흘려 수고한 것에 대한 최상의 보상이다. 네가 무엇을 하든지, 네게 주어진 일은 온 힘을 다 바쳐 힘껏 하여라. 네가 조만간 들어가게 될 무덤 속에서는 아무런 일도 없고, 계획도 없고, 지식도 없고, 지혜도 없기 때문이다.

땅 아래 있는 '죽은 자'의 허망함과 무상함에 대해 언급한 전도자는 이제 땅 위에 있는 '산 자'를 향하여 삶의 지혜로운 세 가지 처신을 일러준다. 먼저, 전도자는 살아 있는 자들에게 좋은 음식, 맛있는 포도주, 정결한 흰옷, 그리고 향기로운 기름을 추천한다. 전도자가 이런 것들을 추천하는 이유는 분명하다. 죽은 뒤에는 아무것도 할 수 없고 모든 것들이 잊히게 될 것이므로, 살아 있는 동안에 삶의 기쁨을 한껏 누리라는 의미에서다.

다음으로, 전도자는 사랑하는 아내와 더불어 즐겁게 살아가라고 권면한다. 사실, 남자와 여자가 만나 한몸을 이루고 가정을 일구는 결혼제도는 태초의 에덴동산에서 하나님께서 제정하신 복된 제도였다(창 2:21-24). 따라서 전도자는 살아 있는 동안에 하나님께서 허락해주신 결혼의 복을 마음껏 누리라고 권면한 것이다.

이어, 전도자는 노동의 수고조차도 기꺼이 즐기라고 권면한다. 타락 이후에 노동은 수고와 고통스런 일로 변질되고 말았지만, 실상은 지복의 상태였던 에덴동산의 아담과 하와에게도 동산을 관리하고 모든 짐승을 돌봐야 하는 노동의 수고가 주어졌다(창 1:28). 어쨌든 노동의 수고가 힘든 것이긴 하지만, 죽은 자들에겐 그마저도 주어지지 않기에 살아 있는 동안에 그것을 산 자의 특권으로 여기고 주어진 일에 온 힘을 다 바쳐 힘껏 일하라고 권면한 것이다.

여기서 전도자가 권면한 삶의 지혜들은 어디까지나 '해 아래' 세상살이에서의 관점이다. 해 아래를 벗어나, 해 위에 계신 하나님을 믿는 자들에게는 죽음이 끝이 아니다. 죽음 이후에 참된 복락과 영원한 기쁨을 누릴 수 있는 부활과 영생의 삶이 준비되어 있다(고전 15장).

(11-12) 내가 해 아래 세상에서 또 다른 것을 살펴보았다. 그것은 이러하니, 곧 빠르다고 경주에서 이기는 것도 아니고, 강하다고 전쟁에서 승리하는 것도 아니며, 지혜롭다고 먹을 양식을 챙기는 것도 아니고, 총명하다고 재물을 모으는 것도 아니며, 배웠다고 유명해지는 것이 아니더라. 그 까닭은, 세상사 모든 일에는 때와 기회라는 것이 있기 때문이다. 하지만 사람들은 자신에게 어느 때에 무슨 일이 닥칠지를 전혀 알지 못한다. 물고기가 촘촘한 그물에 걸리고 새가 잔인한 덫에 걸리듯, 사람들도 어느 날 갑자기 덮치는 재앙의 덫에 그만 덜컥 걸리고 만다.

전도자가 세상사와 인생사를 깊이 살피고 탐구한 결과, 그는 해 아래의 세상에서 일어나고 있는 모든 일이 사람의 계획, 판단, 상식, 능력 등에 의해 실현되는 것이 아님을 깨달았다. 그래서 빠르다고 반드시 경주에서 이기는 것이 아니고, 강하다고 반드시 전쟁에서 승리하는 것이 아님을 목격했다. 전도자가 그 원인을 곰곰 살펴보니, 세상사의 모든 일에는 '때'와 '기회'가 있다는 것을 깨달았다.

여기서 '때'는 하나님께서 정해놓으신 시기와 기한을 의미하고, '기회'는 하나님께서 개입하시는 섭리와 경륜을 가리킨다. 결국 모든 인생의 흥망성쇠와 길흉화복은 사람의 계획과 지혜와 능력에 달려 있는 것이 아니라, 오롯이 하나님의 뜻과 계획에 달려 있음을 알 수 있다. "사람이 마음으로 자기의 길을 계획할지라도 그의 걸음을 인도하시는 이는 여호와시니라"(잠 16:9), "사람의 마음에는 많은 계획이 있어도 오직 여호와의 뜻만이 완전히 서리라"(잠 19:21).

그렇기 때문에 세상의 모든 사람은 자신에게 언제 어느 곳에서 무슨 일이 닥칠지 한 치 앞의 일도 전혀 알 수 없다. 전도자는 이처럼 앞일을 예측할 수 없는 인생의 운명을 그물에 걸리는 물고기와 덫에 걸리는 새에 비유하였다. 따라서 사람은 우리의 모든 앞일을 알고 계시는 하나님을 전적으로 의지하면서, 그분의 인도하심에 순순히 따를 때 만사형통의 삶을 누릴 수 있다.

지혜는 무기보다 낫다 (9:13-18)

(13-18) 내가 또 해 아래 세상일을 살펴보다가 어떤 지혜를 보고는 크게 감명을 받았다. 인구가 별로 많지 않은 한 작은 성읍이 있었는데, 하루는 이웃 나라의 힘센 왕이 큰 군대를 이끌고 와서 그 성읍을 에워싸고 공격할 준비를 하였다. 그때에 그 성읍 안에는 가난하지만 아주 지혜로운 한 사람이 살고 있어서, 그는 자신의 지혜로 자기 성읍을 구해냈다. 하지만 그 일 이후에, 그 가난한 사람을 기억하는 성읍 사람들은 아무도 없었다. 그런 서글픈 광경을 보고서 내가 깨달은 바가 있었다. 그것은, 지혜가 힘보다 낫기는 하지만 가난한 자의 지혜는 사람들에게 무시당하기 일쑤고, 그의 말에는 사람들이 더 이상 귀를 기울이지 않는다는 사실이다. 그렇지만 어리석은 통치자의 고함지르는 명령을 듣는 것보다는 지혜로운 사람이 조용히 타이르는 말을 듣는 것이 더 낫다. 지혜가 어떤 전쟁 무기들보다 낫지만, 어리석은 죄인 하나가 많은 선한 일들을 망치곤 한다.

전도자는 인생사의 이치와 도리를 발견하기 위해 세상사를 열심히 살피고 탐구하다가 한 가지 서글픈 광경을 목격했다. 그 광경은 이러했다. 언젠가 이웃 나라의 힘센 왕이 강력한 군대를 이끌고 와서 한 성읍을 포위했고, 그 성읍은 풍전등화의 위기를 맞아 조만간 함락될 상황에 처했다. 그런데 바로 그때, 그 성읍에 사는 한 가난한 지혜자가 등장하여 자신의 탁월한 지혜로 그 성읍을 멸망의 위기에서 건져냈다. 하지만 이런 일이 있고 난 후에 성읍 사람들은 이내 그 가난한 지혜자의 공로를 망각하고 아무도 그를 찾지 않았다.

이처럼 지혜는 강력한 무기보다 훨씬 뛰어난 것이지만, 가난한 지혜자의 지혜는 철저하게 무시당한 것이다. 사람들은 지혜를 소중하게 생각하지 않았을뿐더러, 더욱이 그 지혜자가 가난했기 때문에 더욱 무시한 것이다. 그래서 사람들은 종종 지혜로운 사람의 조용한 타이름을 듣기보다는 어리석은 통치자의 고함소리에 더 귀를 기울이고, 그 결과 어리석은 통치자 한 명으로 인해 많은 선한 일들이 망가지고 어리석은 일들만이 수북하게 쌓이게 되는 것이다.

전도자는 이 같은 세상사의 불합리한 면이 무척 서글펐던 것이다. 이처럼 세상사는 아주 불합리해서 응당 사람들에 의해 존귀하게 대우받고 합당하게 보상받아야 할 사람이 도리어 배척당하고, 그와 반대로 어리석은 사람이 인정받고 대우받는 상황이 종종 발생하는 상황이 전개된다. 본문의 사례처럼, 강력한 대적에게 공격받고 있는 성읍을 지혜로써 건진 가난한 지혜자의 경우가 그러하다.

이처럼 인간의 타락한 본성이 강력하게 작동하고 있는 세상사에는 일단 문제가 해결되면 그 일에 대한 감사와 고마움을 이내 망각하는 경우가 비일비재하다. 우리나라의 속담에도 "화장실 들어갈 때의 마음과 나올 때의 마음이 다르다."란 말이 있다. 조변석개(朝變夕改)하는 인간의 간사한 마음을 꼬집는 속담이다. 이스라엘 역사를 살펴보면, 하나님께로부터 '출애굽'이란 크신 구원과 해방의 은총을 입은 이스라엘 백성이 그 이후에 조그만 불편 사항이 있을 때마다 하나님께 대하여 시도 때도 없이 불평과 불만을 터뜨린 경우도 그렇다고 볼 수 있다.

10

지혜자와 우매자

함정을 파는 자는 거기에 빠지고
장작을 패는 자는 그 장작에 맞네
날선 도끼가 힘을 덜어주듯
지혜는 모든 일에 힘을 덜어주네

지혜로운 자와 미련한 자 (10:1-15)

(1-4) 죽은 파리 한 마리가 향수에서 썩은 냄새가 나게 하듯, 작고 하찮은 미련한 짓 하나가 지혜와 명예를 망가뜨린다. 지혜로운 사람의 마음은 오른쪽으로 기울지만, 어리석은 사람의 마음은 왼쪽으로 기운다. 어리석은 사람은 길을 갈 때도 지각이 없어서 자신의 어리석음을 모든 사람들에게 드러내고 만다. 윗사람이 네게 화를 낼 때에 너는 그 자리를 떠나지 말아라. 입을 다물고 공손한 태도로 가만히 있으면, 큰 잘못도 용서받을 수 있다.

세상사와 인생사를 깊이 살피고 힘써 탐구한 전도자는 자신이 깨달은 바를 '잠언' 형식으로 전달하고 있다. 여기서는 지혜로운 자와 미련한 자를 상호 비교하여 교훈한다. 특히 미련한 자의 어리석은 짓이 얼마나 썩은 냄새를 사방으로 강력하게 풍기는 일인지를 강조한다. 그러면서 전도자는 지혜로운 자의 마음은 '오른쪽'으로 기울고, 미련한 자의 마음은

'왼쪽'으로 기운다고 말하고 있다. 무슨 뜻일까?

이 말의 요점은, 지혜와 미련함은 서로 반대되는 위치에 있다는 것이다. 둘은 그 특성이 완전히 다르기 때문이다. 그런데 지혜가 오른쪽이고, 미련함이 왼쪽인 이유는 이러하다. 고대 세계에서 일반적으로 '오른쪽' 혹은 '오른손'은 힘, 명예, 권위, 능력, 구원, 선함, 올바름 등 온갖 긍정적인 것들을 상징했고(창 48:18; 사 41:10), '왼쪽' 혹은 '왼손'은 그 반대인 연약함, 어리석음, 수치, 악함, 멸망, 그릇됨 등 온갖 부정적인 것들을 상징했기 때문이다(마 25:33-46).

> (5-9) 나는 또 해 아래 세상에 있는 통치자들에게서 한 가지 악을 보았다. 그것은, 어리석은 자를 높은 자리에 앉히고, 존귀한 자를 낮은 자리에 앉히는 것이다. 나는 또 종들이 주인처럼 말을 타고 다니고, 주인이 종처럼 걸어 다니는 것도 보았다. 함정을 파는 자는 그 함정에 자신이 빠질 수 있고, 담을 허무는 자는 담 안에 숨어 있던 뱀에게 물릴 수 있다. 돌을 떠내는 자는 그 돌에 다칠 수 있고, 장작을 패는 자는 그 장작에 맞을 때가 있다.

세상사를 유심히 살폈던 전도자는 자신이 보고 체득한 세 가지 일을 들려준다. 첫째는, 질서와 체계가 올바로 서지 못하고 엉망진창이 된 부조리하고 악한 일이 벌어지고 있다는 사실이다. 존귀한 자는 높은 자리에 앉고 어리석은 자는 낮은 자리에 앉아야 하며, 주인은 말을 타고 종은 걸어야 하는 게 마땅하고 나라와 사회의 올바른 질서와 체계인데, 이와 반대되는 일이 버젓이 일어나고 있는 것을 보았던 것이다. 참으로 서글프고 답답한 노릇이 아닐 수 없었다.

둘째는, 세상사에는 뿌린 대로 거두는 인과응보(因果應報) 사상이 작동되고 있다는 사실이다. 그래서 남을 해치려고 함정을 파놓은 자가 그 함정에 빠지고, 자기 땅을 넓히려고 남의 담을 함부로 허무는 자가 그 담 안에 숨어 있던 뱀에게 물리는 경우를 보았다. 여기서 '담'은 다른 사람의 재산이 보존된 울타리를 뜻하기도 한다.

셋째는, 위험한 일에 종사하면 그에 따른 위험이 반드시 뒤따른다는 사실이다. 그래서 돌 떠내는 일을 하는 채석공은 그렇게 자신이 떠내는 돌로 인해 다치는 경우가 종종 발생하고, 나무를 쪼개거나 장작을 패는 일을 하면 자칫 자신이 쪼개고 패는 나뭇조각에 의해 피해를 입은 경우가 왕왕 생기는 것이다. 전도자는 이 같은 세상사의 현실을 관찰하는 중에 지혜의 중요성을 말한다. 삶의 도처에 위험이 항상 도사리고 있지만, 지혜가 있으면 그런 위험들로부터 보호받을 수 있다는 것이다. "그러나 지혜는 세상사 모든 일에 힘을 덜 들게 한다."

> (10-15) 도끼가 무딘데도 그 날을 예리하게 갈지 않으면 힘이 갑절로 더 든다. 그러나 지혜는 날 선 도끼처럼 세상사 모든 일에 힘을 덜 들게 한다. 주문을 걸어 뱀을 부리지도 못하면서 그 뱀에게 도리어 물리면 그 술객은 아무런 쓸모가 없다. 지혜로운 자의 입에서 나오는 말은 은혜를 끼치지만, 미련한 자의 입에서 나오는 말은 자기 자신을 망칠 뿐이다. 미련한 자의 입에서 나오는 말은 처음에는 어리석다가 나중에는 사악하고 미친 소리가 되고 만다. 그런데도 미련한 자는 자기 입을 활짝 열어 많은 말을 주절주절 해댄다. 그러나 모름지기 사람은 앞으로 무슨 일이 일어날지 아무것도 모른다. 훗날 일어날 일을 과연 누가 말해 줄 수 있으랴. 미련한 자는 기껏 수고하여도 사람을 피곤하게 만들 뿐이니, 그는 자기 성읍으로 돌아가는 길조차 알지 못한다.

전도자는 두 가지 교훈을 들려준다. 하나는, '무딘 도끼의 날'과 '주문을 걸기도 전에 뱀에게 물린 술객'의 비유를 들어, 우리의 세상사 삶에 지혜가 참으로 필요하고 유효하다는 것을 깨우쳐준다. 무딘 도끼의 날로 나무를 쪼개거나 장작을 패려고 하면, 힘은 힘대로 많이 들고 일은 일대로 제대로 할 수 없다.

무딘 도끼의 날이 '어리석음'을 상징한다면, 예리하게 날 선 도끼는 '지혜'를 상징한다. 예리한 도끼날 같은 지혜가 있다면, 살아갈 때 힘은 힘대로 덜 들고 일은 일대로 잘 된다. 또한 아무짝에도 쓸모없게 된 어리석은 술객처럼, 주문을 외워 뱀을 부리기도 전에 뱀에게 먼저 물려버리는 참으로 어처구니없고 황당한 일도 겪지 않는다. 이처럼 지혜는 만사에 참으로 유용하기에 사람에게 꼭 필요하다.

또 다른 교훈은, 잠언에서도 주요 주제 삼아 자주 다루었던 '말'(言)에 관한 것이다. 요점은 이러하다. 지혜로운 자의 입에서 나오는 말은 아주 유용하여 그 말을 듣는 모든 이들에게 은혜를 끼치지만, 미련한 자의 입에서 나오는 말은 사악한 미친 소리 같아서 자기 자신은 물론이고 그 말을 듣는 모든 이들에게 심각한 해악과 폐해를 끼친다는 것이다.

그런데도 황당한 것은, 미련한 자일수록 그 입을 더욱 활짝 열어 이러쿵저러쿵 많은 말들을 마구 쏟아낸다는 사실이다. 한 치 앞의 미래도 알 수 없는 유약한 인생인데도, 미련한 자들은 마치 모든 것을 알고 있는 듯 많은 말들을 뱉어내고, 또 이런저런 일들을 열심히 해대니, 참으로 사람을 피곤하게 만든다.

전도자는 미련한 자들이 얼마나 무지하고 어리석은지를 우리에게 밝히 일러주는데, 그들은 자기 성읍으로 돌아가는 길조차 알지 못한다고 말한다. 이 말은, 가장 기본적인 일 곧 모든 사람에게 쉽고 친숙하며 상식적인 일조차 알지 못한다는 의미다. 이처럼 미련한 자가 그 입으로 하는 말들이나 그 손발로 행하는 일들이 얼마나 심각한 해악과 폐해를 끼칠 것인지는 불을 보듯 빤하다.

화 있는 나라와 복 있는 나라 (10:16-20)

(16-20) 왕은 어리고 대신들은 이른 아침부터 잔치를 벌이는 나라여, 네게 재앙이 임할 것이다. 왕은 고결하고 대신들은 취하려고 먹고 마시는 것이 아니라 필요한 힘을 얻으려고 제때에 먹고 마시는 나라여, 네게는 복이 있도다. 게으른 자의 집은 대들보가 썩어서 내려앉고, 손 놀리기 싫어하는 자의 집은 그 지붕에서 빗물이 줄줄 샌다. 잔치는 사람에게 웃음을 가져다주고, 포도주는 인생을 즐겁게 해주며, 돈은 모든 것을 해결해준다. 너는 마음속으로라도 왕을 욕하지 말고, 이불 속에서라도 부자를 저주하지 말라. 공중을 나는 새가 네 말을 듣고 옮길 것이고, 하늘을 나는 날짐승이 네 소리를 듣고 전할 것이다.

여기서 왕이 '어리다'는 말은 단순히 '나이가 어리다'란 의미를 뛰어넘어 '경륜이 짧거나, 능력이 부족한 상태'를 뜻한다. 왕이 그러한데도 그 나라의 대신들이란 자들이 아침부터 잔치를 벌인다면, 그 나라에 재앙이 임할 것은 명약관화하다. 아침부터 잔치를 벌이는 것은 자신들의 식욕과 욕망을 채우기 위한 무절제한 행동으로, 나라를 다스리는 자들이 해서는 안 되기 때문이다. 반면에, 왕은 고결한 성품을 지닌 존귀한 자이고, 대신들은 국사를 돌보는 데 필요한 힘을 얻기 위해 정한 때에 음식을 먹는다는 것은 절제를 아는 자들로서, 그만큼 그들은 나라를 다스리는 데도 올바르게 행할 수 있기에 그 나라는 복된 것이다.

전도자는 게으름에 관해 경고한다. 고대 팔레스타인의 집들은 나무와 진흙 등으로 허술하게 지어졌기에 때마다 부지런한 보수를 통해 적절하게 관리해야 했다. 그런데 손 놀리기를 싫어하는 게으른 자들은 게으름을 피우느라 그런 보수를 제때에 하지 않기 때문에, 그런 자들의 집 대들보는 썩어가고 집의 지붕에서는 빗물이 줄줄 새기 마련이다. 나라든지 집이든지, 제때에 부지런히 제대로 관리하지 않는다면 결국 무너져 내릴 수밖에 없다.

잠언의 저자이기도 한 전도자 솔로몬은 여기서도 잠언 같은 경구(警句) 하나를 들려준다. 그것은 '잔치'와 '포도주'와 '돈'에 관한 것이다. 잔치는 매일이 그렇고 그런 평범한 일상생활에 특별한 웃음을 안겨다주는 것이고, 포도주는 힘들고 고달픈 인생살이를 때때로 즐겁게 해주는 것이며, 돈은 삶에 무슨 문제가 생길 때마다 그 문제를 손쉽게 해결해주는 범사에 유용한 도구라는 경구다. 돈의 위력을 보여주는 경구로, "돈이면 귀신도 부린다."는 우리나라 속담을 연상케 한다.

그리고 전도자는 왕을 욕하지 말고 부자를 저주하지 말라고 가르친다. 마음속으로도 하지 말고, 이불 속에서라도 하지 말라고 가르친다. 전도자는 우리에게 삶의 지혜를 일러준 것이다. 고대 군주시대에는 왕이나 부자 같은 권세자나 세도가를 욕하거나 저주하는 행위는 심각한 위험을 초래할 수 있었다. 그렇기 때문에 마음속의 생각을 함부로 발설하지 말고, 아무도 듣는 사람이 없다는 생각에 이불 속에서 저주하는 일도 금하라는 충고다. 왜냐하면 자신도 모르는 사이에 누군가는 그런 욕과 저주의 말을 듣고서 그것을 해당 권세자나 세도가에게 전해줄 것이기 때문이다. 이는 우리나라 속담에, 낮에 한 말은 공중의 새가 듣고, 밤에 한 말은 벽장 속의 쥐가 듣기 때문에, 언제 어디서나 항상 말조심을 해야 한다는 가르침을 떠올리게 한다.

11

삶의 지혜와 철학

일찍 일어나 씨를 뿌리고
밤늦도록 손을 놀려라
씨앗 중에서 어떤 게 잘 자랄지
아무도 알 수 없기 때문이네

성도의 슬기로운 삶과 올바른 생활 자세 (11:1-8)

(1-2) 너는 네 손을 활짝 펴서 네 빵을 이웃에게 후히 나눠주어라. 그리하면 여러 날 후에 그것들이 네게로 다시 돌아오게 될 것이다. 너는 되도록 더 많은 사람들에게 골고루 나누어주어라. 앞으로 이 세상에서 네가 언제 무슨 재난을 만날지 모르기 때문이다.

히브리어 원문대로 직역하면 "너는 네 빵을 물 위에 던지라."이다. 마치 물 위에 빵을 던져 내다버림같이, 아무런 미련 없이 어떤 보상도 바라지 말고 이웃이란 널따란 강물 위에 자신의 빵(재물)을 던져 구제를 베풀라는 의미다. 그러면 본인은 기대하지 않았을지라도, 그렇게 베푼 구제 행위가 어떤 형태로든 자신의 품으로 되돌아와 보상을 안겨주는 경험을 하게 될 것이라는 가르침이다.

그런데 이 같은 구제 행위와 관련해서 전도자는 좋은 힌트를 하나 일러주는데, 구제를 하되 특정한 한두 명에게 국한해서 하지 말고, 되도록 더 많은 사람들에게 골고루 구제를 베풀라는 것이다. 히브리어 원문에는 "일곱에게, 또 여덟에게 몫을 주라"고 되어 있는데, 이는 문자적인 일곱 명이나 여덟 명을 뜻하는 게 아니라 '많은 사람들'을 뜻하는 상징적인 표현이다. 전도자는 그렇게 구제해야 하는 이유도 들려준다. 그것은 살아가면서 언제 무슨 재난을 만날는지 알 수 없기 때문이다. 그렇기 때문에 되도록 많은 이들에게 골고루 구제를 베풀면, 예상치 못한 삶의 재난을 만났을 때 자신이 구제를 베푼 여러 사람들 중 그 누군가에게서 도움을 받을 가능성이 훨씬 커지기 때문이다.

> (3-6) 구름에 물이 많이 끼면 비가 되어 땅 위에 쏟아지는 법이고, 나무가 쓰러질 때 남쪽으로 쓰러지든 북쪽으로 쓰러지든, 그 나무는 쓰러진 그 자리에 그대로 놓여 있는 법이다. 또 바람이 어디로 불는지 계속 눈치를 살피다가는 아예 씨를 뿌리지도 못하고, 구름이 걷히기를 마냥 기다리다가는 곡물 거두는 시기를 놓치고 마는 법이다. 네가 바람이 다니는 길을 도무지 알지 못하고, 아이를 밴 여인의 뱃속에서 그 태아의 뼈들이 어떻게 형성되는지 전혀 알지 못하듯이, 너는 세상 만물을 지으신 하나님께서 행하시는 일들을 하나도 알지 못한다. 그러므로 너는 아침 일찍 일어나 정성껏 씨를 뿌리고, 저녁에도 부지런히 손을 놀려 돌보아라. 어떤 씨앗이 잘 자랄는지, 이것이 잘 자랄지 혹은 저것이 잘 자랄지, 아니면 둘 다 잘 자랄지 알 수 없기 때문이다.

비구름에서 비가 쏟아지는 자연의 법칙이나 바람이 제 불고 싶은 대로 부는 자연의 현상, 그리고 모태에서 이루어지는 태아의 생성 등은 세상 만물을 지으신 창조주 하나님의 주권임을 겸손하게 인정하고, 유한한 지식과 능력의 한계를 지닌 사람은 단지 사람으로서 해야 할 일에 대해서만 최선을 다해 부지런히 행해야 한다는 가르침이다.

그렇지 아니하고, 사람이 스스로 어찌할 수 없는 풍향(風向) 같은 자연 현상 등을 핑계 대면서 제 할 일을 제때에 땀 흘려 부지런히 행하지 않는다면, 그 사람은 씨를 뿌릴 시기도 놓치게 되고, 어떤 씨를 뿌릴지도 결정하지 못하게 되며, 또 곡물을 거둘 시기조차 놓쳐서 곡물 농사를 망치는 것은 물론이고, 자신의 인생 농사도 망치게 될 것이 빤하기 때문이다. 그러므로 이와 유사한 동양의 가르침이 진인사대천명(盡人事待天命, 사람이 할 수 있는 일에 대해선 최선을 다해 행하고서 하늘의 뜻을 겸손하게 기다림)이라 하겠다.

(7-8) 진실로 빛은 좋고도 아름다운 것이니, 우리가 눈으로 해를 보고 산다는 것은 참으로 기쁜 일이다. 사람이 오래 살려면, 인생의 모든 날들을 항상 즐겁게 살아갈 일이다. 그러나 살다보면, 어둡고 슬픈 날들도 많다는 사실을 기억해야 한다. 사실, 누구를 막론하고 앞으로 다가올 인생의 날들은 다 헛되고 허무하여, 해 아래 이 세상에서 기대할 것이라곤 아무것도 없다.

전도자는 먼저 이 세상에 사람으로 태어나서 자신의 눈으로 해를 보고 살아간다는 것은 참으로 기쁜 일이라고 말한다. 빛은 진실로 좋고도 아름다운 것이기 때문이라는 것이다. 이 말은 빛이나 해(태양) 자체가 좋고 아름답고 기쁘다는 의미가 아니라, 태양이 뜨고 그 빛이 비치는 아름다운 세상에서 먹고 마시며 주어진 삶을 누리는 나날들이 좋고 아름다운 것으로, 사람은 그렇게 살아서 삶의 온갖 기쁨을 누릴 수 있다는 의미다. 그래서 전도자는, 아름다운 태양빛이 비치는 그런 좋은 세상에서 먹고 마시며 자기 삶을 누리는 좋은 날들을 오래 살아가려면, 긍정적인 생각을 갖고 주어진 나날들에 감사하면서 되도록 인생을 즐겁게 살아가야 한다고 말한다.

또한 전도자는 해 아래 인생의 삶이 언제나 밝고 평탄하며 형통하지 않을 것이고, 종종 어둡고 슬프고 아픈 날들도 많이 닥칠 것이란 사실도 일러준다. 그러므로 사람이 해 아래 세상에서는 절대로 참된 만족과 기쁨을 누릴 수 없고, 근원적으로는 삶의 공허와 인생무상을 느낄 수밖에 없을 것이라고 말한다. 해 아래 세상에서는 아무리 눈 씻고 찾아봐도 사람이 영원히 의지하며 기대할 수 있는 것이라곤 하나도 없다는 것이다. 이런 사실을 알고, 사람이 해 아래 세상에서 자신에게 주어진 삶의 분복을 즐거이 누리되, 그런 삶에 안주해서 그것만이 인생의 전부라고 생각해서는 안 된다고 가르친 것이다.

젊은이들에게 주는 권면 (11:9-10)

(9-10) 젊은이들이여, 한창 젊을 때에 네 젊음의 날들을 기뻐하고 즐겨라. 네 마음이 원하는 대로 어디든지 가보고, 네 눈이 원하는 대로 무엇이든지 보도록 하여라. 그러나 네가 행하는 그 모든 일들에 장차 하나님의 심판도 있다는 것을 잊지 말아라. 그러므로 너는 마음속의 근심을 떨쳐내고 네 육체가 상하도록 고통을 주지도 말아라. 언젠가는 활기 넘치는 네 팔팔한 젊음도 덧없이 지나가고 말 것이기 때문이다.

본문은 특별히 전도자가 젊은이들에게 주는 권면인 동시에 경고다. 전도자는 청년의 때가 짧고 순식간에 지나간다는 관점에서, 젊은이들에게 여건이 허락하는 한 주어진 삶을 최대한으로 즐길 것을 권면한다. 한창 피가 끓고 패기가 넘치는 젊을 때에 마음이 원하고 눈이 원하는 대로 삶을 즐길 것을 권면한다. 젊음의 순간은 짧고 나이가 들면 하고 싶어도 더는 할 수 없기 때문이다.

그러나 전도자는 이 같은 권면과 동시에 젊은이들을 향하여 또한 경고한다. 그렇게 젊음의 쾌락을 마음껏 즐기다 보면, 순식간에 젊음은 사라지고 어느새 늙음이 닥쳐와 죽음에 이를 것인데, 그때가 되면 청년의 때에 행한 모든 일들에 대해 하나님의 심판이 있다는 사실을 잊지 말라는 것이다. 그러하기에 젊음의 때가 아주 짧고 덧없다는 사실을 인지하고, 젊을 때에 몸이 상하도록 방종과 타락의 삶을 살아서는 안 된다고 경고한다.

사실, 전도자 솔로몬은 자신의 뼈아픈 경험을 바탕으로 이 같은 경고를 하고 있다. 솔로몬은 젊은 날에 그야말로 마음이 원하고 눈이 원하는 대로 자신의 삶을 최대한 즐겼다. 세상에서 누릴 수 있는 모든 부귀영화를 마음껏 누렸다. 권력, 재물, 처첩, 건강, 지식, 명성 등 누구에게도 뒤지지 않는 최고의 삶을 살았다. 그러나 그런 젊음의 나날들은 나이가 들면서 솔로몬에게 커다란 후유증을 남겼다. 지혜가 흐려지고 삶이 방종해져 마침내 하나님을 떠나 이방의 우상들을 섬기는 처참한 지경에까지 이르게 되었다(왕상 11:1-8). 최고, 최선이라고 여겼던 자신의 젊은 날이 한낱 새벽안개처럼 덧없고 무상한 것임을 깨달았다. 그런 뼈저린 깨달음을 바탕으로, 노년의 전도자 솔로몬이 삶의 최고와 최선을 갈구하고 추구하는 젊은이들에게 이 같은 권면과 경고를 주고 있는 것이다.

12

창조주를 기억하여라

젊은 날에 창조주를 기억하여라
늙고 병든 날이 이르기 전에
해와 달과 별이 어두워지기 전에
먹구름 끼기 전에 기억하여라

젊을 때에 창조주 하나님을 기억하라 (12:1-8)

(1-2) 젊은 시절에 너는 네 창조주를 기억하여라. 늙고 병든 고생의 날들이 이르기 전에, "이제는 인생에 아무 즐거움이 없다."하고 한탄하기 전에, 해와 빛과 달과 별들이 빛을 잃고 어두워지기 전에, 비가 온 뒤 다시 먹구름이 끼기 전에, 너는 젊을 때 네 창조주를 기억하여라.

앞서 전도자는 젊은이들을 향하여 젊을 때에 마음이 원하고 눈이 원하는 대로 마음껏 인생을 즐겨보라고 권면했었다(11:9a). 하지만 전도자가 정말로 하고 싶었던 말은 그게 아니었다. 젊음의 날에 행하는 모든 일에 대하여 하나님의 심판이 뒤따른다는 사실을 인식하고(11:9b), 젊은 시절부터 창조주 하나님을 기억하고 그분의 말씀대로 살아가라는 말을 하고 싶었다.

사실, 인생 중 기력이 가장 좋은 청년의 때는 마음에 원하는 길을 좇고, 눈에 보는 대로 행할 가능성이 크기 때문에, 그렇게 살아가는 것이 아주 위험하다고 경고한 것이다. 그래서 전도자는 그런 청년의 때일수록 창조주 하나님을 기억하고, 그분의 말씀대로 살아가는 것이 인생을 진정 의미 있고 가치 있게 살아가는 길임을 가르치고자 한 것이다.

전도자의 이 같은 가르침은 자신의 뼈아픈 실패에서 비롯된 것이다. 전도자 솔로몬은 부왕 다윗이 이룩해놓은 부국강병의 바탕 위에서 젊은 나이에 왕위에 올라 마음과 눈이 원하는 대로 무엇이든 해볼 수 있었고, 실제로 그렇게 무엇이든 행하고 살았다. 세상에서 누릴 수 있는 모든 부귀영화를 다 누렸고 삶의 쾌락을 즐겼다. 그러다보니, 어느새 나이든 자신의 노쇠한 모습을 발견했고, 또한 그토록 탁월했던 지혜마저 흐려지고 삶까지 방종해져 하나님을 떠나 이방 우상을 섬기는 자신의 초라하고 비참한 모습을 발견했던 것이다.

그래서 전도자는 자신과 똑같은 실패를 되풀이해선 안 된다는 애타는 심정으로 지혜 학교의 젊은 생도들에게 호소하고 있는 것이다. 노년의 삶이 이르기 전의 젊은 날에 창조주 하나님을 기억해야 한다는 말을 세 번이나 반복되는 말로 강조해서 호소하고 있다. 즉 '늙고 병든 고생의 날들이 이르기 전에', '해와 빛과 달과 별들이 빛을 잃고 어두워지기 전에', '비가 온 뒤 다시 먹구름이 끼기 전에'라는 삼중(三重)의 표현으로 호소하고 있다. 그만큼 절실하고 애타게 젊음의 날들을 헛되이 보내지 말라는 간절한 권면이다.

진실로 젊음의 날은 순식간에 지나가버린다. 중국의 고사성어에 백구과극(白駒過隙)이란 말이 있는데, 이는 '흰 망아지가 빨리 달리는 것을 문틈으로 본다'는 말로, 인생이 덧없이 짧은 것을 뜻하는 말이다. 인생 전체도 이처럼 짧다면, 그 인생 중 한 토막에 불과한 젊음의 날들이야 그 얼마나 짧고 순식간일 것인가! 그러니 삼가 정신을 바짝 차려 그 소중한 시기를 헛되이 낭비하지 말고, 창조주 하나님을 기억하면서 가치 있고 의미 있게 보내야 할 터이다. 젊음의 날들이 소중한 만큼,

그에 비례해서 심판 날에 하나님께 대한 헌신과 봉사의 가치도 그만큼 아주 값어치 있게 매겨질 것이다.

> (3-5) 나이 들어 노년의 때가 되면, 너를 지켜주던 두 팔이 힘없이 덜덜 떨리고, 용사처럼 정정하던 두 다리도 힘이 빠져 후들거리며, 이빨도 거의 다 빠져 음식을 제대로 씹어 먹지도 못하고, 밝히 보던 두 눈도 어두침침해져서 창문 밖으로 보이던 것들이 다 없어진다. 또 귀는 먹어서 바깥 거리에서 들려오는 소리도 못 듣고, 음식물 씹는 이빨의 맷돌질 소리도 약해져서 오물오물거리면서 먹고, 신경은 극도로 민감해져서 새들이 지저귀는 소리에도 화들짝 깨어 잠을 설치고, 노래하는 발성 기관도 다 쇠약해져서 음성마저 덜덜 떨린다. 또 늙으면 숨이 헉헉 차서 높은 데 오르기가 힘겨워지고, 자칫 넘어질세라 거리로 나가는 일조차 덜컥 겁을 낸다. 검었던 머리는 살구꽃이 활짝 핀 듯 온통 허옇게 변하고, 작은 메뚜기 한 마리조차 짐이 될 만큼 몸의 기력이 다 없어지고, 모든 육체의 정욕도 다 사라져 어떤 보약을 먹어도 소용이 없다. 때가 되면, 사람은 너나 할 것 없이 자신의 영원한 집인 무덤으로 돌아가게 되고, 길거리에는 너의 죽음을 슬퍼하는 조객들만이 분주하게 오고 갈 뿐이다.

전도자는 나이 든 노년의 상태를 재밌는 비유법을 통해 생생하게 전달하고 있다. 맷돌질을 치아의 씹는 힘으로, 집의 창문을 두 눈의 시력으로, 바깥 거리를 두 귀의 청력으로, 집 마당의 살구나무에 핀 꽃을 흰 머리로, 그리고 장차 들어갈 영원한 집을 죽음(무덤)으로 비유하여, 늙고 병들고 기력과 정력이 쇠하고 숨이 차고 두 눈과 두 귀가 침침하고 먹먹하며, 머리가 하얗게 세고, 그러다가 마침내 숨을 멈추고 죽어서 무덤 속으로 들어가는 광경을 눈에 선하게 그려내고 있다.

이처럼 노년기는 무기력하고 쇠잔하며 모든 것이 힘없고 부실하다.

인생이 본디 그러하니 누구도 그런 노년기를 피해 갈 수 없다. 그런데 한창 피 끓고 패기 넘치는 혈기왕성한 젊은이들은 자신들에게는 그런 노년의 시기가 닥치지 않을 것이라고 생각하는 경우가 많다. 그래서 조만간 닥쳐올 노년기를 생각하지 않고 창조주 하나님을 망각한 채 그저 젊음의 나날들을 헛되이 낭비하는 경우가 많다. 전도자는 자신의 뼈저린 실패의 경험으로 결코 그렇지 않다는 사실을 일깨워주고 있는 것이다. 젊음의 시기는 눈 깜짝할 사이에 지나가고 눈을 떠보면 어느새 병들고 노쇠한 노년의 자기 모습을 발견할 수 있다고 생생한 표현으로 일러주고 있다.

> (6-8) 네 생명의 은줄이 '툭' 끊어지고 금 그릇이 '쨍그랑' 깨어지기 전에, 네 목숨이 샘 곁에서 물 항아리가 깨지듯 '와장창' 깨어지고 우물 위에서 두레박줄이 끊어지듯 '뚝' 끊어지기 전에, 너는 네 창조주를 기억하여라. 흙으로부터 온 네 몸이 도로 흙으로 돌아가고, 하나님께로부터 온 네 영이 도로 하나님께로 돌아가기 전에, 너는 네 창조주 하나님을 기억하여라. 오, 나 전도자가 말한다. "헛되고 헛되도다! 모든 것이 헛되도다!"

전도자는 또 다시 재밌는 비유를 들어 노년기의 상태를 표현한다. 고대 중근동의 부잣집에서는 금으로 만든 등잔 그릇을 은줄로 연결하여 사용하였다. 그리고 깊은 우물에서 물을 길어 항아리에 담을 때 두레박을 줄로 연결하여 사용하였다.

그런데 이 같은 것들이 끊어지고 깨졌다는 것은, 사람이 나이 들어 노쇠해져서 병이 듦에 따라 죽게 되었다는 말이다. 신체의 모든 기관들이 싱싱하고 견고하며 탄탄한 젊음의 육체와는 달리 나이가 들어 노쇠해지면 누구를 막론하고 신체 기관이 부실해지고 허약해져서 자주 깨지고 넘어지며 흘리고 떨어뜨리게 된다. 그러다가 결국 숨조차 쉬지 못하고 죽어서 본래 신체를 이루었던 흙의 상태로 돌아가게 된다(창 3:19).

하지만 전도자는 죽을 때 우리의 영(靈)은 하나님께로 돌아간다고 말하고 있다. 구약 사상에 따르면, 사람이 살아 숨 쉬며 움직일 수 있는 생명체가 된 것은 하나님께서 사람에게 생명의 호흡(혹은 영)을 그 코에 불어넣어 주셨기 때문이다(창 2:7). 그래서 죽음은 사람이 본래의 상태로 돌아가는 과정으로 이해했다. 그 결과, 육체는 그 본디 재료인 흙으로 돌아가고, 영혼은 그 본래 주인이신 하나님께로 돌아간다고 생각했다. 즉, 하나님께서 자신이 사람에게 주신 호흡(영)을 다시 취하시는 것으로 생각했다(시 104:29).

한창 혈기왕성한 젊은이는 '늙음'이란 자신과는 아무런 상관 없는 것인 양 생각하고 언제까지나 팔팔한 젊음을 유지한 채 오래 살 수 있을 것이라고 생각한다. 하지만 그것은 대단한 착각이다. 현재의 노인들도 한때는 다들 팔팔한 젊은이들이었다. 하지만 되돌아보니, 젊음은 한 순간이었다. 마치 쉼 없이 흐르는 강물처럼, 활시위를 떠난 활처럼 순식간에 지나갔다. 현재의 젊은이들도 머잖아 노인이 되어 뒤돌아보면 역시 그렇게 생각할 것이다. 그래서 전도자는 부지불식간에 들이닥치는 노년기가 이르기 전에, 모쪼록 창조주 하나님을 기억하고 그분께 헌신하고 충성하는 값지고 의미 있는 청년기의 삶을 살아갈 것을 애타게 호소한 것이다.

모든 인생이 마땅히 행해야 하는 사람의 본분 (12:9-14)

(9-11) 전도자는 지혜로운 사람이었기에 자신이 알고 있는 지식을 사람들에게 가르쳤다. 그는 깊이 성찰하고 연구하는 가운데 많은 잠언들을 찾아내고 그것들을 모아 잘 정리하였다. 또 전도자는 사람의 영혼에 기쁨을 주는 합당하고 올바른 말들을 찾으려고 애썼으므로, 그가 기록해놓은 것들은 다 옳고 진실하다. 지혜로운 사람의 말은

찌르는 채찍처럼 사람들을 일깨우고, 그들이 모아놓은 잠언들은 단단하게 잘 박힌 못처럼 사람들의 머릿속에 깊이 박히는 것들이니, 이 모든 것들은 다 한 분 목자에게서 비롯된 것들이다.

전도자 솔로몬은 하나님께로부터 지혜의 은사를 받은 자였다(왕상 3:12). 그래서 그는 지혜로운 자가 되어 많은 이들에게 지식을 가르쳤다. 살아생전에 그는 자신의 탁월한 지혜로 삼천 개의 잠언을 말하였고, 일천 다섯 편의 노래를 지었다(왕상 4:32). 그중의 일부가 성경의 '잠언'과 '시편'에 수록되었다(시 72, 127장). 전도자는 자신이 베풀고 가르친 지혜의 말들이 '찌르는 채찍'과 같고 '잘 박힌 못'과 같다고 했는데, 이는 사람의 무딘 심령을 찌르고 일깨워 각성시키고, 또한 사람이 전적으로 의지하고 따를 만한 말씀들이라는 뜻이다.

이런 맥락에서 전도자는 자신이 기록해놓은 것들은 다 옳고 진실한 것들로서, 본질상 '한 분 목자'에게서 비롯된 것이라고 말하고 있다. 여기서 '한 분 목자'는 모든 인생의 참된 지혜자이시요 인도자이시며 스승이신 '하나님'을 가리킨다. 이로써 전도자는 자신의 가르침이 영감(靈感) 있는 신적(神的) 기원을 가진 교훈임을 암시하고 있다.

그렇다면 여기서 한 가지 의문이 든다. 그렇다면 이토록 지혜로운 인물인 전도자 솔로몬은 어째서 자신의 젊은 날을 세상 즐거움과 부귀영화 가운데서 낭비했으며, 나이 들어서는 이방 처첩들의 유혹에 빠져 이방의 각종 우상들을 섬기는 산당(山堂)을 이스라엘 땅 곳곳에 세우는 큰 어리석음을 범했단 말인가?

솔로몬 왕이 인류 역사상 그 누구보다도 탁월한 지혜를 소유했다는 사실은 의문의 여지가 없다. 하지만 탁월한 지혜를 소유했다고 해서 그것이 현실 속에서 자신의 삶 속에 올바로 적용되리라는 보장은 없다. 지혜가 지식의 적용이라면, 순종은 지혜의 적용이다. 솔로몬은 탁월하고 충분한 지혜를 소유하고 있었지만, 자기 욕망과 야망에 이끌려 그 지혜를 자신의 삶 속에 올바로 적용함으로써 순종의 길로 나아가는 데는 실패했다. 그래서 전도자 솔로몬은 죽음을 앞둔 인생 말년에 이르러 자신의 그런 실패를 뉘우치면서 하나님 앞에 돌아와 "해 아래 세상에서의 부귀영화는 모두 헛되고 헛되다."라고 토로하면서 자기 인생의 간증록(干證錄) 같은 전도서를 기록한 것이다.

> (12-14) 내 아들아, 마지막으로 한 가지만 더 일러두마. 책은 아무리 많이 쓰고 읽어도 그 끝이 없고, 또 공부를 지나치게 많이 하는 것도 몸을 피곤하게 할 뿐이다. 이제 내가 할 말은 다했고, 모든 것의 결론은 이것이다. 하나님을 경외하고, 그분의 계명을 잘 지켜라. 이것이 사람의 본분으로, 누구든지 마땅히 지켜야 할 도리다. 하나님께서는 우리의 모든 행위를 심판하시는 분이시다. 악한 일이든 선한 일이든, 또한 몰래 행해진 숨은 일들까지도, 하나님께서는 하나도 빠짐없이 다 심판하신다.

전도자 솔로몬은 자신의 기록과 당부를 마무리하면서 애정이 듬뿍 담긴 목소리로 "내 아들아!" 하고 부른다. 전도자의 훈계 대상인 아들은 혈육 관계에 있는 자식들을 가리키는 말이 아니다. 일차적으로는 전도자에게서 지혜의 말씀을 듣는 지혜 학교의 젊은 생도들을 가리키고, 이차적으로는 이스라엘의 모든 청중과 백성을 가리키며, 궁극적으로는 오고 오는 모든 세대의 사람들을 가리킨다. 이들에게 전도자는 자기 훈계의 결론으로 마지막 한 가지를 신신당부한다. 그것은 사람으로서 마땅히 해야 할 도리, 곧 사람의 본분에 관한 것이었다.

사람의 본분이 무엇인지 일러주기 전에, 전도자는 자신의 경험을 바탕으로 책을 많이 쓰고 읽는 공부의 피로함에 관해 언급한다. 솔로몬은 자신의 일생을 바쳐 인생의 만족과 기쁨을 찾아내기 위해 열심히 탐구한 인물이었다. 많은 책을 읽고, 많은 이들과 토론했으며, 많은 이들을 가르쳤다. 또한 많은 잠언을 말했고, 많은 노래를 지었다. 사람으로서 누릴 수 있는 수많은 것들을 다 누려보았다. 그런데도 몸과 마음만 피곤할 뿐, 참된 만족과 참된 지혜를 발견할 수 없었다. 마치 바닷물로 갈증을 해결하려 하는 것과 같았다. 마시면 마실수록 더 목말랐다. 사막의 신기루를 좇는 것 같았고, 바람을 붙잡으려 하는 것과 같았다. 공허하고 무상하며 헛되고 또 헛될 뿐이었다.

그렇다면 성경이 말하고 있는 참된 지혜는 무엇인가? 그것은 이른바 세상에서 흔히 말하는 유식한 지식도 아니고 능수능란한 처세술도 아니다. 그런 것이라면, 전도자 솔로몬은 그 누구보다도 지혜로운 자였다. 그런데도 솔로몬은 젊은 날의 상당 부분을 헛되이 낭비했고, 나중에는 이방 처첩들의 유혹에 빠져 우상숭배를 섬기는 지경에 이르는 처참한 실패를 경험했다.

어리석게도 솔로몬은 그런 뼈아픈 실패를 겪고 난 후에야 비로소 인생의 참된 지혜를 깨닫고, 나아가 사람의 마땅한 본분이 무엇인지 올바로 파악할 수 있었다. 그래서 이제 그는 자신이 깨닫고 파악한 인생의 참된 지혜와 본분에 관해 자신 있게 말한다. 자신이 평생을 바쳐 애쓰고 힘쓴 모든 탐구와 경험의 결론을 명쾌하게 내리고 있다. 그것은 바로 이러했다. "하나님을 경외하고, 그분의 계명을 잘 지켜라. 이것이 사람의 본분으로, 누구든지 마땅히 지켜야 할 도리다."

사람이 사람답게 올바로 살아가는 길, 곧 사람이라면 마땅히 지켜야 할 도리인 사람의 참된 본분은 '하나님을 경외하는 가운데 그분의 계명을 지키며 살아가는 것'이다. 하나님을 경외한다는 것은 단순히 하나님을 두려워해야 한다는 것을 뜻하지 않는다. 그것은 하나님께 대하여 합당한 존경을 보인다는 뜻이고, 나아가 그런 존경심으로 그분의 말씀에 순종함으로써 하나님께 영광을 돌리는 방식으로 삶을 살아간다는 뜻이다.

전도자는 바로 그런 삶이 사람의 본분, 곧 사람이라면 마땅히 지켜야 할 도리라고 결론 짓고 있다.

스스로 누구보다 지혜롭다고 자부한 전도자 솔로몬은 진실로 뼈아픈 실패의 삶을 통해서 인생 말년에야 이 진리를 비로소 깨달았다. 세상의 지혜와 지식과 공부와 교육은 뚜렷한 한계가 있다. 살아가는 삶의 기술이나 사물과 현상에 대한 갖가지 지식들은 가르칠지 모르지만, 인생의 참된 의의와 가치 및 죽음을 초월하는 구원과 영생의 문제들에 대해서는 아무런 답을 내놓지 못한다. 따라서 우리는 오직 하나님의 말씀인 성경 안에서 그 해답을 찾을 수 있다. 그래서 성경 안에서 그 해답을 찾은 후에 그 성경 말씀이 일러주는 대로, 하나님을 경외하는 가운데 그분의 말씀을 지키며 살아가는 삶! 바로 그런 삶이야말로 참된 지혜의 삶으로, 영원토록 목마르지 않는 참된 만족과 기쁨의 삶인 것이다.

전도서의 마지막 구절은 '하나님의 심판'에 관한 것이다. 사람이 태어나서 죽을 때까지 이 세상에 살면서 행한 모든 일들, 그것이 선한 일이든, 악한 일이든, 아니면 몰래 행한 일이든, 모든 일들이 하나도 빠짐없이 전부 하나님의 심판 대상이 된다는 것이다. 이런 사실은 우리의 삶을 매 순간 긴장하게 만들며 매사에 근신하게 만든다.

지금 내가 하고 있는 일들 하나하나가 장차 하나님의 심판대 앞 저울 위에 올려질 것임을 생각한다면, 무엇 하나라도 잘못 행할 수 없고 어느 것 하나라도 대충 행할 수 없다. 단 한 순간도 내 삶을 허투루 낭비할 수 없다. 더욱이 사람의 눈만 피해 몰래 죄를 지을 수도 없다. 매 순간 각성된 심령으로, 매사에 하나님의 말씀을 좇아 사람의 본분을 행하며 신실하게 살아가야 한다. 지금, 전도자는 자기 스스로에게도 그리 살아가겠노라고 새삼 다짐해본다.

오늘도 솔로몬 왕은 궁중의 지붕에 올라 서산의 노을을 하염없이 바라보며 깊은 상념에 잠겨 있다. 지나간 세월들이 주마등처럼 뇌리를 스쳐간다. 나이 들어 죽음의 문턱에 다다르자, 당시에는 그토록 즐거웠던 세상의 부귀영화가 왜 그리 하찮고 부질없게 느껴지는지 모르겠다. 밀물처럼 미련과 후회의 감정이 밀려온다. 하나님께 그렇게 많은 것들을 받았음에도 불구하고 자신이 하나님께 돌려드린 것은 턱없이 부족하다. 아니, 도리어 그 크신 은혜를 망각하고 하나님의 가슴에 대못을 박았다.

'흐흐, 그런 내가 지혜롭다고…?' 그저 헛웃음만 나올 뿐이다. 하지만 흘러간 시간은 되돌릴 수 없다. 지나간 것들은 영원히 지나갔을 뿐이다. 그러기에 지금 내게 주어진 시간이 무엇보다 소중하다. 앞으로 얼마나 더 살지는 모르겠지만, 이제라도 정신 바짝 차리고 정녕 사람답게, 사람의 본분을 행하며 살아야 하겠다고 굳게 다짐해본다.

'아, 아버지….' 오늘따라 평생을 신실하게 살다 간 부왕 다윗이 더욱 그립다. 아버지의 당부대로 살지 못한 부끄러운 아들이 된 듯하여 한없이 초라해진다. 자신의 아들딸들은 젊은 날부터 창조주 하나님을 기억하고 그 말씀대로 살아감으로써 자기보다 더 낫기를 간절히 기도해본다.

이런저런 상념과 묵상에 젖다 보니 어느새 해는 서산에 지고 예루살렘 사방에 어둠이 짙게 내린다. 차가운 밤공기에 옥체가 염려된다며 안으로 듭시라는 신하의 거듭된 재촉에 못 이겨 솔로몬 왕은 긴 상념을 거두고 몸을 돌이킨다. 오늘보다는 더 나은 내일을 기대하고, 어제의 실수를 거울삼아 내일은 좀 더 주님의 계명대로 살아가리라 다짐하면서 발걸음을 옮긴다. 어제처럼, 오늘도 해는 뜨고 져서 본래 제 자리로 돌아갔다. 바람도 이리저리 불다가 그 불던 제 곳으로 돌아갔다. 해 아래 자연 만상은 여전했다.

아가

아름답고 순결한 사랑의 노래

아내 60명과 후궁 80명이 있지만
솔로몬의 사랑은 오직 하나뿐
가슴 벅찬 사랑에 눈뜨게 한
그녀는 포도원지기 술람미 여인이네

남 부러울 것 없고 못 가질 게 없는
하늘 아래 가장 높은 제왕
솔로몬이 경험하지 못한
그런 사랑이 찾아왔네

별처럼 많은 시어를 떠오르게 하고
나무, 풀, 꽃의 향연 가운데서
참되고 순수한 사랑을 나눈
솔로몬 왕과 술람미 여인이 있네

한 남자와 한 여자의 지극하고도
때 묻지 않은 순결한 노래는
교회에 대한 그리스도의 사랑
천상에 퍼지는 노래들 중의 노래라네

서론

'노래들 중의 노래' 아가의 대강

'노래들 중의 노래'(Song of Songs)란 뜻을 지닌 아가(雅歌)는 구약성경 중 매우 독특한 책이다. 에스더서와 더불어 책 전체를 통틀어 '하나님'이란 단어가 한 번도 등장하지 않는 데다, 책의 내용이 남녀 사이의 애정 문제를 다루고 있기 때문이다. 에스더서를 읽어보면, 그래도 그 이야기의 배후에는 하나님의 구속 섭리가 강력하게 작동하고 있다는 사실을 느낄 수 있다. 하지만 아가서에서는 그런 기미나 흔적마저 찾아볼 수 없다. 처음부터 끝까지 남녀 간의 사랑 이야기만 전개될 뿐, 하나님의 섭리나 구속 사역에 대해서는 일언반구도 없다.

그래서 고대로부터 구약 정경이 최종 확정된 주후 90년의 얌니아(Jamnia) 종교회의에 이르기까지, 성경 66권의 정경(政經, Canon) 속에 아가서를 포함시켜야 하느냐, 제외시켜야 하느냐를 두고 많은 논쟁이 있어 왔고, 학자들 사이에서도 이 책의 해석을 두고 여러 주장들이 제기되어 왔다.

예를 들면, 유대인들은 아가서의 이야기가 역사적 사실이 아니라 솔로몬 왕을 '하나님'으로, 술람미 여인을 '선민 이스라엘'로 비유해서 묘사한, 그저 순전한 풍유적 이야기일 뿐이라고 보았다(비유설 혹은 풍유설). 어떤 학자들은, 아가서는 하나의 통일된 노래가 아니라 각기 독립된 단편적인 많은 노래들을 한데 모아 엮은 노래집이라고 보았다(단편집합설). 심지어 어떤 학자들은 고대 바벨로니아인들이 남신 담무스와 여신 이쉬타르를 섬길 때 사용했던 제사 의식의 노래를 새롭게 다듬어 이스라엘 종교에 적용시킨 것이라고 보기도 한다(제의설).

아가서에 관한 여러 해석법 가운데서 우리는 '극시적 해석법'을 취하려 한다. 이는 아가서의 실제 역사성을 인정하는 가운데, 그것을 일종의 극시(劇詩, 운문이나 시의 형식으로 쓰인 극) 형식으로 쓰인 책으로 보고, 극시적 구성(Plot, 플롯)에 따라 책의 내용을 살펴보는 해석법이다.

말하자면 아가서는 남녀 주인공 2명을 중심으로 펼쳐지는 극시 형태의 이야기로서, 남자 주인공인 청년 솔로몬 왕은 여자 주인공인 시골 술람미 마을의 포도원지기인 한 여인에게 순수한 사랑을 느껴 그녀에게 청혼하고, 이후에 그녀를 예루살렘 왕궁으로 데려와 약혼식을 치른 뒤, 이어 결혼식을 올린 후에 행복한 가정을 일군다는 줄거리를 가진, 한 편의 아름다운 연가(戀歌)라는 것이다. 이처럼 아가서는 솔로몬 왕이 지은 그의 3부작(잠언, 전도서, 아가) 중에서 가장 순수하고 가슴 뜨거웠던 청년시절에 지은 작품으로, 남녀 간의 순수하고 순결한 사랑을 그 주제로 삼은 극시 형태의 연가다.

사실, 솔로몬 왕에게는 많은 왕비와 후궁들이 있었지만, 그런 처첩들은 전부 외교적이고 정치적인 목적으로 이루어진 정략결혼의 산물일 뿐이고, 가슴 뜨거운 순수한 사랑의 결혼은 아니었다. 하지만 아무런 뒷배도 없고 내세울 혈통이나 가문조차 없는 시골 출신의 포도원지기인 술람미 여인과의 사랑은 지극히 순수했고 순결했다. 그만큼 가슴 뛰는 지고지순한 사랑이었다.

그리하여 아가서는 술람미 마을의 포도원지기인 한 시골여인에 대한 이스라엘 왕 솔로몬의 청혼과 결혼, 그리고 결혼생활의 갈등과 기쁨

등이 풍부한 시적 비유들과 은유들, 그리고 다양한 상징적 수사 기법을 통해 묘사된, 그야말로 순수하고 순결한 사랑의 가치를 기리고 있는 '노래들 중의 노래'인 것이다.

아가서는 전체 8장 117절 가운데 식물 이름이 21종, 동물 이름이 15종, 그리고 지역 이름이 15군데나 소개되었다. 그런데 당대에 '지혜의 왕'으로 널리 칭송받던 솔로몬은 살아생전에 잠언을 삼천 개, 노래를 일천 다섯 개나 지었다. 뿐만 아니라 그는 초목과 짐승과 새와 물고기 등에 대해서 해박한 지식을 소유하고 있었다(왕상 4:32-33).

그런 솔로몬 왕이었기에, 그는 자신의 순수한 사랑의 경험을 소재 삼아 극시 형태의 이야기를 집필할 수 있었을 터인데, 성경의 아가서는 그런 솔로몬의 탁월한 작품인 것이다. 성경 속에 포함된 그의 다른 작품들 곧 '잠언'이 인생의 성숙기인 40대 때의 작품이고, '전도서'가 인생의 노년기인 60대 때의 작품인 반면, '아가'는 가장 가슴 뜨겁고 순수하고 때 묻지 않은 20대 때의 작품이다.

이처럼 아가서는 청년기의 솔로몬이 자신과 술람미 여인 간의 순수하고 순결한 사랑을 다양하고 풍부한 비유적, 은유적 기법과 상징적 표현으로 묘사한 아름답고 가슴 적시는 '노래들 중의 노래'인데, 그 형식상 각 등장인물이 자기 배역을 노래로 연기하는 오페라(Opera)라고 할 수 있다. 하지만 해설(내레이션) 부분이 전혀 없고, 시종일관 아리아(aria, 오페라, 오라토리오 따위에서 기악 반주가 있는 서정적인 가락의 독창곡) 형식의 노래로만 계속 전개되고 있기에, 그 상황과 시제와 무대를 분석하기가 결코 쉽지 않다.

그럼에도 대강 분석해보자면, 극시 형식으로 쓰인 아가서는 두 남녀(솔로몬 왕, 술람미 여인) 사이에 사랑이 싹트는 '사랑의 시작'(1:2-3:5)으로부터 출발해서, 점차 사랑이 발전되는 '사랑의 진전'(3:6-5:1)으로 나아가고, 그러다가 서로의 오해로 인해 '사랑의 위기'(5:2-6:1)를 겪은 뒤에, 마침내 모든 위기와 갈등을 뛰어넘고 승화시킨 '사랑의 성숙'(6:2-8:14)으로 대단원의 막을 내린다.

등장인물은 신랑(솔로몬 왕)과 신부(술람미 여인)를 두 주인공으로, 무리(예루살렘의 아가씨들, 술람미 마을의 사람들, 신부의 오라비들)가 사이사이에 등장한다. 합창단으로 등장하는 무리는 신랑 신부의 노래에 추임새를 넣거나 호응의 노래를 불러줌으로써 극의 분위기를 상승적으로 끌어올려 극의 흐름을 이어준다.

진실로 아가서는 '지혜의 왕' 솔로몬이 심혈을 기울여 쓴 탁월한 '노래들 중의 노래'다. 하지만 이 책이 단순히 남녀 간의 순수하고 순결한 사랑만을 주제 삼아 노래한 아름다운 연가에 그쳤다면, 절대로 성경 66권의 정경 속에는 편입되지 못했을 것이다.

본서의 진정한 의의와 가치는 남녀 간의 지고지순한 사랑의 연가를 통해, 신부 된 선민(選民) 이스라엘을 향한 신랑 된 여호와 하나님의 지고한 사랑을 보여주려 함에 있고, 나아가 후일의 신약시대에 이르러 신부 된 교회를 향한 신랑 된 그리스도의 지순한 사랑을 일깨워주려 함에 있다. 그렇기에 이 책이 솔로몬이 쓴 1,005편의 노래 가운데서 유일하게 오늘날 성경 66권 중 하나로 그 이름을 올리게 된 것이다.

그렇기에 아가서를 읽을 때 항상 염두에 두어야 할 것은, 솔로몬 왕과 술람미 여인의 지고지순한 사랑 이야기를 통해, 남편 된 여호와 하나님과 아내 된 선민(選民) 간의 지고한 사랑, 더 나아가 신랑 된 그리스도와 신부 된 교회 간의 지순한 사랑을 모든 곳에 대입시켜 함께 이해해야 한다는 사실이다.

1
사랑에 빠진 연인

그대는 어디서 양 떼를 치나요
양 떼를 찾아 헤매고 있나요
목자들이 친 천막을 만나거든
거기서 기다려 보세요

(1) 솔로몬이 지은 노래들 가운데 가장 아름다운 노래다.

아름다운 연가요 노래들 중의 노래인 '아가'라는 극시를 전개하기 전에, 솔로몬 왕은 본서 맨 첫 장 첫 절에서 자신이 '아가'를 쓴 저자임을 분명히 밝히고 있다.

아가(히, 쉬르 핫쉬림)는 '노래들 중의 노래'(Song of Songs)라는 뜻으로, 솔로몬이 지은 많은 노래들 가운데 가장 으뜸 되는 아름다운 노래임을 나타낸다. 이렇게 솔로몬은 본서가 자신의 작품임을 분명히 밝힌 후에, 이어서 116절에 달하는 극시 형태의 아가를 소개한다.

■ 극의 배경 ■

부왕(父王) 다윗을 이어 통일왕국 이스라엘의 제3대 왕위에 오른 20대의 준수한 청년 솔로몬은 이스라엘 땅의 북쪽에 있는 시골 마을 '술람미'에 넓고 기름진 아름다운 포도원을 소유하고 있다. 그리고 그 마을에 살고 있는 한 여인은 왕의 포도원인 그곳에서 자신의 오라비들과 함께 일하고 있다.

'술람미'는 이스라엘 북쪽의 잇사갈 지파 경내에 있는 작은 시골 마을로(수 19:18), 모레 산맥의 다볼산에서 서남쪽으로 8km 지점에 위치하고 있다. 통상 이곳은 '수넴'과 동일 지역으로 여겨지는데, 오늘날 모레 산맥의 서남쪽 기슭에 있는 '솔렘' 마을로 확인되고 있다.

어느 날, 솔로몬 왕은 그곳의 포도원을 들렀다가 거기서 일하고 있는 술람미 여인을 보고, 한눈에 반하여 사랑에 빠지게 된다. 왕은 그 술람미 여인에게 청혼을 하게 되고, 여인은 기꺼이 그 청혼을 받아들인다. 그러자 왕은 약혼식을 통해 자신의 신부로 취하려고 예루살렘 왕궁으로 데리고 와서 별궁에 둔다. 여기서부터 아가서의 극시 이야기가 시작된다.

■ 극의 발단: 사랑의 시작 (1:1-3:5)

아가서의 발단(發端)은 '사랑의 시작'으로(1:1-3:5), 솔로몬 왕의 청혼을 받아들인 술람미 여인이 예루살렘 왕궁으로 올라와 별궁에 거하는 장면부터 시작된다. 곧 ❶ 약혼식 이전에 왕궁에서 신부가 신랑에게 사랑을 구하는 장면(1:2-8) ❷ 약혼식 연회장에서 신랑과 신부가 서로에 대해 사랑을 표현하는 장면(1:9-2:7) ❸ 어느 봄날, 신랑이 시골 마을에 있는 신부의 집을 찾아가는 장면(2:8-17) ❹ 사랑하는 신랑과 헤어진 후, 신랑을 애타게 찾는 신부의 꿈 장면(3:1-5) 등으로 구성되어 있다.

❶ 약혼식 이전에 왕궁에서 신부가 신랑에게 사랑을 구하는 장면 (1:2-8)

(신부의 노래, 무대는 예루살렘 왕궁 안에 있는 어느 신부의 처소다.)
(2-4a) 그리워라, 임의 입술. 임의 입술로 나에게 입 맞춰주세요. 임의 사랑은 포도주보다도 더 달콤하여라. 임에게서 풍겨나는 감미로운 그 향기, 임의 이름은 쏟아놓은 향수 같아, 그 이름을 듣기만 해도

향기가 물씬 풍겨나니 뭇 아가씨들이 임을 그리도 사랑한답니다. 아, 임이여, 나를 데려가주세요. 어서요, 나를 서둘러 데려가주세요. 오, 나의 왕이시여, 어서 나를 임의 침실로 이끌어주세요.

히브리인들은 결혼식을 올리기 1년 전쯤에 약혼식을 먼저 가진다. 약혼식은 간략한 연회와 공식적인 선물교환으로 이루어진다. 약혼식을 거치면, 두 사람은 마치 결혼한 것처럼 신랑(남편)과 신부(아내)로 불리게 되고, 사회적으로도 부부(夫婦)에 준하는 법적 구속력을 지니게 된다. 요셉과 결혼하기로 약속한 마리아가 성령으로 예수님을 잉태한 시기가 바로 이 기간이었다(마 1:18). 그러나 공식적인 결혼식을 올리기 전까지 두 사람은 함께 동거하거나 동침할 수 없었다.

이런 맥락에서 솔로몬 왕의 청혼을 받아들여 예루살렘 왕궁으로 올라온 술람미 여인은 어서 약혼식과 결혼식을 올려 신랑과 더불어 사랑의 입맞춤을 하고, 이어 신랑의 침실로 들어가 사랑을 나눌 수 있게 되기를 애타게 노래한다. 신부의 노래 속에 언급된 포도주, 향수(향 기름) 등은 결혼식을 올리고 향기로운 신방(新房)을 꾸미는 데 필요한 것들이다.

(무리의 노래, 신부에게 화답하여 예루살렘 아가씨들이 다 함께 노래한다) (4절b) 오, 그대 있기에, 우리 모두가 참으로 기쁘고 즐겁답니다. 우리 모두 포도주보다 더 달콤한 그대 사랑을 항상 기리고 노래하렵니다. 정녕 그대를 보면, 젊은 여인들 모두가 그대를 사랑할 수밖에 없답니다. 그것은 너무도 당연한 일이랍니다.

청년 솔로몬은 준수하게 잘 생겼다. 이스라엘에서 최고 권력을 지닌 왕이다. 지혜도 탁월하고 재물도 한없이 많다. 그런데 정말 기적적인 행운처럼, 아무런 뒷배도 없고 내세울 혈통조차 없는 술람미 출신의 시골 여인이 그런 왕의 사랑을 한몸에 받고 있으니, 예루살렘 성읍의 아가씨들이 너나 할 것 없이 크게 부러워할 수밖에 없다. 그래서 부러움과 애정을 듬뿍 담아 신부를 한껏 칭송하는 노래를 부른 것이다.

(신부의 노래, 예루살렘 아가씨들의 합창을 듣고 신부가 화답하여 노래한다.) (5-6) 예루살렘의 아가씨들아, 나 비록 검지만 무척 아름답단다. 나 비록 게달의 장막처럼 검을지라도, 솔로몬 궁전의 휘장처럼 심히 아름답단다. 내 살결이 검다고, 내 피부가 햇볕에 그을려 검어졌다고 나를 깔보지 말아다오. 난 내 오라비들의 성화에 못 이겨 나의 포도원을 놔둔 채 오라비들의 포도원을 힘써 돌보느라 이리 검게 탔답니다.

술람미 여인은 이스라엘 북부의 어느 시골 포도원에서 일하는 여인이었다. 그렇기에 강렬한 햇볕을 받아 피부가 까무잡잡했다. 그렇다고 아주 까맣지는 않고, 아마도 선탠(suntan)한 듯 햇볕에 그을려서 건강한 갈색을 띠고 있었을 터이다. 그래도 예루살렘 도시 아가씨의 하얀 살결에 비하면 검게 보였던 모양이다. 그녀는 자신의 피부를 '게달의 장막'에 비유했는데, 게달(Kedar)은 아라비아 사막에 거주하는 베드윈 족속이다. 그들의 장막은 일반적으로 검은 염소의 가죽으로 만들어졌다.

술람미 여인이 게을러서 자신의 피부를 가꾸지 않아 검게 된 것은 아니다. 그녀는 마음이 착했다. 그래서 어머니의 아들들인 오라비들이 자기들의 포도원 좀 보살펴달라고 부탁했을 때, 오라비들의 요구를 거절하지 못하고 그들의 포도원까지 돌보느라 피부를 가꿀 시간이 부족했고, 그만큼 햇볕에 더 노출되어 살결이 그리 그을리게 된 것이다. 하지만 바로 그런 점이 왕에게는 더욱 매력적으로 보였다. 건강한 노동으로 인해 햇볕에 그을린 건강한 살결이 값비싼 화장품으로 살결을 뽀얗게 만든 예루살렘 도시의 귀족 아가씨들에게서는 찾아볼 수 없는 참신한 매력으로 다가왔던 것이다.

(신부의 노래, 예루살렘 아가씨들에게서 시선을 돌려 이제는 신부가 신랑을 그리워하는 몸짓과 표정으로 이어서 계속 노래한다.) (7) 오, 사랑하는 내 임이여, 내게 말해주세요. 임은 지금 어디 있는지, 내게 어서 가르쳐주세요. 임은 어디에서 양떼를 먹이고 있나요. 한낮엔 어디에서 양떼를 쉬게 하나요. 어찌하여 나로 이곳저곳을 헤매게 하시나요. 왜 나로 하여금 양떼를 치는 임의 친구들 사이를 이리저리 돌아다니며 애타게 임을 찾게 하시나요.

여기서 신부의 '사랑하는 임'으로 묘사된 신랑 솔로몬 왕은 양떼인 이스라엘 백성을 돌보고 다스리는 목자에 비유되었다. 신약에서도 신부된 교회에 대하여 신랑 된 예수 그리스도 역시 '양떼의 큰 목자'에 비유되었다(히 13:20).

왕은 국사를 돌보느라 매우 바쁜 몸이다. 그런 사실을 모르는 바가 아니지만, 그래도 약혼식을 앞둔 신부는 신랑과 잠시라도 떨어져 있는 것이 불안하고, 그래서 항상 같이 있고 싶은 마음뿐이다. 그래서 뜨거운 한낮에는 양떼를 시원한 그늘 아래에서 쉬게 하는 목자의 행동을 염두에 두고, 국사를 돌보다가 그렇게 잠시 쉬는 시간엔 언제라도 자신에게로 와달라는 그리움의 노래를 부른 것이다.

(무리의 노래, 신랑을 그리워하는 신부의 노래에 화답하여 예루살렘의 아가씨들이 다 함께 부른다.) (8) 여인들 가운데서 그지없이 아름다운 여인아, 그대가 정말 임 있는 곳을 모르겠거든 저 양떼의 발자취를 따라가 보세요. 만일 목자들이 쳐놓은 천막을 만나거든, 그 천막 곁에서 그대의 어린 염소 떼를 치면서 그대의 임을 기다려보세요.

여기서 '목자들'은 큰 목자인 왕 곁에서 왕을 도와 백성들을 다스리는 방백들이나 관원들을 가리킨다. 그들이 쳐놓은 천막 곁에서 '어린 염소

떼를 치라'는 말은 왕의 출입이 빈번한 곳을 택하여 기회를 엿보다가 왕에게 사랑을 구하라는 뜻이다. 말하자면, 별궁 처소에서 임(신랑)을 그리워하지만 말고, 적극적으로 왕이 있는 데로 직접 나아가보라는 말이다.

❷ 약혼식 연회장에서 신랑 신부가 서로에게 사랑을 표현하는 장면 (1:9–2:7)

(신랑의 노래, 궁궐 안의 약혼식 연회장에서 신랑이 신부를 사랑스러운 시선으로 바라보며 노래한다.) (9-10) 오, 나의 사랑 그대여, 그대는 파라오의 병거를 끄는 날랜 암말과도 같구려. 곱게 땋은 머리카락이 흘러내린 그대의 두 볼은 참으로 아름답고, 빛나는 구슬목걸이로 단장한 그대의 목은 너무나도 곱고 곱구려.

신랑은 신부를 칭송하면서 '파라오의 병거를 끄는 날랜 암말'에 비유한다. 당시 파라오(이집트 왕)의 병거를 끄는 말은 가장 젊고 힘 있으며 각종 보석으로 아름답게 장식된 최고의 명마였다. 그래서 솔로몬은 아주 비싼 값을 들여 이집트산(産) 명마를 수입하여 이스라엘 군대의 군마(軍馬)로 사용했다(왕상 10:28-29). 이런 점에서 신부 술람미 여인에 대한 신랑 솔로몬 왕의 비유는 최고의 찬사였다.

(무리의 노래, 신랑의 노래에 응하여 예루살렘 아가씨들이 신부를 사랑스럽고 부러운 시선으로 바라보며 다 함께 노래한다.) (11) 오, 사랑스러운 여인이여, 우리는 그대에게 은구슬이 박힌 아름다운 귀고리를 만들어주겠어요.

신부에게 은구슬이 박힌 아름다운 귀고리를 만들어주겠다는 '우리'는 신랑(왕)을 존경하고 신부(술람미 여인)를 부러워하는 예루살렘 성읍의 아가씨들, 또는 예루살렘 궁궐의 여인들(궁녀들)을 가리킨다. 이들은 아가(雅歌)라는 극시 중에서 두 남녀 주인공인 신랑과 신부 사이사이에 등장하여 합창을 통해 적절한 호응이나 추임새를 넣음으로써 계속해서 극의 분위기를 상승적으로 이끌어가는 역할을 담당한다.

(신부의 노래. 신랑의 극진한 칭송과 예루살렘 아가씨들의 정겨운 노래에 신부가 한껏 고무되어 감격스러운 표정으로 노래한다. 무대는 왕이 베푼 궁궐 안 연회장이다.) (12-14) 나의 왕이 식탁에 앉았을 때, 나의 나드 향이 온 방 가득히 향기를 내뿜었어요. 내 사랑 내 임은 내 품속에 고이 간직한 몰약 향주머니요, 내 사랑 내 임은 엔게디 포도원에 활짝 피어 있는 고벨화 송이랍니다.

신랑(왕)이 베푼 연회장에서, 신부는 신랑을 사랑 가득한 눈으로 그윽하게 바라보며 여러 비유를 사용하여 향기롭고 달콤한 연정(戀情)의 노래를 부른다. 비유에 인용된 것들은 이러하다.

'나드'(nard)는 인도산 감송향(甘松香)을 말하는데, 그윽한 향기로 인해 당대에 매우 비싼 가격으로 거래되던 미용품이다. '몰약'(myrrh)은 남부 아라비아나 인도 지방에서 자라는 '미르라'라는 방향성 나무에서 채취한 액체 또는 응고한 고체의 방향품(芳香品)이다. 히브리 여인들은 자신의 몸에서 아름다운 향기가 발산되도록 외출 시에 이 몰약을 조그만 주머니에 담아 가슴까지 내려오도록 목에 걸고 다녔다. 그것이 '몰약 향주머니'다.

'엔게디'(Engedi)는 사해의 서쪽, 유대 광야의 남동쪽에 위치한 성읍과 그 주변의 들판을 가리킨다(수 15:62). '고벨화'(camphire)는 아라비아나 팔레스타인 등지의 중동 지역에서 자생하는 '헨나'라는 작은 관목으로, 인도가 원산지다. 이 꽃나무는 그 향기가 진하여 멀리까지 퍼져나갔다.

(신랑의 노래, 신부의 사랑스러운 노래에 화답하여 신랑이 감미롭게

노래한다.) (15) 내 사랑아, 그대는 너무도 어여쁘고 아름답구려. 그대의 맑고 순결한 눈은 비둘기 같구려.

비둘기는 예로부터 순결, 평화, 지조의 상징이다. 신랑은 이 같은 비둘기의 이미지를 빌어 신부의 순결하고 맑고 온유한 눈빛을 칭송한다.

(신부의 노래, 신랑의 감미로운 노래에 화답하여 신부가 사랑을 듬뿍 담아 노래한다.) (16-17) 내 사랑 내 임이여, 임은 너무도 멋있고 준수하게 잘 생겼어요. 우리의 침상은 푸르른 풀밭, 우리 집의 들보는 백향목, 우리 집의 서까래는 전나무랍니다.

이제 신랑 신부 두 사람은 서로 떨어져 있는 각각의 개체가 아니라 같은 처소에 함께 거하는 부부처럼 묘사된다. 신랑 신부의 처소는 이러했다. 그들의 침상은 '푸르른 풀밭'처럼 싱그럽고 활기차고 풍요로웠다. 집의 들보는 '백향목'처럼 품위 있고 아름다우며 견고했다. 백향목(cedar)은 소나무 과의 상록수로서 보통 30m 이상을 자라며 그 곁가지 또한 10m씩 뻗는다. 나무의 줄기는 곧으며 질은 견고하고 내구성이 강하여 양질의 건축 목재로 사용되었다. 그래서 솔로몬 성전과 왕궁은 대부분 백향목으로 건축되었다.

전나무(fir) 역시 소나무과의 상록 교목인데, 높이는 보통 30m가량으로 아주 곧고 견고하다. 그래서 가구, 건축, 제지용 등으로 쓰이고, 정원수로도 재배된다. 신랑 신부의 초소가 이 같은 백향목이나 전나무로 들보를 삼고 서까래를 삼았다는 것은 그만큼 그들의 보금자리가 아름답고 영광스러우며 견고했다는 것을 뜻한다.

2

사랑을 찾는 노래

꽃 피고 무화과가 익어요
바위틈에 숨은 비둘기 같아요
포도원을 허는 여우를 잡고
땅거미 지기 전에 어서 달려와요

(신부의 노래, 연회장에서 신랑을 향한 신부의 노래가 계속된다.) (1) 나는 샤론 들판에 활짝 핀 수선화요 골짜기의 백합화랍니다.

샤론(sharon)은 지중해 동쪽, 팔레스타인 지방의 서쪽 항구도시인 욥바에서 갈멜산 지역에 이르는 넓고 한적한 평원지대를 가리킨다. 남북이 대략 80km, 동서가 대략 10-20km에 달한다. 이곳의 평원이나 골짜기에는 팔레스타인의 다른 들판에서도 흔히 볼 수 있는 수선화나 백합화가 곳곳에 피어 있었다. 술람미 여인이 그런 한적한 들판과 골짜기에 피어 있는 수선화와 백합화에 자신을 비유한 것은, 예루살렘 도시의 멋진 아가씨들이나 왕궁의 화려한 여인들과는 달리, 자신은 시골 마을에 살고 있는 그저 한 평범한 여인에 불과하다는 겸손의 표현이다.

(신랑의 노래, 신부를 사랑스럽게 바라보며 신랑이 화답하여 노래한다.) (2) 내 사랑 그대는 가시덤불 속에 피어난 한 떨기 청초한 백합화,

뭇 아가씨들 가운데서도 그토록 아름답구려.

바로 직전에 신부 된 술람미 여인은 사론 들판에 피어 있는 '골짜기의 백합화'에 비유하면서(1절), 자신을 평범하고 보잘것없는 여자로 낮추었다. 그러나 신랑 된 솔로몬 왕은 그녀의 말을 받아 골짜기에 핀 백합화로되, 많은 가시나무들 가운데 홀로 청초하게 피어 있는 고귀한 백합화라고 칭송한다. 대조법을 사용하여 군계일학(群鷄一鶴) 같은 신부의 청초한 매력과 탁월한 아름다움을 강조한 것이다.

(신부의 노래, 아마도 연회를 파하고 신부는 신랑과 헤어져 자신의 별궁 처소로 돌아온 듯하다. 거기서 신부는 신랑을 그리워하며 꿈꾸는 듯한 표정으로 감미롭게 노래한다.) (3-7) 내 사랑 내 임은 숲속의 뭇 나무들 가운데서 우뚝 솟은 한 그루 사과나무, 뭇 남자들 가운데서 그처럼 우아하고 늠름하답니다. 내가 그 나무 그늘 아래 앉으니 이리도 마음 기쁘고, 그 열매는 내 입에 참으로 달콤하네요. 임은 나를 데리고 연회장으로 갔어요. 거기서도 나를 향한 임의 사랑은 내 위에 꽂힌 깃발처럼 펄럭이어요. 임이시여, 건포도로 내 힘을 회복시켜주세요. 사과로 내 기운을 북돋워주세요. 임을 사랑하고 사랑하다가 내가 그만 병들고 말았답니다. 오, 임께서 나를 품어주시네요. 임의 왼팔로 팔베개 하여 내 머리를 곱게 뉘시고, 임의 오른팔로 나를 포근히 감싸 안아주시네요. 예루살렘 아가씨들아, 내가 간절히 부탁한다. 초원의 암노루와 들사슴을 조심조심 보호하듯, 제발 우리의 사랑을 방해하지 말아다오. 우리가 마음껏 사랑한 후에 스스로 일어나기 전까지는 절대로 우리를 흔들어 깨우지 말아다오.

처소로 돌아온 신부(술람미 여인)는 연회장의 신랑(솔로몬)을 그리워하며 마치 꿈꾸듯이 감미로운 몸짓과 표정을 지으며 사랑의 노래를 부른다. 자칫 움츠러들고 주눅 들 수도 있었던 화려한 궁궐의 연회장에서 시골 출신의 신부는 신랑의 자상한 배려와 따스한 사랑으로 기쁨과 자부심과 만족을 누렸다. 우뚝 솟은 사과나무처럼 우아하고 늠름한 왕의 보호 아래에서 신부는 달콤한 연회의 기쁨을 누렸으며, 자신 위에서 깃발처럼 펄럭이는 왕의 사랑으로 인해 조금도 주눅 들지 아니하고 자부심 있게 연회를 즐길 수 있었다.

여기서 '깃발'은 군대에서 집결 표시나 소속의 위치 등을 나타내는 데 쓰이는 군기(軍旗)를 의미한다. 따라서 이 용어는 자칫 두려워하거나 주눅 들 수도 있는 연회석상에서 시골 출신의 술람미 여인이 솔로몬 왕의 지극한 사랑으로 말미암아 평온함과 안락감을 누릴 수 있었음을 시적으로 형상화한 표현이다.

이제 그런 늠름하고 자상한 왕(신랑)과 헤어져 자기 처소로 돌아온 신부 술람미 여인은 왕의 사랑을 그리워하다가 병이 날 지경에 이른다. 그래서 건포도와 사과로 자신의 기운을 북돋워달라고 왕에게 요청한다. 육체적 허기가 아니라 사랑의 허기를 채워달라는 말이다. 여기서 건포도(히, 에쉬쇼트)는 바짝 말린 포도가 아니라, 비교적 포도즙이 많이 나오는 포도뭉치 또는 포도떡을 말한다.

이제 신부는 자신의 소원대로 왕이 자신에게로 나아와서 그리움에 병든 자신을 회복시켜주는 포근한 정경을 상상하기에 이른다. 왕이 자신의 처소로 들어와 왼팔로 자신의 머리를 곱게 뉘여 팔베개를 해주고 오른팔로 자신의 몸을 따뜻하게 감싸 안는 상상을 한다. 그런 장면은 결코 깨어나기 싫은, 꿈결처럼 감미로운 광경이었다. 그래서 신부는 자신들의 그런 사랑을 방해하지 말아달라고, 둘이 마음껏 사랑한 후에 스스로 일어나기 전까지는 절대로 흔들어 깨우지 말아달라고 예루살렘의 아가씨들에게 호소한다.

본문에서 '내 사랑' 또는 '내 임'은 '신랑'을 가리키는 표현이다. 시적(詩

的) 노래인 아가서는 신랑과 신부 또는 남편과 아내라는 표현 대신에 '내 사랑'이나 '내 임' 혹은 '나의 사랑하는 자'라는 말을 사용하고 있다. 이방문화에서는 '사랑하는 자'라는 말이 결혼 이외의 관계에서도 사용될 수 있겠지만, 성경의 아가서에서 그 말은 곧 '배우자'를 나타내는 말이다. '예루살렘의 아가씨들'은 솔로몬 궁궐에 있는 젊은 여인들이거나 혹은 예루살렘 성읍의 귀족층 처녀들이다. 아가서의 저자는 두 연인의 아름다운 사랑이 더욱 돋보이도록 '예루살렘의 아가씨들'을 등장시키는 문학적인 기교를 발휘하였다.

❸ 봄날, 신랑이 술람미 마을에 있는 신부의 집을 찾아간 장면 (2:8-17)

(신부의 노래, 약혼식의 연회가 있은 지 얼마 후에 신부는 예루살렘 궁궐을 떠나 시골 술람미 마을에 있는 자신의 집으로 돌아간 듯하다. 그렇게 지내던 어느 날, 자신을 찾아 자기 집으로 오고 있는 신랑을 발견하고는 신부가 벅찬 목소리로 노래한다. 무대는 술람미 마을의 신부 집과 그 주변 들판이다. 봄날, 시골 특유의 평화롭고 조용한 풍경이다.) (8-10a) 들어보아요! 사랑하는 내 임의 목소리. 보세요! 저기 내 임이 오시네요. 산을 뛰어넘고 언덕을 내달려 내게로 힘차게 달려오시네요. 사랑하는 내 임은 들판의 노루같이, 젊은 사슴같이 빨리도 달려오시네요. 아, 보세요! 어느새 우리 집 벽 뒤에 서서 창살 틈으로 기웃거리시고 창문으로 안을 엿보고 계시네요. 아, 창문 밖에서 사랑하는 내 임이 내게 다정하게 속삭이네요.

왕은 눈코 뜰 새 없이 바쁜 국사 가운데서도 시간을 내어 술람미 마을의 약혼녀에게 내려간다. 술람미 여인에게로 향하는 왕의 발걸음은 보고픔에 사무쳐서 들판의 노루와 젊은 사슴처럼 빠르고 가볍고 힘차다. 특별히 '노루'와 '사슴'이 언급된 것은, 이 동물들이 빠른 발을 갖고 있고, 암컷에게 다가서는 모습이 매우 다감다정하며, 그 모습 자체가 늠름하고 사랑스럽기 때문이다.

하지만 신부 집에 다다른 신랑은 신부가 있는 방 안으로 곧장 들어가지 아니하고, 집의 벽 뒤에 서서 창문 틈으로 안을 엿본다. 그런 뒤 창문 밖에서 다정한 목소리로 신부에게 속삭이듯 말한다. 인적(人跡)을 꺼리는 노루나 사슴처럼 신랑은 조심스럽게 신부의 안부를 이리저리 살핀다. 이처럼 신랑은 무례하고 거친 행동으로서가 아니라 신부를 깊이 존중하고 아끼는 사랑스러운 태도로 신부에게 다가간 것이다.

(신랑의 노래, 속삭이듯 다정한 목소리로 신부를 집 밖의 들판으로 불러낸 신랑은 이 길로 곧장 자신과 함께 예루살렘 궁궐로 올라가자고 말한다.) (10b-14) 내 사랑이여, 일어나구려. 나의 어여쁜 그대여, 어서 일어나 나와 함께 갑시다. 이제는 춥던 겨울도 다 지나고, 내리던 비도 모두 그쳤다오. 들판엔 온갖 꽃들이 여기저기 활짝 피고, 하늘엔 각양 새들이 지지배배 노래하는 화창한 계절이 돌아왔다오. 우리 땅에는 구구거리며 산비둘기 우는 소리도 들려온다오. 무화과나무에는 푸른 무화과열매가 익어가고, 포도나무에는 활짝 핀 꽃이 진한 향기를 사방에 내뿜고 있다오. 그러니 내 사랑이여, 일어나구려. 나의 어여쁜 그대여, 어서 일어나 나와 함께 갑시다. 오, 내 사랑 그대여! 바위틈에 숨은 산비둘기여, 산기슭 은밀한 곳에 숨어 있는 내 산비둘기여! 내 앞에서 몸을 숨기지 말아요. 그대의 사랑스런 얼굴을 어서 보여주구려. 그대의 감미로운 그 목소리가 듣고 싶고, 그대의 어여쁜 그 얼굴을 항상 보고 싶구려.

어느 봄날, 신랑은 들판의 노루나 젊은 사슴같이 아주 먼 길을 내달려 신부를 찾아왔다. 약혼식 이후 서로 떨어져 그리움과 보고픔에 목말라하던 두 남녀는 평화롭고 아름다운 술람미 마을의 들판에서 정겨운 사랑의 언어를 나눈다. 신랑을 반기는 신부의 노래가 끝나자(8-10절a), 그 말을 받아 신랑이 노래 부른다(10절b-14절).

때는 화창한 봄날이다. 신랑은 춥던 겨울이 다 지나고 내리던 비도 그쳤다고 말한다. 팔레스타인의 겨울은 비가 내리는 우기로(11-2월), 1년 대부분의 강수량을 차지한다. 이 시기에 내리는 비는 9-10월의 파종기에 내리는 '이른 비'나 3-4월의 수확기에 내리는 '늦은 비'와는 달리, 농작물의 성장에 도움을 주는 비가 아니라 겨울의 추위와 한기를 더해주는 을씨년스런 비다. 하지만 이제 그런 겨울비가 그치고 팔레스타인의 들판에는 완연한 봄이 찾아들었다.

특히 조용하고 평화로운 시골 마을의 술람미 들판은 더 말할 것도 없다. 온갖 꽃들이 사방에서 꽃망울을 터뜨리고, 하늘에서는 각종 새들이 자유롭게 노닐며 지지배배 즐겁게 노래한다. 무화과나무에서는 열매 익어가는 소리가 들리는 듯하고, 포도나무에서는 꽃이 활짝 피어 그 향기를 뽐내려 널리 발산하고 있다. 저 멀리 산기슭에선 산비둘기가 짝을 찾아 구구거리며 애달프게 우는 소리가 들린다. 그래서일까? 짝을 찾아 달려온 신랑은 자기의 신부를 '산기슭 바위틈에 은밀하게 숨어 있는 산비둘기'에 비유한다.

이는 팔레스타인의 산비둘기가 바위틈이나 낭떠러지 절벽 사이에 둥지를 틀고 사는 것에 착안한 표현으로, 술람미 여인이 예루살렘 궁궐에서 멀리 떨어진 외진 시골 마을에 살고 있다는 것을 가리키는 말이다. 동시에 이 말은, 어떤 남자도 감히 엿보지 못하게끔 고고하게 철저한 순결성을 유지하고 있다는 표현이기도 하다.

그리하여 신랑은 신부에게 애타는 심정으로 권유한다. 이제는 외진 시골 마을에서 몸을 숨기며 살지 말고, 떨치고 일어나 자신과 함께 예루살렘 궁궐로 들어가자고 말한다. 곁에 가까이 두고서, 보고 싶을 때는 언제든지 그 어여쁜 얼굴을 보고, 듣고 싶을 때는 언제든지 그 감미로운 목소리를 듣고자 했기 때문이다.

(신부의 노래, 함께 예루살렘 궁궐로 올라가자는 신랑의 말에 신부는 자신들의 사랑을 방해하는 세력이 있음을 말하면서 함께 올라갈 수 없는 안타까운 처지를 말한다.) (15-17) 내 사랑, 내 임이여! 여우 떼를 잡아주세요. 우리 포도원에도 꽃이 한창인데, 저 자그마한 새끼 여우 떼가 우리 포도원을 망가뜨리고 있네요. 임은 나의 것, 나는 임의 것. 임은 백합화 만발한 곳에서 양떼를 치고 있네요. 날이 저물기 전, 땅거미가 지기 전에, 사랑하는 내 임이여! 어서 내게로 되돌아오세요. 젊은 사슴처럼 빨리 뛰어오세요. 베데르산에 사는 날랜 노루처럼 어서 내게로 다시 달려오세요.

솔로몬 왕의 권유대로, 술람미 여인은 당장이라도 예루살렘 궁궐로 올라가고 싶지만, 그럴 수 없는 부득이한 사정이 있었다. 신랑과 신부가 애써 가꾸고 있는 포도원을 망가뜨리려는 작은 여우 떼가 있었기 때문이다. '작은 여우 떼'는 봄철 포도나무에 싹이 돋고 꽃이 필 무렵 포도원 주변을 돌아다니면서 포도나무를 갉아먹어 해치는, 작은 몸집의 '팔레스타인 여우들'을 가리킨다.

물론, 여기서 술람미 여인이 언급한 '포도원'과 '여우 떼'는 비유적인 표현이다. 포도원은 솔로몬 왕과 술람미 여인이 일구려는 아름답고 행복한 결혼생활과 가정을 의미하고, 여우 떼는 그런 모습을 시기하고 방해하는 온갖 세력들을 가리킨다. 또한 약혼식 이후에는 일정 기간을 보낸 후에 결혼식을 치르는 관습도 있다.

예루살렘 궁궐은 정치적 먹잇감을 노리는 여우 떼들이 활동하는 주요 서식지다. 그런 자들은 아무런 배경도, 족보도 없는 시골 마을의 한낱 포도원지기에 불과한 술람미 여인이 왕의 여인으로 궁에 들어오는 것을 반길 리 없다. 그래서 온갖 이유를 들어 술람미 여인을 내친 뒤에 그

자리에 자기 딸을 앉히고 싶을 것이다. 또한 예루살렘 성읍의 내로라하는 귀족의 딸들은 단지 왕의 사랑을 받는다는 이유 하나로 하루아침에 왕비의 자리를 꿰차는 술람미 여인에게 부러움을 넘어 오죽이나 질투를 느낄 것인가!

비록 시골에 살지만 똑똑하고 영민한 술람미 여인이 이런 사실들을 모를 리 없다. 그래서 하나라도 책잡히는 일을 해서는 안 된다. 왕이 함께 올라가 당장 결혼하자고 해서 약혼한 지 얼마 되지도 않았는데 덜컥 따라 올라갈 수는 없는 노릇이다. 그러면 작은 여우 떼들에게 책잡히게 된다. 그들은 솔로몬 왕과 술람미 여인이 일구려는 아름다운 결혼관계(포도원)을 망가뜨리려고 호시탐탐 기회를 엿보고 있지 않은가!

그래서 술람미 여인은 왕과 함께 올라가고픈 마음을 애써 억누르며 말한다. 왕은 백합화 같은 백성들을 잘 먹이고 입히는 목자의 역할을 잘 감당하는 가운데, 먼저 포도원을 망가뜨리려는 작은 여우 떼들을 잡은 다음에 너무 늦기 전에, 곧 날이 저물어 땅거미가 지기 전에 자기에게로 얼른 되돌아와 달라고 말한다. 지금 자신을 그렇게 찾아왔듯, 자신에게 되돌아올 때에도 젊은 사슴처럼, 베데르산의 날랜 노루처럼 빨리 내달려 돌아와 달라고 말한다. 베데르산(Mt. Bether)은 예루살렘 서남쪽 10km 지점에 있는 그리 높지 않은 산인데, 이곳에는 날랜 노루들이 많이 서식하고 있었다.

3

혼인 행렬

솔로몬의 가마는 레바논 나무
은기둥에 금바닥이에요
아가씨들이 수놓은 자주 방석
솔로몬 왕은 화관을 쓰고 있네요

❹ 신랑과 헤어진 후, 신랑을 애타게 찾는 신부의 꿈 장면 (3:1-5)

(신부의 노래, 함께 올라가자는 왕의 말을 부득이하게 따르지 못하고 신랑과 헤어진 후에 신부가 꿈을 꾸는 장면이다. 무대는 술람미 마을의 신부 집이다.) (1-5) 나는 밤마다 임 그리며 잠자리에 들건만, 밤새도록 아무리 임을 찾아도 찾을 수가 없네요. 이제 잠자리에서 일어나 내 임을 꼭 찾아보리라고 마음먹고, 성 안을 이리저리 돌아다녔네. 이 거리와 저 거리, 이 골목과 저 골목을 정신없이 헤매며 샅샅이 뒤졌지만, 온 성읍 어디에서도 사랑하는 내 임은 보이지 않네요. 그러다가 성 안을 순찰하는 야경꾼들을 만나 그들을 붙잡고 물어보았어요. "사랑하는 내 임을 혹 못 보셨나요?" 아, 그런데 그들을 지나치자마자, 그토록 그리던 내 사랑하는 임을 만났네요! 행여 놓칠세라, 나는 내 임의 손을 꼭 붙들고 내 친정집, 나의 어머니 집으로 데려갔어요. 어머니가 날 낳으신 그 방으로 들어갔답니다. 예루살렘의 아가씨들아,

내가 간절히 부탁한다. 초원의 암노루와 들사슴을 조심조심 보호하듯, 제발 우리의 사랑을 방해하지 말아다오. 우리가 마음껏 사랑한 후에 스스로 일어나기 전까지는, 절대로 우리를 흔들어 깨우지 말아다오.

결혼식을 앞둔 신부가 꿈을 꾸는 장면이다. 약혼남인 신랑은 약혼녀인 신부를 찾아와서 함께 서둘러 예루살렘 궁궐로 올라가자고 권유했다. 하지만 신부는 '작은 여우 떼' 이야기를 하면서 부득이 함께 올라가지 못할 처지임을 말하며, 신랑의 말에 따르지 못한다. 신랑은 혼자 예루살렘으로 향하고 신부는 술람미 마을에 남는다. 쓸쓸하고 아픈 마음이 오죽했으랴! 그래서일까? 꿈속에서도 신부는 그만 신랑을 놓치고 만다.

신랑을 놓친 신부는 예루살렘 성읍의 거리들과 골목들을 샅샅이 누비며 신랑을 찾아 헤맨다. 야경꾼들을 만날 때마다 신랑의 향방을 묻는다. 신부는 마침내 꿈에도 그리던 사랑하는 신랑을 찾게 된다. 신부는 행여 또 놓칠새라 신랑의 손을 꼭꼭 붙잡고 친정의 어머니 집으로 그를 데려간다. 이것은 결혼 절차와 관련된 일로 보인다. 즉, 신부는 장래 자신의 남편이 될 연인을 어머니에게 정식으로 소개시킴으로써 자신들의 사랑이 순결하고 합법적인 것임을 나타내고자 한 것이다.

그런 뒤, 신랑 신부는 둘만의 애틋하고 꿈결 같은 시간을 가진다. 물론, 꿈속에서다. 꿈속에서 신부는 한참 전에 예루살렘 궁궐에서 예루살렘의 아가씨들에게 했던 말을 또 다시 읊조린다(2:7). 제발 둘만의 사랑을 방해하지 말아달라고, 세미한 소리에도 크게 놀라며 민감하게 반응하는 초원의 암노루와 들사슴을 보호하듯, 신랑 신부가 사랑을 다 나눈 후에 스스로 일어나기 전까지는 절대로 흔들어 깨우지 말아달라고 부탁한다.

■ 극의 전개: 사랑의 진전 (3:6-5:1)

극의 발단인 '사랑의 시작'이 마무리되고(1:2-3:5), 이제는 극의 전개인

'사랑의 진전'이 진행된다(3:6-5:1). 사랑의 진전을 보여주는 아가서의 전개(展開)는 이렇게 펼쳐진다. ❶ 먼저 시골 술람미 마을의 신부 집에서 예루살렘 궁궐까지 이어지는 화려한 궁중 혼인행렬의 장면이 펼쳐진다. 마침내 결혼식을 갖기 위해 신랑 솔로몬 왕이 백향목으로 만든 꽃가마를 보내 신부를 예루살렘 궁궐로 데려온다(3:6-11). ❷ 이어 결혼식을 마친 뒤, 첫날밤을 맞은 신랑은 다양한 은유와 풍부한 상징으로 신부의 순결함과 아름다움을 발끝에서부터 머리끝까지 칭송하는 장면이 펼쳐진다(4:1-15). ❸ 그러자 신랑의 칭송에 화답하여 신부가 벅찬 감격으로 반응하는 장면이 펼쳐진다(4:16). ❹ 그렇게 신부와 더불어 첫날밤을 보낸 신랑은 신부를 품속에 안은 사랑의 벅찬 기쁨과 만족을 표현하면서, 자신의 친구들을 계속되는 결혼잔치에 참여토록 초청한다(5:1).

❶ 신부 집에서 예루살렘 궁궐로 이어지는 혼인행렬 (3:6-11)

(무리의 노래, 예루살렘의 아가씨들이 솔로몬 왕이 보낸 백향목 꽃가마를 타고 예루살렘 궁궐로 들어오는 신부의 화려한 궁중 혼인행렬을 보며 춤추듯 큰 소리로 다 함께 노래한다. 무대는 예루살렘의 넓은 거리다.) (6-11) 연기 기둥 힘차게 치솟아 오르듯, 저기 거친 들판을 헤치며 상인들의 온갖 향품들로 만든 몰약과 유향의 향기를 흩날리며 이리로 다가오고 있는 저 신부는 누구인가. 보라! 저 가마는 솔로몬 왕이 신부를 위해 보낸 가마로구나. 이스라엘의 뭇 용사들 가운데서도 빼어난 용사 60명이 신부를 사방에서 호위하고 있구나. 호위 군사들은 모두가 칼로 무장했구나. 손에 칼을 쥔 그들은 하나같이 칼을 잘 쓰는 군사들, 전쟁에 능한 탁월한 용사들이로구나. 그들은 밤중에라도 적의 기습을 언제든 물리치려고 모두가 허리에 단단히 칼을 차고 있구나. 솔로몬 왕은 신부를 위해 그 가마를 특별히 레바논의 백향목으로 만들었구나. 그 가마의 기둥은 은이요, 바닥은 금으로 만들었구나.

앉은 자리에는 자주색 방석을 깔았고, 가마 안은 예루살렘의 아가씨들이 사랑으로 정성껏 수를 놓았구나. 오, 시온의 딸들아! 모두들 어서 나와 신부를 맞는 솔로몬 왕을 보려무나. 오늘은 왕의 결혼식 날, 그분의 마음이 한껏 즐겁고 기쁜 날이로구나. 보라, 왕은 그분의 어머니가 씌워주신 신랑의 화관을 머리에 쓰고 있구나.

마침내 둘의 결혼식 날짜가 잡혔다. 신랑 된 솔로몬 왕은 술람미 마을에 사는 신부를 예루살렘 왕궁으로 데려오기 위해 레바논의 백향목으로 만든 아름답고 화려한 꽃가마를 보낸다. 신부를 태울 가마의 전체 형태는 진귀한 목재인 레바논의 백향목으로 만들어졌고, 그 기둥은 은으로, 그 바닥은 금으로 만들어졌다. 가마 안에는 신부가 앉을 화려한 자주색 방석이 깔렸고, 가마 안의 사방에는 예루살렘 성읍의 솜씨 좋은 아가씨들이 정성껏 수놓은 각종 무늬들로 장식되어 있었다.

신부의 가마는 60명의 왕궁 호위대에 의해 안전하게 보호되고 있었다. 그들은 이스라엘의 용사들 중에서도 최정예 군사들이었다. 당시 신부가 살고 있던 팔레스타인 북부의 술람미 마을에서 이스라엘의 수도인 남부 예루살렘까지는 거친 들판을 지나고 밤을 통과해야 하는 장거리 여행이었으므로, 들짐승들과 도적 떼들의 공격에 대비해야 했기 때문이다.

긴 여정을 거쳐, 마침내 신부를 태운 백향목 꽃가마가 예루살렘 궁궐 입구에 도착했다. 초조한 심정으로 신부를 기다리던 솔로몬 왕은 벅찬 기쁨으로 신부를 마중하러 궁궐 입구까지 나왔다. 왕의 머리에는 왕의 어머니 밧세바가 씌워준 화관을 쓰고 있었다. 왕위 권세를 나타내는 왕관이 아니라 결혼식의 신랑임을 보여주는 꽃으로 수놓아진 모자다. 나라의 큰 경사인 왕의 결혼식 날인 것이다. 그래서 예루살렘의 아가씨들과 '시온의 딸들' 곧 예루살렘 성읍의 모든 여자들은 설레는 마음으로 왕을 보고 또 부러운 심정으로 신부를 보면서, 다 함께 소리 높여 신랑 신부를 축하하는 노래를 기쁘게 부른다.

4

신랑의 사랑 노래

비둘기 한 쌍 같은 신부의 눈
염소 떼 같은 까만 머리털
자줏빛 실과 같은 입술
쪼개놓은 석류 한쪽 같은 볼

❷ 첫날밤, 신랑이 신부의 아름다움과 순결함을 칭송하는 장면 (4:1-15)

(신랑의 노래, 결혼식을 무사히 마친 후 첫날밤을 맞이하게 된 신랑 신부. 신방에서 신랑은 애정 가득한 눈길로 신부의 모습을 보면서 그 순결함과 아름다움을 구체적으로 길게 칭송한다.) (1-5) 내 사랑 그대여, 그대는 참으로 아름답구려. 너울 속 아른거리는 그대의 두 눈은 비둘기같이 초롱초롱하고, 그대의 머리털은 길르앗 산비탈에서 떼 지어 힘차게 달려 내려오는 염소들처럼 까맣구려. 그대의 이는 털을 깎으려고 방금 목욕시킨 흰 양같이 하얀데, 위아래 저마다 짝이 맞아 하나도 빠진 것 없이 가지런하고, 그대의 입술은 자줏빛 실 같으니 참으로 그대의 입은 아름답고 사랑스럽구려. 너울 속 그대의 볼은 쪼개놓은 석류 한 쪽같이 붉디붉고, 그대의 목은 무기를 두려고 세워놓은 다윗의 망대, 천 개나 되는 용사들의 방패들이 빙 둘러 주렁주렁 걸려 있는 둥그런 다윗의 망대 같고, 그대의 두 젖가슴은

백합화 가운데서 여유롭게 풀을 뜯는 쌍둥이 노루 같구려.

첫날밤을 맞은 신랑은 얇은 너울을 쓰고 자기 앞에 다소곳이 앉아 있는 신부를 애정 가득한 눈길로 바라보며 눈, 머리털, 이(치아), 입술, 입, 볼(뺨), 목, 젖가슴(유방)을 노래한다. 자신이 다스리는 이스라엘 영토 내에 있는 각종 동물과 식물과 사물에 비유하여 칭송한다. 눈은 맑고 순수하며 초롱초롱한 '비둘기'에 비유되었고, 머리털은 길르앗 산비탈의 '염소 떼'에 비유되었다.

길르앗산은 오늘날 요단강 동편의 시리아 평원이 있는 곳에 위치하는데, 이곳 산비탈의 넓고 푸른 고원지대는 가축의 방목에 적합했다. 특히 이곳에서 방목되는 염소들은 그 털이 새까맣고 윤기가 좔좔 넘쳐흘렀다. 신부의 이(치아)는 털을 깎으려고 '방금 목욕시킨 흰 양'에 비유되었는데, 마치 '쌍둥이 새끼를 낳은 흰 양'과 같다고 표현되었다. 마치 방금 목욕시킨 흰 양처럼 하얗고, 또한 그 양이 낳은 쌍둥이 새끼 양을 보듯 이빨이 그렇게 아래위로 짝을 맞춰 가지런하다는 의미다.

신부의 입술은 '자줏빛 실'에 비유되었다. 실에다 짙은 홍색 물감을 들인 실로서, 신부의 입술 색깔이 아름다운 진홍색을 띠고 있다는 의미다. 신부의 입은 달리 비유할 것이 없어 그저 '아름답고 사랑스럽다'고 표현했다. 그런데 여기서 입은 어쩌면 입을 통해 나오는 '말'을 의미할 수도 있다. 그렇다면 이는 신부가 하는 말마다 아름답고 사랑스럽다는 의미다. 신부의 볼(뺨)은 '쪼개놓은 석류 한 쪽'에 비유되었다. 석류는 익으면 익을수록 그 열매가 벌어져 그 속에 있는 빨간 알맹이들이 드러나는 점에 착안하여, 그만큼 신부의 볼이 잘 익은 빨간 석류 한 쪽처럼 붉디붉다는 것을 나타낸 표현이다.

신부의 목은 '다윗의 망대'에 비유되었다. 그 망대는 둥그렇게 지어졌는데, 솔로몬 시대에 그 망대 안에는 천 개나 되는 용사의 방패들이 주렁주렁 매달린 채 보관되었다. 따라서 이 비유는 신부의 목이 망대처럼 곧고 미끈하게 뻗었을 뿐만 아니라, 용사의 방패들처럼 위엄과 품위가 깃들어 있음을 나타낸 말이다. 신부의 두 젖가슴은 '쌍둥이 노루'에 비유되었다. 여기 노루는 가젤(gazelle) 곧 영양(羚羊)을 가리키는데, 이 짐승은 우아하고 아담하며 아름답게 생겼다. 그런데 그 노루는 쌍둥이 노루로서, 백합화 만발한 꽃밭에서 유유자적하게 풀을 뜯어먹는 노루다. 백합화는 아름다운 향기를 발산하는 꽃이다. 그러므로 이 비유는 신부된 술람미 여인의 두 젖가슴은 노루처럼 우아하고 아담하며, 쌍둥이처럼 양쪽이 한결같이 고를 뿐만 아니라, 백합화처럼 아름다운 향기를 발하고 있다는 의미다.

(신랑의 노래, 결혼식 첫날밤에 신부를 향한 신랑의 노래는 계속 이어진다.) (6-8) 날이 저물고 땅거미가 지기 전에, 나 이제 그대에게 가겠소. 몰약 산으로, 유향 언덕으로 속히 가오리다. 내 사랑 그대여, 그대는 어찌 그리 어여쁘고 아름다운고! 아무리 살펴보아도 흠 하나 찾을 길 없구려. 나의 신부여, 이리 오구려. 레바논산에서 내려오구려. 레바논산 위에서 어서 내려와 나와 함께 갑시다. 내 사랑이여, 아마나 산꼭대기와 스닐 산꼭대기와 헤르몬산 꼭대기에서 내려오구려. 거기 사자들이 사는 굴에서, 표범들이 우글거리는 그 산에서 빨리 내려오구려.

신부의 우아하고 아름다운 몸을 칭송하다 보니, 이제 신랑도 얼른 첫날밤을 치르고픈 마음이 동했다. 첫날밤이 저물기 전에, 땅거미가 완전 사라지기 전에, 신부를 품에 안고 마음껏 사랑을 나누고 싶었다. 그런 마음을 몰약 산으로, 유향 언덕으로 속히 가고 싶다고 표현한 것이다. 여기 '몰약 산'과 '유향 언덕'은 향기를 짙게 발하는 몰약이나 유향처럼, 그렇게 여인의 향기를 한껏 발하고 있는 신부의 몸을 가리킨다.

그런데 그 신부는 마치 레바논산 위 높은 데 있는 것 같았다. 아마나, 스닐, 헤르몬의 산꼭대기에 있는 것 같았다. 이 산들은 팔레스타인 최북단의 레바논 산맥에 있는 높고 험준한 산들이다. 산들에는 사자나 표범 같은 맹수들이 우글대며 서식하고 있었다. 지금, 신랑이 보기에 신부는 그런 높디높은 곳에 있는 것 같았다. 감히 신랑조차도 범접하기 어려울 정도로 우아하고 고고한 자태로 앉아 있는 것 같았다.

이 표현은 첫날밤을 맞아 잔뜩 긴장한 상태로 앉아 있는 신부의 굳은 모습을 묘사한 것일 수도 있다. 술람미 여인은 지금껏 남자 경험이 없는 순결한 숫처녀다. 그렇기에 첫날밤을 맞아 어찌할 바를 모를 수도 있다. 신랑은 그런 신부의 모습을 백번 이해한다. 그래서 신랑은 신부를 향하여 높은 산들과 맹수의 비유를 들어 살포시 다독여준다. 모든 긴장을 풀고 마치 홀로 있는 듯한 높고 험준한 데서 얼른 내려오라고 말하고 있다. 나긋나긋하고 부드러운 여인의 모습으로 돌아와, 자신과 함께 달콤한 사랑의 잠자리를 갖자고 속삭이듯 말하고 있는 것이다.

(신랑의 노래, 결혼식 첫날밤에 신부를 향한 신랑의 애정 가득한 세레나데는 계속 이어진다.) (9-11) 나의 누이, 나의 신부여! 그대는 내 마음을 다 빼앗아버렸소. 그대가 단 한 번 나를 쳐다보는 그 눈길에 내 몸이 완전히 굳어버렸고, 그대 목에 걸려 있는 그 구슬목걸이에 내 마음을 온통 빼앗겨 버리고 말았소. 나의 누이, 나의 신부여! 그대의 사랑은 어찌 그리 향기롭고 달콤한지요! 정녕 그대의 사랑은 그 어떤 포도주보다도 더욱 달콤하고, 그대의 향기는 그 어떤 향수보다도 더욱 향기로워라. 내 사랑 나의 신부여, 그대의 입술에서는 다디단 꿀송이가 뚝뚝 떨어지고, 그대의 혀 밑에는 꿀과 젖이 흥건히 고여 있으며, 그대의 옷자락에서는 레바논 삼림의 향긋한 향기가 솔솔 풍겨나는구려.

첫날밤을 맞아 몸이 굳어 있을지도 모를 신부를 위해 신랑은 달콤한 사랑의 세레나데를 불러준다. 다윗 왕국을 그대로 물려받은 솔로몬 왕은 넓은 영토와 강력한 군대, 수많은 백성을 통치하는 절대 군주였다. 또한 주님께 지혜를 은사로 받아 천하만사와 만물에 대해 모르는 게 없는 '지혜의 왕'이었다. 게다가 준수하게 잘 생겼고 20대 나이로 아주 젊었다. 그러했기에 주변 나라의 왕들이 너나 할 것 없이 공주를 통해 솔로몬 왕과 친교를 맺기 원했고, 그 결과 솔로몬 왕은 많은 왕비와 후궁을 거느리게 되었다. 하지만 그런 처첩들은 모두 외교적, 정치적 실리를 위한 정략결혼의 산물일 뿐이었다. 가슴 뜨겁고 피 끓으며 심장이 뛰는 진정한 사랑의 산물이 아니었다.

술람미 여인은 달랐다. 그녀는 아무런 뒷배도, 족보도, 내로라하는 혈통조차도 없었다. 그저 왕의 포도원에서 일하는 일개 시골 처녀에 불과했다. 그런데도 왕은 그녀를 보자마자 그만 한눈에 사랑에 빠진 것이다. 가슴이 뜨거워지고 피가 끓었으며 심장이 뛰었다. 건강한 노동으로 그을린 탄력 있는 갈색의 피부가 그리도 좋아 보였고, 목에 걸려 있는 평범한 구슬목걸이조차 그리도 반짝여 보였다. 그녀의 붉은 입술에서는 다디단 꿀 송이가 뚝뚝 떨어지는 것 같았고, 그녀의 옷자락에서는 울창한 레바논 삼림의 싱그러운 피톤치드 향내가 마구 뿜어져 나오는 듯했다. 아니, 그녀의 몸 전체에서 향기로운 향수보다 더 진한 여인의 매력적인 향내가 풍겨 나왔다.

포도원에서 일하고 있는 술람미 여인을 처음 본 순간, 솔로몬 왕은 자기 몸이 찌릿 굳을 정도로 한눈에 온 마음을 빼앗겨버린다. 그건 그 어떤 정략적, 정치적 고려 없는 오로지 순전한 사랑의 마음이었다. 한 나라의 왕으로서가 아니라, 청춘의 뜨거운 피가 끓는 20대 청년으로서 한 여인에 대한 지고지순한 사랑이었다. 결혼식 첫날밤에, 솔로몬 왕은 신부를 처음 보았을 때의 떨리는 그 심경을 담아 사랑의 노래를 들려줌으로써 신부의 마음 문을 열고 있다. 한편, '나의 누이'라는 표현은 신부에 대한 신랑의 감미로운 애정을 보여주는 시적인 표현이다.

(신랑의 노래, 신부를 향한 신랑의 사랑 노래는 계속 이어진다.)
(12-15) 나의 누이, 나의 신부여! 그대는 잠가놓은 동산, 덮어놓은 우물, 막아놓은 샘물, 그토록 비밀스럽고 신비로우니 그 누구도 범할 수 없어라. 그대의 동산에서 자라는 식물들과 나무들은 싱그럽고 귀하여라. 석류나무와 갖가지 탐스런 과일들, 고벨화, 나도풀, 샤프론, 창포, 계수나무, 온갖 향나무들, 그리고 몰약과 침향 같은 귀한 향료도 자라고 있구나. 내 사랑 그대는 동산을 촉촉이 적시는 샘, 퐁퐁 솟아나는 우물, 레바논 산꼭대기에서 졸졸 흘러내리는 시냇물이어라.

앞서 신랑은 신부를 처음 마주한 순간, 그토록 가슴 떨리고 몸이 굳는 듯한 첫사랑의 순간을 노래했다(9-11절). 이제는 신부의 비밀스럽고 신비로운 순결성 곧 처녀성(處女性)을 노래한다. 그래서 신랑은 신부를 '잠가놓은 동산', '덮어놓은 우물', '막아놓은 샘'에 비유한다. 동산과 우물과 샘은 물이 귀한 팔레스타인 지방에서 참으로 소중하고 가치 있는 것들이었다.

그것도 보통의 동산이나 우물이나 샘이 아니라 온갖 싱그러운 식물들, 값진 나무들, 탐스런 열매를 맺는 과일나무들, 그리고 갖가지 향기를 내뿜는 허브(herb) 식물들이 자라나는 동산, 뿐만 아니라 그런 동산을 촉촉이 적시는 샘과 끊임없이 퐁퐁 솟아나는 우물이 있는 동산, 게다가 사시사철 만년설로 뒤덮인 레바논 산꼭대기에서부터 쉼 없이 졸졸 흘러내리는 시냇물이 동산 가운데를 흐르고 있는 그런 동산이란!

그런데 그 동산과 우물과 샘은 한 번도 개방된 적 없는 아주 비밀스럽고 신비로운 곳이다. 왜냐하면 누구도 감히 침범하지 못하도록 단단히 잠가놓고, 덮어놓고, 막아놓았기 때문이다. 이제 그토록 비밀스럽고 신비로운 곳이 처음 열리는 순간을 맞이한 것이다. 결혼식 첫날밤을 맞아 신랑은 설레고 떨리는 심정으로 그곳에 조심스레 첫 발을 내딛게 될 것이고, 그러면 신부는 모든 곳의 방비를 풀고 그를 자신의 비밀스럽고 신비로운 동산으로 기꺼이 맞이해 들일 것이다.

❸ 신랑의 칭송에 화답하여 신부가 벅찬 감격으로 반응하는 장면 (4:16)

(신부의 노래, 결혼식 첫날밤에 부른 신랑의 세레나데에 화답하여 신부 역시 애정을 가득 담아 감미로운 사랑의 노래를 부른다.) (16) 북풍아, 일어라! 남풍아, 불어라! 나의 동산에 불어오너라. 내 동산에 불어와서, 이 동산의 향기를 널리널리 퍼뜨려다오. 그 향기 따라, 사랑하는 나의 임이 이 동산에 찾아와서, 맛있고 탐스런 과일들을 마음껏 드시도록 해주려무나.

결혼식 첫날밤을 맞아 신랑은 온갖 탐스런 과일들, 값진 나무들, 싱그럽고 향내 풍기는 허브 식물들로 가득한 그 동산, 쉼 없이 퐁퐁 솟아나와 그 동산을 촉촉하게 적시는 샘과 우물이 있는 그 동산, 레바논 산꼭대기의 만년설이 녹아 흘러내리는 시냇물이 졸졸 흐르는 그 동산에 들어가고 싶다고 노래했다(12-15절). 이에 신부가 화답하는 노래를 부른다. 어서 그 동산에 들어와서 동산의 탐스런 과일을 마음껏 드시라고 한다.

신부는 북풍과 남풍에게 부탁한다. 그 동산을 향해 북풍이 일고 남풍이 불어, 동산의 향기를 널리널리 퍼뜨려 그 향기를 따라 임께서 동산을 찾아오도록 해달라 부탁한다. 그리하여 동산을 찾아온 임께서 동산의 탐스런 과일들을 마음껏 드시도록 해달라고 부탁한다. 동산의 모든 우물과 샘을 다 열어놓은 후 신랑을 자기 동산으로 초청한 것이다. 애정 가득한 신랑의 부드럽고 감미로운 사랑의 노래에 숫처녀 신부의 몸과 마음이 활짝 열린 것이다. 그러므로 더는 의심할 바 없이 이후로 신랑 신부는 둘이 한몸을 이루는 사랑의 첫날밤을 무사히 치렀으리라.

5

사랑의 아픔

잠 못 이루는 밤의 문 밖
내 사랑, 문을 열어줘요
밤이슬 젖은 그대 머리털
문틈으로 가만히 손 내미네요

❹ 신부의 노래를 듣고 신랑이 화답하고 초청하는 장면 (5:1)

(신랑의 노래, 사랑하는 신부와의 뜨거운 첫날밤을 무사히 치른 신랑이 사랑의 기쁨과 만족에 겨워 부르는 노래다.) (1) 나의 누이, 나의 신부여! 내가 사랑하는 내 임의 동산으로 찾아왔다오. 이 동산에서 나는 나의 향료와 몰약을 모두 거둬들이고, 꿀도 송이째로 마음껏 따 먹었고, 포도주와 젖도 실컷 마셨다오. 자, 이제 나의 결혼잔치에 참석한 내 친구들이여, 먹고 마셔라! 나의 사랑하는 사람들이여, 마음껏 먹고 즐거워하라!

북풍이 일고 남풍이 불어 동산의 향기를 널리 퍼뜨림으로써 신랑으로 하여금 그 동산으로 찾아들게 해달라고 부탁한 신부의 초청에 응하여 (4:16), 신랑은 동산의 향기를 따라 신부의 동산을 찾았다. 그런 후에 신랑은 신부의 동산을 노닐며 그곳의 향내를 맡고 송이꿀도 마음껏 따먹고 포도주와 젖도 실컷 마셨다. 동산 곳곳에 주렁주렁 맺힌 탐스런 과일들과 봉인이 해제된 우물물과 샘물을 마음껏 떠 마셨다. 신부의 품속에서 사랑의 기쁨을 흡족하게 누린 것이다.

그렇게 신부의 초청에 응해 사랑의 첫날밤을 보낸 신랑은 몸과 마음이 흡족한 상태에서 자신의 사랑하는 친구들을 기쁨의 잔치에 초청한다. 결혼잔치에 참석한 친구들을 향해 마음껏 먹고 마시며 즐거워하라고 외친다. 고대 중근동 지역에서, 결혼식은 마을의 큰 축제로서 피로연이 일주일 동안이나 계속되었다. 그동안에 신랑 신부의 친구들은 풍성한 결혼잔치에 참석하여 마음껏 먹고 마시면서 신랑 신부를 축하해주었다. 일반 평민들의 결혼잔치도 이럴진대 하물며 왕의 결혼잔치야 그 풍성함을 어찌 말로 다할 수 있으랴!

■ 극의 전환: 사랑의 위기 (5:2-6:1)

극의 발단(1:2-3:5)과 전개(3:6-5:1) 후에 이어지는 아가서의 전환(轉換)은 이러하다. ❶ 결혼식 후, 신부 술람미 여인은 신랑 솔로몬 왕이 궁궐을 떠나있는 동안 심란한 꿈을 꾼다. 꿈의 내용은 밤에 신랑이 신부를 찾아와 방문을 두드리지만, 신부가 너무 늦게 열어주었기 때문에 신랑이 그냥 떠나버리는 내용이다(5:2-6). ❷ 그러자 신부가 떠나간 신랑을 찾아 미친 듯이 예루살렘 거리를 헤매는 내용이다(5:7-6:1). 이것은 분명 사랑의 위기요 고비였다.

❶ 결혼식 후, 어느 날 밤 술람미 여인이 심란한 꿈을 꾸는 장면 (5:2-6)

(신부의 노래, 어느 날 밤에 신부가 꿈을 꾼다. 그 꿈속에서 부르는 노래다. 이때 신랑은 무슨 일인가로 신부와 멀리 떨어져 있는 상태다.)
(2a) 나는 자고 있었지만, 내 마음은 깨어 있었어요. 앗, 들어보세요. 저 소리는 나의 사랑하는 임이 내 방문을 똑똑 두드리는 소리네요.

신부의 노래에서 "나는 자고 있었지만, 내 마음은 깨어 있었어요."란 말은 신부의 꿈을 묘사하는 시적 표현으로, 그 꿈이 아주 생생하다는 의미다. 그 꿈속에서 멀리 떨어져 있던 신랑이 밤에 불현듯 찾아와 신부의 방문을 똑똑 두드린 것이다. 떨어져 있는 동안에 신부가 너무나 보고 싶어 신랑이 먼 길을 내달려 신부를 찾아온 것이다.

(신랑의 노래, 신부의 꿈속에 등장한 신랑이 신부의 방문을 두드린 후 부르는 노래다.) (2b) 나의 누이, 나의 사랑이여! 문을 열어주오. 내 사랑하는 나의 비둘기여, 흠 하나 없는 나의 누이여! 어서 문을 열어주오. 내 머리는 이슬에 온통 젖었고, 내 머리카락은 밤이슬에 흠뻑 젖었다오.

신랑은 연애시절처럼 아주 감미롭고 다정한 목소리로 신부를 향해 '나의 누이', '나의 사랑', '나의 비둘기'라 부르며, 어서 방문을 열어줄 것을 호소한다. 먼 길을 내달려 밤중에 오느라 머리와 머리카락이 밤이슬에 흠뻑 젖었기 때문에, 문밖은 으슬으슬 몸이 떨리고 추웠기 때문이다. 실제로 팔레스타인 지방에서는 여름철에 서쪽 지중해에서 수분을 많이 내포한 바람이 동쪽 내륙지역으로 불면서 이슬을 많이 내리곤 했다.

(신부의 노래, 여전히 꿈속이다. 방문을 두드리는 신랑의 노크 소리를 듣고 신부는 즉각 일어나 방문을 열지 못했다. 늦은 한밤중이었기 때문에, 신부가 발을 씻고 옷을 벗은 뒤 잠자리에 들었기 때문이다.) (3-6) 아, 내가 옷을 벗고 벌써 잠자리에 들었는데, 다시 일어나 옷을 입어야 하나? 내가 이미 발도 깨끗이 씻었는데, 다시 흙을 묻혀야 하나? 그런데 보세요, 내 사랑하는 임이 문틈으로 손을 가만 내미시니 내 가슴이 마구 쿵쿵거리네요. 내가 이제 자리에서 벌떡 일어나, 나의 사랑하는 임을 위해 문을 열려고 문고리를 잡았는데, 내 손엔 몰약

향기가 가득하고 내 손가락엔 몰약 즙이 방울방울 맺혔네요. 사랑하는 내 임을 맞아들이려고 문을 활짝 열었건만, 앗! 이를 어쩌면 좋나요. 사랑하는 내 임은 떠나가고 없네요. '쿵' 하고 내 가슴이 무너져 내리네요. 나는 떠나간 임을 애타게 찾아보았지만, 어디에서도 찾을 수 없네요. 내 임을 목청껏 부르고 불렀건만, 아무리 불러보아도 아무런 대답이 없네요.

신부는 멀리 떨어져 있는 신랑이 차마 한밤중에 자신을 찾아 먼 길을 내달려올 줄은 전혀 예상치 못했다. 그래서 평소처럼 밤이 되자 발을 씻고 옷을 벗은 뒤 잠옷으로 갈아입고는 이불 속으로 들어가 잠을 청했다. 그리곤 이내 깊은 잠에 들었다. 그런데 시간이 한참 흘러 곤한 잠에 빠져 있던 한밤중에 방문을 두드리는 소리를 들었다(2절a). 이어 감미로운 사랑의 노래가 들려왔다(2절b). 그건 분명 신랑의 목소리였다! 어찌 신부가 신랑의 노래를 잊겠는가!

그런데 신부는 벌떡 일어나 곧바로 방문을 열지 못했다. 잠시 생각에 잠겼기 때문이다. '이상하네? 왜 이토록 늦은 밤에 갑자기 찾아오셨을까?', '아, 나는 벌써 발을 씻고 옷을 벗은 뒤 잠자리에 들었는데, 다시 일어나 옷을 챙겨 입고 걸어 나가 문을 열어야 하나?' 신부가 이런 생각에 잠시 잠긴 것은 그녀가 게으르거나 신랑이 귀찮았기 때문이 아니었다. 깊은 잠결에 젖어 무심코 그런 생각을 한 것이다. 그렇지만 정신을 바짝 차리고 신랑을 매 순간 기다리지 못한 것은 사실이다. 달콤한 신혼 기간이 지났기 때문에 결혼생활이 조금 느슨해진 것만은 분명하다.

아무튼 신부가 잠시 생각에 잠겨 있을 때, 신랑은 신부가 깊이 잠들어 자신의 노크 소리와 노래를 못 들은 줄 알고 문틈으로 손을 내밀어 스스로 문을 열려고 했다. 문틈 사이로 손을 들이밀어 안으로 잠긴 자물쇠를 열려고 시도한 것이다. 그런 상황을 인지하고, 신부는 아차 싶어 잠자리를 털고 벌떡 일어나 옷을 대충 챙겨 입은 뒤 방문을 열려고 쪼르륵 달려갔다. 궁궐의 왕비가 머무는 별실인지라 방이 넓고 커서 침소에서 방문까지는 거리가 꽤 있었던 것이다.

마침내 신부는 몰약 향기 가득한 손으로 문빗장을 풀고 문고리를 잡은 뒤에 문을 활짝 열었다. 아, 그런데 신랑은 문밖에 없었다. 깊이 잠든 사랑하는 신부를 더는 깨우기 싫어 아쉬운 마음을 거두고 그만 신부를 떠나갔던 것이다. 신부는 정신이 아찔하고 다급한 마음에 신랑이 멀리 떠나가지 않았으면 다시 불러들이려고 목청껏 신랑을 부르고 또 불렀다. 그러나 아무런 대답이 없다. 벌써 멀찌감치 떠나간 것이다.

❷ 신부가 떠나간 신랑을 찾아 예루살렘 거리를 헤매는 장면 (5:7-6:1)

(신부의 노래, 신부는 떠나간 신랑을 찾으려고 궁궐을 뛰어나와 예루살렘 성읍의 사방 거리를 미친 듯이 돌아다닌다. 그 모습이 참으로 안타깝고 애처롭다.) (7-8) 그때에 성 안을 순찰하던 야경꾼들이 거리를 돌아다니는 나를 발견하고는, 나를 때려 상처를 내고, 성벽을 지키던 파수꾼들도 합세하여 내 겉옷을 빼앗아 가버렸네. 예루살렘의 아가씨들아, 나 그대들에게 부탁합니다. 혹 그대들이 내 임을 만나거든, 부디 이 말을 전해주오. 내가 임을 그리고 그리다가, 그 사랑 때문에 이리 병들었다고 꼭 전해주오.

궁궐을 뛰어나온 신부의 모습은 말이 아니다. 왕비의 품위와 체통은 찾아볼 수 없다. 옷은 대충 걸쳐 입었고 신발조차 제대로 신지 않은 채 떠나간 신랑을 애타게 부르며 예루살렘 성읍 안의 사방 거리를 돌아다니고 있다. 실성하여 미친 여자 같다. 그녀가 왕비일 줄을 누군들 꿈에라도 생각할 수 있었겠는가. 그러니 예루살렘 성읍 안을 순찰하던 야경꾼들에게 통금 위반죄로 두드려 맞을 수밖에 없고, 예루살렘 성벽을 지키고 있던 파수꾼들에게 봉변을 당할 수밖에 없다. 신부는 악몽을 꾸고 있는 것이다.

그럴지라도 신랑을 찾고자 하는 신부의 마음은 꺾이지 않는다. 자신의 의지와 노력으로는 더 이상 신랑을 찾을 수 없게 되자, 신부는 예루살렘의 아가씨들에게 긴급히 도움을 요청한다. 혹시 자신의 신랑을 만나게 되면, 사랑하는 임을 찾고 찾다가 또 그리워하고 그리워하다가 이제는 그의 아내가 병들어 몸져 누워 있다고 전해달라고 부탁한다. 그런 소식을 듣게 되면, 신랑이 당장이라도 병든 아내에게로 달려올 수 있으리라고 생각했기 때문이다. 어이없이 신랑을 떠나보낸 신부의 몸부림치는 상사병이 처연하고 애처롭다.

(무리의 노래, 신부의 부탁을 듣고서 예루살렘의 아가씨들이 합창한다. 무대는 예루살렘 성읍의 어느 거리이고, 여전히 꿈속 장면이다.) (9)
그대, 여인들 가운데서 가장 어여쁜 여인아! 우리에게 말해보아요.
그대가 애타게 찾고 있는 임, 그대의 사랑하는 그 임이 다른 이들보다
나은 것이 무엇인가요? 그대의 임이 누구기에, 도대체 다른 이들보다
얼마나 더 낫기에, 그대가 그토록 애타게 우리에게 부탁하는 건가요?

예루살렘 사방 거리를 헤매는 술람미 여인이 비록 실성한 여자처럼 보였어도 그녀의 미모는 감추어지지 않았다. 여전히 여인들 가운데 어여쁜 자였다. 그래서 술람미 여인의 부탁을 받은 예루살렘 아가씨들은 그녀를 "여인들 가운데서 가장 어여쁜 여인아!" 하고 부르면서, 그녀가 애타게 찾고 있는 그녀의 임 곧 그녀의 신랑이 누구이며, 어떻게 생겼고, 또 다른 남자들보다 더 나은 점이 무엇인지를 묻는다. 그래야 그 남자를 알아보고, 술람미 여인의 부탁을 그에게 전해줄 수 있기 때문이다.

(신부의 노래, 애타게 찾고 있는 그 신랑이 누구이며, 어떻게 생겼고, 또 다른 남자들에 비해 더 나은 점이 무엇이냐고 묻는 예루살렘

아가씨들의 물음에 답하는 노래를 부른다.) (10-16) 내가 사랑하는 내 임은 참으로 멋지고 잘 생겼다오. 준수한 외모에 혈색도 좋고 건장하기에 뭇 남자들 가운데서도 단연 으뜸이라오. 내 임의 머리는 잘 정련된 금과 같고, 곱슬곱슬한 머리카락은 까마귀처럼 검디검다오. 내 임의 두 눈은 흐르는 시냇가에 앉아 있는 비둘기 같은데, 젖으로 씻은 듯 맑고 보석이 박힌 듯 반짝반짝 빛난다오. 내 임의 두 뺨은 향기 가득한 꽃밭이요 향내 풍기는 풀언덕이며, 내 임의 입술은 뚝뚝 떨어지는 몰약 즙에 촉촉이 젖은 백합화 같다오. 내 임의 두 팔은 감람석이 박힌 황금 지팡이 같고, 내 임의 몸은 청옥으로 다듬은 미끈한 상아 조각품 같다오. 내 임의 두 다리는 순금 받침대 위에 세운 견고한 대리석 기둥 같고, 내 임의 모습은 레바논산처럼 듬직하고, 그 산의 백향목처럼 늠름하다오. 내 임께서 내게 입 맞추실 땐, 그 입술이 어찌 그리 달콤한지 내 임의 모든 것이 사랑스럽기 그지없다오. 예루살렘의 아가씨들아, 이분이 바로 내가 애타게 찾고 있는 나의 사랑하는 임이요 나의 다정한 친구란다.

앞서 신랑은 결혼식 첫날밤에 너울을 쓴 채 다소곳이 앉아 있는 신부를 보고, 그녀의 뛰어난 아름다움과 어여쁨과 순결함을 각종 동물과 식물과 사물에 비유하여 크게 칭송한 바가 있다(4:1-15). 지금 신부가 신랑에 관해 묘사하고 있는 이 부분은 그에 대한 화답송인 듯하다. 신랑의 건장하고 늠름하며 준수하고 잘 생기고 다정하며 품위 있는 신체 모습을 역시 각종 동물, 식물, 사물 등에 적절하게 비유하여 수사학적으로 잘 표현하고 있다.

아가서에 언급된 바대로, 신부든 신랑이든 육체적 외모를 강조하여 묘사하고 있는 이런 부분들에 대하여, 혹자들은 그 하나하나를 영적인 차원에서 풍유적으로 해석하기도 한다. 하지만 굳이 그럴 필요가 없다. 성경은 영적 품성의 가치에 비하여 육체적인 외모의 가치를 더 높게 보지 않는다. 하지만 인간의 육체는 하나님에 의해 고안되고 만들어진 그분의 걸작품이다.

그런 측면에서 신부의 아름다운 육체에 대한 신랑의 칭송이든, 여기 사랑에 잠긴 신부가 신랑의 늠름하고 잘 생긴 육체를 크게 기뻐하고 자랑하면서 여러 적절한 비유를 사용해 아름답게 묘사하고 있는 것은 결코 탓할 바가 아니다. 그 나름대로 충분한 가치와 의미가 있다. 물론, 성경은 육체적 외모를 영원한 것으로 보지 않는다. 그것은 세월의 흐름과 함께 점차 시들어가고(잠 31:30), 나중에 하나님께 평가받는 것은 육체적 외모가 아니라 내적 영혼의 경건한 품성뿐이다(벧전 3:3-6).

한편, 본문에서 주목을 끄는 것은 맨 마지막 구절에서 신부가 신랑을 '나의 친구'라고 부르고 있다는 점이다(16절). 여기서 친구(히, 레아)는 말 그대로 우정으로 맺어진 가까운 벗이다. 따라서 이 표현은 술람미 여인과 솔로몬 왕의 관계가 부부 사이이기도 하지만 서로 오랫동안 가깝게 사귄 벗의 관계이기도 하여, 두 사람이 서로 돕고 의지하고 희생할 수 있는 우정의 관계로까지 성숙해졌음을 보여준다.

6
사랑의 회복

그대 어디서 찾아야 하나요
그대는 나의 것, 나는 그대의 것
그대는 백합화 활짝 핀 동산에서
양 떼를 치고 있나요

(무리의 노래, 신랑을 찾아 자신의 말을 전해달라는 신부의 부탁을 듣고, 예루살렘의 아가씨들이 그에 화답하는 노래를 부른다. 무대는 예루살렘 거리이며, 여전히 꿈속 장면이다.) (1) 그대, 여인들 가운데서 가장 어여쁜 여인아! 그대의 임이 어디로 갔나요? 그대의 사랑하는 임이 어디로 갔는지, 우리 함께 그대의 임을 찾아보아요.

떠나간 임을 찾아 예루살렘 성읍의 사방 거리들을 헤매던 신부는 예루살렘 아가씨들을 만나 도움을 청했고(5:8), 예루살렘 아가씨들은 그토록 애써 찾고 있는 그 임이 어떤 남자인지를 물었다(5:9). 이에 신부가 자기 신랑의 특징에 관해 상세하게 일러주자(5:10-16), 그 말을 듣고 예루살렘 아가씨들이 크게 호응하면서 함께 그 임을 찾아보자고 하면서 기꺼이 도움을 주는 광경이다. 그렇게 신부와 예루살렘 아가씨들이 성읍 여기저기를 돌아다니며 부지런히 신랑을 찾아다니는 모습과 함께 신부의 꿈속 장면이 마무리되고, 극의 전환도 종료된다.

■ **극의 절정 및 대단원: 사랑의 성숙 (6:2-8:14)**

아가서란 극시에서, 극의 발단(1:2-3:5)과 진전(3:6-5:1), 그리고 극의 위기(5:2-6:1)를 거쳐 이제 극의 정절과 더불어 극을 마무리할 시점에 이르렀다. 아가서의 절정(絶頂, 클라이맥스) 및 대단원(大團圓, 피날레)은 이러하다(6:2-8:14).

❶ 마침내 신부는 양떼의 무리 가운데서 신랑을 만나고(6:2-3), 신랑은 각양 아름다운 비유를 사용하여 신부를 칭송하면서 그녀에게 변함없는 사랑을 재차 확인시켜 준다. 이에 신부와 예루살렘 아가씨들이 호응하고, 신랑도 화답한다(6:4-7:9a).

❷ 그러자 신부는 신랑에 대한 뜨거운 사랑을 고백하면서, 신랑에게 자신의 고향집으로 함께 내려갈 것을 간청한다(7:9b-8:4). 그래서 마침내 신부는 신랑과 함께 고향 집으로 내려가고, 그러는 사이에 두 사람의 사랑은 죽음보다 강할 정도로 깊어져 간다(8:5-7).

❸ 신랑 신부가 신부의 고향 집에 다다르자, 술람미 여인의 오라비들은 어릴 적의 여동생을 기억하면서 그녀를 기꺼이 맞이한다(8:8-9). 그러자 이제 왕비가 된 술람미 여인은 이후로는 자신이 오라비들을 돌봐줄 것을 다짐한다(8:10-12). 아마도 이때 신랑 솔로몬 왕은 그토록 사랑스러운 신부를 잘 보살펴준 대가로 신부의 오라비들에게 풍성한 포상금을 지불한 것 같고, 이 일 후에 신랑은 어떤 바쁜 일로 신부를 잠시 떠나간 듯하다. 그리하여 멀리 떨어져 있는 신랑은 어서 빨리 신부의 목소리 듣기를 간절히 소원하는 노래를 부르고(8:13), 신부 역시 한시라도 빨리 신랑이 자신에게로 와주기를 노래하는 가운데(8:14), 아가서의 대단원의 막이 서서히 내려간다.

❶ 신부와 신랑의 만남, 그리고 신부를 칭송하는 신랑의 노래 (6:4-7:9a)

(신부의 노래, 심란한 꿈에서 깨어난 신부는 신랑을 더욱 그리워하며 애절한 노래를 부른다. 무대는 예루살렘 궁궐의 왕비 처소다.) (2-3) 내가 사랑하는 내 임은 분명 자기 동산으로 내려갔을 거예요. 향기 가득한 자기 동산의 꽃밭에 내려가서, 자기 양떼를 돌보며 외로이 백합화를 꺾어 모으고 있을 거예요. 오, 나는 내 임의 것, 내 임은 나의 것! 내 임은 백합화 활짝 핀 그 동산에서 지금 양떼를 치고 있을 거예요.

심란한 꿈에서 깨어난 신부는 꿈속에서 신랑이 자신이 싫거나 미워서 떠나간 것이 아니라고 굳게 믿는다. 왜냐하면 지금쯤 신랑은 향기 가득한 자신의 꽃밭 동산에 내려가서 자기 양떼를 돌보고 있을 게 분명할 것이기 때문이다. 이는 궁궐을 떠나 젖과 꿀이 흐르는 아름다운 영토 이스라엘(동산)을 돌아다니면서, 왕(목자)으로서 자기 백성(양떼)을 부지런히 살피며 돌보는 국사(國事)에 전념하고 있을 것이라는 표현이다.

그런데 그런 왕이 양 떼를 돌보면서 '외로이 백합화를 꺾어 모으고 있다'는 표현이 흥미롭다. 아마도 왕이 술람미 여인과 떨어져 있는 외로움을 백합화를 꺾어 모으며 달래고 있다는 표현인 듯하다. 이는 부지런히 국사를 돌보는 한편으로, 또 다른 소일거리를 찾아 시간을 보내면서 신부(술람미 여인)와 떨어져 지내는 적적한 마음을 달래고 있다는 표현인 듯하다.

(신랑의 노래, 신랑을 애달프게 그리워하는 신부의 노래가 신랑에게 전달되었던 것일까? 신랑은 첫날밤에 불러준 사랑의 세레나데를 다시금 불러주며, 신부에 대한 사랑이 조금도 변함없이 확고하다는 사실을 확인시켜준다.) (4-7) 아, 내 사랑이여! 그대는 디르사처럼 아름답고,

예루살렘처럼 곱기도 하여라. 깃발을 높이 세운 군대처럼 장엄한 기품이 있구려. 나를 바라보는 그대의 눈길, 그 눈부신 눈길이 나를 온통 사로잡고 있으니 그 눈길을 내게서 돌려주오. 그대의 머리카락은 길르앗 비탈을 힘차게 달려 내려오는 염소 떼처럼 그대 어깨 위에서 춤을 추는구려. 그대의 이는 털을 깎으려고 방금 목욕하고 나온 암양 떼처럼 하얀데, 아래위가 저마다 짝을 이루어 하나도 빠지거나 어긋남 없이 가지런하고, 너울 속의 그대 두 뺨은 어쩌나 불그스레한지, 쪼개놓은 석류 한 쪽 같구려.

신랑은 신부의 곱고 아름다움을 '디르사'와 '예루살렘'에 비유하였다. 디르사(Tirzah)는 후일에 오므리 왕이 사마리아에 수도를 정하기 직전까지 북왕국 이스라엘의 수도였던 곳으로, 이스라엘 전역에서 아름답기로 유명했다. 그리고 시온산 위에 하나님의 성전이 세워진 예루살렘(Jerusalem)이야 그 빼어난 아름다움에 대해서는 더 말할 나위 없다.

또한 신랑은 신부의 기품을 '군대 깃발'에 비유하여 칭송하고 있다. 전쟁에서 승리한 군대가 각 부대마다 깃발을 높이 앞세우고 당당하게 개선하는 광경, 그것처럼 기품 있는 모습이 세상에 또 어디 있으랴!

이어 신랑은 자신을 완전히 사로잡고 있는 신부의 눈부신 눈길을 강조한다. 그 눈길이 비둘기처럼 너무나 사랑스럽고 순결한 빛으로 가득 차서 눈부시므로, 사랑의 감정이 벅차올라 도무지 마주 바라볼 수 없으니, 그 눈길을 자신에게서 돌려달라고 말한다. 그런 뒤 신랑은 첫날밤에 신부를 칭송했던 사랑의 노래(4:1-3), 곧 길르앗 비탈의 염소 떼, 털을 깎으려고 방금 목욕을 끝낸 암양 떼, 쪼개놓은 석류 한 쪽 등의 비유를 들어, 신부를 향한 사랑의 세레나데를 다시금 감미롭게 부른다. 이는 첫날밤의 그 뜨거운 사랑이 지금도 여전히 식지 않고 변치 않았음을 확인시켜 주는 노래다.

(신랑의 노래, 신부를 향해 계속 부르는 솔로몬 왕의 노래다.) (8-9) 나에게는 왕비가 60명이요, 후궁이 80명이며, 궁녀들 또한 무수히 많지만, 나의 비둘기, 나의 온전한 사랑은 오직 하나, 바로 그대뿐이라오. 그대는 자기 어머니의 외동딸, 그대를 낳은 어머니가 가장 귀히 여기고 가장 사랑하는 어여쁜 딸이라오. 그러하니 여인들마다 그대를 보고 "참으로 복 있다!" 하고 부러워하고, 왕비들과 후궁들도 그대에 대한 칭찬을 아끼지 않는구려.

넓은 국토와 강력한 군대를 가진 부국강병의 이스라엘 왕 솔로몬에게는 많은 왕비와 후궁과 궁녀들이 있었다. 정치적, 외교적 목적으로 결혼관계를 맺은 정략결혼의 산물이다. 그래서 전성기에 솔로몬 왕에게는 왕비 700명과 후궁 300명이 있었는데(왕상 11:3), 술람미 여인을 왕비로 취한 당시에는 그보다 한창 이른 시기로, 왕비 60명과 후궁 80명, 그리고 수많은 궁녀들이 있었다.

여기서 '왕비'는 왕의 정식 아내를, '후궁'은 왕의 사랑을 받아 자녀를 낳은 첩을, 그리고 '궁녀'는 궁궐에서 왕을 모시는 일반 시녀들을 가리킨다. 이렇게 많은 왕의 여자들 중에서 술람미 여인은 솔로몬 왕에게 아주 특별한 존재였다. 사랑 없이 그저 정략결혼으로 취한 왕비가 아니라, 청춘의 심장이 뛰는 뜨거운 사랑의 가슴으로 취한 여인이었기 때문이다.

이처럼 술람미 여인이 아무런 혈통과 가문의 뒷배 없이 이렇게 순전한 사랑으로 왕의 관심을 한 몸에 받는 여인이라면, 일반적으로 다른 왕비들과 후궁들의 시샘과 모함을 받을 만도 한데, 도리어 그 모든 왕의 여자들로부터 칭찬을 듣고 있다는 사실은 술람미 여인의 성품이 아주 선하고 겸손하며 착하다는 점을 보여준다.

(무리의 노래, 신부를 칭송하는 솔로몬 왕의 노래에 호응하여 예루살렘의 아가씨들이 노래한다.) (10) 오, 이 여인이 누구인가? 그녀는 새벽별

처럼 찬란하고, 보름달처럼 아름다우며, 해처럼 눈부시고, 깃발을 높이 세운 군대처럼 장엄하고 기품 있구나.

앞서 신랑인 솔로몬 왕은 신부인 술람미 여인을 향하여 "디르사처럼 아름답고, 예루살렘처럼 고우며, 깃발을 높이 세운 군대처럼 장엄한 기품이 있다"라고 칭송했다(4절). 이에 호응하여, 예루살렘 아가씨들은 한 걸음 더 나아가 새벽별, 보름달, 해(태양)를 추가하여 신부의 찬란함, 아름다움, 눈부심을 노래하고 있다.

특히 예루살렘 아가씨들은 왕의 노래를 그대로 따서 신부에게는 '깃발을 높이 세운 군대처럼' 장엄한 기품이 있다는 말을 반복하고 있는데, 이는 술람미 여인이 자칫 가문과 혈통의 뒷배 없는 시골 여인이기에 그녀를 얕잡아볼 수도 있는 모든 이들의 시선을 완전히 봉쇄하는 노래다. 그녀의 출신 배경이야 어찌되었건, 이제는 솔로몬 왕에게 특별한 사랑을 받는 왕비로서 당당한 기품을 지니고 있으므로, 누구도 그녀를 얕잡아보지 말라는 노래다.

(신부의 노래, 신랑의 사랑 노래를 전해 들은 술람미 여인은 신랑을 향한 애틋한 그리움에 별궁 처소를 나와 신랑이 있는 동산으로 내려간다.) (11-12) 나는 이제 동산으로 내려갔네. 골짜기에 새로 돋아난 초목을 살피려고 동산으로 내려갔네. 포도나무에 새 싹이 돋았는지, 석류나무에 꽃이 피었는지 알아보려고 동산의 호두나무 숲으로 내려갔다네. 그때에 나는, 나도 모르게 내 사랑이 그리워 내 마음이 이끄는 대로 내 귀한 백성들의 수레 가운데 이르렀다네.

신랑의 사랑 노래를 전해 들은 신부는 더는 왕궁 별궁에만 그대로 머물러 있을 수 없었다. 신랑을 향한 그리움에 마구 뛰는 가슴을 진정시킬 수 없었기 때문이다. 그래서 그녀는 자신도 동산의 사정을 살핀다는 핑계로, 곧 동산 골짜기에는 새로운 초목들이 돋아났는지, 포도나무에는 새 싹이 돋고, 석류나무에는 꽃이 피었는지 살펴보려고 동산의 호두나무 숲으로 내려갔다. 이는 나라의 이런저런 형편과 사정을 알아본다는 의미다.

그러나 그런 일은 왕비가 아니라 왕이 하는 일이다. 왕비인 술람미 여인은 그런 핑계를 대고 궁궐을 나왔지만, 실제로 마음은 온통 왕에게로 향해 있었다. 그래서 그녀는 자신도 모르는 사이에 마음이 이끄는 대로 사랑하는 임이 있는 수레, 귀한 백성들의 호위를 받고 있는 왕의 수레 가운데로 향했다. 꿈에도 그리던 임을 직접 만나보기 위해서였다.

그 결과, 의심할 바 없이 신랑과 신부의 반가운 만남은 잠시 동안이라도 이루어졌을 것이다. 둘이 부른 사랑의 노래가 결국 사랑의 만남으로 아름답게 승화되었던 것이다. 그리고 이때에 신부는 신랑에게 언제 시간을 내어 자신의 고향집이 있는 술람미 마을로 함께 내려가자고 다정하게 부탁한 듯하다.

> (무리의 노래, 예루살렘 아가씨들이 궁궐을 떠나 있는 술람미 여인이 보고 싶어 어서 돌아오라고 노래 부르는 장면이다.) (13a) 돌아오세요, 돌아오세요, 술람미 여인이여! 돌아오세요, 돌아오세요, 우리가 그대의 모습을 볼 수 있도록 어서 돌아오세요.

술람미 여인이 신랑을 찾아 궁궐을 떠나자, 궁궐은 아무도 살고 있지 않은 듯 쓸쓸해졌고 궁궐 여인들의 마음은 허전해졌다. 평소에 그녀의 보살핌이 자상했고 따스했기 때문이다. 그래서 예루살렘 아가씨들은 궁궐을 떠나 있는 술람미 여인을 향하여 그대의 모습이 보고 싶으니, 임을 만났으면 이제는 어서 궁궐로 돌아오라고 노래 부른다.

한편, '술람미'는 이스라엘 북쪽의 갈멜산에서 동남쪽으로 대략 26km 떨어진 곳에 위치한 시골 마을인데, 통상 이곳은 '수넴'과 동일 지역으로 여겨진다. 솔로몬 당시에 잇사갈 지파의 경내에 있었다(수 19:18).

(신랑의 노래, 어서 궁궐로 돌아오라는 예루살렘 아가씨들의 노래에 대한 신랑의 반응이다.) (13b) 그대들은 어찌하여 마하나임 사람들의 춤을 보려는 듯 술람미 여인의 춤추는 모습을 보려고 하느냐.

당시에 '마하나임'은 춤을 잘 추는 성읍으로 널리 알려져 있었다. 일전에 솔로몬 왕의 결혼잔치에 참석했던 왕의 친구들과 비빈(妃嬪)들과 궁녀들은 축하연에서 왕이 새로 맞아들이는 술람미 여인의 춤을 보았던 듯하고, 그들은 그녀의 춤에 반했다. 일정한 틀에 박힌 귀족 여인들의 춤과는 전혀 다른, 고정 틀을 벗어난 시골 특유의 원시적이고 야생적인 매력을 가진 춤이었기 때문이다.

실제로 결혼식을 축하하는 피로연에는 맛있는 음식과 함께 언제나 음악과 춤이 있었다. 춤은 단연 그날의 주인공인 신부가 추는 춤이 가장 인기가 있었기에, 사람들은 신부가 추는 춤을 한껏 기대했고 온통 관심을 집중하곤 했다. 이제 솔로몬 왕은 술람미 여인을 향하여 어서 돌아오라고 독촉하는 예루살렘 아가씨들과 궁궐 사람들을 향하여, 그들이 마치 마하나임 사람들처럼 춤을 잘 추는 술람미 여인의 춤 솜씨를 다시금 보고 싶어서 어서 돌아오라고 독촉하느냐고 말하고 있는 것이다.

한편, '마하나임'(Mahanaim)은 '두 진영' 혹은 '하나님의 군대'란 뜻인데, 일찍이 야곱이 이곳에서 두 진영으로 이루어진 하나님의 군대를 만난 데서 유래한 명칭이다. 요단강 동쪽에 위치한 성읍으로, 갓 지파와 므낫세 반(半) 지파의 접경지대인 얍복강 인근에 위치하고 있다.

7

사랑의 성숙

우리 함께 들로 나가
시골 마을에서 밤을 보내요
아침 일찍 포도원으로 가서
석류꽃이 피었는지 살펴봐요

(무리의 노래, 신랑의 노래에 응답하여 예루살렘의 아가씨들이 부르는 노래다.) (1-5) 아, 그대 귀한 집안의 딸이여! 신발 신은 그대의 발이 어찌 그리도 아름다운고! 그대의 둥근 넓적다리는 숙련공의 손이 공들여 만든 보석처럼 우아하네요. 그대의 배꼽은 섞은 포도주를 가득 부은 둥그런 술잔 같고, 그대의 허리는 백합화로 빙 둘러 감싼 곡식단 같네요. 그대의 두 젖가슴은 암사슴의 쌍둥이 새끼 같고, 그대의 목은 상아로 만든 망대 같고, 그대의 두 눈은 바드랍빔 성문 곁에 있는 헤스본 연못 같으며, 그대의 코는 다메섹 쪽을 향한 레바논의 망대 같네요. 그대의 머리는 갈멜산처럼 우뚝 솟아 있고, 그대의 땋아 내린 머리털은 자줏빛 융단 같아서 임금님마저도 그 매력에 흠뻑 빠져버렸답니다.

바로 직전에, 신랑은 궁궐을 떠나 있는 술람미 여인을 향하여 어서 궁궐로 돌아오라고 독촉한 예루살렘 아가씨들에 대하여(6:13a), 술람미 여인의 춤추는 모습이 보고 싶어서 그러느냐고 물은 바 있었다(6:13b). 이 물음에 대해, 결혼식 축하연에 참석해서 신부(술람미 여인)의 춤추는 모습을 본 신랑의 친구들, 궁궐의 비빈과 궁녀들, 그리고 예루살렘 백성들, 그 모두를 대표해서 예루살렘 아가씨들이 춤추는 신부의 아름답고 황홀한 모습을 묘사하고 있는 부분이다.

결혼식 첫날밤에 신부의 아름다운 육체를 칭송한 신랑의 노래에 못지않게, 여기서도 신부의 육체적 아름다움이 각종 비유들로써 잘 묘사되어 있다. 첫날밤에 부른 신랑의 노래에서는 신부의 눈, 머리털, 이, 입술, 입, 뺨(볼), 목, 젖가슴(유방) 등이 노래의 대상이었다(4:1-5). 주로 신부의 상체에 관한 것들인데, 이는 너울을 쓴 채 신랑 앞에 다소곳이 앉아 있는 신부의 모습을 보고 노래했기 때문이다.

하지만 여기서 노래의 대상은 더욱 확장되었다. 신부의 발, 넓적다리, 배꼽, 허리, 유방(젖가슴), 목, 눈, 코, 머리, 머리털 등이 노래 대상이 되어, 각양각색의 알맞고 적절한 비유들로 한껏 칭송되고 있다. 이는 결혼식 축하연 때에 자리에서 일어나 무대 위에서 춤추는 신부(술람미 여인)의 모습을 보고 노래한 것이기 때문이다.

그렇다면 왜 성경의 아가서는 여인의 육체적인 외모를 칭송하면서 그것들을 자세히 묘사하고 있는 것일까? 그것은 결코 육체적 외모를 과대평가하거나 성적(性的) 대상으로 보았기 때문이 아니다. 히브리인들의 일반적인 관념상, 외적인 아름다움은 곧 내적인 아름다움을 표출하고 있는 것으로 간주되었다. 그런 측면에서, 그녀에 대한 외적인 아름다운 육체에 대한 찬사는 곧 내적인 선하고 아름다운 품성에 대한 찬사이기도 한 것이다. 달리 말하면, 육체적인 외모만 예쁘고 내적인 품성이 곱지 못하다면, 그녀는 결코 아름답다고 평가받지 못했던 것이다.

(신랑의 노래, 자신의 신부를 한껏 칭송하는 예루살렘 아가씨들의

노래에 호응하여, 신랑도 참지 못하고 자기 신부의 아름다움을 한껏 자랑하는 장면이다.) (6-9a) 오 내 사랑아, 그대는 어찌 그리 아름다운고! 내 사랑 그대는 어찌 그리 매력 넘치는지, 나를 참으로 기쁘게 하는구려. 그대의 키는 종려나무처럼 크고 늘씬하며, 그대의 젖가슴은 종려나무 열매처럼 풍성하고 탐스럽구려. 그래서 내가 말하기를 "내가 그 종려나무에 올라가, 가지를 휘어잡고 그 열매를 취하리라!" 하였다오. 정녕 그대의 젖가슴은 포도송이처럼 탱탱하고, 그대의 숨결마다 향긋한 사과 내음이 풍기며, 그대의 입술은 가장 맛좋은 포도주처럼 달콤하구려.

자신의 신부를 칭송하는 예루살렘 아가씨들의 노래에 신랑은 한껏 마음이 부풀었다. 그래서 신랑은 마치 첫날밤의 잠자리를 자랑하는 듯한 노래를 부른다. 그토록 아름답고 매력 넘치는 그 여인을 자신의 품에 안고 그 열매를 마음껏 취했노라고, 또한 앞으로도 취하리라고 자랑한 것이다.

그런 맥락에서 신랑은 자기 신부를 '종려나무와 그 열매'에 비유하여, 종려나무에 올라가 그 열매를 취하였고 또 취하겠노라고 말하고 있다. 또한 젖가슴(유방)을 탱탱한 포도송이, 내뿜는 숨결을 사과 내음, 입술을 가장 맛좋은 포도주에 비유하여, 아름다운 신부를 취한 신랑의 자랑과 기쁨을 숨김없이 표출하였다.

한편, 종려나무는 종려(棕櫚, palm) 과(科)에 속하는 상록교목으로, 열대나 아열대 기후에서 자라는 나무다. 높이는 3-7m가량 되고, 가지와 잎이 무성하여 아름답다. 암수 그루가 따로 있으며, 열매 맺기까지는 대략 40년이 걸리고, 150년 동안이나 결실할 수 있는 장수목이다. 열매는 먹을 수 있고, 나무는 건축용, 그물, 돗자리, 광주리 제작 등에 쓰이며, 잎사귀는 초막절에 초막을 짓는 데 사용된다(느 8:15). 성경에서 종려는 번영(시 92:12)과 아름다움(아 7:7-8)을 상징하며, 승리의 표상이다(요

12:13; 계 7:9).

(신부의 노래, 신랑의 노래에 화답하여 떨리는 가슴으로 감미롭게 부른다.) (9b) 이 포도주가 내 사랑하는 임에게로 흘러가서, 그 입술과 이 사이로 부드럽고 미끄럽게 흘러 들어가기를!

신랑은 신부의 입술이 가장 맛좋은 포도주처럼 달콤하다고 노래하였다(9절a), 이에 신부가 떨리는 가슴으로 화답하는 장면이다. 즉, 신부는 그 포도주를 사랑하는 신랑에게 드린다고 답한 것이다. 따라서 여기 '부드럽고 미끄럽게 흘러 들어가는 포도주'는 서로 입술을 맞대어 키스할 때 느끼는 사랑의 달콤한 맛을 가리키는 표현이다.

❷ 신부 신랑의 고향집 여행, 그리고 사랑이 익어가는 장면 (7:9b-8:7)

(신부의 노래, 달콤한 사랑의 노래를 주고받은 후 신부는 신랑에게 속삭이듯 부탁한다. 둘이 함께 자신의 고향집으로 내려가서 둘만의 달콤한 시간을 보내자고.) (10-13) 나는 내 사랑하는 임의 것, 내 사랑하는 임이 그토록 그리워하시는 사람은 나, 그러니 내 사랑 내 임이여, 우리 함께 들로 나가요. 거기 시골 마을에서 우리 함께 밤을 보내요. 그리고 아침 일찍 일어나 포도원으로 함께 가요. 포도 싹이 돋았는지, 꽃망울이 터졌는지, 석류꽃이 피어났는지 함께 살펴보아요. 거기에서 내 사랑을 임에게 드리겠어요. 임이여, 합환채가 향기를 내뿜네요. 우리 집 문 앞에는 온갖 탐스러운 열매들이 주렁주렁 열려 있어요. 내 사랑하는 임이여, 햇과일이며 묵은 과일까지 내가 임을 위해 모두를 고이 간직해두었답니다.

신부는 신랑과 첫사랑의 뜨거운 만남이 이루어졌던 곳, 자신의 고향집이 있는 술람미 마을로 둘이 함께 내려가서, 왕의 포도원도 살피고 돌볼 겸 둘만의 달콤한 시간들을 갖자고 속삭인다. 시골 마을의 조용하고 고즈넉한 들로 나가서 사랑의 밀어를 마음껏 나눈 후에 누구의 간섭도 없이 사랑의 밤들을 마음껏 보내자고 말한다. 또한 그런 사랑의 밤들을 보내기 위해 신부는 만반의 준비를 갖추겠노라고 말한다. 온갖 탐스런 과일들을 갖추어놓을 뿐만 아니라, 햇과일과 묵은 과일까지 취향에 따라 드시도록 고운 손길로 준비해두겠노라고 말한다. 그중에서도 특히 눈길을 끄는 것은 '합환채가 향기를 내뿜는다'는 말이다(13절).

합환채(合歡菜, mandrake)는 고대 중근동 사람들에게 '사랑의 열매'로 알려져 있는 가지 과(科)의 다년생 식물인데, 유대 사회에서는 최음제의 효과가 있어 수태력(受胎力) 증진에 도움을 준다고 믿었다. 아마도 이 식물의 뿌리가 사람의 하체 모양을 닮은 데서 이런 속설이 생긴 듯하다. 그래서 일찍이 야곱의 아내들인 레아와 라헬이 야곱의 사랑을 차지하여 자녀를 생산하기 위해 서로 시샘할 때에 이 식물을 주고받기도 했다(창 30:14-17).

8
사랑의 완성

내 사랑 그대, 어서 오세요
향기 가득한 산에서 뛰노는
날랜 노루처럼 젊은 사슴처럼
빨리 달려와 주세요

(신부의 노래, 고향집이 있는 시골 마을에서 신랑과 더불어 마음껏 사랑을 나누고 싶어 하는 신부의 마음이 담긴 노래다.) (1-4) 아, 임이여! 임께서 나의 오라버니였더라면, 내 어머니의 젖을 함께 먹고 자란 내 오라버니였더라면 참으로 좋았으련만! 그랬더라면, 내가 밖에서 임을 만나 입을 맞추어도 나를 비웃고 나를 향해 손가락질하는 사람이 아무도 없었을 텐데! 그랬더라면, 내가 임을 이끌고 날 기르시던 내 어머니의 집으로 모셔 들인 후에 임에게서 가르침을 받고, 나는 임에게 향기로운 술 곧 석류로 담근 향긋한 술을 내 임께 따라 드리련만! 그러면 임께서는 왼팔로 팔베개를 하여 내 머리를 뉘시고, 오른팔로는 나를 감싸 꼬옥 안아주시겠지요. 예루살렘 아가씨들아, 너희에게 부탁한다. 우리가 스스로 원하기 전까지는, 우리가 마음껏 사랑하도록 우리 사랑을 방해하지 말아다오. 우리를 흔들어 깨우지 말아다오.

신랑과 신부는 왕과 왕비로서 궁궐에서 사랑을 나누기도 했지만,

그 사랑에는 온갖 궁중 격식들이 뒤따랐고, 지켜보는 눈들도 아주 많았다. 왕실에는 화려한 침대, 시중드는 여인들, 맛있는 음식, 좋은 옷, 높은 신분 등이 있었지만, 마음 편한 자유로운 사랑은 없었다. 조금이라도 궁중 격식에 어긋나는 사랑의 행동을 하면 여지없이 사람들의 비웃음과 손가락질이 뒤따랐다.

그래서 신부는 차라리 신랑이 왕이 아니고 함께 어머니의 젖을 먹고 자란 고향집의 오라비였기를 바라고 있다. 그랬더라면, 다른 사람들의 눈치를 보지 않고 들판으로 나가서 자유롭게 뺨에 입술도 맞출 수 있었겠다고 말한다. 당시의 문화에서, 밖에서 남녀가 뺨에 입 맞추는 행위는 친밀한 가족관계를 제외하고는 사회적으로 금해야 할 부적절한 행위로 간주되었기 때문이다.

뿐이랴! 그랬더라면, 또한 집안에 둘이 앉아 지혜 많은 신랑에게서 가르침도 받고, 향긋한 석류주(酒)를 신랑에게 따르면서 함께 나누어 마시고, 술에 취한 듯 사랑에 취한 듯 이불 위에 함께 누워 신랑의 왼팔을 팔베개 삼고 오른팔을 이불 삼아 꿈결 같은 달콤한 사랑을 나눌 수 있었을 것이라고 노래한다.

그러면서 신부는 정말로 그런 사랑을 나누고 있는 것처럼, 예루살렘 아가씨들을 향해 둘이 실컷 사랑을 나누고 스스로 일어나기 전까지는 절대로 둘을 흔들어 깨워 그 꿈결 같은 달콤한 사랑을 방해하지 말아달라고 부탁한다. 모든 궁중 격식을 훨훨 벗어나, 그런 자유로운 둘만의 사랑을 나누고 싶었던 신부는 사랑을 마음껏 펼칠 수 있는 술람미 마을 고향집으로 함께 내려가자고 신랑에게 속삭이듯 부탁한 것이다. 궁궐을 빠져나와 신랑을 만났을 때 그런 부탁을 한 듯하다(6:11-12).

(무리의 노래, 마침내 신랑과 함께 시골집으로 내려오는 신부의 수레 가마를 보고 술람미 마을의 사람들이 다 함께 나와 둘을 환영하며

기쁨의 노래를 부른다.) (5a) 보라, 사랑하는 임에게 바싹 기댄 채 저 거친 들판에서 이리로 힘차게 내려오는 저기 저 여인은 누구인가요?

'거친 들판에서 올라오는 여인'이란 표현은 앞에서도 이미 있었다(3:6). 하지만 상황은 다르다. 앞에서는 결혼식을 위해 술람미 마을에서 예루살렘 왕궁으로 올라가는 신부 곧 왕이 보낸 수레 가마를 탄 신부를 가리키는 말이고, 여기서는 결혼식을 올리고 세월이 흐른 뒤에 신랑 곧 '사랑하는 임'과 함께 예루살렘 왕궁에서부터 자신을 낳은 어머니가 있는 고향집 술람미 마을로 내려가는 수레 가마를 탄 신부를 가리킨다.

한편, '거친 들판'은 예루살렘 왕궁에서 술람미 마을로 향하는 먼 여정의 도상에 있는 황량한 들판이다. 예루살렘에서 술람미까지는 직선 거리로 대략 100km 되고, 수레 가마로 2~3일가량 걸리는 여정이었다.

(신랑의 노래, 신부와 함께 술람미 마을에 도착한 신랑이 그곳 신부의 시골집에서 술람미 여인과 나눈 경험을 회상하며 부르는 노래다.) (5b) 여기 사과나무 아래에서 깊이 잠든 그대를 내가 흔들어 깨웠지요. 그대의 어머니께서 여기서 산고를 겪으시고, 여기서 그대를 낳으셨지요.

신부와 함께 신부의 고향집에 도착한 신랑은 마당에 있는 사과나무를 보았다. 그러자 문득 옛적 일이 생각났다. 한창 불타는 연애를 나누던 그 시절, 신랑은 신부의 집을 종종 찾아갔을 터인데, 언젠가 한번 찾아갔을 때는 그 사과나무 아래에서 잠들어 있는 술람미 여인을 보고는 조금 놀라게 하면서 흔들어 깨웠던 일이 있었다. 신랑은 그때의 일을 다정스레 말하면서, 그 신부의 고향집이 사랑하는 자기 신부를 낳기 위해 신부의 어머니가 산고를 겪은 그 장소임을 떠올렸던 것이다.

(신부의 노래, 신랑과 함께 꿈에도 그리던 고향집을 찾아온 신부는

둘만의 사랑이 지금처럼 영원토록 뜨겁게 지속되기를 바라며 노래한다.) (6-7) 임이여, 도장 새기듯 임의 마음에 나를 새겨주세요. 도장처럼, 임의 팔에 나를 새겨두세요. 사랑은 죽음처럼 강한 것, 사랑의 질투는 무덤처럼 잔인하여 맹렬한 불길마냥 거세게 활활 타오르죠. 이 거센 사랑의 불길은 세상의 그 무엇으로도 끌 수 없답니다. 많은 물로도 끌 수 없고, 홍수가 나더라도 이 사랑의 불길을 도무지 덮어 끌 수 없답니다. 누군가 자신의 전 재산을 몽땅 주고서라도 이 사랑과 감히 바꾸려 한다면, 그는 도리어 비웃음만 당하고 말겠지요.

도장(히, 호탐)은 구약시대에 주로 반지 형식으로 만들어 손가락에 끼고 다녔다. 또는 목석(木石)이나 금속에 이름을 새겨 목에 달아매고 다니거나 팔목에 묶고 다녔다. 이는 재산의 소유권이라든지 사람의 직위나 권세를 나타내는 인감 표시였다. 따라서 신부가 마치 도장을 새기듯이 자신을 임의 마음이나 팔에 새겨달라는 말은 임께서 자신을 소중하게 여겨 항상 돌보고 사랑해달라는 의미가 깃들어 있다.

그러면서 신부는 사랑의 힘과 질투와 가치에 대해 노래한다. 먼저, 사랑의 힘은 '죽음처럼' 강하다. 세상에서 죽음을 이길 수 있는 사람은 아무도 없다. 온 천하를 호령하는 무소불위의 제왕이나 백전백승의 강력한 용사라 할지라도 죽음을 이기지 못한다. 사랑은 이처럼 그 누구도 감히 꺾을 수 없는 죽음처럼 강력한 힘을 소유하고 있다는 것이다.

사랑의 질투는 또 어떠한가? 그것은 모든 것을 인정사정없이 몽땅 삼키는 잔인한 무덤(히, 스올) 같아서, 그토록 거세게 타오르는 불길을 끌 수 있는 것이라곤 아무것도 없다. 아무리 많은 물을 쏟아부어도, 설혹 홍수가 일어난다 해도, 질투의 잔인하고 맹렬한 불길은 끌 수 없다. 죽음 같은 사랑의 강력한 힘과 더불어 무덤 같은 질투의 맹렬한 힘이 아닐 수 없다. 마치 양날의 검처럼 사랑은 참으로 강력하고도 맹렬한 것이다. 뜨겁고도 차가운 것이다. 사랑할 땐 모든 것을 아낌없이 내주다가도, 질투할 땐 모든 것을 잔인하게 다 빼앗아버리는 것이다.

그럴지라도 사랑은 무한한 가치를 지니고 있다. 세상에서 돈이면 거의 모든 것을 살 수 있지만, 아무리 많은 돈을 지불할지라도 사랑의 값을 계산하기에는 어림 반 푼어치도 없다. 이 같은 사랑의 무한한 가치를 모른 채, 누군가가 자신의 전 재산이면 가능할 줄 알고 그것을 몽땅 싸들고 와서 사랑을 사겠노라고 말한다면, 그자는 사랑 대신에 비웃음만을 사게 될 것이다. 사랑의 가치를 한참 과소평가했기 때문이다.

이제 신부는 자신의 고향집에 함께 내려온 신랑을 앞에 두고, 이 같은 사랑의 힘과 질투와 가치를 힘차게 노래하면서, 아무리 세월이 흐르고 흘러도 둘의 사랑은 영원토록 변치 말자고 굳게 서약하며 다짐한다. 마치 삼국지의 도원결의처럼, 둘의 뜨거운 만남이 이루어졌던 술람미 마을의 고향집 사과나무 아래에서(5절b) 신부와 신랑은 사랑의 결의를 새로이 다짐한 것이다.

❸ 술람미 여인의 오라비들, 그리고 신랑 신부의 그리움 (8:8-14)

(무리의 노래, 신부의 오라비들이 어릴 적의 여동생을 생각하며 그때 자신들이 한 말을 노래 부른다.) (8-9) 우리에게 있는 어린 누이는 아직 젖가슴도 부풀지 않았는데, 그녀가 누군가에게 청혼이라도 받게 된다면, 우리는 어린 누이를 위해 무엇을 해야 하나? 누이가 성벽이라면, 우리는 누이를 위해 은으로 망루를 쌓아 올려주리라! 누이가 대문이라면, 우리는 누이를 위해 백향목 판자로 둘러주리라!

신랑과 함께한 신부의 고향집 방문은 신부의 오라비들에게도 큰 기쁨과 보람의 순간이었다. 신부의 오라비들에게 있어 신부(술람미 여인)는 언제나 알뜰히 돌보고 보살펴주어야 할 예쁘고 사랑스러운 존재였다. 정말로 오라비들은 그녀가 젖가슴도 부풀지 않았던 어린 소녀 시절에 그렇게 잘 보살펴주었다. 성장하여 누군가로부터 청혼을 받아 결혼하기에 이르기까지 그녀의 순결을 안전하게 지켜주었다. 이처럼 술람미 여인은 오라비들의 살뜰한 보살핌 속에 자신의 순결을 고이 간직하며 정숙하게 자라났다. 이런 어릴 적 세월을 신부의 오라비들이 적절한 비유를 들어 노래한다.

어린 누이가 성벽이라면 성벽 위에 은 망루를 쌓아 올리고, 대문이라면 대문 사방을 백향목 판자로 둘러주겠다고 노래한다. '성벽'과 '대문'은 외부인들에게는 굳게 닫혀 있는 것들로서, 곧 신부의 순결함을 상징한다. 외부인들에 의해 언제든지 침범당할 우려가 있기 때문에, 오라비들은 '은 망루'와 '백향목 판자'로써 그것을 굳게 보호하였다. 따라서 은 망루와 백향목 판자는 소녀가 성숙한 신부로 자라나기까지 순결을 소중하게 지키고 돌본 오라비들의 헌신적인 보살핌을 상징한다.

(신부의 노래, 사실적인 일에 빗대어 신부가 비유적으로 부른 노래다.)
(10-12) 나는 성벽이고 내 젖가슴은 망루 같지요. 그래서 내 임이 나를 보고 그토록 좋아하고 기뻐한답니다. 바알하몬에는 솔로몬 왕의 포도원들이 있지요. 왕은 그 포도원들을 소작농들에게 각기 내어주고, 각 사람마다 그 열매의 값으로 매년 은 일천 세겔씩을 바치게 하였죠. 나에게도 내게 속한 내 포도원이 있으니, 솔로몬 왕이시여! 나 비록 이제는 왕의 아내 되었어도, 계약한 대로 은 일천 세겔을 임금님께 기꺼이 바치겠어요. 그러나 은 이백 세겔의 몫은 내 포도원의 열매를 지킨 자들의 것이랍니다.

사실적인 일과 비유적인 노래가 혼합되었다. 먼저, 신부는 사실적인 일을 이야기한다. 그것은 두 가지다. 첫째, 자기 오라비들이 말한 대로 자신을 항상 보살펴준 오라비들 덕분에 신부 자신은 망루에 올라 누구에게도 침범당하지 않은 '성벽'이 되어 순결을 고이 지켰다는 것이다.

그 결과, 신랑이 자신을 그토록 사랑하고 좋아하며 기뻐한다는 것이다(10절). 둘째, 바알하몬에는 솔로몬 왕의 포도원들이 있는데, 그 포도원들은 소작농들에게 세(貰) 놓아졌고, 소작농들은 포도원을 일구어 열매를 거두는 대가로 왕에게 매년 일천 세겔을 바치고 있다는 것이다(11절). 여기서 '바알하몬'(Baal-hamon)은 잇사갈 지파 안에 있는 영토로 술람미(수넴)에서 가까운 곳에 있는 어느 마을을 가리키고, '세겔'(Shekel)은 구약시대의 화폐 단위로 은(銀) 1세겔은 노동자 4일치의 품삯이다.

이런 사실적인 일에 바탕을 두고서, 신부는 자신(또는 자기의 순결)을 '포도원'에 비유하여 노래를 부른다. 그녀의 노래를 풀이하자면 이러하다. 솔로몬 왕은 술람미에 있는 '포도원'(술람미 여인)을 소작농들(술람미 여인의 오라비들)에게 세(貰) 놓았고, 그 결과 마침내 포도원의 열매(순결)를 아주 기쁘게 잘 거두었다. 이때 그 순결의 가치는 '일천 세겔'로 묘사되었다. 포도원 주인인 왕은 마땅히 일천 세겔을 받아야 하고, 술람미 여인 자신도 기꺼이 바치겠지만, 그럴지라도 왕께서는 포도원(술람미 여인 혹은 그녀의 순결)을 잘 지키고 돌본 대가로 그중 '이백 세겔'을 왕의 포상금으로 술람미 여인의 오라비들에게 하사해주셨으면 한다는 뜻이다.

물론, 신부의 이 같은 부탁을 신랑이 거절할 리 없다. 성경에는 묘사되어 있지 않지만, 신랑인 솔로몬 왕은 자신의 사랑하는 포도원(술람미 여인 혹은 그녀의 순결)을 잘 지키고 보살펴준 대가로 신부가 부탁한 '이백 세겔' 이상의 훨씬 더 많은 포상금을 기꺼이 신부의 오라비들에게 지불했을 것이다. 왕이 신부를 그토록 기뻐하고 만족하며 사랑하는데, 신부를 위해 그 무엇인들 아까워하랴!

(신랑의 노래, 신부의 부탁을 기꺼이 들어준 후에 다시금 신부를 사랑 가운데로 초대하고 있다. 이때 신랑은 신부와 헤어져 술람미 마을을

떠나 먼저 예루살렘 왕궁으로 올라온 듯하다.) (13) 동산에 살고 있는 내 사랑 그대여, 내 친구들이 그대의 음성을 들으려고 귀 기울이고 있다오. 그대의 아름다운 목소리를 어서 들려주구려.

신부의 부탁(12절)을 기꺼이 들어준 후에, 신랑은 '술람미'라는 동산에 살고 있는 사랑하는 신부에게 다정스럽게 부탁한다. 자신의 뭇 친구들이 신부의 고운 음성을 들으려고 모두 귀 기울이고 있으니, 어서 예루살렘 왕궁으로 돌아와서 그 아름다운 목소리로 감미로운 사랑의 노래를 불러 달라고! 이것은 술람미 여인이 신랑뿐만 아니라 누구에게나 사랑받는 덕스러운 여인으로서, 모든 이들에게 선망의 대상이 되었음을 보여준다.

(신부의 노래, 바쁜 일로 먼저 술람미 마을을 떠나 예루살렘 왕궁으로 돌아간 신랑을 그리워하며 다시금 자신에게로 달려와 달라는 사랑의 초청 노래를 부른다. 이 같은 신부의 노래가 무대 위에 감미롭게 울려 퍼지면서 서서히 대단원의 막이 내린다.) (14) 내 사랑, 내 임이여! 어서 내게로 오세요. 향기 가득한 산에서 마음껏 뛰어다니는 날랜 노루처럼, 그 산의 젊은 사슴처럼, 내게로 빨리 달려와 주세요.

오래전, 약혼식을 맺고 결혼식을 올리기 이전에 신랑은 신부가 너무 보고파서 들판의 '날랜 노루'처럼, 향기 가득한 산의 '젊은 사슴'처럼 신부를 찾아 술람미 마을로 힘껏 달려왔다(2:8-9). 활활 타오르는 사랑의 불길로 가슴이 뜨겁게 타오르던 연애시절이었다. 그 시절 그때처럼, 변함없는 뜨거운 사랑의 가슴으로 다시금 자신에게로 달려오라는 노래다. 드넓은 들판을 종횡무진 뛰어다니는 날랜 노루처럼, 높고 낮은 산을 평지처럼 뛰어다니는 젊은 사슴처럼, 그렇게 빠르고 날랜 걸음으로 자신에게 어서 달려오라는, 임을 향한 그리움에 사무친 절절한 사랑의 노래다.

에필로그

아가서는 솔로몬 왕이 부왕 다윗을 이어 이스라엘 왕위에 오른 그의 통치 초기인 20대 시절, 아직은 이방의 많은 처첩들로 인해 세속의 때가 묻기 훨씬 이전에, 자신의 포도원이 있던 술람미 마을에서 그곳의 한 여인에게 반해 아무런 사심 없이 고결하고 순수한 사랑을 나눌 때의 가슴 뜨거운 사랑 이야기다. 문학에 탁월한 재능이 있었던 지혜의 왕 솔로몬은 그토록 순수하고 뜨거운 자신의 사랑 이야기를 아름다운 노래로 엮어 극시(劇詩)로 썼는데, 그것이 바로 솔로몬이 쓴 일천 다섯 편의 노래들 가운데서 가장 뛰어난 '노래들 중의 노래'인 아가(雅歌)다.

아가서를 읽다 보면, 우리는 극시 속의 두 남녀 주인공이 된 듯 뜨거운 사랑에 심장이 뛰고, 그들의 오해와 갈등에 마음 졸이며, 그들의 순수하고 애틋한 그리움에 가슴 설렌다. 읽고 또 읽어도 매번 탄성과 감동을 자아낸다. 과연 인류 문학사에 길이 남을 아름다운 사랑의 서사시요, 가슴 적시는 위대한 사랑의 극시다. 3,000개의 잠언을 짓고, 1,005개의 노래를 썼으며, 온갖 초목과 짐승과 새와 물고기 등 세상의 삼라만상에 관하여 모르는 게 없었던 솔로몬 왕의 걸작답다(왕상 4:32-34).

하지만 아가서가 단순히 청춘 남녀의 순수하고 뜨거운 사랑 이야기에만 머문다면, 아무리 위대하고 뛰어난 걸작이라고 해도 성경 66권의 정경에는 포함될 수 없다. 이는 고대 그리스의 서사시인인 호메로스의 작품들(일리어드, 오딧세이 등)과 영국의 위대한 극작가인 셰익스피어의 작품들(햄릿, 리어왕, 맥베스, 오셀로 등)이 성경 속에 포함될 수 없는 이치와 똑같다. 성경은 성령의 감동으로 쓰여야 하고, 또한 인류를 향한 하나님의 구원 사역이 나타난 책이어야 하기 때문이다(딤후 3:15-17).

아닌 게 아니라, 아가서 속에 담긴 참된 의미와 진정한 가치를 의심하는 학자들에 의해 이 책은 가장 오랜 세월 동안 성경의 정경 채택에서 배제되곤 했다. 하지만 진짜 다이아몬드는 그것이 사람들에 의해 다이아몬드로 온전히 평가받기 이전에도 여전히 다이아몬드임에 틀림없다. 성경은 사람들의 판단과 기준에 의해 결정되는 것이 아니다. 그 까닭은, 모든 성경의 원저자는 성령님이시기 때문이다. 성령께서 인간 저자들로 하여금 성령의 감화, 감동으로 성경을 기록하게 하셨을 때 그 책의 정경성은 이미 결정되는 것이다. 그래서 아가서 역시 많은 논쟁을 거치고 오랜 세월이 걸렸지만, 마침내 구약의 다른 책들과 마찬가지로 정경으로 최종 인정받게 되었다(주후 90년, 얌니아 종교회의).

그렇다면 두 청춘 남녀의 사랑 이야기를 그린 아가서가 성경 속에 포함된 이유는 무엇일까? 그 까닭은, 그 이야기가 솔로몬 왕과 술람미 여인의 사랑 이야기에서 그치는 것이 아니라, 그러한 두 남녀의 사랑 이야기를 통해 하나님과 선민(選民)의 관계, 나아가 그리스도와 교회의 관계를 여실히 보여주고 있기 때문이다. 실제로 다른 구약의 책들에서 하나님과 선민(이스라엘)은 남편과 아내 관계로 종종 묘사되었고(겔 16장, 호 1-3장 등), 신약에서는 신랑과 신부 관계로 밝히 묘사되었다(마 25:1; 엡 5:22-33).

그러므로 내세울 혈통이나 가문조차 없는 시골 마을의 술람미 여인은 세상에서 하등 보잘것없는 '선민 이스라엘'을 나타내고(신 7:6-8), 더 나아가 세상에서 자랑할 것 하나 없는 미천한 우리들 곧 우리 믿는 자들의 모임인 '교회'를 나타낸다(고전 1:26-31). 하나님은 그런 보잘것없는 자들을 택하셔서 자기 백성으로 삼으신 뒤 아무런 조건 없이 그저 사랑으로 지극히 사랑하셔서, 그들을 이집트의 430년 종살이에서 건져내시고 젖과 꿀이 흐르는 가나안 땅을 기업으로 주셨다. 예수 그리스도는 어떠한가? 그분께서는 세상에서 자랑거리 하나 없는 비천한 우리(교회)를 아가페 사랑으로 순수하게 사랑하셔서, 우리를 사탄의 종살이에서 해방시켜 참된 구원과 자유를 주시려고 고난의 갈보리 십자가를 기꺼이 지셨지 아니한가!

아가서에 아름답게 묘사된바 신부 된 술람미 여인을 향한 신랑 된 솔로몬 왕의 사랑 노래는 바로 자신이 택한 백성을 향한 하나님의 지고한 사랑 노래요, 교회를 향한 그리스도의 지순한 사랑 노래이다. 하등 보잘것없는 미천한 우리 죄인들을 향한 지고지순한 사랑의 노래인 것이다.

그렇다면 그 크신 사랑을 받은 우리는 어떻게 반응해야 할까? 술람미 여인처럼, 남편을 향하고 신랑을 향하여 온전한 심령으로 순결한 사랑의 노래를 힘차게 불러야 한다. 아무런 조건 없이 주어진 그 크신 사랑에 겹고 또 겨워, 뜨거운 가슴과 벅차오르는 감격으로 기쁨과 감사의 노래를 불러야 한다.

술람미 여인처럼, 순결한 신앙의 정조를 유지한 채 임(주님)을 향한 그리움과 사랑의 노래를 불러야 한다. 임(주님)을 열렬히 사모하는 심령으로 언제 어느 때고 불러야 하고, 깨어 있을 때뿐만 아니라 꿈속에서도 불러야 한다. 우리를 향해 부르는 감미로운 임(주님)의 사랑 노래에 기꺼이 화답하여, 우리 역시 임(주님)을 향하여 달콤한 사랑 노래를 불러야 한다. 임(주님)을 향한 그 사랑의 아리아가 쉼 없이 내 삶 속에서 절로 우러나와야 한다. 그것이 바로 우리가 임(주님)을 향해 불러야 할 노래들 중의 노래, 곧 우리의 아가다.

잠전아(箴傳雅)의 성(性)과 육체(肉體)

민영진
감리교신학대학교 교수 역임
대한성서공회 번역실장, 총무 역임
세계성서공회연합회 번역컨설턴트 역임

지혜문학의 저자

지혜문학은 어떤 사건의 전개나 등장인물 사이의 관계를 묘사한 것이 아니어서 스토리텔링 감으로는 다루기가 결코 쉽지 않다. 스토리텔러는 『쉬운말 성경』(성서원, 2012)을 부분적으로 개정(改訂)하여 본문으로 사용하고 있다. 스토리텔링이라곤 하지만 본문을 문단별로 제시하고, 거기에 '해설과 성찰'을 첨가하였다. 이것이 핵심 부분이지만, 스토리텔링은 아니다. 문자 그대로 '본문 해설'이고, 본문과 만나서 자신의 삶을 성찰하도록 돕는 것이 핵심이다. 잠전아 스토리텔러들은 이렇게 이야기를 해설식으로 전개한다.

솔로몬이 어떻게 『잠언』과 『전도서』와 같은 지혜문학의 저자가 될 수 있었는지 그 배경을 밝히는 스토리텔러는 기브온 산당 꿈이야기(왕상 3:1-15; 대하 1:3-12)와 스바 여왕의 솔로몬 방문(왕상 10:1-13; 대하

9:1-12)을 스토리텔링 식으로 소개한다. 이것은 지혜문학의 저자 솔로몬을 극적으로 설명한 효과적 시도로 평가를 받기에 넉넉하다.

잠전아 스토리텔러들의 여성을 보는 시각

감수자는 잠전아를 이야기하는 스토리텔러들의 여성관을 살폈다. 잠언에는 여러 타입의 여성이 등장한다. 주석가들이 다 같이 지적하듯이 잠언은 남성 중심 사회의 산물이다. 그런데도 의인화된 지혜, '호크마'는 문법적으로 여성이다. 의인화된 지혜는 여자로 등장한다. 그녀가 청중에게 자기 말을 듣도록 초청할 때는 여성 예언자와 같다.

특히 잠언 8장에서 지혜는 자신을 창조 이전에 제일 먼저 지음을 받은 존재로 소개한다. "주님께서 태초에 일을 시작하시기 전, 곧 세상 만물을 지으시기 전에 이미 주님께서는 나를 소유(所有)하고 계셨다. 영원 전부터, 곧 까마득한 그 옛적에 땅이 생겨나기 훨씬 전부터, 이미 나는 주님 앞에 서 있었다. 아직 깊은 바다가 생기기도 전에, 물이 가득한 샘이 만들어지기도 전에, 나는 이미 태어나 존재하고 있었다. 산맥들이 솟아나기도 전에, 언덕들이 일어서기도 훨씬 전에, 나는 이미 태어났다" (스토리텔링성경 잠언 8:22-25).

개역에서는 지혜가 하나님 곁에서 하나님과 함께 우주 만물을 창조한 '창조자(創造者)'로 자신을 소개한다(개역 잠 8:30). 우리의 스토리텔러는 "그때에 나는 주님 곁에서 그분의 일을 돕는 '창조(創造)의 장인(匠人)'이 되어 날마다 그분의 기쁨이 되었고, 나 역시 그분 앞에서 항상 즐거워하였다"(스토리텔링성경 잠언 8:30)라고 번역한다. 여기서 '나'는 히브리어 '호크마' 곧 여성으로 의인화된 지혜다. 지혜 여성이 창조주 하나님과 함께 창조 사역을 담당하였다.

현숙할 뿐 아니라 유능하기까지 한 여성

잠언 31장 10절 이하에는 한 남편의 아내이며 자녀를 둔 어머니인 한 여성 곧 '현숙한 여인'이 소개되어 있다(12:4; 31:10-31). 비록 번역 본문에서는 '현숙한 여인'으로 소개되지만 스토리텔러는 해설에서 이 여인을 유능한 여인으로도 소개한다. 이 여성이 가정을 꾸려나가는 모습이나 사업을 규모 있게 펼쳐나가는 것을 보면, 그녀는 현숙할 뿐만 아니라 유능한 사업가나 경영인의 역할을 맡고 있다. 히브리어 원문 '에셋 하일'이 현대의 여러 번역에서는 '현숙한 여인'(a virtuous woman)이 아니라 '유능한 여인'(an able woman)으로 번역된 까닭도 바로 히브리어 원문이 현재의 문맥에서 지닌 뜻을 충분히 반영하고자 했기 때문일 것이다.

먹고 마시는 인간의 기쁨

"그러니 사람으로서는, 자신이 사는 날 동안 인생을 기쁘게 살면서 선을 행하는 것보다 더 좋은 일이 어디 있으랴. 그렇다. 사람이 먹고 마시며 자신이 수고하는 모든 일에 보람과 만족을 느끼면서 살아갈 수 있다면, 그것이야말로 하나님께서 사람에게 주신 은총의 선물인 것이다"(스토리텔링성경 전 3:12-13). 전도서의 핵심 구절이라기보다는 육체를 지닌 인간을 격려하는 말 중에 "착하게 살면서 먹고 마시고 즐기자" 이보다 더 좋은 말이 있을까 싶어서 뽑아본 것이다. 감수자는 스토리텔러들이 이 구절을 어떻게 평가하는가를 보고 싶었다. 먹고 마시고 즐기는 것이 자칫 육체를 즐겁게 하는 쾌락주의(快樂主義), 향락주의(享樂主義)로 빠질 위험성이 없지 않지만 "착하게 산다", "선을 행한다"가 안전장치다.

아가의 육체 찬가

스토리텔링성경 아가 4장 1-5절은 신랑이 신부의 몸을 감상하는 내용이다. 신부의 몸을 위에서 아래로 내려가며 짚는다. 눈, 머리털, 이[치아(齒牙)], 입술, 입, 볼, 목, 젖가슴을 칭찬한다. 아가 7장 1-5절은 신부의 친구들이 신부의 몸을 감상한다. 여기에서는 신부의 몸을 아래에서 위로 짚는다. 발, 넓적다리, 배꼽, 허리, 젖가슴, 목, 눈, 코, 머리, 머리털을 칭찬한다. 아가 7장 6-9a절은 신랑이 다시 신부의 몸을 감상한다. 키, 유방, 코, 입을 칭찬한다. 아가의 스토리텔러는 노파심에서이긴 하겠지만 아가의 여체 찬양에 안전장치를 필요 이상으로 한 것 같은 인상을 받았다. 어쨌든 독자의 한 사람으로서 다른 어떤 번역이나 주석보다도 잠전아의 깊은 속내를 가감 없이 들추어낸 스토리텔러들의 수고에 찬사를 보낸다.